Völkerrecht und Außenpolitik

Herausgegeben von
Prof. Dr. Oliver Dörr
Prof. Dr. Jörn Axel Kämmerer
Prof. Dr. Markus Krajewski

Band 87

Corinna Dau

Die völkerrechtliche Zulässigkeit von Selbstverteidigung gegen nicht-staatliche Akteure

Nomos

Die Deutsche Nationalbibliothek verzeichnet diese Publikation in
der Deutschen Nationalbibliografie; detaillierte bibliografische
Daten sind im Internet über http://dnb.d-nb.de abrufbar.

Zugl.: Berlin, Freie Universität, Diss., 2017

ISBN 978-3-8487-4714-6 (Print)
ISBN 978-3-8452-9009-6 (ePDF)

Vorwort

Die vorliegende Arbeit wurde im Sommersemester 2014 von der Juristischen Fakultät der Freien Universität Berlin als Dissertation angenommen. Das Rigorosum fand im Februar 2017 statt. Für die Drucklegung wurde das Manuskript überarbeitet und auf den Stand von Oktober 2017 gebracht.

Mein besonderer Dank gilt meinem Doktorvater, Herrn Professor Dr. Dres. h.c. Philip Kunig für die fortwährende persönliche und fachliche Unterstützung, die ich während meiner viereinhalbjährigen Zeit als wissenschaftliche Mitarbeiterin an seinem Lehrstuhl erfahren habe. Er hat mir bei der Bearbeitung meines Promotionsthemas stets größtmögliche Freiheiten gelassen und mir in vielfältiger Hinsicht mit wertvollem Rat zur Seite gestanden.

Bedanken möchte ich mich auch bei Professorin Dr. Heike Krieger für die Erstellung des Zweitgutachtens.

Den Herausgebern danke ich herzlich für die Aufnahme dieser Arbeit in die Schriftenreihe »Völkerrecht und Außenpolitik«.

Danken möchte ich auch der FAZIT-Stiftung und der Ernst-Reuter-Gesellschaft, die die Drucklegung dieser Arbeit mit großzügigen Druckkostenzuschüssen gefördert haben.

Schließlich bedanke ich mich bei meinen Freunden und meiner Familie, die mich bei der Anfertigung meiner Arbeit begleitet und auf unterschiedliche Weise unterstützt haben. Ganz besonders möchte ich an dieser Stelle meiner Großtante Ilona danken. Sie hat den Entstehungsprozess dieser Arbeit mit großem Interesse verfolgt und das gesamte Manuskript mehrmals Korrektur gelesen. Ihr ist diese Arbeit gewidmet.

Tel Aviv, im Februar 2018

Inhaltsverzeichnis

Abkürzungsverzeichnis

-/AC/-	Ad hoc committee
-/PV	Verbatim records of meetings
A/-	General Assembly
a.A.	andere Ansicht
a.F.	alte Fassung
A/CN.4	International Law Commission
A/HRC	Human Rights Council
Abs.	Absatz
AEC	Atomic Energy Commission
AFDI	Annuaire Français de Droit International
AJIL	American Journal of International Law
Art.	Artikel
ASIL	Amercian Society of International Law
ASIL Proc	American Society of International Law Proceedings
AVR	Archiv des Völkerrechts
BayVBl.	Bayerische Verwaltungsblätter
BDGV	Berichte der Deutschen Gesellschaft für Völkerrecht
Berkeley JIL	Berkeley Journal of International Law
BGBl.	Bundesgesetzblatt
BGH	Bundesgerichtshof
BGHSt	Entscheidung des Bundesgerichtshofs in Strafsachen
BYIL	British Yearbook of International Law
bzw.	Beziehungsweise
Canadian JIL	Canadian Journal of International Law
Chicago JIL	Chicago Journal of International Law
d.h.	das heißt
ders.	derselbe

dies.	dieselbe(n)
Doc.	Dokument
EA	Europa Archiv
ebd.	ebenda
EJIL	European Journal of International Law
EU	Europäische Union
EuGRZ	Europäische Grundrechtezeitschrift
f./ff.	folgend bzw. fortfolgende
FARC	Fuerzas Armadas Revolucionarias de Colombia (Kolumbianische Guerillagruppierung)
Fn.	Fußnote
FS	Festschrift
FYIL	Finnish Yearbook of International Law
GAOR	General Assembly Official Records
gem.	gemäß
ggf.	gegebenenfalls
GV	Generalversammlung
GYIL	German Yearbook of International Law
h.M.	herrschende Meinung
Harvard ILJ	Harvard International Law Journal
Harvard JLPP	Harvard Journal of Law and Public Policy
Hastings ICLR	Hastings International and Comparative Law Review
Hervorh.	Hervorhebung
Houston JIL	Houston Journal of International Law
Hrsg.	Herausgeber
HS.	Halbsatz
HuV-I	Humanitäres Völkerrecht Informationsschriften
i.E.	im Ergebnis
i.S.d./i.S.v.	im Sinne des/im Sinne von
ICC	International Criminal Court
ICJ	International Court of Justice
ICJ Rep.	ICJ Reports
ICLQ	International and Comparative Law Quarterly

ICTY	International Criminal Tribunal for the former Yugoslavia
IGH	Internationaler Gerichtshof
IJIL	Indian Journal of International Law
ILC	International Law Commission
ILM	International Legal Materials
insb.	insbesondere
IRRC	International Review of the Red Cross
IsLR	Israel Law Review
IsYHR	Israel Yearbook on Human Rights
ItYIL	Italian Yearbook of International Law
JCSL	Journal for Conflict and Security Law
JIR	Jahrbuch für internationales Recht
JZ	Juristenzeitung
KJ	Kritische Justiz
LJIL	Leiden Journal of International Law
m.w.N.	mit weiteren Nachweisen
Melbourne JIL	Melbourne Journal of International Law
Michigan JIL	Michigan Journal of International Law
Michigan LR	Michigan Law Review
Military LR	Military Law Review
MPUNY	Max Planck United Nations Yearbook
NATO	North Atlantic Treaty Organisation
NILR	Netherlands International Law Review
Nr.	Nummer
NStZ	Neue Zeitschrift für Strafrecht
NYU JIL & P	New York Journal of International Law & Politics
NZWehrR	Neue Zeitschrift für Wehrrecht
OAS	Organization for American States
OAS/CP	Permanent Council of the Organization for American States

17

ÖZöR	Österreichische Zeitschrift für öffentliches Recht
Pace ILR	Pace International Law Review
PKK	Partiya Karkerên Kurdistan (Kurdische Arbeiterpartei)
PLO	Palastine Liberation Organization
QUTLJJ	Queensland University of Technology Law and Justice Journal
RdC	Recueil des Cours de l'Académie de Droit International de La Haye
Res.	Resolution
RGBl.	Reichsgesetzblatt
RJIL	Romanian Journal of International Law
Rn.	Randnummer
S.	Seite(n); Satz
s.	siehe
S/-	Security Council
San Diego JIL	San Diego Journal of International Law
SAYIL	South African Yearbook of International Law
SCOR	Security Council Official Records
SG/-	Secretary General
SR	Sicherheitsrat
Stanford JIL	Stanford Journal of International Law
StGB	Strafgesetzbuch
SYIL	Singapore Yearbook of International Law
SZIER	Schweizerische Zeitschrift für internationales und europäisches Recht
U Pa JIL	University of Pennsylvania Journal of International Law
u.a.	und andere; unter anderem
UN	United Nations
UNCIO	United Nations Conference on International Organization
UNTS	United Nations Treaty Series
US	United States

USA	United States of America
v.	vom; versus
Verf.	Verfasserin
vgl.	vergleiche
Virginia JIL	Virgina Journal of International Law
VN	Vereinte Nationen
Vol.	Volume
VRÜ	Verfassung und Recht in Übersee
Weekly Comp. Pres.	Weekly Compilation of Presidential Documents
West Virginia LR	West Virginia Law Review
Wisconsin ILJ	Wisconsin International Law Journal
WVK	Wiener Vertragsrechtskonvention
Wyoming LR	Wyoming Law Review
Yale ILJ	Yale International Law Journal
YIHL	Yearbook of International Humanitarian Law
z.B.	zum Beispiel
ZaöRV	Zeitschrift für ausländisches Recht und Völkerrecht
ZfP	Zeitschrift für Politik
Ziff.	Ziffer
ZIS	Zeitschrift für internationale Strafrechtsdogmatik
zit.	zitiert
ZÖR	Zeitschrift für öffentliches Recht
ZP	Zusatzprotokoll
ZRP	Zeitschrift für Rechtspolitik

Einleitung

A. Problemaufriss: Das Bedrohungspotenzial nicht-staatlicher Akteure und die Anpassungsfähigkeit des Völkerrechts

Mit Gründung der Vereinten Nationen im Jahr 1945 wurde erstmalig in der völkerrechtlichen Geschichte ein absolutes Gewaltverbot vereinbart,[1] das in Art. 2 Ziff. 4 UN-Charta[2] seinen Ausdruck findet. Wenngleich damit kein Ende kriegerischer Auseinandersetzungen einherging, geht die Staatengemeinschaft – trotz zahlreicher Versuche, das Gewaltverbot zu durchbrechen – von seiner Geltung aus.[3] So wird denn auch bei jeder zwischenstaatlichen Militäroffensive der Versuch unternommen, die Verletzung von Art. 2 Ziff. 4 UN-Charta zu rechtfertigen,[4] oftmals unter Rückgriff auf das in Art. 51 UN-Charta kodifizierte Selbstverteidigungsrecht.

Neben herkömmlichen zwischenstaatlichen Konflikten sind in den vergangenen Jahrzehnten aber zunehmend Gewaltakte nicht-staatlicher Akteure ins Bewusstsein der Öffentlichkeit gerückt. Das Gewaltpotenzial regional kämpfender Organisationen sowie international agierender Terrorgruppierungen nimmt stetig zu und erreicht Dimensionen wie sie bisher nur von staatlicher Seite bekannt waren. Ermöglicht wird dies zum einen durch den Wegfall von Grenzkontrollen, einer damit einhergehenden Zunahme illegaler Waffenlieferungen sowie weiterentwickelten Waffentechnologien. Zum anderen erleichtern moderne Kommunikationsmöglichkeiten die in-

---

1 *Tomuschat*, EA 36 (1981), S. 325 (325). Zur geschichtlichen Entwicklung des Gewaltverbots s. *Bothe*, in: Graf Vitzthum/Proelß (Hrsg.), Völkerrecht, S. 596, Rn. 3 ff.

2 Charter of the United Nations v. 26. Juni 1945, UNTS Bd. 15 S. 335, BGBl. 1973 II S. 143; im Folgenden: UN-Charta.

3 *Dörr*, in: ders. (Hrsg.), Rechtslehrer in Berlin, S. 33 (35); *Drohla*, in: Heintschel von Heinegg (Hrsg.), Casebook Völkerrecht, Rn. 398; *Dinstein*, Self-Defence, Rn. 260; *Henkin*, AJIL 65 (1971), S. 544 (544 ff.).

4 *Dörr*, in: ders. (Hrsg.), Rechtslehrer in Berlin, S. 33 (35); *Drohla*, in: Heintschel von Heinegg (Hrsg.), Casebook Völkerrecht, Rn. 398.

ternationale Vernetzung und Kooperation der Gruppierungen.[5] Ferner sichern erhebliche finanzielle Ressourcen nicht nur eine gewisse Einflussnahme und Machtstellung, sondern eröffnen den Akteuren auch die Möglichkeit zur strategischen »Kriegsführung«, was sie umso gefährlicher erscheinen lässt.

Für die von privaten Gewaltakten betroffenen Staaten drängt sich die Frage nach den rechtlichen Reaktionsmöglichkeiten auf. Ob in diesen Fällen auch das Selbstverteidigungsrecht greift, welchen Voraussetzungen es ggf. unterliegt und welchen Umfang es annehmen darf, ist von seiner Auslegung abhängig. Vor dem Hintergrund des klassischen Völkerrechtsverständnisses, das sich nur auf zwischen*staatliche* Beziehungen richtete, gelangen die internationale Rechtsordnung im Allgemeinen sowie das Verteidigungsrecht im Besonderen an ihre bzw. seine Grenzen.[6] Daher ist die traditionelle Sichtweise in den vergangenen Jahren zunehmend in Frage gestellt worden.

Erste qualifizierte Versuche, Gewaltakte Privater einer völkerrechtlichen Klärung zuzuführen, finden sich in der Aggressionsdefinition der UN-Generalversammlung von 1974[7] und im wegweisenden, im Jahr 1986 gefällten Urteil des Internationalen Gerichtshofs (IGH) im *Nicaragua*-Fall[8]. In der Literatur näherte man sich diesem Thema zunächst nur vereinzelt,[9] wobei der Fokus hierbei vor allem auf haftungsrechtliche Fragestellungen gerichtet wurde. Allen Ansätzen ist jedoch gemein, dass sie private Aktivitäten ausschließlich im Kontext eines staatlichen Hintergrunds rechtlichen Regelungen zuleiteten. Auch das Selbstverteidigungsrecht wurde von der Bedingung der staatlichen Zurechenbarkeit der Handlungen privater Gruppierungen abhängig gemacht.[10] Die International Law Commission (ILC) hat mit

---

5   *Delbrück*, GYIL 44 (2002), S. 9 (20).

6   Hierzu schon *Tomuschat*, EA 36 (1981), S. 325 (327).

7   Definition of Aggression, Aggressionsdefinition v. 14. Dezember 1974, Anhang zu UN Doc. GV-Res. 3314 (XXIX), 14. Dezember 1974.

8   IGH, *Case Concerning Military and Paramilitary Activities in and against Nicaragua* (Nicaragua v. United States), Merits, Urteil v. 27. Juni 1986, ICJ Rep. 1986, S. 14 ff.; im Folgenden: *Nicaragua*-Fall.

9   S. *Kreß*, Selbstverteidigungsrecht, S. 1 ff.; *Brownlie*, ICLQ 7 (1958), S. 712 (712 ff.); *Wolf*, Haftung der Staaten, S. 1 ff.; *Epiney*, Verantwortlichkeit, S. 1 ff.

10   S. hierzu aus dem »früheren« Schrifttum *Cassese*, ICLQ 38 (1989), S. 589 (597) und *Beck/Arend*, Wisconsin ILJ 12 (1993), S. 153 (196).

ihrem Entwurf zu den Voraussetzungen der Staatenhaftung[11] im Jahr 2001 zur Thematik beigetragen.

Neuen Auftrieb hat die Frage nach einem Verteidigungsrecht gegen nicht-staatliche Akteure im Zuge der Anschläge durch die Al-Quaida vom 11. September 2001 in New York erfahren.[12] Auch in jüngerer Zeit sind Staaten wiederholt gegen private Gewaltakte vorgegangen und sahen sich dabei durch das Selbstverteidigungsrecht gestützt. So griff z.B. Israel im Sommer 2006 nach Anschlägen palästinensischer Gruppierungen auf israelisches Grenzgebiet zu Gegenmaßnahmen auf dem Territorium des Libanon. Kolumbien holte im Jahr 2008 zu einem Militärschlag gegen die Guerillagruppierung FARC in Ecuador aus. Ebenso sieht sich auch die Türkei seit Jahrzehnten im Kampf gegen die kurdische Arbeiterpartei PKK, der bis heute auch auf irakischem Hoheitsgebiet ausgetragen wird. Seitdem hat die Problematik weiter an Aktualität und Bedeutung gewonnen: So beteiligen sich seit 2014 mehrere Staaten an Luftschlägen gegen Stellungen der Terrorgruppierung »Islamischer Staat« (IS) in Syrien und berufen sich hierbei auf das kollektive oder individuelle Selbstverteidigungsrecht.[13] Dabei bleibt die Frage unberührt, wie es in diesen Fällen mit dem Vorliegen der Voraussetzungen von Art. 51 UN-Charta steht. Der Großteil der Stimmen hat inzwischen von der Staatenorientiertheit des Verteidigungsrechts Abstand genommen[14] oder geht zumindest von einer Absenkung der erforderlichen Hürde staatlicher Involvierung aus.[15] Hingegen scheint vor allem der Internationale Gerichtshof, dessen Entscheidungen zu zahlreichen Kontroversen geführt haben, weiterhin am klassischen Verständnis des Selbstverteidigungsrechts festzuhalten.[16]

---

11 Articles on the Responsibility of States for International Wrongful Acts, Artikel zur Verantwortlichkeit der Staaten für völkerrechtswidrige Handlungen, angenommen von der International Law Commission in ihrer 53. Sitzung und der UN-Generalversammlung, UN Doc. GV-Res. 56/83 (2001), 12. Dezember 2001; im Folgenden: ILC-Entwurf. Die Arbeiten zum Recht der Staatenverantwortlichkeit hat die ILC im Jahr 2001 beendet. Der ILC-Entwurf ist nicht verbindlich, kodifiziert jedoch zum großen Teil Völkergewohnheitsrecht.

12 S. hierzu die Literaturübersicht in der Einleitung unter C.

13 S. hierzu unten Erster Teil, Zweites Kapitel, C. II. 4.

14 S. Fn. 364.

15 S. Fn. 594.

16 S. hierzu unten Erster Teil, 2. Kapitel, C. II. 4.

B. Ziele der Arbeit und Gang der Darstellung

Diese aufgezeigten Probleme zu beleuchten und systematischen Lösungen zuzuführen, soll Gegenstand dieser Dissertation sein. Hauptziel der Untersuchung ist die Beantwortung der Frage, ob das völkerrechtliche Selbstverteidigungsrecht auch durch nicht-staatliche Gewaltakte ausgelöst werden kann und welchen Einschränkungen es in diesem Kontext auf Rechtsfolgenseite unterliegt. Hierzu werden im ersten Kapitel des ersten Teils Aspekte zur Geltung des Gewaltverbots für den Aufenthaltsstaat nicht-staatlicher Akteure diskutiert (A.) und das Selbstverteidigungsrecht einer völkerrechtlichen Einordnung unterzogen (B.). Diese Grundlagen zum Gewaltverbot und Selbstverteidigungsrecht bestimmen die Parameter der weiteren Untersuchung. Kapitel 2 setzt sich mit der Tatbestandsseite von Art. 51 UN-Charta auseinander. Hierbei stehen zunächst grundsätzliche Probleme zum Schlüsselbegriff »bewaffneter Angriff« (A.) sowie die Darstellung seines klassischen Verständnisses (B.) im Mittelpunkt. Sodann wird anhand einer textorientierten Auslegung von Art. 51 UN-Charta und der diese wesentlich prägende Staatenpraxis affirmativ geklärt, ob rein nicht-staatliche Gewaltakte unter den Angriffsbegriff fallen (C.) und welchen qualitativen Voraussetzungen diese dafür unterliegen (D.).

Da ein Einschreiten gegen private Akteure ohne ein Vorgehen auf dem Hoheitsgebiet dritter Staaten kaum vorstellbar ist, behandelt der zweite Teil Streitpunkte zur Ausübung des Selbstverteidigungsrechts. Nach einer kurzen Feststellung, dass es für die Rechtsfolgen von Art. 51 UN-Charta auf den Verwicklungsgrad des jeweiligen Hintergrundstaates ankommt (A.), konzentrieren sich die Erörterungen zunächst auf die Zulässigkeit von Verteidigungsmaßnahmen gegen nicht-staatliche Gruppierungen (B.). Aufbauend auf diesen Ergebnissen des ersten Teils (s. B. I.) werden hierbei völkerrechtliche Ansätze untersucht, aus denen sich womöglich eine Duldungspflicht für den von der Gegenwehr betroffenen Staat ergibt (II.). Sodann steht im Fokus der Arbeit die Zulässigkeit von Verteidigungsmaßnahmen *gegen* Hintergrundstaaten (C.), die an eine Zurechenbarkeit des bewaffneten Angriffs gebunden sind (I.). In diesem Zusammenhang sollen die bisher anerkannten Zurechnungskriterien dargestellt und deren spezifische Unzulänglichkeiten aufgedeckt werden (II.). Es wird sich schließlich zeigen, dass sie den aktuellen Gegebenheiten nicht mehr vollständig gerecht werden und daher einer Modifizierung bedürfen (III.). Dabei soll auch der Frage nachgegangen werden, inwieweit die Bereitstellung einer sicheren Zufluchtsstätte Zurechnungskriterium sein kann (III. 3.), wobei bisherige Überlegungen anhand konkreter Kriterien fortentwickelt werden. Das zweite Kapitel des zweiten Teils beschäftigt sich mit den zeitlichen (A.) und qualitativen (B.) Grenzen des Selbstverteidigungsrechts, wobei an dieser Stelle Probleme im Zusammenhang mit nicht-staatlichen Aktivitäten aufgezeigt und einer rechtlichen Lösung zugeführt werden. Zur Klärung und Bekräftigung der gesamten Darstellung wird auf einzelne Beispiele aus der Staatenpraxis zurückgegriffen.

Besonderes Augenmerk liegt auf dem dritten Kapitel des zweiten Teils, in dem die Ergebnisse der Untersuchung anhand der bereits oben genannten Fälle aus jüngerer Zeit auf ihre Praktikabilität hin überprüft werden. Neben den Militäraktionen Israels und Kolumbiens werden zwei Offensiven der Türkei aus den Jahren 2008 und 2011 im Nordirak beleuchtet.

C. Literaturübersicht

Zur Bearbeitung der vorgenannten Zielsetzungen konnte auf eine Vielzahl wissenschaftlicher Beiträge zurückgegriffen werden, die sich mit dem Verteidigungsrecht gegen nicht-staatliche Akteure insgesamt oder zumindest mit Teilproblemen hierzu befassen. Die Thematik ist und war Gegenstand einiger Dissertationen. Die folgende Literaturübersicht soll Gemeinsamkeiten, insbesondere aber Unterschiede zur vorliegenden Arbeit unterstreichen.

Abweichungen liegen zum einen in der Wahl anderer Schwerpunkte, zum anderen aber auch in der inhaltlichen Aufarbeitung und/oder thematischen Ausrichtung. So versucht *Wandscher* in der ersten Hälfte ihrer Arbeit[17] (2005) sich einer Terrorismusdefinition zu nähern, bevor sie im zweiten Teil auf die hier gestellte Thematik eingeht. Im Unterschied zur vorliegenden Ausarbeitung trennt sie hierbei ihre Erörterungen nach den Voraussetzungen, die für Art. 51 UN-Charta vor bzw. nach dem 11. September 2001 bestanden bzw. bestehen, differenziert zwischen unterschiedlichen Zurechnungskonstellationen und legt einen Schwerpunkt u.a. auf Fragen zum antizipatorischen Verteidigungsrecht. Im Hinblick auf die eingangs gesetzten Ziele der vorliegenden Arbeit besteht eine große Schnittmenge zur

---

17   *Wandscher*, Terrorismus, S. 27 ff.

Dissertation von *Scholz*[18] (2006). Diese unterscheidet sich aber vor allem in der methodischen Herangehensweise, indem der Autor überwiegend einzelne, vielfach kleinere Konfliktfälle aus der Praxis chronologisch darstellt und würdigt. *Schmitz-Elvenich*[19] (2008) untergliedert seine Ausführungen zu Art. 51 UN-Charta wie hier nach Tatbestand und Rechtsfolgen, befasst sich aber in zwei der vier Kapitel mit Fragen zum humanitären Völkerrecht und zu Menschenrechten – wie auch die Arbeit von *Kapaun*[20] (2014) –, die hier nur am Rande angeschnitten werden[21]. Im Vergleich zur Ausarbeitung von *Löw*[22] (2009) bestehen erhebliche Unterschiede sowohl in der inhaltlichen Herangehensweise als auch in der Art und Weise der Problemlösung. Die Dissertation von *Weigelt*[23] (2016) überschneidet sich mit der vorliegenden Arbeit teilweise hinsichtlich der untersuchten Fragestellungen, vorrangig solcher, die sich auf der Tatbestandsseite von Art. 51 UN-Charta ergeben und damit den ersten Teil dieser Arbeit betreffen. *Weigelts* Ausarbeitung unterscheidet sich jedoch in der Herangehensweise und Methodik und ähnelt somit derjenigen von *Scholz*. Zudem verfolgt sie eine andere Zielsetzung, nämlich die Frage, inwieweit aufgrund eines veränderten Souveränitätsverständnisses eine Verantwortung der Staaten zur Terrorismusbekämpfung besteht.

Abweichend zu den zuvor genannten Dissertationen dient die zunächst theoretische Erörterung der Parameter von Art. 51 UN-Charta in Bezug auf nicht-staatliche Gewalt vor allem auch der Anwendung auf Fallstudien aus jüngerer Zeit im letzten Kapitel dieser Arbeit. Diese Fallstudien wurden bis auf den Konflikt zwischen Israel, dem Libanon und der Hisbollah[24] in der Völkerrechtswissenschaft kaum thematisiert.[25]

---

18   *Scholz*, Selbstverteidigungsrecht, S. 15 ff.
19   *Schmitz-Elvenich*, Targeted Killing, S. 1 ff.
20   *Kapaun*, Gezielte Tötungen, S. 17 ff.
21   S. u.a. unten Zweiter Teil, 2. Kapitel, B.
22   *Löw*, Selbstverteidigungsrecht, S. 27 ff.
23   *Weigelt*, Terrorismus, S. 15 ff.
24   S. u.a. *Zimmermann*, MPYUNL 11 (2007), S. 99 ff.; *Weber*, AVR 44 (2006), S. 460; *Hoppe*, ItYIL 16 (2006), S. 21; *Lubell*, Use of Force, S. 250.
25   S. zur Fallstudie Türkei/Irak/PKK *Ruys*, Melbourne JIL 9 (2008), S. 334 (334 ff.); *Reinold*, AJIL 105 (2011), S. 244 (268 ff.); *Waisberg*, War on Terror, S. 195 f.; zur Fallstudie Ecuador/Kolumbien/FARC *Reinold*, AJIL 105 (2011), S. 244 (273 ff.); *Walsh*, Pace ILR 21 (2009), S. 136 (136 ff.).

Ferner befasste sich eine Vielzahl von Autoren in Aufsätzen,[26] Monographien[27] und Handbüchern[28] mit (Teil-)Fragen zum Selbstverteidigungsrecht gegen private Gruppierungen. Dies gilt vor allem für Aspekte zur Modifizierung der Zurechnungskriterien privater Gewalt,[29] die in den erwähnten Dissertationen aber kaum fokussiert werden.[30]

D. Begrifflichkeiten

I. Nicht-staatliche Akteure und Terrorismus

1. Nicht-staatliche Akteure

Nicht-staatliche Akteure bzw. Private, Privatpersonen oder Individuen bilden das Gegenstück zu den staatlichen Akteuren, d.h. den (Staats-)Organen.[31] Aufgrund dieser gegensätzlichen Bedeutung lässt sich der Begriff der nicht-staatlichen Akteure am einfachsten durch eine Negativdefintion erläutern, indem die besonderen Kennzeichen staatlicher Akteure herausgearbeitet werden.[32] Die hinter den Staatsorganen stehenden Personen sind

---

26 S. u.a. *Paddeu*, LJIL 30 (2016), S. 93 (93 ff.); *Starski*, ZaöRV 75 (2015), S. 455 (455 ff.); *van Steenberghe*, LJIL 23 (2010), S. 183 ff.; *Stahn*, in: Walter/Vöneky/Röben/Schorkopf (Hrsg.), Terrorism, S. 827 ff.; *Kotzur*, AVR 40 (2002), S. 454 ff.; *Krajewski*, AVR 40 (2002), S. 183 ff.; *Bruha*, AVR 40 (2002), S. 383 ff.; *Tietje/Nowrot*, NZWehrR 2002, S. 1 ff. S. aus jüngster Zeit *Bethlehem*, AJIL 106 (2012), S. 769 ff.; *Akande/Liefländer*, AJIL 107 (3013), S. 563 ff.

27 *Lubell*, Use of Force, S. 25 ff.; *Waisberg*, War on Terror, S. 25 ff.; *Dinstein*, Self-Defence, S. 185 ff.; *Meiser/von Buttlar*, Terrorismusbekämpfung, S. 7 ff.; *Gray*, Use of Force, S. 114 ff.

28 *Weller* (Hrsg.), Use of Force, S. 1 ff.; *Noortmann/Reinisch/Ryngaert* (Hrsg.), Non-State Actors, S. 1 ff.

29 S. u.a. *Lanovoy*, EJIL 28 (2017), S. 563 (578 ff.); *Starski*, ZaöRV 75 (2015), S. 455 (471 ff.); *Hofmeister*, SYIL 11 (2007), S. 75 (78 ff.), *Tietje/Nowrot*, NZWehrR 2002, S. 1 (8 ff.); *Stahn*, in: Walter/Vöneky/Röben/Schorkopf (Hrsg.), Terrorism, S. 827 (863 ff.).

30 S. die kurzen Erörterungen bei *Scholz*, Selbstverteidigungsrecht, S. 56 ff. und *Wandscher*, Terrorismus, S. 227 f.

31 S. *Epiney*, Verantwortlichkeit, S. 99.

32 Vgl. *Epiney*, Verantwortlichkeit, S. 99.

ebenso wie Private natürliche Personen, sie werden aber für den Staat tätig, der als juristische Person selbst nicht handeln kann. Staatsorgane stehen daher in einem besonderen Näheverhältnis zum Staat und sind in seinen Apparat eingebunden.[33] Wer Staatsorgan ist, bestimmt sich nach dem jeweiligen innerstaatlichen Recht. Darüber hinaus kennt das Völkerrecht noch eine weitere Möglichkeit, natürliche Personen dem staatlichen Bereich zuzuordnen. Dies betrifft sog. *de facto*-Organe, die zwar formell keinen Organstatus besitzen, aber faktisch hoheitliche Tätigkeiten ausüben.[34] Abstellend auf einen rein nach Effektivitätserwägungen gründenden Begriff der Staatsgewalt,[35] sind *de facto*-Organe staatlichen Organen völkerrechtlich gleichzusetzen.[36] Die Qualifizierung als Staats- oder *de facto*-Organ erfordert jedoch, dass die betreffende Person auch in Ausübung des öffentlichen Amtes handelt.

Nicht-staatliche Akteure sind mithin alle natürlichen Personen, die weder durch Gesetz noch auf faktische Weise hoheitliche Gewalt ausüben und daher stets dem privaten Bereich zugehören. Als nicht-staatlicher Akteur kann auch eine Gruppe von Einzelpersonen verstanden werden, die sich zu einer Vereinigung zusammengeschlossen haben.

2. Terrorismus

Terrorismus ist keine neuartige Erscheinung. Erste Formen traten bereits in der Antike auf.[37] Auch nach Gründung der Vereinten Nationen, insbesondere seit der Jahrtausendwende, wurden Anschläge wiederholt als »Akte des Terrorismus« bezeichnet.[38] Dennoch konnte man sich bisher nicht auf eine für alle Staaten verbindliche Terrorismusdefinition einigen – trotz zahlreicher Versuche. Eine Begriffsklärung wird im Wesentlichen dadurch erschwert, dass nationale Freiheitskämpfer, die zur Durchsetzung des völkerrechtlichen Selbstbestimmungsrechts handeln, nicht unter die Definition

---

33 *Epiney*, Verantwortlichkeit, S. 99 f.
34 *Wolf*, Haftung der Staaten, S. 52.
35 *Wolf*, Haftung der Staaten, S. 52.
36 *Epiney*, Verantwortlichkeit, S. 101.
37 *Steiger*, Völkerrechtliches Folterverbot, S. 7.
38 *Beck/Arend*, Wisconsin ILJ 12 (1993), S. 153 (159) m.w.N.

fallen sollen.[39] Eine weitere Problematik stellt der sog. Staatsterrorismus dar, d.h. der von staatlicher Seite ausgeführte Terror.[40]

Sowohl auf nationaler, regionaler als auch auf internationaler Ebene sind Formulierungen entwickelt worden, die zur Klärung des Terrorismusbegriffs hilfreich sind. § 129a StGB stuft eine Vereinigung als »terroristisch« ein, wenn sie die Verübung von Mord, Totschlag, Tatbeständen des Völkerstrafrechts, erpresserischen Menschenraub oder Geiselnahme bezweckt. Im deutschen Strafrecht steht der Begriff damit unter der Prämisse einer (angedrohten) Gewaltanwendung gegen Personen, die zum Teil mit einem Zwangselement (Erpressung) verbunden ist.

Gemäß Definition der deutschen Verfassungsschutzbehörden ist Terrorismus »der nachhaltig geführte Kampf für politische Ziele, die mit Hilfe von Anschlägen auf Leib, Leben und Eigentum anderer Menschen durchgesetzt werden sollen – insbesondere durch schwere Straftaten, wie sie in Paragraf 129a des Strafgesetzbuches (Bildung terroristischer Vereinigungen) genannt sind, oder mittels anderer Straftaten, die zur Vorbereitung solcher Straftaten dienen.«[41]

In der Europäischen Union wurde eine Definition erarbeitet, in der bestimmte Katalogstraftaten als terroristisch einzustufen sind, wenn sie entweder darauf abzielen, die Bevölkerung einzuschüchtern, die Regierung oder eine Internationale Organisation zu einem bestimmten Tun oder Unterlassen zu bewegen oder einen Staat oder eine Internationale Organisation zu destabilisieren.[42]

---

39   *Steiger*, Völkerrechtliches Folterverbot, S. 11.

40   *Steiger*, Völkerrechtliches Folterverbot, S. 11.

41   Dies geht aus der Antwort der Bundesregierung (BT-Drucks. 17/10465, 13. August 2012, S. 11) auf eine Kleine Anfrage der Fraktion Die Linke im Zuge der Untersuchungem zur rechtsradikalen Terrorgruppe »Nationalsozialistischer Untergrund« hervor.

42   Europäischer Rat, Rahmenbeschluss zur Terrorismusbekämpfung, 2002/475/JI v. 13. Juni 2002, geändert durch Rahmenbeschluss 2008/919/JI v. 28. November 2008, Art. 1: »Jeder Mitgliedstaat trifft die erforderlichen Maßnahmen, um sicherzustellen, dass die unter den Buchstaben a) bis i) aufgeführten, nach den einzelstaatlichen Rechtsvorschriften als Straftaten definierten vorsätzlichen Handlungen, die durch die Art ihrer Begehung oder den jeweiligen Kontext ein Land oder eine internationale Organisation ernsthaft schädigen können, als terroristische Straftaten eingestuft werden, wenn sie mit dem Ziel begangen werden,

Das internationale Übereinkommen zur Bekämpfung des Terrorismus[43] von 1999 enthält in Art. 2 Abs. 1 lit. b eine sehr umfassende Definition:
»Any [...] act intended to cause death or seriously bodily injury to a civilian, or to any other person not taking an active part in the hostilities in a situation of armed conflict, when the purpose of such act, by its nature or context, is to intimidate a population, or to compel a Government or an international organization to do or to abstain from doing an act.«

  — die Bevölkerung auf schwerwiegende Weise einzuschüchtern oder
  — öffentliche Stellen oder eine internationale Organisation rechtswidrig zu einem Tun oder Unterlassen zu zwingen oder
  — die politischen, verfassungsrechtlichen, wirtschaftlichen oder sozialen Grundstrukturen eines Landes oder einer internationalen Organisation ernsthaft zu destabilisieren oder zu zerstören:
   a) Angriffe auf das Leben einer Person, die zum Tode führen können;
   b) Angriffe auf die körperliche Unversehrtheit einer Person;
   c) Entführung oder Geiselnahme;
   d) schwerwiegende Zerstörungen an einer Regierungseinrichtung oder einer öffentlichen Einrichtung, einem Verkehrsmittel, einer Infrastruktur einschließlich eines Informatiksystems, einer festen Plattform, die sich auf dem Festlandsockel befindet, einem allgemein zugänglichen Ort oder einem Privateigentum, die Menschenleben gefährden oder zu erheblichen wirtschaftlichen Verlusten führen können;
   e) Kapern von Luft- und Wasserfahrzeugen oder von anderen öffentlichen Verkehrsmitteln oder Gütertransportmitteln;
   f) Herstellung, Besitz, Erwerb, Beförderung oder Bereitstellung oder Verwendung von Schusswaffen, Sprengstoffen, atomaren, biologischen und chemischen Waffen sowie die Forschung und Entwicklung im Zusammenhang mit biologischen und chemischen Waffen;
   g) Freisetzung gefährlicher Stoffe oder Herbeiführen von Bränden, Überschwemmungen oder Explosionen, wenn dadurch das Leben von Menschen gefährdet wird;
   h) Störung oder Unterbrechung der Versorgung mit Wasser, Strom oder anderen lebenswichtigen natürlichen Ressourcen, wenn dadurch das Leben von Menschen gefährdet wird;
   i) Drohung, eine der in a) bis h) genannten Straftaten zu begehen.«
43 International Convention to the Suppression of the Financing of Terrorism v. 9. Dezember 1999, UN Doc. GV-Res. 54/109 (1999), 9. Dezember 1999.

Im Jahr 2011 ist die Berufungskammer des Sondertribunals für den Libanon[44] zum Ergebnis gekommen, dass sich im Hinblick auf den Terrorismusbegriff eine Norm des Völkergewohnheitsrechts entwickelt habe,[45] die folgende Elemente voraussetze:

>»(i) the perpetration of a criminal act (such as murder, kidnapping, hostage-taking, arson, and so on), or threatening such an act; (ii) the intent to spread fear among the population (which would generally entail the creation of public danger) or directly or indirectly coerce a national or international authority to take some action, or to refrain from taking it; (iii) when the act involves a transnational element.«[46]

Den unterschiedlichen Definitionsansätzen kann für diese Arbeit Folgendes entnommen werden: Terrorismus ist die »Anwendung von Gewalt zur Erreichung eines bestimmten politischen Ziels durch Hervorrufung von Furcht und Schrecken«.[47]

Obwohl zwischen Terroristen und nicht-staatliche Akteuren eine große Schnittmenge besteht, ist letzterer Begriff weiter gefasst: Während »Terrorismus« bestimmte hinter der Gewaltanwendung stehende Absichten impliziert und damit zu einer Beschränkung des Täterkreises oder der Tatformen führt,[48] steht die Formulierung »nicht-staatliche Gewalt« in keinem Zusammenhang mit bestimmten Motiven.

Da sich diese Arbeit umfassend mit Fragen zur Selbstverteidigung gegen jede Form nicht-staatlicher Gewalt befasst, wird der Terrorismusbegriff nur im Kontext von Fällen aus der Staatenpraxis verwendet, die tatsächlich durch einen terroristischen Hintergrund gekennzeichnet sind. Ferner wird die Begrifflichkeit im Rahmen der Darstellung von Rechtsansichten, die auf ihn zurückgreifen, gebraucht.

---

44 Im Englischen »Special Tribunal for Lebanon«; im Folgenden: STL. Das Sondertribunal wurde durch eine Vereinbarung zwischen den UN und Libanon geschaffen (s. Anhang zu UN Doc. SR-Res. 1757 (2007), 30. Mai 2007), deren Regelungen durch eine Resolution des Sicherheitsrates auf Grundlage von Kapitel VII UN-Charta in Kraft traten (UN Doc. SR-Res. 1757 (2007), 30. Mai 2007).

45 Kritisch hierzu *Kirsch/Oehmichen*, ZIS 2011, S. 800 (800 ff.).

46 STL, *Prosecutor v. Ayyash et al.*, Interlocutory Decision on the Applicable Law, Entscheidung v. 16. Februar 2011, STL-11-01/I, Rn. 85.

47 *Steiger*, Völkerrechtliches Folterverbot, S. 14. S. ferner *Schachter*, IsYHR 19 (1989), S. 209 (210); *Beck/Arend*, Wisconsin ILJ 12 (1993), S. 153 (163); *Stein*, AVR 30 (1992), S. 38 (38 ff.).

48 Zweifelnder *Scholz*, Selbstverteidigungsrecht, S. 19.

II. Aufenthaltsstaat und Hintergrundstaat

Aufenthaltsstaaten sind Staaten, in denen nicht-staatliche Akteure verweilen, unabhängig von der Kenntnis oder dem Willen des jeweiligen Staates. Der Begriff des Hintergrundstaates ist weiter gefasst und bezeichnet alle Staaten, über die eine rechtliche oder tatsächliche Verbindung zu den nicht-staatlichen Akteuren hergestellt werden kann. Neben Aufenthaltsstaaten fallen darunter auch Staaten, die z.B. Unterstützungsleistungen erbracht haben oder durch die Staatsangehörigkeit mit den Privatpersonen in Beziehung stehen.

Erster Teil — Die Aktivierung des Selbstverteidigungsrechts im
Kontext nicht-staatlicher Gewalt

1. Kapitel — Grenzüberschreitende Maßnahmen gegen nicht-staatliche Akteure vor dem Hintergrund von Gewaltverbot und Selbstverteidigungsrecht

Dieses Kapitel beschäftigt sich zunächst mit den zum Teil strittigen inhaltlichen Grundlagen des Gewaltverbots und geht auf Theorien zu dessen Beschränkung hinsichtlich nicht-staatlicher Übergriffe ein. Sodann erfolgt eine Einordnung des satzungsrechtlichen Selbstverteidigungsrechts in das System der UN-Charta sowie eine Darstellung des Verhältnisses zur völkergewohnheitsrechtlichen Norm.

A. Die Geltung des Gewaltverbots zugunsten des Aufenthaltsstaates nicht-staatlicher Akteure

Das in der Präambel und in Art. 1 Ziff. 1 UN-Charta verankerte Ziel der Wahrung des Weltfriedens und der internationalen Sicherheit ist eine der Grundentscheidungen der Vereinten Nationen. Ausgangspunkt des hierfür geschaffenen Friedenssicherungssystems der UN-Charta ist das in Art. 2 Ziff. 4 verankerte Gewaltverbot. Demnach unterlassen

> »[a]lle Mitglieder [...] in ihren internationalen Beziehungen jede gegen die territoriale Unversehrtheit oder die politische Unabhängigkeit eines Staates gerichtete oder sonst mit den Zielen der Vereinten Nationen unvereinbare Androhung oder Anwendung von Gewalt.«

Neben der satzungsrechtlichen Normierung gilt das Gewaltverbot inhaltsgleich auch völkergewohnheitsrechtlich[49] und ist Teil des zwingenden

---

49 So die h.M., statt vieler *Dahm/Delbrück/Wolfrum*, Völkerrecht, Bd. I/3, S. 822; *Dinstein*, Self-Defence, Rn. 271. Vgl. aber die unklaren Feststellungen im *Nicaragua*-Fall. Einerseits erwähnt der IGH, dass beide Vorschriften zum Gewaltverbot nicht völlig identisch seien (Rn. 175: »On a number of points, the areas governed by the two sources of law do not exactly overlap, and the substantive rules in which they are framed are not identical in content.«). Andererseits zieht er die Voraussetzungen von Art. 2 Ziff. 4 UN-Charta heran (Rn. 227) und greift ausdrücklich auf dessen Wortlaut zurück (Rn. 190), um die völker-

Rechts (*ius cogens*).[50] Daher gelten die folgenden Erörterungen zu Art. 2 Ziff. 4 UN-Charta auch für das völkergewohnheitsrechtliche Verbot.

I. Restriktive Auslegung des Gewaltbegriffs

Seit jeher besteht eine rege Diskussion über die inhaltliche Reichweite des Gewaltbegriffs. Staatengemeinschaft und Literatur konnten sich bisher nicht auf eine Definition einigen.[51] Nach herrschender Meinung wird jedoch nicht jede Art von Zwangsausübung, sondern nur physische, d.h. militärische Gewalt erfasst.[52] Wirtschaftlicher, politischer und psychischer Druck, so z.B. in Gestalt eines Waffenembargos, fallen nach überwiegender Ansicht hingegen nicht unter diesen Begriff.[53] Bestätigt wird diese Sichtweise durch die Friendly Relations Declaration aus dem Jahre 1974[54], die

---

gewohnheitsrechtliche Norm zu konkretisieren. Der IGH könnte dahingehend verstanden werden, dass das Verbot als solches in beiden Vorschriften identisch ist (s. *Randelzhofer/Dörr,* in: Simma/Khan/Nolte/Paulus (Hrsg.), UN Charter, Art. 2 (4), Rn. 65).

50 *Randelzhofer/Dörr,* in: Simma/Khan/Nolte/Paulus (Hrsg.), UN Charter, Art. 2 (4), Rn. 67; *Dahm/Delbrück/Wolfrum,* Völkerrecht, Bd. I/3, S. 822. S. auch den *Nicaragua*-Fall, Rn. 190: »A further confirmation of the validity as customary international law of the principle of the prohibition on the use of force expressed in Article 2, paragraph 4, of the Charter of the United Nations may be found in the fact that it is frequently referred to in statements by State representatives as being not only a principle of customary international law but also a fundamental or cardinal principle of law. The International Law Commission, in the Course of its work on the codification of the law of treaties, expressed the view that the law of the Charter concerning the prohibition of the use of force in itself constitutes a conspicuous example of a rule in international law having the character of jus cogens (Commentary of the Commission to Article 50 of its draft Articles on the Law on Treaties, ILC Yearbook, 1966-II, p. 247, para. 1)«.

51 *Randelzhofer/Dörr,* in: Simma/Khan/Nolte/Paulus (Hrsg.), UN Charter, Art. 2 (4); Rn. 15 m.w.N.

52 Statt vieler *Dahm/Delbrück/Wolfrum,* Völkerrecht, Bd. I/3, S. 822 (mit Verweis auf Abs. 7 der Präambel und auf Art. 44 UN-Charta); *Heintschel von Heinegg,* in: Ipsen (Hrsg.), Völkerrecht, S. 1063, Rn. 18.

53 Vgl. hierzu die Textauslegung des Gewaltbegriffs bei *Kunig,* Jura 20 (1998), S. 664 (665).

54 Friendly Relations Declaration, Erklärung über völkerrechtliche Grundsätze für freundschaftliche Beziehungen und Zusammenarbeit zwischen den Staaten im

der inhaltlichen Konkretisierung der satzungsrechtlichen Grundsätze und Ziele dient. In ihrem ersten Grundsatz über die Ausgestaltung des Gewaltverbots wird ebenfalls nur militärische Gewalt berücksichtigt.[55]

Gleichwohl wird nicht jede Form von Waffengewalt erfasst, vielmehr muss die Gewalt eine bestimmte Intensität erreichen, wobei die Schwelle aber niedrig anzusetzen ist.[56] Bloße Grenzscharmützel verstoßen nicht gegen das Gewaltverbot.[57] Selbst wenn ein Staat nicht durch eigene Streitkräfte tätig wird, kann er in Form sogenannter *indirekter Gewalt* gegen die Vorschrift verstoßen, indem er die Gewaltanwendung durch andere (Söldner, Rebellen und Terroristen) veranlasst.[58]

II. Beschränkung des Gewaltverbots auf grenzüberschreitende Fälle

Eine weitere Einschränkung erfährt das Gewaltverbot in territorialer Hinsicht; Art. 2 Ziff. 4 UN-Charta gilt nur *in den internationalen Beziehungen.* Aus diesem Grund werden nur grenzüberschreitende Konflikte erfasst; rein innerstaatliche Gewaltanwendungen sind auszuklammern.[59] Daher fallen Gewaltanwendungen eines Staates zur Gegenwehr von Anschlägen privater Akteure auf seinem eigenen Territorium aus dem Regelungsbereich des Art. 2 Ziff. 4 UN-Charta.[60] Das Gewaltverbot erstreckt sich hauptsächlich

---

      Sinne der Charta der Vereinten Nationen v. 24. Oktober 1970, Anhang zu UN Doc. GV-Res. 2625 (XXV), 24. Oktober 1970.

55   Trotz ihres unverbindlichen Charakters als »bloße« Resolution der UN-Generalversammlung kann sie als Auslegungshilfe herangezogen werden.

56   Statt vieler *Bothe,* in: Graf Vitzthum/Proelß (Hrsg.), Völkerrecht, S. 600, Rn. 10; *Beyerlin*, ZaöRV 37 (1977), S. 213 (218).

57   *Beyerlin*, ZaöRV 37 (1977), S. 213 (218).

58   *Souza*, Canadian JIL 53 (2015), S. 202 (207). Wie der IGH im *Nicaragua*-Fall (Rn. 228) festgestellt hat, fällt jedoch nicht jede Form der Unterstützung als indirekte Gewalt unter das Gewaltverbot: »[...] while the arming and training of the contras can certainly be said to involve the threat or use of force against Nicaragua, this is not necessarily so in respect of all the assistance given by the United States Government. In particular, the Court considers that the mere supply of funds to the contras, while undoubtedly an act of intervention in the internal affairs of Nicaragua [...] does not in itself amount to a use of force.«

59   Statt aller *Kunig*, Jura 1998, S. 664 (666); *Schindler*, BDGV 26 (1986), S. 11 (14 f.).

60   *Kreß*, Selbstverteidigungsrecht, S. 212.

auf zwischenstaatliche Verhältnisse. Daneben gilt es heutzutage auch gegenüber *de facto*-Regimen.[61]

III. Teleologische Reduktion des Gewaltverbots bei grenzüberschreitenden Maßnahmen gegen nicht-staatliche Akteure?

Die Konsequenz aus den oben dargelegten Erkenntnissen wäre demnach, dass zwar nicht jede gewaltsame Maßnahme gegen private Gruppierungen gegen Art. 2 Ziff. 4 UN-Charta verstößt, jedoch solche, die auf dem Hoheitsgebiet dritter Staaten stattfindet. Nach einigen Stimmen in der Völkerrechtslehre soll das Verbot in einigen Fällen aber auch bei einem grenzüberschreitenden Vorgehen entweder schon tatbestandlich nicht greifen oder teleologisch zu reduzieren sein.

In tatbestandlicher Hinsicht richte sich nur vorübergehende und räumlich begrenzte Gewalt nicht gegen die »territoriale Unversehrtheit und politische Unabhängigkeit« eines Staates.[62] Kurzzeitige grenzüberschreitende gewaltsame Maßnahmen zur Beseitigung einer terroristischen Gefahr würden somit nicht vom Wortlaut und Zweck des Art. 2 Ziff. 4 UN-Charta berücksichtigt und stünden daher im Einklang mit der Charta.[63] Gleiches gelte für Gewaltanwendungen, die nicht auf die Annexion fremden Staatsgebiets gerichtet seien: Da der Begriff der »territorialen Unversehrtheit« nicht dem der »territorialen Unverletzlichkeit« entspreche, verbiete Art. 2 Ziff. 4 UN-Charta nur ein gewaltsames Vorgehen in gesteigerter Form und zwar ein solches mit Aneignungsabsicht.[64] Während territoriale Unverletzlichkeit schon durch jede, auch nur vorübergehende Einwirkung auf fremdem

---

61 *Bruha*, AVR 40 (2002), S. 383 (379).
62 *Riggs*, Military LR 1 (1985), S. 1 (24); *Bowett*, Self-Defence, S. 152; *Kühn*, SAYIL 6 (1980), S. 42 (49); *D'Amato*, AJIL 84 (1990), S. 494 (520); *Travalio*, Wisconsin ILJ 18 (2000), S. 145 (166).
63 *Travalio*, Wisconsin ILJ 18 (2000), S. 145 (166).
64 *Franzke*, ÖZöR 16 (1966), S. 128 (148); *Bowett*, Self-Defence, S. 31, 152. *Stone*, Aggression and World Order, S. 43, betrachtet die Formulierungen »gegen die territoriale Unversehrtheit oder politische Unabhängigkeit gerichtet oder sonst mit den Zielen der Vereinten Nationen« ebenso als einschränkendes Tatbestandsmerkmal.

Staatsgebiet tangiert sei,[65] betreffe der Begriff der territorialen Unversehrtheit die Substanz des Gebiets als Ganzes, dessen Bestandteile alle als inte-
grierend.[66] Auch wird die Ansicht vertreten, die Bekämpfung des internationalen Terrorismus stünde im Interesse der Staatengemeinschaft und eine
damit verbundene Gewaltanwendung stehe in diesem Zusammenhang im
Einklang mit den »Zielen der Vereinten Nationen«.[67]

Die Geltung des Gewaltverbots wird auch in Bezug auf *failed states* verneint[68] oder reduziert[69]. Anknüpfungspunkt sei hier ebenfalls der Wortlaut
von Art. 2 Ziff. 4 UN-Charta: Gewaltmaßnahmen gegen einen *failed state*
würden sich nicht gegen »die territoriale Integrität oder politische Unabhängigkeit« richten.[70] Zum Schutze der Bevölkerung befinde sich ein gewaltsames Vorgehen mit den »Zielen der Vereinten Nationen« im Einklang.[71] Da das Gewaltverbot zwischenstaatliches Recht sei, stünde es unter
der Bedingung vollständiger Staatsgewalt und damit der fortdauernden
Existenz des Staates.[72] Mit dem Rückgang effektiver Staatsgewalt verliere
das Gewaltverbot seine volle Geltung.[73] Bei Übergriffen bewaffneter Banden auf das Gebiet von Nachbarstaaten dürfen letzere daher mit militärischen Maßnahmen antworten, ohne das Gewaltverbot zu verletzen und auf
das Selbstverteidigungsrecht rückgreifen zu müssen.[74]

Die skizzierten Ansichten halten einer Prüfung nicht stand. Der Versuch
einer einschränkenden Auslegung des Gewaltverbots wurde mehrfach ent-
kräftet und hat sich nicht durchgesetzt.[75] Deren Befürworter stellen hierbei
allesamt auf den Wortlaut ab. Insbesondere die Entstehungsgeschichte von
Art. 2 Ziff. 4 UN-Charta zeigt jedoch, dass die Klausel »gegen die territo-

---

65 *Franzke*, ÖZöR 16 (1966), S. 128 (148).
66 *Franzke*, ÖZöR 16 (1966), S. 128 (148).
67 *Sofaer*, EJIL 14 (2003), S. 209 (223). Ebenso *Travalio*, Wisconsin ILJ 18
    (2000), S. 145 (166 f. und insb. 177 ff.), jedoch nur bei Vorliegen weiterer Vo-
    raussetzungen.
68 *Murswiek*, BDGV 34 (1995), S. 149 (150); vorschlagend ebenso *Tomuschat*, EA
    36 (1981), S. 325 (332).
69 *Herdegen*, BDGV 34 (1995), S. 49 (61).
70 *Herdegen*, BDGV 34 (1995), S. 49 (61).
71 *Herdegen*, BDGV 34 (1995), S. 49 (61).
72 *Herdegen*, BDGV 34 (1995), S. 49 (61).
73 *Herdegen*, BDGV 34 (1995), S. 49 (61 f.).
74 *Herdegen*, BDGV 34 (1995), S. 49 (63).
75 *Kreß*, Selbstverteidigungsrecht, S. 172 ff.; *Dinstein*, Self-Defence, Rn. 245 ff.

riale Integrität oder politische Unabhängigkeit« keine tatbestandliche Beschränkung bezweckt. Im Gegenteil: Kleinere und schwächere Staaten wollten hierdurch eine weite Geltung des Gewaltverbots sichergestellt wissen.[76] Der Zusatz dient damit lediglich der (missverständlich formulierten) Klarstellung, dass die Verletzung der territorialen oder politischen Unabhängigkeit einen besonders schwerwiegenden Bruch des Gewaltverbots darstellt.[77] Darüber hinaus wäre eine solche Auslegung auch nicht mit dem Sinn des Art. 2 Ziff. 4 UN-Charta zu vereinbaren, der – wie sich aus der Präambel und aus Art. 1 Ziff. 1 UN-Charta ergibt – ein umfassendes Gewaltverbot statuiert.[78] Unverständlich ist, warum dem Begriff der territorialen Unversehrtheit eine besondere Schwere der Gebietsverletzung immanent sein solle und eine Aneignungsabsicht vorausgesetzt sei.[79] Vielmehr ist der Position zuzustimmen, dass die »Unversehrtheit« auch die »Unverletzlichkeit« einschließe und damit auch vorübergehende Gewaltanwendungen gegen das Verbot aus Art. 2 Ziff. 4 UN-Charta verstoßen.[80]

Das Argument, wonach die Bekämpfung des internationalen Terrorismus mit den Zielen der Vereinten Nationen vereinbar sei, überzeugt ebenso wenig. Auf diese Weise könnte man allenfalls Maßnahmen gegen die nichtstaatlichen Gruppierungen selbst ausklammern, nicht aber Aktionen gegen die territoriale Unversehrtheit ihrer Aufenthaltsstaaten.[81] Im Übrigen ist der Bezug auf die »Ziele« der Vereinten Nationen wie eine Generalklausel aufzufassen, wenn man bedenkt, dass gem. Art. 1 Ziff. 1 UN-Charta hierunter die Wahrung des Weltfriedens und der internationalen Sicherheit, die Verhütung und Beseitigung von Friedensbedrohungen, die Unterdrückung von Angriffshandlungen und anderen Friedensbedrohungen und die friedliche Beilegung von Situationen, die zu Friedensbrüchen führen könnten, fallen. Auch lässt sich daraus die Schlussfolgerung ziehen, dass der Hinweis auf die Ziele ebenso wie auf die beiden anderen Qualifikationen nicht als eigene

---

76 UNCIO VI, S. 451 ff. Vgl. ferner m.w.N. *Brownlie*, Use of Force, S. 266 f.; *Tomuschat*, EA 36 (1981), S. 325 (329); *Schröder*, JZ 1977, S. 420 (422); *Dahm/Delbrück/Wolfrum*, Völkerrecht, Bd. I/3, S. 823.

77 *Stein/von Buttlar*, Völkerrecht, Rn. 776; *Schindler*, BDGV 26 (1986), S. 11 (14).

78 *Randelzhofer/Dörr*, in: Simma/Khan/Nolte/Paulus (Hrsg.), UN Charter, Art. 2 (4), Rn. 38.

79 *Scholz*, Selbstverteidigungsrecht, S. 26; *Dahm*, JIR 11 (1962), S. 48 (50).

80 *Schindler*, BDGV 26 (1986), S. 11 (14).

81 *Scholz*, Selbstverteidigungsrecht, S. 26.

Tatbestandsmerkmale aufzufassen sind, sondern Ausnahmen vom Gewaltverbot nur im Wege von Bestimmungen außerhalb des Art. 2 Ziff. 4 UN-
Charta gerechtfertigt werden können.[82] Eine Einschränkung auf Tatbestandsebene ist daher zu verneinen.[83] Jede grenzüberschreitende Maßnahme
gegen nicht-staatliche Akteure stellt einen Verstoß gegen die territoriale
Unversehrtheit des Aufenthaltsstaates dar. Dies gilt auch dann, wenn sich
die eigentlichen Aktionen nur gegen die nicht-staatlichen Akteure und nicht
(ebenso) gegen staatliche Einrichtungen richten. Nichtsdestotrotz ist letztere Unterscheidung nicht obsolet, sie bleibt in Bezug auf die Reichweite
möglicher Verteidigungsmaßnahmen von Relevanz, was an anderer Stelle
dieser Arbeit thematisiert wird.[84]

Auch der Vorschlag einer teleologischen Reduktion in den Fällen eines
failed state stößt auf wenig Resonanz und ist gewohnheitsrechtlich nicht
nachweisbar.[85] Die Vertreter dieser Ansicht lassen unbeachtet, dass damit
einem Missbrauch Tür und Tor geöffnet würde.[86] Staaten könnten nach Belieben militärisch eingreifen, ohne dass es einer Rechtfertigung bedürfte.
Auch ein *failed state* ist letztendlich noch ein Staat, der dem Schutz des
Gewaltverbots untersteht. Im Sinne des völkerrechtlichen Grundsatzes der
Kontinuität ist ein Staat erst dann vollständig untergegangen, wenn auch
nach langen Übergangsfristen keine Wiederbelebung effektiver Staatsgewalt zu erwarten ist.[87] Eine teleologische Reduktion des Gewaltverbots in
Fällen grenzüberschreitender terroristischer Bekämpfung auf dem Territo-
rium von *failed states* ist daher abzulehnen.

---

82 *Kunig*, Jura 1998, S. 664 (666).
83 So die h.M., statt vieler *Stein/von Buttlar*, Völkerrecht, Rn. 777; *Becker Lorca*,
    NYUJILP 45 (2012-2013), S. 1 (27); *Stahn*, in: Walter/Vöneky/Röben/Schor-
    kopf (Hrsg.), Terrorism, S. 841 f.; *Beyerlin*, ZaöRV 37 (1977), S. 213 (217); *Ge-
    noni*, Notwehr, S. 115 f.; *Schachter*, IsYHR 19 (1989), S. 209 (213); *Constan-
    tinou*, Self-Defence, S. 46; *Brownlie*, Use of Force, S. 266 f.; *Derpa*, Gewaltver-
    bot, S. 31; *Randelzhofer/Dörr*, in: Simma/Khan/Nolte/Paulus (Hrsg.), UN Char-
    ter, Art. 2 (4), Rn. 39; *Wehberg*, Krieg und Eroberung, S. 70 f.; *Berber*, Lehr-
    buch des Völkerrechts, II. Band, S. 40 f.; *Verdross/Simma*, Universelles Völker-
    recht, § 469; *Tomuschat*, EuGRZ 2001, S. 535 (541).
84 S. Zweiter Teil, 1. Kapitel.
85 *Bothe*, in: Graf Vitzthum/Proelß (Hrsg.), Völkerrecht, S. 603, Rn. 13, der aller-
    dings Überlegungen anstellt, ob sich ein *failed state* noch auf den Schutz des
    Gewaltverbots berufen kann, wenn von ihm Gewalt ausgeht, da er seinerseits
    Schutzpflichten gegenüber seinen Nachbarstaaten gröblich verletzt.
86 So *Bothe*, in: Graf Vitzthum/Proelß (Hrsg.), Völkerrecht, S. 603, Rn. 13; *von
    Lersner*, HuV-I 12 (1999), S. 156 (161); *Thürer*, BDGV 34 (1996), S. 9 (17).
87 *Stein/von Buttlar*, Völkerrecht, Rn. 289.

IV. Zusammenfassung

Das Gewaltverbot erfasst nur militärische Gewalt mit einer bestimmten (wenn auch niedrig anzusetzenden) Intensität. Eine tatbestandliche Einschränkung oder eine teleologische Reduktion der Norm scheidet aus. Demzufolge kann sich auch ein Aufenthaltsstaat nicht-staatlicher Akteure auf das Gewaltverbot berufen. Gleiches gilt für einen Staat mit schwindender Staatsgewalt. Ein gewaltsames grenzüberschreitendes Vorgehen gegen nicht-staatliche Akteure verletzt die territoriale Integrität des Aufenthaltsstaates und bedarf daher eines Rechtfertigungsgrundes.

B. Das Selbstverteidigungsrecht als Ausnahme zum Gewaltverbot

Zur Rechtfertigung eines Verstoßes gegen das Gewaltverbot kommen Zwangsmaßnahmen des Sicherheitsrates nach Kapitel VII der UN-Charta oder das Selbstverteidigungsrecht nach Art. 51 UN-Charta, das in der folgenden Darstellung ins Blickfeld rückt, in Betracht.[88]

---

88 Statt vieler *Stein/v. Buttlar*, Völkerrecht, Rn. 781; *Schachter*, IsYHR 19 (1989), S. 209 (214). Ein weiterer ausdrücklicher Rechtfertigungsgrund besteht in der – heute obsoleten – Ausübung von Sonderrechten gegenüber ehemaligen Feindstaaten, vgl. Art. 107, 53 Abs. 1 S. 2 UN-Charta. Darüber hinaus werden weitere, ungeschriebene Rechtfertigungsgründe vehement diskutiert, die für die vorliegende Arbeit ohne Relvanz sind. So soll zum einen die Rettung eigener Staatsangehöriger im Ausland als *ultima ratio* zulässig sein unter der Bedingung, dass eine massive Lebensbedrohung besteht und der dritte Staat gegen diese Bedrohung nicht einschreitet. Noch umstrittener in Staatengemeinschaft und Literatur ist das Recht auf humanitäre Intervention, wonach ein Militäreinsatz in einem dritten Staat zum Schutz der dortigen Bevölkerung vor schweren Menschenrechtsverletzungen unter engen Voraussetzungen rechtmäßig sei. Der Verstoß des mit den Menschenrechten auf gleicher Stufe stehenden Gewaltverbots sei im Rahmen einer Abwägung gerechtfertigt. Zur Rettung eigener Staatsangehörige s. *Grimal/Melling*, JCSL 16 (2011), S. 541 ff.; *Gazzini*, Use of Force, S. 170 ff.; *Lambertz*, HuV-I 25 (2012), S. 27 ff.; *Beyerlin*, ZaöRV 37 (1977), S. 213 ff.; *Westerdiek*, AVR 21 (1983), S. 383 ff.; *Randelzhofer*, in: Simma/Khan/Nolte/Paulus (Hrsg.), UN Charter, Art. 2 (4), Rn. 57 ff. Zur humanitären Intervention s. *Franck*, Recourse to Force, S. 135 ff.; *Henkin*, AJIL 93 (1999), S. 824 ff.; *Charney*, AJIL 93 (1999), S. 834 ff.; *Lowe/Tzanakopoulos*, in: Wolfrum (Hrsg.), MPEPIL, Vol. V, S. 47 ff.; *Gazzini*, Use of Force,

In Art. 51 UN-Charta heißt es:

>»Diese Charta beeinträchtigt im Falle eines bewaffneten Angriffs[89] gegen ein Mitglied der Vereinten Nationen keineswegs das naturgegebene Recht zur individuellen und kollektiven Selbstverteidigung, bis der Sicherheitsrat die zur Wahrung des Weltfriedens und der internationalen Sicherheit erforderlichen Maßnahmen getroffen hat. Maßnahmen, die ein Mitglied in Ausübung dieses Selbstverteidigungsrechts trifft, sind dem Sicherheitsrat sofort anzuzeigen; sie berühren in keiner Weise dessen auf dieser Charta beruhende Befugnis und Pflicht, jederzeit die Maßnahmen zu treffen, die er zur Wahrung oder Wiederherstellung des Weltfriedens und der internationalen Sicherheit für erforderlich hält.«

Art. 51 UN-Charta legitimiert ausweislich seines Wortlauts nicht nur den angegriffenen Staat zu Verteidigungsmaßnahmen (sog. individuelle Selbstverteidigung), sondern berechtigt auch andere Staaten zum Tätigwerden (sog. kollektive Selbstverteidigung).[90] Diese Nothilfe durch Drittstaaten kann *ad hoc* geleistet werden oder aber auch in Beistands- und Verteidigungsbündnissen im Voraus verabredet sein. Der Internationale Gerichtshof hat die kollektive Selbstverteidigung vom Vorliegen eines formellen Hilfeersuchens des betroffenen Staates abhängig gemacht.[91]

I. Das Selbstverteidigungsrecht im System der UN-Charta

Neben dem Gewaltverbot unterscheidet das satzungsrechtliche Friedenssicherungssystem zwischen Maßnahmen des Sicherheitsrats nach Art. 39 ff.

S. 174 ff.; *Gray*, Use of Force, S. 88 ff.; *Randelzhofer*, in: Simma/Khan/Nolte/Paulus (Hrsg.), UN Charter, Art. 2 (4), Rn. 53 ff.

89 Im Englischen »if an armed attack occurs«, im Französischen »dans le cas d'une aggression armée«.

90 S. zum historischen Hintergrund der kollektiven Selbstverteidigung *Baker*, Houston JIL 10 (1987-1988), S. 25 (30).

91 *Nicaragua*-Fall, Rn. 199: »At all events, the Court finds that in customary international law, whether of a general kind or that particular to the inter-American legal system, there is no rule permitting the exercise of collective self-defence in the absence of a request by the State which regards itself as the victim of an armed attack. The Court concludes that the requirement of a request by the State which is the victim of the alleged attack is additional to the requirement that such a State should have declared itself to have been attacked.« Nach *Ronzitti*, JCSL 11 (2006), S. 343 (353), müsse zumindest das Einverständnis des angegriffenen Staates vorliegen.

UN-Charta und dem Selbstverteidigungsrecht nach Art. 51 UN-Charta. Trotz dieser Differenzierung sind die einzelnen Tatbestände nicht jeweils für sich, sondern in einer Gesamtschau unter dem System der UN-Charta zu interpretieren.[92] Gem. Art. 12, 24 UN-Charta trägt der Sicherheitsrat die Hauptverantwortung für die Wahrung des Weltfriedens und der internationalen Sicherheit. Daher ist es primär seine Aufgabe, Verstöße gegen das Gewaltverbot zu sanktionieren und im Falle einer »Friedensbedrohung«, eines »Friedensbruchs« oder einer »Angriffshandlung« erforderliche Zwangsmaßnahmen nach Kapitel VII der UN-Charta zu ergreifen. Da demzufolge der Sicherheitsrat vorrangig zuständig ist,[93] greift das Selbstverteidigungsrecht ausweislich von Art. 51 S. 1, 2. HS UN-Charta auch nur solange, bis dieser tätig wurde. Das Gewaltverbot und die Befugnis zur Selbstverteidigung stehen daher zueinander in einem Regel-Ausnahme-Verhältnis.[94] Der Einsatz grundsätzlich verbotener Gewalt ist unter den Voraussetzungen des Art. 51 UN-Charta ausnahmsweise erlaubt.[95]

II. Erfordernis einer grenzüberschreitenden Gewaltausübung

Aus dem Verhältnis zwischen Gewaltverbot und Selbstverteidigung leitet sich ab, dass das Selbstverteidigungsrecht nur *in den internationalen Beziehungen* gilt. Zwar ist dies ausdrücklich nur in Art. 2 Ziff. 4 UN-Charta geregelt, gilt aber erst recht in Bezug auf Art. 51 UN-Charta, da letztere Vorschrift Gewalt gar in Form eines bewaffneten Angriffs verlangt und somit tatbestandlich enger gefasst ist.[96] Dies bedeutet (auch) im Kontext nichtstaatlicher Aktivitäten, dass die Gewaltanwendung über ein innerstaatliches Verhältnis hinausgehen muss, es also eines grenzüberschreitenden Sach-

---

92   *Krajewski*, AVR 40 (2002), S. 185 f.
93   Daneben ist auch die Generalversammlung gem. Art. 10 UN-Charta zuständig, jedoch nur dann, wenn der Sicherheitsrat von seiner Zuständigkeit (noch) keinen Gebrauch gemacht hat.
94   Statt vieler *Tladi*, AJIL 107 (2013), S. 570 (572); *Stein/von Buttlar*, Völkerrecht, Rn. 782; *Kreß*, Selbstverteidigungsrecht, S. 212; *Shah*, JCSL 12 (2007), S. 95 (97); *Genoni*, Notwehr, S. 106.
95   *Scholz*, Selbstverteidigungsrecht, S. 24.
96   So auch *Stahn*, in: Walter/Vöneky/Röben/Schorkopf (Hrsg.), Terrorism, S. 851.

verhalts bedarf.[97] Ein solcher »external link«[98] ist in zwei Konstellationen denkbar.

Eine Grenzüberschreitung liegt dann vor, wenn der Anschlag vom Hoheitsgebiet eines dritten Staates aus »herrührt«.[99] Damit sind Fälle gemeint, in denen der Anschlag direkt von fremdem Territorium aus in Gang gesetzt wird, entweder durch Start einer Rakete in Richtung des Opferstaates oder durch Überschreiten der Grenze zu Fuß, um sodann Gewalt auszuüben[100] (so z.B. bei Grenzgefechten).

Schwieriger zu beurteilen sind Fälle, in denen der gewaltsame Übergriff zwar im Opferstaat selbst vollständig durchgeführt wurde, aber dennoch eine irgendwie geartete Beziehung zum Ausland besteht. Um über ein innerstaatliches Verhältnis i.S.v. Art 51 UN-Charta hinauszugehen, reicht es nicht aus, auf die fremde Staatsangehörigkeit der Angreifer abzustellen.[101] Auch der Umstand, dass die Angreifer zeitweise im Ausland Zuflucht suchen oder sich dort überwiegend aufhalten, genügt allein nicht.[102] Der grenzüberschreitende Bezug ist nur dann zu bejahen, wenn der Anschlag aus dem Ausland gelenkt, d.h. vorbereitet, kontrolliert oder angewiesen wurde.[103] Halten sich die Angreifer zwar ständig im Ausland auf, reisen aber in den Opferstaat, um den im Ausland geplanten Anschlag durchzuführen, liegt ein »external link« vor. Bloße untergeordnete Unterstützungsleistungen wie Waffenlieferungen erfüllen das Kriterium des grenzüberschreitenden Bezugs demgegenüber nicht.[104] Im Ergebnis kommt es weniger auf die Aufenthaltsorte und Staatsangehörigkeit der Akteure an, als viel-

---

97   *Ruys*, Armed Attack, S. 500; *Wiefelspütz*, Friedens-Warte 81 (2006), S. 73 (78); *Blumenwitz*, ZfP 50 (2003), S. 301 (312).

98   *Stahn*, in: Walter/Vöneky/Röben/Schorkopf (Hrsg.), Terrorism, S. 851; *Ruys*, Armed Attack, S. 500.

99   *Stahn*, in: Walter/Vöneky/Röben/Schorkopf (Hrsg.), Terrorism, S. 827 (851).

100   *Schindler*, BDGV 26 (1986), S. 11 (35). Diese offensichtliche Variante übersieht *Stahn*, in: Walter/Vöneky/Röben/Schorkopf (Hrsg.), Terrorism, S. 827 (851).

101   Ebenso *Ruys*, Armed Attack, S. 500. A.A. *Stahn*, in: Walter/Vöneky/Röben/Schorkopf (Hrsg.), Terrorism, S. 827 (851).

102   *Ruys*, Armed Attack, S. 500.

103   *Ruys*, Armed Attack, S. 500; *Stahn*, in: Walter/Vöneky/Röben/Schorkopf (Hrsg.), Terrorism, S. 827 (851).

104   *Ruys*, Armed Attack, S. 500.

mehr auf die Umstände des Anschlags selbst, die Rückschluss auf seine geografische Quelle geben.

Zur Verfolgung gewaltsamer nicht-staatlicher Aktivitäten auf dem eigenen Territorium braucht ein Staat keine besondere völkerrechtliche Ermächtigung.[105] Er stößt hierbei aber auf menschenrechtliche Grenzen. So sind Staaten z.b. aufgrund internationaler und regionaler Menschenrechtsverträge grundsätzlich gehalten, niemandem willkürlich das Recht auf Leben zu entziehen – selbst bei Begehung schwerer Verbrechen.[106] Nur in Ausnahmefällen, wie einer gegenwärtigen Bedrohung für das Leben oder die Sicherheit anderer, darf tödliche Gewalt gegen Individuen eingesetzt werden.[107]

III. Art. 51 UN-Charta im Verhältnis zum völkergewohnheitsrechtlichen Selbstverteidigungsrecht

Neben seiner vertraglichen Fixierung gilt das Selbstverteidigungsrecht auch völkergewohnheitsrechtlich. Dies ergibt sich schon durch den Verweis auf das »naturgegebene Recht«[108] in Art. 51 UN-Charta.[109] Auch der Internationale Gerichtshof ging im *Nicaragua*-Fall von einem Nebeneinander von

---

105 *Tomuschat*, EuGRZ 2001, S. 535 (540); *Dinstein*, Self-Defence, Rn. 711.

106 S. hierzu *Henderson*, in: Noortmann/Reinisch/Ryngaert (Hrsg.), Non-State Actors, S. 77 (78 f.); *Melzer*, Targeted Killing, S. 91 ff.

107 *Henderson*, in: Noortmann/Reinisch/Ryngaert (Hrsg.), Non-State Actors, S. 77 (78).

108 Im Englischen »inherent right«, im Französischen »droit naturelle«.

109 *Randelzhofer/Nolte,* in: Simma/Khan/Nolte/Paulus (Hrsg.), UN Charter, Art. 51, Rn. 63. Auch der Briefwechsel zwischen *Lord Ashburton* und *Webster* zum *Caroline*-Fall aus dem Jahre 1842 (Lord Ashburton to Mr. Webster, Note to the Caroline Incident, Washington, 28. Juli 1842, British and Foreign State Papers 30 (1858), S. 195 (196), zeigt, dass ein Selbstverteidigungsrecht lange vor Abschluss der UN-Charta anerkannt war: »Self-defence is the first law of our nature«. Nach anderer Ansicht beziehe sich der Verweis auf das »naturgegebene Recht« nicht auf die gewohnheitsrechtliche Regelung, sondern betone lediglich, dass *jeder* Staat ein Selbstverteidigungsrecht habe; das Selbstverteidigungsrecht sei in Art. 51 UN-Charta abschließend geregelt. S. *Stein/von Buttlar*, Völkerrecht, Rn. 832.

vertraglichem und völkergewohnheitsrechtlichem Selbstverteidigungsrecht aus.[110]

Bei einer parallelen Geltung von Vertrags- und Gewohnheitsrecht ist gemäß des Prinzips *lex specialis* grundsätzlich auf die vertragliche Bestimmung zurückzugreifen, es sei denn diese (1.) kommt mangels Ratifizierung oder aufgrund eines Vorbehalts erst gar nicht zum Zuge[111] oder (2.) ist inhaltlich kürzer gefasst als die Norm des Gewohnheitsrechts.

Im Hinblick auf den ersten Fall kommt eine Entbindung von inhaltsgleichem Völkergewohnheitsrecht nicht in Betracht.[112] Dieser Fall ist in Bezug auf die UN-Charta bzw. konkret auf Art. 51 UN-Charta zumeist theoretischer Natur, da fast alle Staaten der Welt Mitglieder der Vereinten Nationen sind.

Im Hinblick auf die zweitgenannte Konstellation wird vielfach vertreten, das völkergewohnheitsrechtliche Selbstverteidigungsrecht würde durch den Verweis auf das »naturgegebene Recht« von der parallelen Chartavorschrift abweichen, niedrigeren Grenzen und damit weitreichenderen Befugnissen unterliegen. Daher sei die Ausübung von Selbstverteidigung auch unterhalb der Schwelle eines bewaffneten Angriffs zulässig.[113] Dies hätte zur Folge, dass ein gewaltsames grenzüberschreitendes Vorgehen gegen private Akteure in bestimmten Fällen nur unter Rückgriff auf das Gewohnheitsrecht zu rechtfertigen wäre.

---

110   *Nicaragua*-Fall, Rn. 176: »It cannot therefore be held that Article 51 is a provision which »subsumes and supervenes« customary international law. It rather demonstrates that in the field in question, the importance of which for the present dispute need hardly be stressed. Customary international law continues to exist alongside treaty law.« Der IGH durfte aufgrund der durch die USA eingebrachten Vorbehalte nur auf Grundlage des Gewohnheitsrechts entscheiden (vgl. Art. 36 Abs. 2, 3 IGH-Statut).

111   *Milej,* in: Heintschel von Heinegg (Hrsg.), Casebook Völkerrecht, Rn. 260.

112   *Milej,* in: Heintschel von Heinegg (Hrsg.), Casebook Völkerrecht, Rn. 260.

113   *McDougal/Feliciano*, World Public Order, S. 234 ff.; *Bowett*, Self-Defense, S. 188; *Feder*, NYU JIL & P 19 (1986-1987), S. 395 (425 ff., insb. 429 f.). Ferner auch Richter *Simma*, IGH, *Case Concerning the Iranian Oil Platforms* (Iran v. United States of America), Urteil v. 6. November 2003, ICJ Rep. 2003, S. 161 ff. (im Folgenden: *Oil Platforms*-Fall), Separate Opinion of Judge Simma, Rn. 12. Vgl. auch *Drohla*, in: Heintschel von Heinegg (Hrsg.), Casebook Völkerrecht, Rn. 429.

Zur Begründung dieser These wird teilweise an den Wortlaut von Art. 51 UN-Charta angeknüpft und vertreten, dass der bewaffnete Angriff mangels eines Zusatzes wie »*nur* im Falle...« bloß als »Illustration eines Anwendungsfalls« zu verstehen sei.[114] Dagegen ist jedoch zu Recht einzuwenden, dass exemplarische Nennungen regelmäßig durch den Zusatz »insbesondere« deutlich gemacht werden.[115]

Die Auslegung des Wortlauts der Chartaregelung ergibt ferner, dass das Selbstverteidigungsrecht nur im Falle eines bewaffneten Angriffs als »naturgegeben« qualifiziert wird.[116] Auch der IGH erklärte im *Nicaragua*-Fall, dass durch die Vokabel »naturgegeben« zwar auf das gewohnheitsrechtliche Selbstverteidigungsrecht verwiesen werde, dieses jedoch nur im Falle eines bewaffneten Angriffs zur Anwendung gelange.[117] Dem Wortlaut von Art. 51 UN-Charta lässt sich daher nicht entnehmen, dass das völkergewohnheitsrechtliche Selbstverteidigungsrecht weniger strenge Anforderungen stellt.

Über Art. 51 UN-Charta hinausgehende Befugnisse würden zudem den Ausnahmecharakter des Selbstverteidigungsrechts unterlaufen[118] und damit im Verhältnis zu Art. 2 Ziff. 4 UN-Charta und der Befugnis des Sicherheitsrates zu Maßnahmen nach Kapitel VII gegen die Gesamtsystematik der Satzung und gleichzeitig auch gegen Sinn und Zweck des Art. 51 UN-Charta verstoßen: Verteidigungsmaßnahmen sollen in Anbetracht des Gewaltverbots nur unter sehr engen Voraussetzungen zulässig sein und auch nur solange, bis der Sicherheitsrat Zwangsmaßnahmen ergreift. Durch weitergehende Selbstverteidigungsbefugnisse würde in die Kompetenz des Sicherheitsrats zur Wahrung des Friedens und der internationalen Sicherheit eingegriffen.[119] Darüber hinaus würde auch der Sinn von Art. 51 S. 1, 1. HS (»Die Charta beeinträchtigt im Falle eines bewaffneten Angriffs«) unterlaufen, der deutlich macht, dass es für die Ausübung von Verteidigungsmaß-

---

114   *von Lersner*, HuV-I 12 (1999), S. 156 (163); ebenso *McDougal/Feliciano*, World Public Order, S. 237 (Fn. 261); *Schwebel*, RdC 136 (1972 II), S. 411 (480).

115   *Kreß*, Selbstverteidigungsrecht, S. 175.

116   *Kreß*, Selbstverteidigungsrecht, S. 176.

117   *Nicaragua*-Fall, Rn. 176. Bestätigt im *Oil Platforms*-Fall, Rn. 51.

118   *Brownlie*, Use of Force, S. 265; *Wolf*, Haftung der Staaten, S. 421; s. auch *Kielmansegg*, AVR 50 (2012), S. 285 (292 f.).

119   *Scholz*, Selbstverteidigungsrecht, S. 30.

nahmen der hohen Schwelle eines bewaffneten Angriffs bedarf.[120] Würde man unterhalb dieser Grenze zur Gegengewalt berechtigen, käme dem ersten Halbsatz lediglich die Wirkung eines Regelbeispiels zu. Eine Gewaltausübung in Gestalt eines bewaffneten Angriffs bedarf jedoch dank seiner intensiven Form[121] am wenigsten einer Nennung.[122]

Andere begründen eine weniger strenge gewohnheitsrechtliche Verbotsausnahme damit, dass sich die Vereinten Nationen wiederholt als konsensunfähig erwiesen hätten, Schutz vor widerrechtlichen Gewaltanwendungen zu gewährleisten.[123] Der Sicherheitsrat sei durch wechselseitige Vetos der ständigen Mitglieder oftmals blockiert und daher nicht in der Lage, Maßnahmen zur Erhaltung des internationalen Friedens zu ergreifen.[124] Zumindest seit Ende der Ost-West-Konfrontation greift dieses Argument nicht – jedenfalls nicht im gleichen Maße[125] – da der Sicherheitsrat in einer Vielzahl von Krisen- und Konfliktsituationen Maßnahmen auf Grundlage von Kapitel VII der UN-Charta beschlossen hat.[126]

Das Ausbleiben eines Konsenses im Sicherheitsrat bedeutet zudem nicht in jedem Fall, dass der Sicherheitsrat seiner Verantwortung aus Art. 24 UN-Charta nicht nachkommt. Ein Einvernehmen im Sicherheitsrat hat auch den

---

120 *Stahn*, in: Walter/Vöneky/Röben/Schorkopf (Hrsg.), Terrorism, S. 827 (840): »How else can it be explained that Art. 51 does not use the flexible term 'aggression', but the narrower concept of 'armed attack'?« S. ebenso *Schindler*, BDGV 26 (1986), S. 11 (17).

121 Vgl. zu den inhaltlichen Anforderungen eines »bewaffneten Angriffs« unten Erster Teil, 2. Kapitel, A.

122 Ebenso *Kreß,* Selbstverteidigungsrecht, S. 175 f.; *Dinstein*, Self-Defence, Rn. 523.

123 *Coll*, ASIL Proc (1987), S. 297 (302 f.).

124 Z.B. *O'Brien*, Virginia JIL 30 (1990), S. 421 (469 ff.). Zu den immanenten Defiziten des UN-Systems kollektiver Sicherheit s. *Kielmansegg*, AVR 50 (2012), S. 285 (288 ff.).

125 S. aber z.B. jüngst das Scheitern des Sicherheitsrates im seit 2011 anhaltenden Syrienkonflikt. Bisher eingebrachte Resolutionen (s. z.B. UN Doc. SR-Res. 612 (2011), 4. Oktober 2011; UN Doc. SR-Res. 538 (2012), 19. Juli 2012; UN Doc. SR-Res. 348 (2014), 2. Mai 2014; UN Doc SR-Res. 1026 (2016), 5. Dezember 2016; UN Doc. SR-Res. 315 (2017), 12. April 2017), die ein sofortiges Ende der Gewalt und Sanktionen gegen das syrische Regime forderten, scheiterten am Veto Russlands und/oder Chinas. S. hierzu auch *Webb*, JCSL 19 (2014), S. 471 ff.

126 *Kotzur*, AVR 40 (2002), S. 454 (469); *Krajewski*, AVR 40 (2002), S. 183 (186).

Zweck, einen Missbrauch seiner weitreichenden Befugnisse zu verhindern.[127] Macht daher ein Mitglied von seinem Vetorecht Gebrauch, ist dies nicht immer mit einer Unfähigkeit des Rates gleichzusetzen. Darüber hinaus war den Verfassern der Charta bewusst, dass im Falle gewaltsamer Handlungen durch eine Vetomacht selbst eine Machtlosigkeit der Vereinten Nationen einhergeht.[128] Das Vetorecht wurde demgemäß auch im Hinblick auf gegen sie selbst gerichtete Beschlüsse zugestanden.[129] Ungeachtet dessen bringt diese Ansicht auch nur zum Ausdruck, warum ein weitergehendes Selbstverteidigungsrecht jenseits der Grenzen von Art. 51 UN-Charta politisch wünschenswert wäre. Diese Erklärung bleibt jedoch die rechtliche Begründung für solche Befugnisse schuldig. Im Ergebnis widersprechen systematische und teleologische Argumente einem Selbstverteidigungsrecht unterhalb der Schwelle zum bewaffneten Angriff.

Im Hinblick auf eine historische Auslegung von Art. 51 UN-Charta zeigt der Verweis auf das »naturgegebene Recht auf Selbstverteidigung« lediglich, dass die Gründungsmitglieder der Vereinten Nationen ein bereits vor Abschluss der Charta bestehendes völkergewohnheitsrechtliches Selbstverteidigungsrecht mit den in Art. 51 UN-Charta verankerten Voraussetzungen anerkennen wollten.[130]

Für die Vertreter eines weiterreichenden Selbstverteidigungsrechts stellt sich außerdem die Frage nach dem nachweislichen Vorhandensein entsprechenden Völkergewohnheitsrechts.

Da Völkergewohnheitsrecht in der Staatenpraxis begründet ist, setzt dessen Enstehung zunächst eine wiederholte, gefestigte, regelmäßige und ein-

---

127 *Krajewski*, AVR 40 (2002), S. 183 (187).
128 *Tomuschat*, EA 36 (1981), S. 325 (326).
129 *Tomuschat*, EA 36 (1981), S. 325 (326).
130 *Murphy*, AJIL 99 (2005), S. 62 (64); *Kielmansegg*, AVR 50 (2012), S. 285 (292).

heitliche Übung voraus.[131] Daneben bedarf es der Überzeugung, zu diesem Verhalten verpflichtet zu sein (*opinio iuris*).[132]

Hinsichtlich der ersten Voraussetzung, der stetigen Übung, ist zwar keine absolute Einheitlichkeit erforderlich;[133] dennoch muss das Handeln zumindest die Sichtweise einer repräsentativen Anzahl von Staaten wiederspiegeln.[134] Handlungen solcher Staaten, deren Interessen besonders berührt sind oder die in der Staatengemeinschaft besonderen Einfluss haben, sind hierbei von hervorgehobener Bedeutung.[135] Maßgeblich ist zudem, inwieweit ein bestimmtes Verhalten auf Protest anderer Staaten stößt.[136]

Umstritten ist, welche Verhaltensweisen eines Staates Ausdruck einer »Übung« sein können – ob neben tatsächlichem Verhalten auch Erklärungen (Stellungnahmen, Noten) Berücksichtigung finden[137] oder ob diese nur (oder aber auch) als Beleg einer entsprechenden Rechtsüberzeugung dienen können.

Das für die Entstehung von Gewohnheitsrecht zweite Element, die Rechtsüberzeugung, muss nicht bei jedem Mitglied der Staatengemeinschaft festgestellt werden, zumindest aber eine allgemeine Grundposition zum Ausdruck bringen.[138] Wann eine Übung tatsächlich Recht reflektiert und nicht z.B. aus Höflichkeit, bloßer Gefälligkeit, politischen oder anderen Gründen erfolgt, ist im Einzelfall schwierig zu bestimmen. Daher bedarf das Vorliegen einer entsprechenden Rechtsüberzeugung eines Nachwei-

---

131 S. IGH, *Asylum Case* (Colombia v. Peru), Urt. v. 20. November 1950, ICJ Rep. 1950, S. 266 (276): a customary rule must be »in accordance with a constant and uniform usage practiced by the States in question«; IGH, *North Sea Continental Shelf Cases* (Federal Republic of Germany v. Denmark and Netherlands), Urt. v. 20. Februar 1969, ICJ Rep. 1969, S. 3 ff. (Rn. 74), wonach Staatenpraxis »including that of states whose interests are specially affected should have been both extensive and virtually uniform in the sense of the provision invoked.«

132 *Graf Vitzthum,* in: ders./Proelß (Hrsg.), Völkerrecht, S. 51, Rn. 131.

133 *Nicaragua*-Fall, Rn. 186.

134 *Shaw*, International Law, S. 79.

135 *Shaw*, International Law, S. 79. S. auch *Feder*, NYU JIL & P 19 (1986-1987), S. 395 (432); *Mendelson,* RdC 272 (1998), S. 159 (219).

136 *Shaw*, International Law, S. 78; *Mendelson*, RdC 272 (1998), S. 159 (205).

137 So *Berber*, Lehrbuch des Völkerrechts, I. Band, S. 55; *Mendelson,* RdC 272 (1998), S. 159 (205). Ausführlich zur Debatte *Müllerson*, Austrian Review of International and European Law 2 (1997), S. 341 (342 ff.).

138 *Heintschel von Heinegg*, in: Ipsen (Hrsg.), Völkerrecht, S. 477, Rn. 15.

ses.[139] Insoweit ist umstritten, ob die Übung selbst zum Nachweis der *opinio iuris* herangezogen werden kann.

Im Hinblick auf das Selbstverteidigungsrecht bestätigen die Staatenpraxis und die Rechtsprechung des IGH, dass die Ausübung des Selbstverteidigungsrechts einen bewaffneten Angriff voraussetzt. Selbst wenn Fälle existierten, in denen Staaten Gewaltmaßnahmen zur Verteidigung ergriffen, obwohl Zweifel am Vorliegen eines bewaffneten Angriffs bestanden, so fehlt es jedenfalls an der für die Entstehung von Völkergewohnheitsrecht auch erforderlichen Voraussetzung der allgemeinen, einheitlichen und dauerhaften Übung.

Darüber hinaus ist auch keine entsprechende Rechtsüberzeugung vorhanden. Staaten rechtfertigen militärische Maßnahmen meist durch einen ausdrücklichen Rekurs auf Art. 51 UN-Charta,[140] wenngleich einige Staaten den Anwendungsbereich der Norm ausdehnen und insbesondere den Begriff des bewaffneten Angriffs weit interpretieren.[141] Der ausdrückliche Verweis auf das chartarechtliche Selbstverteidigungsrecht legt die Vermutung nahe, dass auch die Staatengemeinschaft davon ausgeht, ein über den Anwendungsbereich von Art. 51 UN-Charta hinausgehendes Verteidigungsrecht bestünde nicht oder sei nicht gewollt.[142] Dieser Rechtsansicht ist auch der IGH, der das Vorliegen eines bewaffneten Angriffs als *conditio sine qua non* für die Ausübung von Selbstverteidigung bezeichnet[143] und

---

139   *Heintschel von Heinegg*, in: Ipsen (Hrsg.), Völkerrecht, S. 483, Rn. 34; *Mendelson*, RdC 272 (1998), S. 159 (206). Zur Debatte, inwieweit die Übung selbst als Nachweis der Rechtsüberzeugung fungieren kann s. *Kammerhofer*, EJIL 15 (2004), S. 523 (525 ff.).

140   *Gray*, Use of Force, S. 118; *van Steenberghe*, LJIL 29 (2016), S. 43 (60).

141   Vgl. *Feder*, NYU JIL & P 19 (1986-1987), S. 395 (418 ff.).

142   So auch *Wandscher*, Terrorismus, S. 230. S. aber auch *van Steenberghe*, LJIL 29 (2016), S. 43 (60), mit dem Hinweis, dass die Staaten sich im Rahmen ihrer Erklärungen ebenso auf das völkergewohnheitsrechtliche Verteidigungsrecht *wie es in Art. 51 UN-Charta anerkannt ist*, möglicherweise berufen wollten.

143   *Nicaragua*-Fall, Rn. 195: »In the case of individual self-defence, the exercise of this right is subject to the State concerned having been the victim of the armed attack. Reliance on collective self-defence of course does not remove the need for this [...].« Weiterhin heißt es in Rn. 211: »The Court has recalled above (paragraphs 193 - 195) that for one State to use force against another, on the ground that that State has committed a wrongful act provoking the response was an armed attack. Thus the lawfulness of the use of force by a State in response to a wrongful act of which it has not itself been the victim is not admitted when

von der Exklusivität der Voraussetzungen des Art. 51 UN-Charta aus-geht.[144]

Auch kann Art. 51 UN-Charta nicht selbst Ausdruck einer Übung und/o-der zum Beweis eines weiterreichenden Gewohnheitsrechts herangezogen werden. Zwar schließen Staaten mitunter Verträge, um die Einzelheiten ei-ner gewohnheitsrechtlich bestehenden Regelung zu klären[145] oder entspre-chende Ausnahmen zu vereinbaren.[146] Man könne daher argumentieren, die Verfasser der Charta hätten in der Satzung diejenigen Voraussetzungen des Verteidigungsrechts kodifiziert, von deren völkergewohnheitsrechtlicher Geltung sie überzeugt waren. Dann wiederum könne aber nicht schlüssig erklärt werden, warum satzungsrechtlich strengere Voraussetzungen ver-einbart wurden, wenn völkergewohnheitsrechtlich umfänglichere Befug-nisse bestünden. Daher überzeugt es eher, Art. 51 UN-Charta als inhalts-gleiche Wiedergabe des Völkergewohnheitsrechts zu verstehen. Hierfür spricht auch, dass die Verfasser der Charta das gewohnheitsrechtliche Ver-teidigungsrecht ausdrücklich im satzungsrechtlichen Wortlaut anerkennen.

Im Ergebnis bleibt festzuhalten, dass ein über den Anwendungsbereich von Art. 51 UN-Charta hinausgehendes völkergewohnheitsrechtliches Selbstverteidigungsrecht nicht besteht und grenzüberschreitende Verteidi-gungsmaßnahmen daher ausschließlich am Maßstab der Voraussetzungen des Art. 51 UN-Charta zu bewerten sind. Weitergehende Befugnisse gegen nicht-staatliche Akteure außerhalb des satzungsrechtlichen Gefüges sind nicht nachweisbar.[147] Im Verhältnis der UN-Mitglieder untereinander hat

---

this wrongful act is not an armed attack. In view of the Court, under international law in force today – whether customary international law or that of the United Nations system – States do not have a right of 'collective' armed response to acts which do not constitute an 'armed attack'.«

144   *Armed Activities*-Fall, Rn. 148: »Article 51 of the Charter may justify a use of force in self-defense only within the strict confines there laid. It does not allow the use of force by a State to protect perceived security interests beyond these parameters.«

145   *Berber*, Lehrbuch des Völkerrechts, I. Band, S. 59.

146   *Akehurst*, BYIL 47 (1974-1975), S. 1 (46).

147   In diesem Sinne auch die h.M., statt vieler *Kretzmer*, EJIL 24 (2013), S. 235 (242); *Starski*, ZaöRV 75 (2015), S. 455 (460); *Kelsen*, United Nations, S. 61; *Randelzhofer/Nolte*, in: Simma/Khan/Nolte/Paulus (Hrsg.), Charter of the Uni-ted Nations, Art. 51, Rn. 14; *van Steenberghe*, LJIL 29 (2016), S. 43 (61 f.); *Brownlie*, Use of Force, S. 273 ff.; *Dinstein*, Self-Defence, Rn. 520 ff.; *Kreß*,

das vertragliche Selbstverteidigungsrecht als *lex specialis* die inhaltsgleiche gewohnheitsrechtliche Regelung verdrängt.[148] Das bedeutet jedoch nicht, nachfolgende Staatenpraxis in Bezug auf das Selbstverteidigungsrecht unberücksichtigt zu lassen. Vielmehr ist die Staatenpraxis für die Interpretation des chartarechtlichen Selbstverteidigungrechts relevant[149] und bleibt darüber hinaus auch weiterhin für die dem Inhalt von Art. 51 UN-Charta entsprechende Fortentwicklung des gewohnheitsrechtlichen Selbstverteidigungsrechts von Bedeutung.[150] Die folgenden Untersuchungen beziehen sich auf Art. 51 UN-Charta, sie treffen aber auch für die inhaltsgleiche völkergewohnheitsrechtliche Norm zu.

Selbstverteidigungsrecht, S. 170; *Dahm*, JIR 11 (1962), S. 48 (53); *Jorasch*, NZWehrR 1981, S. 201 (205); *Wolf*, Haftung der Staaten, S. 421; *Dörr*, in: ders. (Hrsg.), Rechtslehrer in Berlin, S. 33 (35).

148 *Genoni*, Notwehr, S. 157. Dass beide Quellen des Selbstverteidigungsrechts nebeneinander bestehen und die gewohnheitsrechtliche Norm von der vertraglichen Regelung in Bezug auf UN-Mitglieder überlagert wird, steht nicht im Widerspruch.

149 *Steenberghe*, LJIL 29 (2016), S. 43 (63); *Randelzhofer/Nolte*, in: Simma/Khan/Nolte/Paulus (Hrsg.), Charter of the United Nations, Art. 51, Rn. 10. S. hierzu unten, 2. Kapitel, C. III.

150 S. zur Fortentwicklung der gewohnheitsrechtlichen Regelung unten 2. Kapitel C. 3.

2. Kapitel — Der »bewaffnete Angriff« im Kontext nicht-staatlicher Gewalt

A. Der bewaffnete Angriff als tatbestandliche Voraussetzung des Selbstverteidigungsrechts

I. Die Ausschließlichkeit des Tatbestands von Art. 51 UN-Charta

Die Befugnis zur Selbstverteidigung setzt gemäß Chartaregelung und Völkergewohnheitsrecht das Vorliegen eines bewaffneten Angriffs voraus.[151] Versuche, ein Verteidigunsgrecht abseits eines bewaffneten Angriffs zu gewähren, konnten zu Recht nicht überzeugen.[152]

II. Der Angriffsbegriff

Der Begriff »bewaffneter Angriff« wird weder in Art. 51 UN-Charta selbst noch an anderer Stelle innerhalb der Charta legaldefiniert, weshalb er schon immer einer kontroversen Diskussion ausgesetzt war. Streit besteht insbesondere über die Frage nach Initiator und Intensität des bewaffneten Angriffs. Anerkannt ist, dass nicht jede Form der Gewaltanwendung zu dessen Qualifizierung genügt,[153] sondern ein beträchtlicher, koodinierter Militärschlag erforderlich ist.[154] Wann diese Hürde genommen ist, ist umstritten.

---

151 *Krajewski*, AVR 40 (2002), S. 183 (187).
152 S. hierzu oben Erster Teil, 1. Kapitel, B. III.
153 Inwieweit neben militärischer Gewalt auch andere Formen von Zwangsausübungen unter den Begriff des bewaffneten Angriffs fallen, bleibt im Rahmen dieser Arbeit außen vor.
154 So die h.M., statt vieler *Green*, NILR 2008, S. 181 (186); *Stein/von Buttlar*, Völkerrecht, Rn. 784; *Tams/Devaney*, IsLR 45 (2012), S. 91 (97); *Herdegen*, Völkerrecht, S. 262. S. ferner den *Nicaragua*-Fall, Rn. 191: »[...] it will be necessary to distinguish the most grave forms of the use of force, those constituting an armed attack – from other less grave forms.« A.A. *Müllerson*, IsYHR 32 (2002), S. 1 (40).

Zumindest legitimiert nicht jeder Verstoß gegen das Gewaltverbot zur Selbstverteidigung.[155] Dies ergibt sich schon aus der Gegenüberstellung der Begriffe »Anwendung von oder Drohung mit Gewalt« in Art. 2 Ziff. 4 UN-Charta einerseits und dem engeren Terminus[156] »bewaffneter Angriff« in Art. 51 UN-Charta andererseits.[157] Zwar beinhaltet ein bewaffneter Angriff stets auch einen Verstoß gegen Art. 2 Ziff. 4 UN-Charta, gleiches gilt aber nicht zwangsläufig umgekehrt.[158]

Am ehesten lässt sich der Angriffsbegriff durch einen Rückgriff auf die Aggressionsdefinition[159] konkretisieren.[160] Zwar bezieht sich diese Resolution der Generalversammlung nicht auf den Tatbestand von Art. 51 UN-Charta, sondern liefert lediglich Regelbeispiele für eine »Angriffshandlung« i.S.v. Art. 39 UN-Charta. Vordergründig dient die Aggressionsdefinition daher dem Sicherheitsrat als Richtschnur für sein Handeln nach Kapitel VII. Dennoch können die in Art. 3 Aggressionsdefinition genannten Tatbestandsvarianten als Auslegungshilfe herangezogen werden,[161] da der bewaffnete Angriff eine Untergruppe der Angriffshandlung verkörpert.[162] Diese Erkenntnis lässt sich bereits aus den authentischen[163] französischen

---

155 Statt vieler *Herdegen*, Völkerrecht, S. 265; *Dahm*, JIR 11 (1962), S. 48 (51). A.A. *Wright*, International Law, S. 60: »[B]reach of peace, use of force and armed attack seem to be equivalent terms.«

156 *Randelzhofer/Nolte,* in: Simma/Khan/Nolte/Paulus (Hrsg.), UN Charter, Art. 51, Rn. 5 m.w.N.; *Schindler*, BDGV 26 (1986), S. 11 (16).

157 *Kunig*, Jura 1998, S. 664 (667).

158 *Randelzhofer/Nolte,* in: Simma/Khan/Nolte/Paulus (Hrsg.), UN Charter, Art. 51, Rn. 20; *Constantinou*, Self-Defence, S. 32.

159 Definition of Aggression, Aggressionsdefinition v. 14. Dezember 1974, Anhang zu UN Doc. GV-Res. 3314 (XXIX), 14. Dezember 1974, im Folgenden: Aggressionsdefintion.

160 Statt vieler *Gray*, Use of Force, S. 173; *Kotzur*, AVR 40 (2002), S. 454 (469); *Krajewski*, AVR 40 (2002), S. 183 (185); *Schmalenbach*, NZWehrR 2000, S. 177 (179); *Seidel*, AVR 41 (2003), S. 449 (463).

161 Statt vieler *Schindler*, BDGV 26 (1986), S. 11 (16); *Randelzhofer/Nolte,* in: Simma/Khan/Nolte/Paulus (Hrsg.), UN Charter, Art. 51, Rn. 22; *Stein/von Buttlar*, Völkerrecht, Rn. 784.

162 *Stein/von Buttlar*, Völkerrecht, Rn. 784. Mit Wortlaut- und Systematikargument s. *Jorasch*, NZWehrR 1981, S. 201 (205).

163 Als authentische Texte werden diejenigen Sprachfassungen bezeichnet, die völkerrechtlich verbindlich und daher für die Textauslegung maßgeblich sind. Gem.

und spanischen Satzungstexten ableiten, in denen die Merkmale des Tatbestandes in Art. 39 und Art. 51 UN-Charta den gemeinsamen Wortstamm »agression« (französisch) bzw. »agrésion« (spanisch) enthalten.[164] Der deutsche Wortlaut »Angriff« ist als nicht-authentischer Text nicht heranzuziehen.

Die Aggressionsdefinition bezieht sich gemäß ihrem fünften Punkt in der Präambel nur auf die schwersten und gefährlichsten Formen unrechtmäßiger Gewaltanwendungen. Ausgestaltet werden diese im Katalog von Art. 3, der als Tatmodalitäten nennt:

- die Invasion oder der Angriff auf fremdes Hoheitsgebiet bzw. dessen Besetzung oder Annexion durch fremde Streitkräfte;
- die Beschießung oder Bombardierung fremden Gebiets;
- die Blockade von Häfen und Küsten durch fremde Streitkräfte;
- der Angriff auf fremde Streitkräfte;
- der Einsatz von Streitkräften, die sich zulässigerweise auf fremden Hoheitsgebiet befinden, über die Bedingungen ihres Aufenthalts hinaus;
- das Dulden einer Angriffshandlung durch fremde Streitkräfte, die sich auf dem eigenen Staatsgebiet befinden;
- das Entsenden bewaffneter Banden, Freischärler, Söldner, wenn deren Handlungen den bereits genannten Handlungen gleichkommen.

Darüber hinaus kommt der Straftatbestand des Aggressionsverbrechens zur Konkretisierung des Schlüsselbegriffs »bewaffneter Angriff« in Betracht. Das »Verbrechen der Aggression« (englisch »Crime of Aggression«), dessen Definition im Juni 2010 durch die Vertragsstaaten des Internationalen Strafgerichtshofs neu in das Rom-Statut[165] aufgenommen wurde,[166] hat die strafrechtliche Aburteilung von Individuen wegen Verwicklungen in Aggressionshandlungen zum Inhalt. Art. 8 *bis* Abs. 1 IStGH-Statut definiert das Verbrechen der Aggression als

---

Art. 111 UN-Charta sind der chinesische, französische, russische, englische und spanische Wortlaut gleichermaßen verbindlich.

164   *Bruha/Bortfeld*, VN 2001, S. 161 (162); Vgl. auch *Jorasch*, NZWehrR 1981, S. 201 (205).

165   Rome Statute of the International Criminal Court v. 17. Juli 1998, UNTS Bd. 2187 S. 3, BGBl. 2000 II S. 1393; im Folgenden: Rom-Statut.

166   S. Anhang I zu ICC Res. RC/Res. 6, Advanced Version, 11. Juni 2010.

«the planning, preparation, initiation or execution, by a person in a position effectively to exercise control over or to direct the political or military action of a State, of an act of aggression which, by its character, gravity and scale, constitutes a manifest violation of the Charter of the United Nations«.

Art. 8 *bis* Abs. 2 der Resolution gibt weitestgehend den Wortlaut von Art. 1 und 3 der Aggressionsdefinition wieder. Schon angesichts dieser Tatsache sind die Änderungen des Rom-Statuts im Hinblick auf den Angriffsbegriff wenig gewinnbringend. Zudem heißt es in den von den Vertragsstaaten vereinbarten »understandings«, dass die Neuerungen des Rom-Statuts keinen Einfluss auf andere Übereinkünfte haben (sollen).[167] Damit scheidet das Aggressionsverbrechen gänzlich als Interpretationshilfe für den Tatbestand von Art. 51 UN-Charta aus. Daher kann die Frage offen bleiben, inwieweit ein völkerrechtlicher Vertrag (Rom-Statut, 122 Vertragsstaaten) überhaupt als Auslegungshilfe für einen anderen Vertrag (UN-Charta, 193 Vertragsstaaten) dienen kann, insbesondere wenn sich die Vertragsstaaten beider Verträge nicht vollständig decken.

Im Übrigen gilt für die Qualifizierung als bewaffneter Angriff, dass jegliche Gewaltanwendung einer Einzelbetrachtung bedarf, bei der sowohl die Größenordnung des Anschlags (»scale«) wie auch seine Auswirkungen (»effects«) eine Rolle spielen.[168]

B. Erfordernis der Staatlichkeit bzw. staatlichen Zurechenbarkeit des bewaffneten Angriffs nach klassischem Verständnis

Das in Art. 51 UN-Charta normierte Selbstverteidigungsrecht ist nach seinem traditionellen Verständnis nur auf zwischenstaatliche Konflikte zuge-

---

167   Understandings regarding the amendments to the Rome Statute on the ICC on the Crime of Aggression, Anhang III zu ICC Res. RC/Res. 6, Advanced Version, 11. Juni 2010, Rn. 4: »It is understood that the amendments that address the definition of the act of aggression and the crime of aggression do so for the purpose of this Statute only. The amendments shall, in accordance with Art. 10 of the Rome Statute, not be interpreted as limiting or prejudicing in any way existing or developing rules of international law for purposes other than this Statute.«

168   S. *Nicaragua*-Fall, Rn. 195.

schnitten,[169] sodass die Ermächtigung zu Verteidigungsmaßnahmen von einem staatlichen Hintergrund des Angriffs abhängig war. Dies hängt zum einen mit der ursprünglichen Staatenorientiertheit des Völkerrechts zusammen,[170] zum anderen waren nur Staaten imstande, Gewalt in der Qualität eines bewaffneten Angriffs zu verüben. Auch die Aggressionsdefinition rezipiert diesen Gedanken, indem sie in Art. 1 eine Aggression definiert als

»Anwendung von Waffengewalt *durch einen Staat* gegen die Souveränität, die territoriale Unversehrtheit oder politische Unabhängigkeit einen anderen Staates«.[171]

Ebenso verlangen die Tatmodalitäten in Art. 3 ein direktes staatliches Handeln.

Dennoch kann private Gewalt auch nach klassischer Betrachtungsweise unter den Terminus des bewaffneten Angriffs subsumiert werden.[172] Insoweit stellt gem. Art. 3 lit. g Aggressionsdefinition auch das

»[E]ntsenden bewaffneter Banden, Gruppen, Freischärler oder Söldner durch einen Staat oder für ihn« eine Angriffshandlung dar, »wenn sie mit Waffengewalt Handlungen gegen einen anderen Staat von so schwerer Art ausführen, dass sie den [sonstigen in Art. 3] angeführten Handlungen gleichkommen«.

Bei dieser Form der sogenannten »indirekten Aggression« werden die nicht-staatlichen Handlungen nicht selbst als Angriffshandlung definiert. Stattdessen ist Voraussetzung, dass ein Staat derart in die privaten Aktivitäten verwickelt ist, dass sie ihm zugerechnet werden können.[173] Zurechnung bedeutet, dass das Handeln einer Privatperson einem Staat zugeschrieben wird.[174] Im Zusammenhang mit der hier diskutierten Frage führt eine Zurechnung dazu, dass die Gewaltakte Privater als solche des Staates zu qualifizieren sind, es sich mithin um staatliche Gewalt handelt. Liegt die

---

169   Statt aller *Hofmeister*, ZÖR 62 (2007), S. 475 (476); *Schmalenbach*, NZWehrR 2000, S. 177 (178); *Bruha/Bortfeld*, VN 2001, S. 161 (164).

170   S. zur Staatenorientiertheit des Völkerrechts *Kaul*, in: Graf Vitzthum/Proelß (Hrsg.), Völkerrecht, S. 141, Rn. 4.

171   Hervorhebung durch Verf.

172   *Ruys*, Melbourne JIL 9 (2008), S. 334 (351); *Baker*, Houston JIL 10 (1987-1988), S. 25 (41).

173   *Brownlie*, BYIL 37 (1961), S. 183 (260); *Schmalenbach*, NZWehrR 2000, S. 177 (179). *Ruys*, Melbourne JIL 9 (2008), S. 334 (351), spricht fälschlicherweise von »responsibility«.

174   Die Begriffe der »Zurechnung« und »Zurechenbarkeit« werden in dieser Arbeit als Synonym verstanden. Anders *Wolf*, Haftung der Staaten, S. 62 f.

erforderliche Gewaltintensität vor, ist der involvierte Staat dann selbst Angreifer i.S.v. Art. 51 UN-Charta. Damit bedeutet Zurechnung in diesem Fall, dass »the armed group appears to be the source of violence, while its author is another state«.[175]

Zurechnung ist also für die Identität des Angreifers von Bedeutung. Wurde ein bewaffneter Angriff nicht vom Staat selbst verübt, musste die Gewalt nach klassischer Ansicht einem Staat zugerechnet werden.[176] Private Gewalt konnte ohne staatliche Zurechnung nicht den Tatbestand des Art. 51 UN-Charta verwirklichen.

Ob dieses klassische zwischenstaatliche Verständnis von Art. 51 UN-Charta auch heute noch uneingeschränkt gilt oder erweitert wurde, ist Gegenstand der folgenden Untersuchung. Dabei wird in einem ersten Schritt erörtert, ob nicht-staatliche Akteure Urheber bewaffneter Angriffe sein können. Dass die Aggressionsdefinition, die zur Konkretisierung bewaffneter Angriffe herangezogen wird, staatliches Verhalten voraussetzt, hat keine tatbestandlichen Beschränkungen des Selbstverteidigungsrechts zur Folge.[177] Dies insbesondere vor dem Hintergrund ihres unverbindlichen Charakters. Nur wenn private Gruppierungen eine Angreifereigenschaft besitzen, ist in einem zweiten Schritt zu hinterfragen, welche Qualität private Gewalt für eine Subsumtion unter Art. 51 UN-Charta aufweisen muss.

C. Erweiterung des Angriffsbegriffs auf nicht-staatliche Akteure

Einige Stimmen in der Literatur lehnen die Erweiterung des Kreises potenzieller Angreifer um nicht-staatliche Akteure ab; ihnen zufolge bedürfe es weiterhin der Staatlichkeit eines bewaffneten Angriffs.[178] Auch die Staatenpraxis folgte lange Zeit diesem herkömmlichen Verständnis.[179] Ob diese Betrachtungsweise einer Prüfung standhält, soll zunächst anhand einer Aus-

---

175 *Antonopoulos*, NILR 2008, S. 159 (165).
176 Statt aller *Gray*, in: Evans (Hrsg.), International Law, S. 629. *Cassese*, ICLQ 38 (1989), S. 589 (597); *Krajewski*, AVR 40 (2002), S. 183 (188); *Shah*, JCSL 12 (2007), S. 95 (97).
177 *Tomuschat*, EuGRZ 2001, S. 535 (540).
178 So *Ruys/Verhoeven*, JCSL 10 (2005), S. 289 (289); *Randelzhofer/Nolte*, in: Simma/Khan/Nolte/Paulus (Hrsg.), UN Charter, Art. 51, Rn. 38; *Tietje/Nowrot*, NZWehrR 2002, S. 1 (6); *Hofmeister*, ZÖR 62 (2007), S. 475 (488); *Megrét*, Kritische Justiz 2002, S. 157 (169).
179 S. hierzu die kurze Darstellung der Staatenpraxis bis 2004 bei *Wandscher*, Terrorismus, S. 232 f.

legung der satzungsrechtlichen Vorschrift analysiert werden. Im Anschluss erfolgt eine Auswertung der Reaktionen der Staatengemeinschaft im Zuge der Ereignisse vom 11. September 2001 und der Anschläge der Terrorgruppierung IS sowie der Rechtsprechung des IGH.

I. Textauslegung von Art. 51 UN-Charta im Lichte der Charta

Auslegung bedeutet, anhand bestimmter Regeln den Inhalt einer Rechtsnorm zu erfassen. Grundsätze zur Auslegung eines völkerrechtlichen Vertrags finden sich in der Wiener Vertragsrechtskonvention,[180] die weitestgehend Völkergewohnheitsrecht kodifiziert.[181] Neben der direkten Anwendung für solche Verträge, die nach dem Inkrafttreten der WVK im Jahr 1980 geschlossen wurden,[182] sind die Vorschriften der WVK auch für ältere Übereinkünfte sinngemäß heranzuziehen.[183] Besondere Aufmerksamkeit wird der allgemeinen Auslegungsregel des Art. 31 WVK zuteil, wonach ein Vertrag

> »nach Treu und Glauben in Übereinstimmung mit der gewöhnlichen, seinen Bestimmungen in ihrem Zusammenhang zukommenden Bedeutung und im Lichte seines Zieles und Zweckes auszulegen« ist.

1. Auslegung nach dem Wortlaut und der Systematik

Art. 51 UN-Charta ermächtigt »im Falle eines bewaffneten Angriffs« zur erforderlichen Selbstverteidigung, ohne den Angreifer näher zu qualifizieren. Dem Wortlaut lässt sich somit keine *ausdrückliche* Aussage zur Urhe-

---

180 Vienna Convention on the Law of Treaties, Wiener Übereinkommen über das Recht der Verträge v. 23. Mai 1969, UNTS Bd. 1155 S. 331, BGBl. 1987 II S. 757; im Folgenden: WVK.

181 *Heintschel von Heinegg,* in: Ipsen (Hrsg.), Völkerrecht, S. 389, Rn. 5.

182 *Kadelbach,* in: Simma/Khan/Nolte/Paulus (Hrsg.), UN Charter, Interpretation, Rn. 8.

183 *Kadelbach,* in: Simma/Khan/Nolte/Paulus (Hrsg.), UN Charter, Interpretation, Rn. 8.

berschaft entnehmen.[184] Gleichzeitig muss sich der Angriff gegen ein »Mitglied der Vereinten Nationen« richten, gemäß Art. 4 UN-Charta können dies nur Staaten sein. Der Text benennt demzufolge die Opfer der Gewaltanwendung, bestimmt aber gerade nicht die Täter.[185] Aus dem Umkehrschluss innerhalb von Art. 51 UN-Charta lässt sich daher auch *implizit* keine Eingrenzung des Angreifers ableiten. Im Gegenteil, er spricht vielmehr für ein weites Verständnis.

Bestätigung findet dieser Teilbefund im systematischen Kontext von Gewaltverbot und Selbstverteidigung, wenn man das Regel-Ausnahme-Verhältnis beider Vorschriften in Erinnerung ruft. Im Gegensatz zu Art. 2 Ziff. 4 UN-Charta, der an die »Mitglieder der Vereinten Nationen« adressiert ist, benennt Art. 51 UN-Charta nicht die Akteure der Gewaltausübung.[186] Die Charta findet im Wesentlichen zwar zwischen Staaten Anwendung, stellenweise bestimmt sie ausdrücklich aber auch das Verhältnis von Staaten gegenüber Privaten.[187] Ebenso hat der Sicherheitsrat wiederholt im Rahmen von Kapitel VII der UN-Charta festgestellt, dass das Verhalten nicht-staatlicher Akteure eine Friedensbedrohung darstellen kann.[188] Daher zeigt sich, dass private Gruppierungen satzungsrechtlich eine – wenn auch untergeordnete – Rolle spielen. Demzufolge ist dem Selbstverteidigungsrecht auch nicht immanent, dass nur Staaten als potenzielle Angreifer in Betracht kommen. Mithin stützt der Umkehrschluss aus Art. 2 Ziff. 4 UN-

---

184 Statt aller Vertreter eines erweiterten Begriffsverständnisses *Tsagourias*, LJIL 29 (2016), S. 801 (813 f.); *de Hoogh*, LJIL 29 (2016), S. 19 (21); *Kretzmer*, EJIL 24 (2013), S. 235 (246); *Ruys*, Melbourne JIL 9 (2008), S. 334 (351); *Lubell*, Use of Force, S. 31; *Shah*, JCSL 12 (2007), S. 95 (104); *Paust*, Friedens-Warte 81 (2006), S. 81 (81); *Kreß*, Selbstverteidigungsrecht, S. 207 f.

185 *Lubell*, Use of Force, S. 31 f.; *Dinstein*, Self-Defence, Rn. 594; *Becker Lorca*, NYUJILP 45 (2012-2013), S. 1 (31); *Schmitt*, in: ders./Pejic (Hrsg.), Armed Conflict, S. 158 (167).

186 *Hofmeister*, ZÖR 62 (2007), S. 475 (481); *Schmitt*, IsYHR 32 (2002), S. 53 (76).

187 S. *Murphy*, AJIL 99 (2005), S. 62 (64), der auf die Präambel und Art. 54 f. UN-Charta verweist. Ebenso *Kotzur*, AVR 40 (2002), S. 454 (470 f.)

188 UN Doc. SR-Res. 1566 (2004), 8. Oktober 2004, Rn. 1; UN Doc. SR-Res. 1540, 28. April 2004 (»acting under Chapter VII to address terrorism and the risk that non-State actors may acquire weapons of mass destruction«).

Charta die Erweiterung des Kreises potenzieller Angreifer auf nicht-staatliche Akteure.[189]

Dagegen spricht auch nicht die in Art. 2 Ziff. 4 UN-Charta enthaltene Formulierung, wonach »alle Mitglieder [...] *in ihren internationalen Beziehungen*« jede Androhung und Anwendung von Gewalt unterlassen.« Stimmen, die den Regelungsbereich des Gewaltverbots lediglich auf zwischenstaatliche Verhältnisse beschränken,[190] weshalb auch das Selbstverteidigungsrecht nur bei staatlichen Angriffen Anwendung fände, überzeugen nicht.[191] Wie bereits an anderer Stelle dieser Arbeit aufgezeigt,[192] bezieht sich das territoriale Element nicht nur auf zwischenstaatliche Konflikte, sondern erfasst alle Formen grenzüberschreitender Gewaltanwendungen. Ebenso gilt das Selbstverteidigungsrecht im grenzüberschreitenden Kontext, sodass sich der behauptete Widerspruch auflöst und beide Normen rechtssystematisch im Einklang stehen.

Nicht zuletzt wird auf den weit auszulegenden Begriff der Friedensbedrohung in Art. 39 UN-Charta zurückgegriffen, der angesichts erhöhter Sicherheitsbedürfnisse unbestritten auch Situationen erfasst, die private Akteure betreffen.[193] Stellenweise wird darauf aufbauend behauptet, dass eine »Ausdifferenzierung« der Tatbestandsvarianten des Art. 39 UN-Charta gekünstelt sei und zu einer »Aufspaltung verschiedener Formen der Beeinträchtigung des internationalen Friedens« führe.[194] Demzufolge müssten nicht-staatliche Organisationen neben Friedensbedrohungen auch Friedensbrüche und Angriffshandlungen i.S.v. Art. 39 UN-Charta verüben können.[195] Demzufolge sei es schlüssig, nicht-staatliche Akteure als taugliche Angreifer i.S.v. Art. 51 UN-Charta zu qualifizieren.[196]

---

189 Ebenso *Zimmermann*, MPYUNL 11 (2007), S. 99 (117); *Murphy*, AJIL 99 (2005), S. 62 (64).

190 *Antonopoulos*, NILR 2008, S. 159 (169).

191 Im Ergebnis so auch *Bruha*, AVR 40 (2002), S. 383 (394), der allerdings das zwischenstaatliche Verständnis des Gewaltverbots infolge des »Wandel[s] bewaffneter Konflikte im Zeitalter der Globalisierung« in Abrede stelle, infolge dessen auch der systematische Einwand fehl ginge.

192 S. oben Erster Teil, 1. Kapitel, A. II.

193 Vgl. *Stein/von Buttlar*, Völkerrecht, Rn. 859 f.

194 *Krajewski*, AVR 40 (2002), S. 183 (197).

195 *Krajewski*, AVR 40 (2002), S. 183 (197).

196 *Krajewski*, AVR 40 (2002), S. 183 (198); *Schmitt*, Michigan JIL 29 (2008), S. 127 (145).

Dieser Ansicht muss Folgendes entgegengehalten werden: Die Tatmodalitäten Angriffshandlung, Bruch und Bedrohung des Friedens bilden innerhalb von Art. 39 UN-Charta ein abgestuftes System, wobei die Friedensbedrohung tatbestandlich am weitesten auszulegen ist.[197] Da sie im Vergleich zu den beiden ersten Modalitäten eine größere Anzahl an Verhaltensweisen erfasst, ist es nicht widersprüchlich, lediglich in Bezug auf Friedensbedrohungen private Handlungen zu berücksichtigen. Friedensbrüche und Angriffshandlungen können nicht-staatliche Gruppierungen nicht verüben, somit geht der vermeintlich schlüssige Gleichlauf der Begriffe »Angriffshandlung« und »bewaffneter Angriff« ins Leere. Ungeachtet dessen sprechen auch funktionale Gründe gegen eine Parallele von Art. 39 und Art. 51 UN-Charta: Erneut ins Bewusstsein rufend, dass der Sicherheitsrat für die Wahrung des internationalen Friedens und der Sicherheit die Hauptverantwortung trägt, müssen seine Rechte nach Kapitel VII UN-Charta weitreichender sein als die Befugnis der Staaten zur Selbstverteidigung.[198] Entsprechend weit ist auch sein Ermessensspielraum zur tatbestandlichen Beurteilung von Art. 39 UN-Charta, der Schlüssel für entsprechende Maßnahmen des Sicherheitsrates ist. Daher können auch Situationen, die ebenso wie rein innerstaatliche Konflikte nicht-staatliche Akteure betreffen, zur Ergreifung von Zwangsmaßnahmen führen. Insofern wurde ein Wertungswiderspruch innerhalb des Friedenssicherungssystems der UN-Charta zu Unrecht beanstandet.

Im Ergebnis sprechen neben dem Wortlaut von Art. 51 UN-Charta als besonders überzeugendes Argument auch einige systematische Gesichtspunkte gegen die Beschränkung des Selbstverteidigungsrechts auf staatliche Angriffe.

2. Teleologische Auslegung

Das Selbstverteidigungsrecht hat zum Ziel, den Staaten eine Abwehrmöglichkeit gegen rechtswidrige Gewalt zur Seite zu stellen. Es ist für den betroffenen Staat unerheblich, von wem der bewaffnete Angriff ausgeht,

---

197   *Stein/von Buttlar*, Völkerrecht, Rn. 857; vgl. auch *Heintschel von Heinegg*, in: Ipsen (Hrsg.), Völkerrecht, S. 1105, Rn. 10 ff.
198   *Scholz*, Selbstverteidigungsrecht, S. 78.

wahrgenommen wird lediglich der Übergriff selbst.[199] Die Subsumtion lediglich staatlicher bzw. staatlich zurechenbarer Aktivitäten unter den Begriff des bewaffneten Angriffs wird der Gefahr durch private Anschläge nicht gerecht.[200] Im Hinblick auf die Vergleichbarkeit nicht-staatlicher Gewalt mit der eines Staates erscheint es nicht nachvollziehbar, einem Staat Reaktionsmöglichkeiten nach Art. 51 UN-Charta zu versagen, nur weil es am Vorliegen einer staatlichen Handlung fehlt.[201] Denn private Organisationen haben bereits bewiesen, dass sie Gewalt in Ausmaßen anwenden können, wie bisher nur von staatlicher Seite aus bekannt war. Daher sollte die Befugnis zur Selbstverteidigung aus teleologischen Aspekten nicht von einem staatlichen Hintergrund, sondern von der Intensität der Anschläge abhängig gemacht werden.[202]

Eine Subsumtion privater Gewalt unter das Tatbestandsmerkmal des bewaffneten Angriffs findet daneben im Lichte der gesamten UN-Charta Zuspruch: Zentrales Ziel ist es, den Weltfrieden und die internationale Sicherheit zu wahren. Eine effektive Wahrnehmung dieser Aufgabe ist daher nur dann möglich, wenn die Charta den aktuellen Bedrohungen entsprechend ausgelegt wird.

3. Historische Auslegung

Die vorbereitenden Arbeiten (*travaux préparatoires*) zu einem Vertrag sowie die Umstände seines Abschlusses sind gem. Art. 32 WVK »ergänzende Auslegungsmittel«. Auf diese kann deshalb nur zusätzlich eingegangen werden, wenn die Auslegung

• die Bedeutung mehrdeutig oder dunkel lässt *oder*
• zu einem offensichtlich sinnwidrigen oder unvernünftigen Ergebnis führt.

---

199   *Zimmermann*, MPYUNL 11 (2007), S. 99 (117); *Reinold*, AJIL 105 (2011), S. 244 (248).
200   Ebenso *Schmitz-Elvenich*, Targeted Killing, S. 60.
201   Ebenso *Schmitz-Elvenich*, Targeted Killing, S. 60; ähnlich *Tomuschat*, EuGRZ 2001, S. 535 (540).
202   Ebenso *Tomuschat*, EuGRZ 2001, S. 535 (543).

Letztere Variante ist für den vorliegenden Untersuchungsgegenstand nicht einschlägig. Die vorherige Textauslegung hat jedoch sowohl Argumente gegen als auch für die Einbeziehung nicht-staatlicher Aktivitäten unter den Begriff des bewaffneten Angriffs aufgezeigt. Ein eindeutiges Ergebnis hat sich nicht ergeben, sodass der Weg für eine historische Auslegung des Art. 51 UN-Charta offen steht.[203]

Die Entstehungsgeschichte[204] der Charta lässt aufgrund terminologischer Unsicherheiten nicht zweifelsfrei erkennen, ob eine Beschränkung des Selbstverteidigungsrechts auf staatliche Angriffe beabsichtigt war. In einem der offiziellen Entwürfe der amerikanischen Delegation zum Selbstverteidigungsrecht, eingebracht auf der zum Abschluss der UN-Charta führenden San Francisco-Konferenz, heißt es:

> »In the event of an attack *by any state* against any member state, such member state shall possess the right to take measures of self-defense. The right to take measures of self-defense against armed attack shall apply to arrangements [...].«[205]

Die Formulierung »attack by any state« wird von einigen Stimmen in der Völkerrechtslehre so interpretiert, dass die Befugnis des Art. 51 UN-Charta nur im Falle staatlicher bewaffneter Angriffe greife.[206]

Die Beratungen drehten sich im Rahmen der Vorarbeiten allerdings nicht um die Frage nach dem Urheber bzw. nach der Staatlichkeit von Angriffen. Vielmehr konzentrierte sich die Diskussion auf die Vereinbarung der Befugnisse des Sicherheitsrates mit einem Verteidigungsrecht innerhalb regionaler Bündnisse, das insbesondere die lateinamerikanischen Staaten sicherstellen wollten.[207] Auch in den sodann erarbeiteten amerikanischen

---

203 Die gegenwärtige Bedeutung der historischen Auslegung muss allerdings in Bezug auf Gründungsverträge internationaler Organisationen mit dem Beitritt neuer Mitglieder hinterfragt werden, da die *travaux préparatoires* nur die ursprünglichen Gedanken der Gründungsmitglieder widerspiegeln. Dies gilt insbesondere für die UN, da sich deren Mitgliederzahl von 45 auf 193 mehr als vervierfacht hat. S. hierzu *Kadelbach,* in: Simma/Khan/Nolte/Paulus (Hrsg.), UN Charter, Interpretation, Rn. 44.

204 Ausführlich *Kearley*, Wyoming LR 3 (2003), S. 663 (680 ff.).

205 1. US-amerikanischer Entwurf v. 11. Mai 1945, Department of State, United States of America, Foreign Relations of the United States: Diplomatic Papers 1945 (1967), S. 674, Hervorhebung durch Verf.

206 *Kreß*, Selbstverteidigungsrecht, S. 216. Kritisch *van Steenberghe*, LJIL 23 (2010), S. 183 (198); *Scholz*, Selbstverteidigungsrecht, S. 93 f.

207 S. hierzu *Kearley*, Wyoming LR 3 (2003), S. 663 (693 ff.).

Kompromissentwürfen ist die Rede von »attack *by any state*«[208], »aggression *by any state*«[209] und »aggression occur *by any state*«[210]. In den darauffolgenden Vorschlägen fehlt der Hinweis auf die Staatlichkeit der Aktivitäten aber gänzlich,[211] ohne dass dies zu Widersprüchen innerhalb der Konferenz geführt hätte. Die Aufzeichnungen enthalten keine Gründe zum Entfallen des Zusatzes. Wenngleich sich das Erfordernis der Staatlichkeit eines Angriffs nicht zwingend aus den Vorarbeiten ableitet, ist einzugestehen, dass die ersten Entwürfe zu Art. 51 UN-Charta auf ein solches Ergebnis schließen lassen.[212] Dies auch unter Berücksichtigung der Tatsache, dass auf internationaler Bühne nur Staaten als Akteure bewusst wahrgenommen wurden. Demnach liegt die Vermutung nahe, dass die Konferenzteilnehmer die Möglichkeit privater Angriffe gar nicht in Betracht gezogen haben,[213] sondern selbstverständlich von ihrer Staatlichkeit ausgingen. Die Frage nach dem Urheber bewaffneter Angriffe kann anhand der historischen Textauslegung von Art. 51 UN-Charta nicht zweifelsfrei geklärt werden.

4. Ergebnis

Im Rahmen der Textauslegung von Art. 51 UN-Charta haben sich zahlreiche starke Argumente ergeben, die den Rekurs auf das Selbstverteidigungsrecht auch im Falle eines nicht-staatlichen Angriffs tragen. Vor dem Hintergrund neuer Bedrohungslagen sprechen nicht nur Sinn und Zweck sowie

---

208   S. 2. US-amerikanischer Entwurf v. 11. Mai 1945, Department of State, United States of America, Foreign Relations of the United States: Diplomatic Papers 1945 (1967), S. 674.

209   S. 1. US-amerikanischer Entwurf v. 12. Mai 1945, Department of State, United States of America, Foreign Relations of the United States: Diplomatic Papers 1945 (1967), S. 675 f.

210   S. 2. und 3. US-amerikanischer Entwurf, beide v. 12. Mai 1945, Department of State, United States of America, Foreign Relations of the United States: Diplomatic Papers 1945 (1967), S. 685 f.

211   Vgl. Department of State, United States of America, Foreign Relations of the United States: Diplomatic Papers 1945 (1967), S. 699 (britischer Entwurf v. 12. Mai 1945), S. 704 (US-amerikanischer Entwurf v. 12. Mai 1945) sowie S. 705 US-amerikanischer/britischer Entwurf v. 12. Mai 1945.

212   Ebenso *Hofmeister*, ZÖR 62 (2007), S. 475 (482).

213   So *van Steenberghe*, LJIL 23 (2010), S. 183 (198).

der offen formulierte Wortlaut für ein solches Verständnis. Auch konnte vermeintlich gegenteiligen rechtssystematischen Argumenten weitestgehend entgegengetreten werden. Zwar sprechen die *travaux préparatoires* eher für das Erfordernis der Staatlichkeit des Angriffs bzw. einer staatlichen Zurechenbarkeit. Allerdings ist die historische Auslegung gem. Art. 32 WVK nur ergänzend anzuwenden.

II. Staatenpraxis und Praxis von Organen internationaler Organisationen

Der objektive Auslegungsansatz verbietet eine starre Bindung an den historischen Willen der Vertragsparteien, weshalb bei der Auslegung einer Vorschrift auch nachfolgende Übereinkünfte und die spätere Übung der Parteien gem. Art. 31 Abs. 3 lit. a und b und Art. 32 WVK zu berücksichtigen sind. Die schockierenden Anschläge vom 11. September 2001[214] sowie die Terrorakte des IS haben die Rechtsansichten der Staaten zur Frage der Angreiferqualität privater Akteure maßgeblich geprägt und zum Teil signifikant verändert. Die Bedeutung dieser Ereignisse für die Auslegung von Art. 51 UN-Charta ist dementsprechend auch anhand der Gliederung kenntlich gemacht. Herangezogen werden insbesondere die Praxis der Staaten als solche und die im Rahmen von UN-Sicherheitsrat, Nordatlantikpakt-Organisation (NATO) und der Europäischen Union (EU). Eine Auseinandersetzung mit der jahrzehntelangen Rechtsprechung des IGH erfolgt gebündelt am Schluss dieses Abschnitts.

1. Praxis vor den Anschlägen vom 11. September 2001[215]

Im Jahr 1958 ging Frankreich nach Angriffen durch die nicht-staatliche »Front de Libération Nationale« vom Hoheitsgebiet Tunesiens aus, in Tunesien militärisch gegen diese Gruppierung vor. In der Stellungnahme Frankreichs heißt es:

---

214   Zum Sachverhalt s. in diesem Abschnitt unter 2.
215   S. die umfassenden Ausarbeitungen zur Staatenpraxis seit 1945 bei *Kreß*, Selbstverteidigungsrecht, S. 41 ff. und *Weigelt*, Terrorismus, S. 32 ff.

»There can be no doubt that the support given to the FLN [Front de Libération Na-
tionale] by Tunisia constitutes aggression. [...] In an international conflict the State
shall be declared the *attacker* which supports armed bands organized in its territory
which invades the territory of another State, or refuses, on being requested by the
invaded State, to take in its own territory any action within its power to deny such
bands any aid or protection.«[216]

Frankreich betrachtete Tunesien aufgrund der Unterstützung und Beherbergung der nicht-staatlichen Akteure als eigentlichen Angreifer, ging mithin
von einer Zurechenbarkeit aus,[217] die die grenzüberschreitende französische
Gegenwehr legitimiere. Allerdings berief sich Frankreich nicht ausdrücklich auf ein Verteidigungsrecht, wenngleich die Vokabel »attacker« dies
vermuten lässt. Der Sicherheitsrat musste sich aufgrund US-amerikanischer
und britischer Vermittlungsdienste nicht abschließend mit dem Fall be-
schäftigen.[218] Da Frankreich sein Vorgehen offensichtlich von einer Zurechnung der privaten Handlungen abhängig machte, spricht die Auseinandersetzung mit Tunesien gegen die Erweiterung des Angriffsbegriffs auf
nicht-staatliche Akteure. Anderes gilt allerdings für die folgenden Beispiele.

Bereits seit den 1970er Jahren ergriff Israel in Reaktion auf grenzüberschreitende Gewaltakte palästinensischer Gruppierungen militärische Maßnahmen gegen deren Stellungen im Libanon.[219] Hierbei sah sich Israel stets
durch Selbstverteidigung gerechtfertigt, ohne dem Libanon die privaten
Handlungen zuzurechnen. Beispielsweise heißt es in einer Erklärung zu israelischen Artilleriebeschüssen auf Stellungen der Hisbollah im Dezember
1996:

»Any action by Israel in *response to [...] terrorism* has been taken solely in self-
defence and has regretfully been made necessary precisely because the Government
of Lebanon has been, and unfortunately remains, ineffectual, unable or unwilling to
carry out its basic duty under international law and the Charter of the United Nations

---

216   SCOR, 13th year, 819th meeting, S. 14, Rn. 74.
217   Ebenso *Scholz*, Selbstverteidigungsrecht, S. 39.
218   *Scholz*, Selbstverteidigungsrecht, S. 39.
219   Vgl. Israel, SCOR, 36th year, 2292nd meeting, Rn. 55: »[T]he inherent right of
       self-defense enjoyed by every sovereign State, a right also preserved under Ar-
       ticle 51 of the Charter of the United Nations. Israel's response to PLO terror is
       what any self-respecting sovereign State would do in similar circumstances«.

of preventing its territory from being used as a base for Hisbollah and other terrorist group's attacks against Israel and its citizens.«[220]

Israel sah seine Ermächtigung zur Selbstverteidigung als direkte Antwort auf die terroristischen Handlungen der Hisbollah (»response to terrorism«),[221] warf dem Libanon aber zumindest vor, diese Aktivitäten nicht verhindert zu haben und daher zur Duldung entsprechender Verteidigungsmaßnahmen verpflichtet zu sein. Die Staatengemeinschaft verurteilte das Vorgehen Israels regelmäßig wegen Unverhältnismäßigkeit der Gegenwehr und vermied auf diese Weise eine Stellungnahme zur Frage eines Selbstverteidigungsrechts gegen nicht-staatliche Angriffe. Auch der Sicherheitsrat[222] und die Generalversammlung[223] kritisierten in einigen Fällen das Verhalten Israels.

Ebenso griffen die USA unter Berufung auf ein Selbstverteidigungsrecht mehrfach gegen private Akteure durch. So bombardierten die USA z.B. im Jahr 1998 in Reaktion auf terroristische Anschläge auf die US-amerikanischen Botschaften in Kenia und Tansania Stellungen in Afghanistan und im Sudan.[224] In ihren diesbezüglichen Erklärungen gingen sie ausschließlich auf die terroristischen Anschläge ein.[225] Die USA beanspruchte somit ein Recht zur Gegenwehr unabhängig von einem staatlichen Hintergrund der Gewaltakte. Die Staatengemeinschaft äußerte sich uneinheitlich und zurückhaltend. Während die »westliche Welt« überwiegend Zuspruch bekundete, verurteilten die arabischen Staaten das Vorgehen der USA.[226] Der Sicherheitsrat und die Generalversammlung nahmen hierzu keine Stellung.

---

220 Letter dated 3 February from the Chargé d'affaires a.i. of the Permanent Mission of Israel to the United Nations addressed to the Secretary-General, UN Doc. A/52/70, 5. Februar 1997, S. 1; Hervorhebung durch Verf.
221 S. auch *Scholz*, Selbstverteidigungsrecht, S. 143.
222 Vgl. u.a. UN Doc. SR-Res. 508 (1982), 5. Juni 1982; UN Doc. SR-Res. 517 (1982), 4. August 1982: »Deeply alarmed and shocked«; UN Doc. SR-Res. 518 (1982), 12. August 1982; UN Doc. SR-Res. 262 (1968), 31. Dezember 1968.
223 UN Doc. A/ES-7/PV. 32, 25. September 1982.
224 Näher hierzu *Lobel*, Yale JIL 24 (1999), S. 537 ff.
225 Vgl. die Erklärung des damaligen US-Präsidenten *Clinton*, Weekly Comp. Pres. 1998, Doc. 1642, zit. nach *Murphy*, AJIL 93 (1999), S. 161 (161): »Our target was terror.[...] [W]e have convinced evidence these groups played the key role in the Embassy bombings in Kenya and Tansania [...]«.
226 S. Nachweise bei *Lobel*, Yale JIL 24 (1999), S. 537 (538).

Die These, Art. 51 UN-Charta gelte auch im Fall nicht-staatlicher Angriffe, wird zumindest in sprachlicher Hinsicht durch eine Resolution des Sicherheitsrats aus dem Jahr 1967 bestärkt. Im Kongo-Konflikt beschuldigte die Demokratische Republik Kongo Portugal der Duldung gewalttätiger Söldner. Der Sicherheitsrat teilte die kongolesische Ansicht. Im einleitenden Teil der Resolution zeigte er sich über die »bewaffneten Angriffe« ausländischer Söldner gegen die Republik Kongo besorgt und verurteilte

> »the failure of Portugal to prevent the mercenaries from using the territory of Angola under its administration as a base of operations for *armed attacks* against the Democratic Republic of the Congo.«[227]

Obwohl der Sicherheitsrat die Handlungen der Söldner als bewaffneten Angriff charakterisiert, enthält die Resolution keine weiteren Hinweise auf ein kongolesisches Verteidigungsrecht. Es bleibt ungeklärt, ob der Sicherheitsrat bewusst nicht auf die Begrifflichkeit von Art. 51 UN-Charta zurückgegriffen hat.

Im berühmten *Caroline*-Fall traten während des Unabhängigkeitskampfes Kanadas gegen Großbritannien US-amerikanische Staatsangehörige für die kanadischen Aufständischen ein, ohne jedoch von den USA Unterstützung erhalten zu haben. Im Jahr 1837 stürmten britische Streitkräfte den von Privaten besetzten Dampfer Caroline auf US-amerikanischem Territorium, setzten ihn in Brand und ließen ihn die Niagarafälle hinabstürzen. Während die USA sich hierdurch als Opfer eines britischen Angriffs sahen, stellte Großbritannien sein Vorgehen als Selbstverteidigung dar. Im streitklärenden, anschließenden Notenwechsel erörterten beide Staaten – auch fallsubsumierend – unter welchen Voraussetzungen Gewalteinsätze zu Verteidigungszwecken zulässig seien.[228] Dass die Briten gegen Private vorgingen, wird in diesem Zusammenhang jedoch nicht berücksichtigt, was für die Subsumtion nicht-staatlicher Gewalt unter den Tatbestand von Art. 51 UN-Charta spricht.[229]

---

227 UN Doc. SR-Res. 241 (1967), 15. November 1967, Präambel bzw. Rn. 1.
228 S. zu den Voraussetzungen unten S. 171.
229 *Tladi*, AJIL 107 (2013), S. 570 (572); *Greenwood*, San Diego ILJ 4 (2003), S. 7 (17).

2. Praxis im Zuge der Anschläge vom 11. September 2001

Am 11. September 2001 entführten Mitglieder der islamistischen Terroror-
ganisation Al-Quaida (»Die Basis«) in den USA vier Passagierflugzeuge,
wovon zwei in das World Trade Center in New York und ein drittes in das
Pentagon in Virginia gesteuert wurden. Das vierte Flugzeug konnte durch
den Piloten auf einem Feld in Pennsylvania zum Absturz gebracht werden.
Bei den Anschlägen kamen mehr als 3.000 Menschen ums Leben. Die
Schreckensereignisse wurden in der ganzen Welt mit Fassungslosigkeit und
tiefer Bestürzung aufgenommen und innerhalb der Staatengemeinschaft
einhellig verurteilt. Für die vorliegende Arbeit besonders ergiebig sind die
direkt nach den Anschlägen abgegebenen Erklärungen, da zu diesem Zeitpunkt sowohl Urheber der Taten als auch eine Verstrickung möglicher Hintergrundstaaten noch unbekannt waren.

a. Resolutionen 1368 und 1373 des UN-Sicherheitsrats und weitere Erklärungen der UN

Der Sicherheitsrat der Vereinten Nationen verabschiedete bereits einen Tag
nach den verheerenden Ereignissen Resolution 1368, in der er zunächst das
Recht auf individuelle und kollektive Selbstverteidigung anerkannte, ohne
allerdings den Angreifer festzumachen oder auf eine staatliche Verwicklung abzustellen.[230] Sodann verurteilte er die Anschläge als auch jeden Akt
des Terrorismus als »Bedrohung des Weltfriedens und der internationalen
Sicherheit«. In Resolution 1373 bekräftigt der Sicherheitsrat beide Feststellungen, jedoch in umgekehrter Reihenfolge.[231] In zahlreichen weiteren Dokumenten rief er Resolution 1373 in Erinnerung.[232] Über den rechtlichen
Aussagegehalt der Resolutionen 1368 und 1373 wird in der Völkerrechts-

---

230 UN Doc. SR-Res. 1368 (2001), 12. September 2001.
231 UN Doc. SR-Res. 1373 (2001), 28. September 2001.
232 Vgl. z.B. UN Doc. SR-Res. 1566 (2004), 8. Oktober 2004, UN Doc. SR-Res.
     1624 (2005), 14. September 2005.

lehre heftig debattiert. Der Grund dafür mag der mehrdeutigen Formulierung[233] geschuldet sein, die im Folgenden Gegenstand der Analyse ist.

Mit Charakterisierung der Anschläge vom 11. September 2001 als Bedrohung des Weltfriedens und der internationalen Sicherheit bestätigt der Sicherheitsrat die tatbestandliche Einschlägigkeit von Art. 39 UN-Charta.[234] Von einem »bewaffneten Angriff«, einer »Selbstverteidigungssituation«, einer »Ermächtigung nach Art. 51 UN-Charta« oder dergleichen spricht er hingegen nicht, obwohl die Bezugnahme auf das Selbstverteidigungsrecht ein solches Vorgehen erwarten ließe.[235]

Andererseits kommt es auf die ausdrückliche Bestätigung eines bewaffneten Angriffs in rechtlicher Hinsicht gar nicht an. Denn im Unterschied zu Art. 39 UN-Charta setzt Art. 51 UN-Charta keine konstitutive Feststellung durch den Sicherheitsrat voraus.[236] Darüber hinaus schließen die Tatbestände beider Vorschriften einander nicht aus: Trotz Feststellung einer Friedensbedrohung wären die USA im Fall eines bewaffneten Angriffs berechtigt, Selbstverteidigung auszuüben. Diese Befugnis entfällt erst dann, wenn der Sicherheitsrat Maßnahmen ergreift.[237]

Der Verweis auf das Selbstverteidigungsrecht in den Resolutionen 1368 und 1373 legt die Vermutung nahe, dass der Sicherheitsrat vom Vorliegen eines bewaffneten Angriffs ausging,[238] auch wenn der Hinweis zugegebenermaßen nicht im operativen Teil der Dokumente Erwähnung fand.[239] Auch wird – stellt man allein auf die Formulierung ab – kein konkreter

---

233 *Cassese*, EJIL 12 (2001), S. 993 (996): »ambiguous and contradictory«. S. auch *Tomuschat*, EuGRZ 2001, S. 535 (543); *Seidel*, AVR 41 (2003), S. 449 (466).

234 Wie an anderer Stelle dieser Arbeit bereits aufgezeigt, stellt Art. 39 UN-Charta den »Schlüssel« für Maßnahmen nach Kapitel VII der UN-Charta dar. Der Sicherheitsrat hätte daher sowohl zu nicht-militärischen als auch militärischen Maßnahmen autorisieren dürfen, wovon er aber keinen Gebrauch gemacht hat.

235 Mit gleicher Erwartung *Löw*, Selbstverteidigungsrecht, S. 127. Vgl. *Byers*, ICLQ 51 (2002), S. 401 (412): »The explicit recognition would make little sense if the Council intended to supersede the US right to engage in defensive action«.

236 Mit gleichem Argument *Bruha*, AVR 40 (2002), S. 383 (394).

237 Vgl. *Schmitz-Elvenich*, Targeted Killing, S. 64.

238 Statt vieler *Greenwood*, San Diego ILJ 4 (2003), S. 4 (17); *Aurescu*, AFDI 52 (2006), S. 137 (153). Deutlich überzeugter *Hofmeister*, ZÖR 62 (2007), S. 475 (479).

239 Deshalb sehr kritisch *Cenic*, Australian ILJ 14 (2007), S. 201 (210); *Tladi*, AJIL 107 (2013), S. 570 (575).

Bezug zu den Anschlägen vom 11. September hergestellt. Jedoch betont der Sicherheitsrat gleich im Anschluss an den Verweis auf das Selbstverteidigungsrecht in Resolution 1373, die durch terroristische Handlungen verursachte Bedrohung mit allen Mitteln bekämpfen zu wollen. Die Aneinanderkopplung beider Sätze könnte man als Bestätigung der These auslegen, dass es für die Ausübung eines Selbstverteidigungsrechts allein auf die terroristische Handlung selbst, nicht aber auf die Verwicklung eines dahinterstehenden Staates ankomme.[240]

Ein solches Verständnis wird auch durch die bereits angesprochene Qualifizierung der Anschläge als Friedensbedrohung i.S.v. Art. 39 UN-Charta bestärkt, in dem der Bedeutung nicht-staatlicher Gruppierungen Rechnung getragen wird. Gleichwohl seit längerer Zeit gängige Praxis der Vereinten Nationen, hat der Sicherheitsrat terroristische Gewaltanwendungen bis zu den Anschlägen vom 11. September 2001 bloß *generell* als friedensbedrohend bezeichnet.[241] Eine Friedensgefährdung im *Einzelfall* stellte er hingegen nur fest, wenn ein Staat seine auf einer vorherigen Sicherheitsratsresolution beruhende Pflicht zur Bekämpfung des Terrorismus nicht befolgte.[242] Daher bedurfte es stets einer staatlichen Verwicklung in die jeweiligen terroristischen Akte.[243] Durch die generelle Bewertung terroristischer Anschläge als Friedensbedrohung gab der Sicherheitsrat mithin schon vor den Übergriffen vom 11. September 2001 zu erkennen, dass der völkerrechtliche Fokus verstärkt auf nicht-staatliche Akteure zu richten ist. Veranschaulicht wird dies beispielsweise durch eine Resolution zu den Vorgängen im Kosovo, in der der Sicherheitsrat »all parties, groups and individuals« dazu

---

240 Ebenso *Löw*, Selbstverteidigungsrecht, S. 128. A.A. *Kugelmann*, Jura 2003, S. 376 (379), der meint, dass der Hinweis auf das Selbstverteidigungsrecht nur Sachverhalte erfasse, in denen eine ausreichende Verwicklung eines Hintergrundstaates bzw. *de facto*-Regimes bestünde. *Frowein*, ZaöRV 62 (2002), S. 879 (885), sieht in der Anerkennung des Selbstverteidigungsrecht die Berechtigung der USA zu Verteidigungsmaßnahmen, »falls festgestellt werden könnte, daß die Urheber des oder der terroristischen Anschläge vom 11. September vom Territorium eines fremden Staates aus agierten«.

241 Vgl. z.B. UN Doc. SR-Res. 731 (1992), 12. Januar 1992; UN Doc. SR-Res. 1267 (1999), 15. Oktober 1999, UN Doc. SR-Res. 1269 (1999), 19. Oktober 1999; UN Doc. SR-Res. 1363 (2001), 30. Juli 2001.

242 *Krajewski*, AVR 40 (2002), S. 183 (197).

243 S. z.B. UN Doc. SR-Res. 1054 (1996), 26. April 1996.

ermahnt, ihre Feindseligkeiten umgehend einzustellen und einen Waffenstillstand zu vereinbaren.[244]

Der Sicherheitsrat bezeichnete nicht nur die Ereignisse vom 11. September 2001 als Friedensbedrohung (unabhängig von einer staatlichen Verwicklung). Er ging noch einen Schritt weiter und qualifizierte *jeden* Akt des internationalen Terrorismus als friedensbedrohend. Diesen Befund untermauerte der Sicherheitsrat in der Folge in zahlreichen weiteren Resolutionen,[245] was letztendlich zu einer inhaltlichen Begriffserweiterung der Friedensbedrohung geführt hat.[246]

Ausgehend von diesen Erkenntnissen hält es eine Ansicht für folgewidrig, im Gegensatz zu Art. 39 UN-Charta in Bezug auf Art. 51 UN-Charta weiterhin auf das Staatlichkeitserfordernis zu bestehen.[247] Das erweiterte Verständnis der Friedensbedrohung würde die Befugnis zur Selbstverteidigung ebenfalls ausdehnen.[248] Denn wenn der Sicherheitsrat aufgrund einer Situation nach Art. 39 UN-Charta Maßnahmen gegen nicht-staatliche Akteure treffen dürfe, so könne nichts anderes für einen Staat nach Art. 51 UN-Charta gelten.[249]

Dieser Position kann nur zum Teil gefolgt werden. Zwar ist dem Ausgangspunkt der Überlegungen zuzustimmen, dass eine Änderung der Auslegung einer bestimmten Norm auch gleichzeitig zu einer Neuinterpretation anderer Vorschriften des gleichen rechtlichen Problemkreises führen kann.

---

244   UN Doc. SR-Res. 1199 (1998), 23. September 1998. S. zu diesem Argument *Krajewski*, AVR 40 (2002), S. 183 (196).

245   S. z.B. UN Doc. SR-Res. 1516 (2003), 20. November 2003 (Anschläge in Istanbul); UN Doc. SR-Res. 1611 (2005), 7. Juli 2005 (Anschläge in London); weitere Beispiele bei *Zimmermann/Elberling*, VN 2004, S. 71 (76), Fn. 21.

246   Nach *Mammen*, Internationale Terrororganisationen, S. 107, hätte der Sicherheitsrat in der Folge sein Verständnis in Bezug auf den Begriff der Friedensbedrohung nochmals erweitert, indem er in seinen Beschlüssen zu den Anschlägen in Madrid, Istanbul und London nicht auf einen internationalen Bezug abstellte. Wie *Mammen* allerdings selbst feststellt (S. 108), nennt der Sicherheitsrat die jeweiligen »ausländischen« Terrororganisationen als Urheber der Anschläge. Daher kann nicht von einem Verzicht auf das Kriterium der Grenzüberschreitung seitens des Sicherheitsrats ausgegangen werden.

247   So *Bruha*, AVR 40 (2002), S. 383 (393); *Schmitz-Elvenich*, Targeted Killing, S. 62. Ablehnend *Löw*, Selbstverteidigungsrecht, S. 94.

248   So *Bruha*, AVR 40 (2002), S. 383 (393); *Schmitz-Elvenich*, Targeted Killing, S. 62; *Franck*, AJIL 95 (2001), S. 839 (840).

249   *Franck*, AJIL 95 (2001), S. 839 (840).

Daher ist die Erweiterung des Begriffsverständnisses der Friedensbedrohung ein weiterer Beweis dafür, dass die UN-Charta, insbesondere das Friedenssicherungssystem, nicht an herkömmlichen Sichtweisen festhält, sondern aktuellen Bedürfnissen anpassbar ist.

Gegen einen Gleichlauf der Vorschriften der Art. 39 und Art. 51 UN-
Charta spricht jedoch die unterschiedliche Stoßrichtung beider Normen.
Art. 39 UN-Charta dient als Schlüssel für Maßnahmen nach Kapitel VII und
damit der Hauptverantwortung des Sicherheitsrats zur Wahrung des Weltfriedens und der internationalen Sicherheit. Das den Staaten zustehende
Recht zur Selbstverteidigung soll hingegen nur die (kurzzeitige) Möglichkeit sicherstellen, einen bewaffneten Angriff sofort abzuwehren. Die Be-
fugnis besteht auch nur, solange der Sicherheitsrat noch keine Maßnahmen
getroffen hat. Letzterem stehen weitreichendere Kompetenzen zu.[250] Das
Selbstverteidigungsrecht soll hingegen nur bei Vorliegen eines bewaffneten
Angriffs greifen, also nur in Ausnahmefällen zur Anwendung gelangen.
Eine Gleichschaltung beider Normen liefe Gefahr, innerstaatliche Konflikte
nicht nur unter den Begriff der Friedensbedrohung (inzwischen gängige
Praxis), sondern auch unter Art. 51 UN-Charta zu subsumieren. Eine solche
Schlussfolgerung kann jedoch nicht beabsichtigt sein. Damit leitet sich das
Vorliegen einer Selbstverteidigungslage im Kontext des 11. September
2001 auch nicht automatisch aus der Feststellung einer Situation i.S.d.
Art. 39 UN-Charta ab. Die Begrifflichkeiten des Friedenssicherungssys-
tems sind weiterhin strikt voneinander zu trennen.[251]

Die Resolutionen 1368 und 1373 bringen nicht eindeutig zum Ausdruck,
dass sich der Tatbestand von Art. 51 UN-Charta auch auf nicht-staatliche
Aktivitäten erstreckt.[252] An einer entsprechenden ausdrücklichen Feststellung fehlt es gerade. Der Begriff »bewaffneter Angriff« wird in beiden Resolutionen nicht erwähnt. Auch hat der Sicherheitsrat entgegen seiner früheren Resolutionspraxis weder bestimmt, *wer* zu Verteidigungsmaßnahmen
ermächtigt werde noch *gegenüber wem* das Recht zur Selbstverteidigung

---

250 Ähnlich *Löw*, Selbstverteidigungsrecht, S. 95.
251 S. auch *Bruha*, AVR 40 (2002), S. 383 (393).
252 Ebenso *Hofmeister*, ZÖR 62 (2007), S. 475 (484); *Scholz*, Selbstverteidigungsrecht, S. 154; *Wandscher*, Terrorismus, S. 201. Gegenteilig *Gray*, Use of Force,
S. 199.

eingeräumt werde.[253] Dass dies der Schnelligkeit geschuldet sei, mit der die Resolution 1368 am 12. September erlassen wurde,[254] überzeugt nicht. Schließlich bekräftigte der Sicherheitsrat seine Erkenntnisse mit zeitlicher Verzögerung von zwei Wochen in Resolution 1373, ohne auch hier entsprechende Feststellungen ausdrücklich getroffen zu haben.

Dennoch spricht die Vielzahl aufgezeigter Indizien in den Resolutionen 1368 und 1373 im Ergebnis für die Einbeziehung privater Aktivitäten unter den Angriffsbegriff.[255] Am deutlichsten wird dieser Befund durch die Tatsache, dass der Sicherheitsrat ohne jegliche Hinweise auf einen staatlichen Hintergrund der Anschläge gehandelt hat. Letztendlich geht auch der Einwand fehl, dass auf diese Weise bloß Zweifel zu den (staatlichen) Tathintergründen kaschiert werden sollten.[256] Das Gegenteil ist vielmehr der Fall: Durch die Ausdehnung des Angriffsbegriffs auf nicht-staatliche Akteure wird gerade dem Umstand entgegengewirkt, eigentlich nicht vorhandene Hinweise auf eine staatliche Verstrickung an den Haaren herbeizuziehen.[257] Da nicht-staatliche Organisationen immer unabhängiger handeln, wird ein solcher Zusammenhang in Zukunft immer seltener vorliegen.[258]

In Resolution 56/1 der UN-Generalversammlung[259] werden die Anschläge auf das Schärfste verurteilt, die Staatengemeinschaft zur Kooperation gegen terroristische Aktivitäten aufgefordert und den Unterstützern solcher Aktivitäten mit Konsequenzen gedroht. Ebenso missbilligend äußerte sich der UN-Generalsekretär.[260]

---

253 *Weber*, ZÖR 62 (2007), S. 475 (483); *Heintschel von Heinegg/Gries*, AVR 40 (2002), S. 145 (160).

254 *Franck*, Recourse to Force, S. 66.

255 So auch *Bruha*, AVR 40 (2002), S. 383 (393); *Schmitz-Elvenich*, Targeted Killing, S. 63; *Murphy*, AJIL 99 (2005), S. 62 (67). Sehr kritisch hingegen *Mégret*, KJ 2002, S. 157 (164 f.); *Kammerhofer*, LJIL 20 (2007), S. 89 (100 f.).

256 So *Delbrück*, GYIL 44 (2002), S. 9 (11), Fn. 7. Wie hier *Bruha*, AVR 40 (2002), S. 383 (395).

257 *Bruha*, AVR 40 (2002), S. 383 (395).

258 *Bruha*, AVR 40 (2002), S. 383 (395).

259 UN Doc. GV-Res. 56/1 (2001), 18. September 2001.

260 Statement of the Secretary-General; UN Doc. S/PV.4370, 12. September 2001, S. 2.

b. Erklärungen der NATO und weiterer internationaler Organisationen

Auch der Rat der NATO trat schon einen Tag nach den Anschlägen vom 11. September 2001 zusammen und rief den Bündnisfall nach Art. 5 Nordatlantikvertrag[261] aus:

> »If it is determined that this attack was *directed from abroad*, [...] it shall be regarded as an action covered by Article 5 of the NATO treaty, which states that an armed attack against one member shall be considered as an armed attack against all.«[262]

Die NATO bestätigte mithin das Vorliegen eines bewaffneten Angriffs i.S.d. NATO-Vertrags und machte die Feststellung von der Tatsache abhängig, dass die Anschläge aus dem Ausland gelenkt wurden. Die Frage nach einem staatlichen Hintergrund bzw. dem Urheber der Anschläge wurde hingegen nicht thematisiert.[263]

Zu einem späteren Zeitpunkt, als die Urheberschaft der Al-Quaida bewiesen war, verkündete der Generalsekretär der NATO erneut den Bündnis-

---

261   North Atlantic Treaty v. 4. April 1949, BGBl. 1955 II S. 289 i.d.F. des Protokolls v. 17. Oktober 1951, BGBl. 1955 II S. 293, 34 UNTS Bd. 34 S. 243; im Folgenden: NATO-Vertrag.
        Art. 5 Nordatlantikvertrag lautet: »Die Parteien vereinbaren, dass ein bewaffneter Angriff gegen eine oder mehrere von ihnen in Europa oder Nordamerika als ein Angriff gegen sie alle angesehen wird; sie vereinbaren daher, dass im Falle eines solchen bewaffneten Angriffs jede von ihnen in Ausübung des in Art. 51 der Satzung der Vereinten Nationen anerkannten Rechts der individuellen oder kollektiven Selbstverteidigung der Partei oder den Parteien, die angegriffen werden, Beistand leistet, indem jede von ihnen unverzüglich für sich und im Zusammenwirken mit den anderen Parteien die Maßnahmen, einschließlich der Anwendung von Waffengewalt, trifft, die sie für erforderlich erachtet, um die Sicherheit des nordatlantischen Gebiets wiederherzustellen und zu erhalten. Von jedem bewaffneten Angriff und allen daraufhin getroffenen Gegenmaßnahmen ist unverzüglich dem Sicherheitsrat Mitteilung zu machen. Die Maßnahmen sind einzustellen, sobald der Sicherheitsrat diejenigen Schritte unternommen hat, die notwendig sind, um den internationalen Frieden und die internationale Sicherheit wiederherzustellen und zu erhalten.«

262   Statement by the North Atlantic Council v. 12. September 2001, www.nato. int/docu/pr/2001/p01-124e.htm.

263   *Hofmeister*, ZÖR 62 (2007), S. 475 (484) und *Kugelmann*, Jura 2003, S. 376 (379) meinen hingegen, die Feststellung, dass die Anschläge aus dem Ausland erfolgten, bestätigen die erforderliche Verbindung zu einem anderen Staat.

fall, wiederum ohne hierfür auf eine Verbindung bzw. Zurechnung zu einem Hintergrundstaat abzustellen:

> »The information points to an Al Quaida role in the 11 September attacks. We know that the individuals who carried out these attacks were part of the world-wide terrorist network. [...] On the basis of this briefing, it has now been determined that the attack against the United States [...] shall be regarded as an action covered by Article 5 of the Washington Treaty.«[264]

Der Verweis auf Art. 51 UN-Charta in Art. 5 NATO-Vertrag legt den Rückschluss nahe, den Angriffsbegriff in beiden Normen identisch auszulegen.[265] Nach Ansicht der NATO-Mitgliedsstaaten können nicht-staatliche Akteure somit bewaffnete Angriffe nach Art. 51 UN-Charta verüben.

Ebenso rief die Organisation Amerikanischer Staaten (OAS) ihre Mitglieder zum Bündnis auf, ohne eine staatliche Instrumentalisierung der Vorfälle vom 11. September 2001 zu fordern:

> »[T]hese terrorist attacks against the United States of America are attacks against all American states and that in accordance with all the relevant provisions of the Inter-American Treaty of Reciprocal Assistance (Rio Treaty) and the principle of continental solidarity, all States Parties to the Rio Treaty shall provide effective reciprocal assistance to address such attacks and the threat of any similar attacks against any American state, and to maintain the peace and security of the continent.«[266]

Noch deutlicher ist eine spätere Feststellung der OAS zu Beginn des US-Einsatzes in Afghanistan, da hier explizit das Selbstverteidigungsrecht in Erinnerung gerufen wird:

> »[T]he [US] measures ... in the exercise of [its] inherent right of individual or collective self-defense have the full support of the states parties of the RIO Treaty.«[267]

---

264   Statement by the North Atlantic General Secretary v. 2. Oktober 2001, abgedruckt in: ILM 40 (2001), S. 1268.

265   *Dinstein*, Self-Defence, Rn. 604; *Hofmeister*, ZÖR 62 (2007), S. 475 (478).

266   Twenty-Fourth Meeting of Consultation of Ministers of Foreign Affairs, OAS Doc. OEA/Ser.F/II.24 RC.24/RES.1/01, 21. September 2001, www.cicte.oas. org/Rev/en/Documents/Resolutions/doc_rc_24_res_1_01_eng.pdf.

267   Committee for the Follow-Up of the Twenty-Fourth Meeting of Consultations of Ministers of Foreign Affairs, OAS Doc. OES/Ser.F/II.24CS/TIAR/RES.1/01 16. Oktober 2001, www.oas.org/OASpage/crisis/follow_e.htm.

3. Praxis nach den Anschlägen vom 11. September 2001

Seit den Anschlägen in New York wurden weitere Städte weltweit zu Schauplätzen terroristischer Übergriffe, man denke nur an die Bombenattentate auf Bali (2002), an die Ereignisse in Madrid (2004) und in der Londoner U-Bahn (2005) sowie an die Anschläge auf den Boston-Marathon (2013) und auf die Redaktion der Satirezeitschrift Charlie Hebdo in Paris (2015). In keinem dieser Fälle konnten die Anschläge einem Staat zugerechnet werden. Der Sicherheitsrat hätte all diese Gelegenheiten zum Anlass nehmen können, um seine in den Resolutionen 1368 und 1373 getroffenen Feststellungen zu wiederholen, zu konkretisieren oder auch zu korrigieren. Mit keinem Wort erwähnte der Rat das Selbstverteidigungsrecht. Einzig und allein die Feststellung, dass jeder Akt des Terrorismus eine Bedrohung des Friedens und der Sicherheit ist,[268] erinnert an seine Praxis im Zuge des 11. September 2001.[269] Dennoch sollte daraus nicht der Rückschluss gezogen werden, dass der Sicherheitsrat von seinen Aussagen aus dem Jahre 2001 Abstand nehmen möchte. Vielmehr wird deutlich, dass der Sicherheitsrat inhaltlich seinen Schwerpunkt auf den Appell zur Bekämpfung aller Formen des Terrorismus verlagert (hat). Inwieweit der Umgang mit den Terrorakten des »Islamischen Staates« die Rechtsansichten zur Angreiferqualität nicht-staatlicher Akteure geprägt hat, ist Gegenstand der folgenden Untersuchung.

4. Praxis im Zuge der terroristischen Handlungen des »Islamischen Staates«

Seit September 2014 greifen US-amerikanische Streitkräfte unter Beteiligung zahlreicher arabischer und westlicher Staaten in den Konflikt in Syrien ein. Seit Ende 2015 ist auch die Bundeswehr an diesem Einsatz betei-

---

268   UN Doc. SR-Res. 1438 (2002), 14. Oktober 2002 (Bali).
269   Vgl. z.B. UN Doc. SR-Res. 1611 (2005), 7. Juli 2005 (London) und losgelöst von bestimmten Anschlägen UN Doc. SR-Res. 1611 (2005), 16. Juli 2005; UN Doc. SR-Res. 1963 (2010), 20. Dezember 2010; UN Doc. SR-Res. 1989 (2011), 17. Juli 2011; UN Doc. SR-Res. 2129 (2013), 17. Dezember 2013, UN Doc. SR-Res. 2195 (2014), 19. Dezember (2014), UN Doc. SR-Res. 2253 (2015), 17. Dezember 2015, UN Doc. SR-Res. 2370 (2017), 2. August 2017.

ligt. Die Luftangriffe richten sich dabei jedoch nicht gegen das syrische Regime,[270] sondern gegen Stellungen des sog. IS, der in Syrien, dem Irak und Libanon für die Errichtung eines Gottesstaates kämpft und sich zunächst in weiten Teilen Iraks und Syriens etablieren konnte (inzwischen aber Territorium verloren hat).

Bereits einen Monat zuvor, im August 2014, initiierte die USA als Reaktion auf ein Hilfeersuchen der irakischen Regierung[271] Lufteinsätze gegen Stützpunkte des IS im von den Attentaten der Terrorgruppierung geschwächten Irak.

Während die Operation im Irak durch Einladung der Regierung gedeckt ist (sog. »Intervention auf Einladung«), fehlt es hinsichtlich der in Syrien geführten Militäraktionen an der Zustimmung des syrischen Regimes. Auch der Sicherheitsrat hat den Einsatz nicht autorisiert. Syrien, das lediglich kurz vor Beginn der Lufteinsätze von den USA informiert wurde, hatte bereits zuvor die USA vor einem Eingreifen gegen Stellungen des IS auf syrischem Territorium gewarnt[272] und sodann implizit den Einsatz kritisiert – wenngleich es die Bekämpfung des IS begrüßte und auch ein deutlicher Protest zu Beginn des von der USA geführten Einsatzes ausblieb. So wies Syrien in einer Debatte im Sicherheitsrat im September 2015 zunächst nur darauf hin, dass im Kampf gegen den IS »stets die staatliche Souveränität und das Völkerrecht« respektiert werden müsse.[273] Erst ein Jahr später verurteilte Syrien die auf seinem Hoheitsgebiet stattfindenden Militäraktionen

---

270   S. aber den kürzlichen Abschuss eines syrischen Kampfjets durch das US-Militär, Russland will U.S.-Flugzeuge in Syrien als Ziele behandeln, Zeit-Online, 17. Juni 2017, www.zeit.de/politik/ausland/2017-06/luftangriff-kampfflugzeug-syrien-us-russland sowie den US-Luftangriff auf einen syrischen Luftwaffenstützpunkt, Angriff als Signal an Assad, Tagesschau, 10.4.2017, www.tagesschau.de/ausland/trump-kongress-syrien-105.html.

271   Letter dated 25 June 2014 from the Minister for Foreign Affairs of Iraq addressed to the Secretary-General, UN Doc. S/2014/440, 25. Juni 2014.

272   Syrien warnt vor eigenmächtigen Luftangriffen, Spiegel-Online, 11. September 2014, www.spiegel.de/politik/ausland/is-luftangriffe-syrien-warnt-usa-vor-luftschlaegen-a-991136.html.

273   UN Doc. S/PV.7272 vom 24. September 2014, S. 40, s. auch *Weigelt*, Terrorismus, S. 68.

scharf.[274] Damit beurteilt sich die Rechtsgrundlage für den Einsatz in Syrien anders als für denjenigen im Irak.

Nachdem die USA ihr Vorgehen zunächst mit dem Schutz der Sicherheit der USA, seiner Bürger sowie des Irak begründeten,[275] beriefen sie sich in einem Brief vom 23. September 2014 an den UN-Generalsekretär ausdrücklich auf das individuelle und kollektive Selbstverteidigungsrecht. Zuvor hatte die irakische Regierung ihr Hilfegesuch an die USA auf die Beseitigung von außerhalb des Irak gelegenen Rückzugsorten des IS ausgedehnt.[276]

> «(…) ISIL and other terrorist groups in Syria are a threat not only to Iraq, but also to many other counties, including the United States and our partners in the region and beyond. States must be able to defend themselves, in accordance with the inherent right of individual and collective self-defense, as reflected in Article 51 of the UN Charter, when, as is the case here, the government of the State where the threat is located is unwilling or unable to prevent the use of its territory for such attacks. The Syrian regime has shown that it cannot and will not confront these safehavens effectively itself. Accordingly, the United States has initiated necessary and proportionate military actions in Syria in order to eliminate the ongoing ISIL threat to Iraq, including by protecting Iraqi citizens from further attacks and by enabling Iraqi forces to regain control of Iraq's borders. (…)»

Die USA stellte folglich darauf ab, dass das syrische Regime nicht willens oder in der Lage sei, gegen die von seinem Territorium ausgehende Bedrohung des IS vorzugehen; sie machte ihren Einsatz aber nicht von einer etwaigen Zurechnung der Anschläge des IS an Syrien abhängig.

274　Identical letters dated 17 September 2015 from the Permanent Representative of the Syrian Arab Republic to the United Nations addressed to the Secretary-General and the President of the Security Council, UN Doc. S/2015/719, 17. September 2015 und Identical letters dated 21 September 2015 from the Permanent Representative of the Syrian Arab Republic to the United Nations addressed to the Secretary-General and the President of the Security Council, UN Doc. S/2015/727, 21. September 2015.

275　Brief des damaligen US-Präsidenten Barack Obamas v. 23. September 2014, https://obamawhitehouse.archives.gov/the-press-office/2014/09/23/letter-president-war-powers-resolution-regarding-syria.

276　Letter dated 20 September 2014 from the Permanent Representative of Iraq to the United Nations addressed to the President of the Security Council, UN Doc. S/2014/691, 22. September 2014.

Trotz des breiten Zustimmung der internationalen Gemeinschaft zur Notwendigkeit der Bekämpfung des IS ist unklar, ob das militärische Vorgehen auf syrischem Territorium zu großen Teilen nur politisch gebilligt oder auch völkerrechtlich als gerechtfertigt angesehen wird, wie das Antwortschreiben des UN-Generalsekretärs verdeutlicht:[277]

> »I am aware that today's strikes were not carried out at the direct request of the Syrian Government, but I note that the Government was informed beforehand. I also note that the strikes took place in areas no longer under the effective control of that Government. I think it is undeniable – and the subject of broad international consensus – that these extremist groups pose an immediate threat to international peace and security.«

Einerseits hebt Ban Ki-Moon hervor, dass es an einer Zustimmung der syrischen Regierung fehlt, andererseits lässt er aber offen, ob er den Militäreinsatz dennoch für völkerrechtskonform erachtet.

In der Staatengemeinschaft traf der von den USA geführte Einsatz teilweise auf Zuspruch,[278] teilweise – auch schon vor seinem Beginn[279] – auf

---

277   *Payandeh*, »Militäraktion gegen ISIS: Ein Präzedenzfall für eine Aufweichung des völkerrechtlichen Gewaltverbots?«, Verfassungsblog, 24. September 2014, http://verfassungsblog.de/militaeraktion-gegen-isis-ein-praezedenzfall-fuer-eine-aufweichung-des-voelkerrechtlichen-gewaltverbots/.

278   So z.B. Großbritannien (s. Presseerklärung v. 23. September 2014, www.gov.uk/government/news/downing-street-statement-on-air-strikes und Identical letters dated 25 November 2014 from the Permanent Representative of the United Kingdom of Great Britain and Northern Ireland to the United Nations addressed to the Secretary-General and the President of the Security Council, UN Doc. S/2014/851 v. 26. November 2014) und Deutschland (*Brown*, Berlin voices support for air strikes on Islamic State in Syria, Reuters, 26. September 2014, www.reuters.com/article/us-mideast-crisis-germany-idUSKCN0HL1BU2014 0926). Zu den Reaktionen der Staatengemeinschaft s. auch *Morello/Gearan*, Around World, Mixed reaction to U.S.-led airstrikes in Syria, Washington Post, 23. September 2014, www.washingtonpost.com/world/national-security/around-world-mixed-reaction-to-us-led-airstrikes-in-syria/2014/09/23/16985bb64 352-11e4-9a15-137aa0153527_story.html.

279   *Putin*, A Plea for Caution from Russia, New York Times, 11. September 2013, www.nytimes.com/2013/09/12/opinion/putin-plea-for-caution-from-russia-on-syria.html.

Ablehnung,[280] zum Teil mit ambivalenter rechtlicher Begründung.[281] So befürwortete Deutschland, noch bevor es sich selbst an der Mission beteiligte,
die Luftanschläge einerseits mit dem Hinweis, diese würden der Verteidigung des Irak dienen, andererseits betonte es, dass ein Protest durch die
syrische Regierung fehle.[282] Es blieb damit (zunächst) mehrdeutig, ob die
deutsche Regierung von einem Vorgehen im Rahmen des Selbstverteidigungsrechts ausgeht oder (auch) auf eine Intervention auf Einladung abstellt.

Seit 2015 qualifizieren Staaten ihre Beteiligung am Einsatz in Syrien ver-
mehrt als Selbstverteidigung statt ihr Eingreifen von einer Einladung Syriens abhängig zu machen. So erklärte Frankreich, »im Einklang mit Art. 51
UN-Charta« als Reaktion auf Angriffe des IS zu handeln,[283] obwohl es sich
noch ein Jahr zuvor aufgrund der fehlenden Zustimmung Damaskus und
damit wegen »rechtlichen Schwierigkeiten« nicht an den Luftangriffen in
Syrien beteiligen wollte.[284] Auch Großbritannien bezeichnete einen Droh-
nenangriff auf IS-Kämpfer als Maßnahme seines individuellen Selbstverteidigungsrechts gegen einen von diesen Kämpfern ausgehenden »unmittelbar bevorstehenden bewaffneten Angriff« gegen Großbritannien; die internationale Operation in Syrien wertete es infolge des »anhaltenden bewaff-

---

280 So z.B. durch Russland und den Iran, s. *Baker*, In Airstrikes, U.S. Targets Militant Cell Said to Plot An Attack Against the West, New York Times, 23. September 2014, www.nytimes.com/2014/09/24/world/middleeast/us-isis-syria.ht
ml.

281 S. auch *Hakimi*, Assessing (Again) the Defensive Operations in Syria, Just Security, 22. Januar 2015, www.justsecurity.org/19313/assessing-again-defen-
sive-operations-syria/.

282 *Brown*, Berlin voices support for air strikes on Islamic State in Syria, Reuters,
26. September 2014, www.reuters.com/article/us-mideast-crisis-germany-idU
SKCN0HL1BU20140926.

283 Identical letters dated 8 September 2015 from the Permanent Representative of
France to the United Nations addressed to the Secretary-General and the President of the Security Council, UN Doc. S/2015/745, 9. September 2015.

284 France to Strike ISIL in Iraq but not in Syria, Aljazeera, 18. September 2014,
www.aljazeera.com/news/middleeast/2014/09/france-strike-isil-iraq-but-not-sy
ria-2014918175830857569.html: »We are also attentive to aspects of international law. In Iraq we were called for help by the Iraqi authorities, but in Syria
we are not.«

neten Angriffs des IS gegen den Irak« als kollektive Selbstverteidigung.[285] In keinem der Fälle wurde eine staatliche Zurechenbarkeit der Anschläge des IS an einen Staat thematisiert.

Ähnlich deutlich positionierten sich große Teile der Staatengemeinschaft im Zuge der von dem IS verübten terroristischen Attentate in Paris vom 13. November 2015, bei denen innerhalb von 30 Minuten 130 Menschen an mehreren Orten im Zentrum von Paris getötet wurden. Frankreichs Präsident Hollande bezeichnete die Anschläge als »bewaffneten Angriff«, klassifizierte Frankreichs bisherigen Einsatz in Syrien als kollektive Selbstverteidigung und machte nunmehr geltend, auch in Ausübung des individuellen Selbstverteidigungsrechts zu handeln.[286] Darüber hinaus bat er auf Grundlage von Art. 42 Abs. 7 EUV[287] um Hilfe und Unterstützung durch die anderen EU-Mitgliedstaaten.[288] Diese Beistandsklausel erfordert das Vorliegen der Voraussetzungen des Selbstverteidigungsrechts, wie der Verweis auf Art. 51 UN-Charta in Art. 42 Abs. 7 EUV nahe legt.[289] Die Verteidigungsminister der EU akzeptierten Frankreichs Ersuchen[290] und bestä-

---

285 S. z.B. Letter dated 7 September 2015 from the Permanent Representative of the United Kingdom of Great Britain and Northern Ireland to the United Nations addressed to the President of the Security Council, UN Doc. S/2015/688 v. 8. September 2015. S. hierzu auch *Schiffbauer*, Rechtsgebrauch oder Rechtsfortbildung? Die jüngsten Anti-Terror-Einsätze des Vereinigten Königreichs und das Völkerrecht, Verfassungsblog, 9. September 2015, http://verfassungsblog. de/rechtsgebrauch-oder-rechtsfortbildung-die-juengsten-anti-terror-einsaetze-des-vereinigten-koenigreichs-und-das-voelkerrecht.

286 »Conseil de sécurité - Résolution 2249 contre le terrorisme - Intervention de M. François Delattre, représentant permanent de la France auprès des Nations Unies - 20 novembre 2015, https://onu.delegfrance.org/Against-Daesh-we-have -our-common-humanity.

287 Vertrag über die Europäische Union, in der Fassung v. 13. Dezember 2007, EU-Amtsbl. C 115/13.

288 »Conseil de sécurité - Résolution 2249 contre le terrorisme - Intervention de M. François Delattre, représentant permanent de la France auprès des Nations Unies - 20 novembre 2015, https://onu.delegfrance.org/Against-Daesh-we-have -our-common-humanity.

289 Dies obwohl Art. 47 Abs. 7 EUV in der authentischen englischen Sprachfassung von »armed aggression« und nicht von einem »bewaffneten Angriff« spricht. In der französischen Fassung wird der Begriff »agression armée« – wie auch in der Fassung der UN-Charta – benutzt.

290 »Remarques introductives de la Haute Représentante et Vice-Présidente Federica Mogherini lors de la conférence de presse avec Jean Yves Le Drian, Ministre

tigten damit implizit das Vorliegen eines »bewaffneten Angriffs«. Eine Zurechnung der Attentate zu einem Staat wurde von den EU-Verteidigungsministern nicht thematisiert. Dies ist so zu verstehen, dass nach Ansicht der EU-Mitgliedstaaten nicht-staatliche Akteure Urheber bewaffneter Angriffe nach Art. 51 UN-Charta sein können. Deutschland charakterisierte die terroristischen Taten ausdrücklich als »bewaffneter Angriff« und erklärte unter Berufung auf das kollektive Selbstverteidigungsrecht, diejenigen Staaten zu unterstützen, die Opfer solcher Angriffe des IS geworden sind.[291]

Wenige Tage später erließ der Sicherheitsrat Resolution 2249 (2015), in der er die terroristischen Anschläge in Paris und weiteren Orten verurteilte, die Terrorgruppierung als »weltweite und beispiellose Bedrohung des Weltfriedens und der internationalen Sicherheit« charakterisierte und damit die Einschlägigkeit von Art. 39 UN-Charta bestätigte. Im operativen Teil forderte er die Staaten dazu auf:

> »to take all necessary measures, in compliance with international law, […], on the territory under the control of ISIL in Syria and Iraq, to redouble and coordinate their efforts to prevent and suppress terrorist acts committed specifically by ISIL.«[292]

Einerseits griff der Sicherheitsrat auf Formulierungen zurück, die an verbindliche Maßnahmen nach Kapitel VII erinnern (»all necessary means«) und damit den Gewalteinsatz in Syrien zu autorisieren scheinen. Andererseits sprechen gewichtige Argumente gegen eine solche Ermächtigung. So forderte der Sicherheitsrat die Staaten bloß dazu auf, solche Maßnahmen zu ergreifen (»calls upon«) statt hierzu – wie sonst üblich – zu autorisieren (»authorize«) und zudem fehlt auch ein ausdrücklicher Verweis auf Kapitel VII.[293] Ferner steht der Aufruf des Sicherheitsrates unter dem Vorbehalt, dass Maßnahmen »im Einklang mit dem Völkerrecht, insbesondere der UN-Charta« erfolgen müssten, was als impliziter Verweis auf die Einhaltung

---

de la Défense Française«, European Union External Action, 17. November 2015, https://eeas.europa.eu/headquarters/headquarters-homepage/5553_fr.

291 Letter dated 10 December 2015 from the Chargé d'affaires a.i. of the Permanent Mission of Germany to the United Nations addressed to the President of the Security Council, UN Doc. S/2015/946, 10 Dezember 2015.

292 UN Doc. SR-Res. 2249 (2015), 20. November 2015.

293 *Kajtar*, Wisconsin ILJ 34 (2017), S. 535 (568).

der Vorgaben von Art. 2 Ziff. 4 und Art. 51 UN-Charta zu lesen ist.[294] Darüber hinaus beteuert der Sicherheitsrat im nicht-operativen Teil der Resolution seinen Respekt für die territoriale Integrität aller Staaten. Trotz der ungewöhnlichen und ambivalenten Formulierung hat der Sicherheitsrat letztendlich nicht zu Zwangsmaßnahmen nach Kapitel VII autorisiert.

Resolution 2249 (2015) kann auch nicht dahingehend interpretiert werden, dass der Sicherheitsrat ein individuelles oder kollektives Recht auf Selbstverteidigung gegen den IS anerkannte.[295] Obwohl er mehrmals die »Angriffe« des IS verurteilt und diesem die Fähigkeit und Absicht zur Begehung weiterer Angriffe zuspricht, ist diese Formulierung eher als »Terrorakte« (»terrorist attacks«), denn als »bewaffnete Angriffe« (»armed attacks«) i.S.d. Art. 51 UN-Charta zu verstehen, wie auch unter Punkt 5 der Resolution ausdrücklich verwendet. Der Sicherheitsrat spricht an keiner Stelle von einer »Selbstverteidigungssituation«, einer »Ermächtigung nach Art. 51 UN-Charta« oder dergleichen. Auch in einer weiteren Erklärung zur Lage im Irak[296] bringt der Sicherheitsrat nicht eindeutig zum Ausdruck, dass sich der Tatbestand des Selbstverteidigungsrechts auch auf nicht-staatliche Aktivitäten erstreckt. An einer ausdrücklichen Feststellung fehlt es auch hier. Allein die Verurteilung von »Angriffen von Terrororganisationen« kann ohne weiteren Hinweis auf Art. 51 UN-Charta nicht als »bewaffnete Angriffe« i.S. der Norm interpretiert werden.[297]

Zusammenfassend lässt sich die Praxis im Zuge der terroristischen Handlungen des IS dennoch dahingehend verstehen, dass ein Selbstverteidigungsrecht gegen nicht-staatliche Akteure in der Staatengemeinschaft auf

---

294 So auch *Akande/Milanovic*, The Constructive Ambiguity of the Security Council's ISIS Resolution, 21. November 2015, www.ejiltalk.org/the-constructive-ambiguity-of-the-security-councils-isis-resolution/.

295 S. aber *Weller*, Permanent Imminence of Armed Attacks: Resolution 2249 (2015) and the Right to Self Defense against Designated Terrorist Groups, 25. November 2015, www.ejiltalk.org/permanent-imminence-of-armed-attacks-resolution-2015-and-the-right-to-self-defence-against-designated-terrorist-groups/: »In confirming that ISIL represent a permanent and active threat of further attack, the Council appears to relieve individual states from having to fulfil the criteria for self-defence when considering armed action in Syria«; *Souza*, Canadian JIL 53 (2015), S. 202 (223); *Scharf*, Case Western Reserve JIL 48 (2016), S. 15 (64).

296 Statement by the President of the Security Council, UN Doc. S/PRST/2014/20, 14. September 2014.

297 So aber *Weller*, Striking ISIL: Aspects on the Law of the Use of Force, ASIL Insights, Vol. 19, Issue 5, 11. März 2015, www.asil.org/insights/volume/19/issue/5/striking-isil-aspects-law-use-force.

große – wenn auch nicht universelle – Zustimmung stößt. Insbesondere die Reaktionen vieler Staaten auf die vom IS verübten brutalen Attentate in Paris sowie das in diesem Zusammenhang stehende Anerkenntnis des nach Art. 42 Abs. 7 EUV geäußerten Hilfeersuchens Frankreichs durch die EU-Verteidigungsminister haben die Akzeptanz eines solchen Rechts – unabhängig einer Zurechnung zu einem Hintergrundstaat – gestärkt.

5. Die Rechtsprechung des Internationalen Gerichtshofs

a. *Teheraner Geisel*-Fall (1980)

Im *Teheraner Geisel*-Fall, bei dem iranische Studenten im Jahr 1979 die amerikanische Botschaft im Irak stürmten und anschließend das diplomatische Personal 444 Tage lang als Geiseln festhielten, bezeichnete der Internationale Gerichtshof die Besetzung der Botschaft als »bewaffneten Angriff«.[298] Allerdings hatte sich der IGH in dem Rechtsstreit mit Diplomaten- und Konsularrecht zu befassen. Er untersuchte, ob das Verhalten der Studenten dem Iran im Wege einer Anerkennung nach den Regeln der Staatenverantwortlichkeit zugerechnet werden konnte. Die Frage, ob die Befreiung der Geiseln unter das Selbstverteidigungsrecht fiele, prüfte das Gericht nicht. Gegen die Einstufung als Verteidigungssituation spricht schon der Umstand, dass das Botschaftsgebäude kein taugliches Angriffsziel ist. Es erscheint daher zweifelhaft, ob der IGH die Vorgänge tatsächlich als solche i.S.d. Art. 51 UN-Charta qualifizieren wollte.[299]

---

[298] IGH, *Case Concerning the United States Diplomatic and Consular Staff in Teheran* (United States of America v. Iran), Urteil v. 24. Mai 1980, ICJ Rep. 1980, S. 3 ff. (im Folgenden: *Teheraner Geisel*-Fall), Rn. 91.

[299] Ebenso *Hofmeister*, ZÖR 62 (2007), S. 475 (484). Weniger zweifelnd *Mégret*, KJ 2002, S. 157 (164).

b. *Nicaragua*-Fall (1986)

Im Streit zwischen Nicaragua und den USA in den 1980er Jahren musste sich der IGH unter anderem mit dem Vorbringen der USA[300] befassen, bewaffnete Angriffe von Nicaragua unterstützter Rebellen zugunsten El Salvadors durch Selbstverteidigung abgewehrt zu haben. In seiner Entscheidung kannte der Gerichtshof zwar an, dass nicht-staatliche Akteure bewaffnete Angriffe verüben können,[301] er setzte jedoch eine hinreichende staatliche Verwicklung voraus,[302] die zur Zurechnung des Angriffs führt. Eine solche konnte im Hinblick auf Nicaragua nicht nachgewiesen werden,[303] sodass ein Selbstverteidigungsrecht tatbestandlich nicht ausgelöst wurde.[304] Laut der Feststellungen im *Nicaragua*-Fall bedarf es damit der Staatlichkeit des bewaffneten Angriffs.

c. *Oil Platforms*-Fall (2003)

Als Reaktion auf zwei Übergriffe auf US-amerikanische Kriegsschiffe in den Jahren 1987/88, die die USA dem Iran zurechneten, zerstörten die USA drei iranische Ölplattformen im Persischen Golf. In dem Verfahren vor dem Internationalen Gerichtshof beschuldigten sich die Parteien gegenseitig der Verletzung eines zwischen ihnen geschlossenen Freundschaftsvertrags. Die USA machte zudem geltend, in Selbstverteidigung gehandelt zu haben. Der IGH stellte in seinem Urteil aus dem Jahr 2003 keine Verletzung des Vertrags fest.[305] In einem *obiter dictum* nahm er Stellung zur Frage, ob sich die USA auf Selbstverteidigung hätten berufen können. Hierzu heißt es ausdrücklich, dass eine Zurechenbarkeit an einen Staat notwendig sei.[306]

---

300 Stellungnahme der USA im Sicherheitsrat, SCOR, 38th year, 2431th meeting, S. 11 f.

301 Dies zeigt bereits der umfängliche Verweis auf Art. 3 lit. g der Aggressionsdefinition. S. *Meiser/von Buttlar*, Terrorismusbekampfung, S. 35, *Schmalenbach*, NZWehrR 2000, S. 177 (179 f.).

302 *Nicaragua*-Fall, Rn. 195.

303 *Nicaragua*-Fall, Rn. 230.

304 Vgl. *Nicaragua*-Fall, Rn. 230.

305 *Oil Platforms*-Fall, Rn. 79 ff.

306 *Oil Platforms*-Fall, Rn. 51, 57.

d. *Mauer-Gutachten* (2004)

In Reaktion auf die regelmäßig und verstärkt stattfindenden grenzüberschreitenden Anschläge palästinensischer Gruppierungen beschloss Israel in den Jahren 2001/2002 den Bau einer Sperranalage an der Grenze zum Westjordanland, dies teilweise auf palästinensischem Gebiet. Unter Rückgriff auf Resolution 1368 und 1373 bezeichnete Israel den Bau als Verteidigungsmaßnahme gegen palästinensische Gruppierungen (Hamas, Jihad, Al Aqsa und PLFP).[307] Der Internationale Gerichtshof nutzte ein Gutachtengesuch der Generalversammlung[308] zu den rechtlichen Konsequenzen des Baus, um neben dem Gewaltverbot auch zur umstrittenen Frage eines Verteidigungsrechts gegen nicht-staatliche Akteure Stellung zu beziehen.

Der IGH wies Israels Rechtsauffassung zunächst mit dem Argument zurück, dass ein Verteidigungsrecht nur bestünde

> »in the case of an armed attack *by one state* against another state. However, Israel does not claim that the attacks against it are *imputable to a foreign state.*«[309]

Darüber hinaus fehle es im Hinblick auf die palästinensischen Gewaltübergiffe an einem grenzüberschreitenden Element:

> »The Court also notes that Israel exercises control in the Occupied Palestinian Territory and that, as Israel itself states, the threat which it regards as justifying the construction of the wall *originates within, and not outside, that territory*. The situation is thus different from that contemplated by Security Council Resolutions 1368 (2001) and 1373 (2001), and therefore Israel could not in any event invoke those resolutions in support of its claim to be exercising a right of self-defence.«[310]

---

307 Stellungnahme Israels v. 20. Oktober 2003, UN Doc. A/ES-10/PV.21, S. 5 (6).
308 Nach Art. 96 Abs. 1 UN-Charta kann die Generalversammlung oder der Sicherheitsrat über jede Rechtsfrage ein Gutachten des IGH anfordern. In ihrer Resolution 10/14 (UN Doc. GV-Res. 10/14, 8. Dezember 2003) stellte die Generalversammlung folgende Frage: »What are the legal consequences arising from the construction of the wall being built by Israel, the occupying Power, in the Occupied Palestinian Territory, including in and around East Jerusalem, as described in the Report of the Secretary-General, considering the rules and principles of international law, including the Fourth Geneva Convention of 1949, and relevant Security Council and General Assembly resolutions?«
309 *Mauer*-Gutachten, Rn. 139.
310 *Mauer*-Gutachten, Rn. 139.

Das Gutachten wird in der Völkerrechtslehre heftiger Kritik und unterschiedlichsten Auslegungsversuchen unterzogen.[311] Die Diskussionen konzentrieren sich insbesondere auf die Feststellung des Gerichts, die Berechtigung zur Selbstverteidigung würde nur im Fall eines bewaffneten Angriffs »durch einen Staat« greifen. Einige Autoren messen dem fraglichen Passus keine einschränkende Bedeutung bei. So würde ein Angriff durch einen Staat lediglich *eine* von mehreren unter den Tatbestand von Art. 51 UN-Charta zu subsumierenden Formen bewaffneter Gewalt darstellen.[312] Das Gericht habe sich schließlich nicht dahingehend geäußert, dass *ausschließlich* ein staatlicher Angriff zur Selbstverteidigung berechtige.[313] Ferner würde eine derartige Auslegung durch den gerichtlichen Rückgriff auf die Resolutionen 1368 und 1373 bestärkt, die gerade keinen Hinweis auf das Erfordernis einer staatlichen Zurechnung der terroristischen Gewalt zur Inanspruchnahme von Art. 51 UN-Charta enthielten.[314]

Dieser Interpretationsansatz vermag jedoch nicht zu überzeugen. Vielmehr scheint er als unzureichender Versuch, Indizien, die für das Festhalten an der ausschließlich staatlichen Angreifereigenschaft sprechen, auszublenden. Würde der IGH staatlich verübte Gewalt als lediglich eine von mehreren Erscheinungsformen bewaffneter Angriffe qualifizieren, so hätte er auch auf den Zusatz »by a state« in der entsprechenden Passage verzichten können. Ausreichend wäre daher, wenn das Gericht allein das Vorliegen eines »bewaffneten Angriffs gegen einen anderen Staat« verneint hätte.

Andere Autoren interpretieren die Formulierung »armed attack *by one state*« im Zusammenspiel mit der zweiten zitierten Äußerung des Gerichts. Der zu beanstandende Zusatz diene der bloßen Klarstellung, dass die Gewaltausübung *aus* einem anderen Staat erfolgen müsse.[315] Mithin sollte nur verdeutlicht werden, dass rein innerstaatliche Vorgänge niemals das Selbstverteidigungsrecht auslösen könnten.[316] Dies sei auch Grund für die Feststellung des Gerichts, die Resolutionen 1368 und 1373 seien in Bezug auf

---

311   S. u.a. *Khan*, Friedens-Warte 79 (2004), S. 345 (361 ff.); *Wedgwood*, AJIL 99 (2005), S. 52 (52 ff.); *Murphy*, AJIL 99 (2005), S. 62 (62 ff.).
312   *Murphy*, AJIL 99 (2005), S. 62 (63).
313   *Murphy*, AJIL 99 (2005), S. 62 (63); *Gray*, Use of Force, S. 135.
314   *Murphy*, AJIL 99 (2005), S. 62 (67).
315   *Tams*, EJIL 16 (2005), S. 963 (967).
316   *Schmitz-Elvenich*, Targeted Killing, S. 67; *Tams*, EJIL 16 (2005), S. 963 (969).

den israelischen Mauerbau irrelevant.[317] Die Geschehnisse vom 11. September 2001 würden einen Fall des *grenzüberschreitenden* Terrorismus betreffen. Ein solcher läge hier aber nicht vor, weshalb eine Übertragung der Darlegungen in den Resolutionen ausgeschlossen sei.

Gegen diese Auslegung sprechen schon die abweichenden Stellungnahmen einiger Richter des Spruchkörpers. So stieß der umstrittene Passus auch bei Richterin Higgins deutlich auf Ablehnung, die der Mehrheitsentscheidung den offenen Wortlaut von Art. 51 UN-Charta entgegenhielt, dem keine Beschränkung auf staatliche Angriffe zu entnehmen sei.[318] Auch Richter Buergenthal replizierte, dass das Selbstverteidigungsrecht, anders als vom Gericht behauptet, keinen bewaffneten Angriff durch einen Staat erfordere.[319] Ausgehend von der Annahme, dass der Gerichtshof von diesen richterlichen Kommentierungen vor Fertigstellung seines Gutachtens Kenntnis hatte, war er sich auch bewusst, wie der Zusatz interpretiert würde.[320] Dennoch behielt das Gericht die Formulierung bei.

Gegen die zu Recht beanstandete Ansicht, der Zusatz »by a state« verfolge lediglich eine Klarstellungsfunktion, wird in der völkerrechtlichen Literatur noch ein weiteres Argument vorgebracht. Der IGH hätte in seiner Entscheidung Art. 2 Ziff. 4 UN-Charta (der ausdrücklich Gewalt *eines Staates gegen einen anderen Staat* verbiete) im Hinblick auf das israelische Vorgehen für einschlägig befunden, eine solche Relevanz aber nicht in Bezug auf Art. 51 UN-Charta (der nicht ausdrücklich auf zwischenstaatliche Aktivitäten beschränkt sei) anerkannt.[321] Würde das Gericht der Ansicht sein, für Israel bestehe mangels Vorliegen des grenzüberschreitenden Elements keine Verteidigungslage, so hätte auch nicht Art. 2 Ziff. 4 UN-Charta greifen dürfen.[322]

Diese Ansicht verkennt, dass Art. 2 Ziff. 4 UN-Charta seinem Wortlaut nach jede Gewaltanwendung »in den internationalen Beziehungen« und nicht bloß solche zwischen Staaten verbietet. Der Wortlaut ermöglicht daher, *de facto*-Regime dem Schutz des völkerrechtlichen Gewaltverbots zu

---

317   *Schmitz-Elvenich*, Targeted Killing, S. 67.
318   *Mauer*-Gutachten, Separate Opinion of Judge *Higgins*, Rn. 33.
319   *Mauer*-Gutachten, Declaration of Judge *Buergenthal*, Rn. 6.
320   *Murphy*, AJIL 99 (2005), S. 62 (63).
321   Vgl. *Murphy*, AJIL 99 (2005), S. 62 (64).
322   *Murphy*, AJIL 99 (2005), S. 62 (64).

unterstellen.[323] Mithin können sich auch die palästinensischen Gebiete als *de facto*-Regime[324] auf das Gewaltverbot berufen, weshalb es im vorliegenden Fall zu Recht einschlägig war.

Dennoch ist das soeben verworfene Argument insoweit zu rezipieren, als dass es auf das Zusammenspiel von Art. 2 Ziff. 4 UN-Charta und Art. 51 UN-Charta eingeht. Denn es erscheint im Hinblick auf das diesbezügliche Regel-Ausnahme-Verhältnis problematisch, den besetzten Gebieten zwar den Schutz des Gewaltverbots zuzusprechen, dann aber das Selbstverteidigungsrecht Israels aufgrund des fehlenden internationalen Bezugs nicht für einschlägig zu erachten.[325]

Darüber hinaus ist zu bezweifeln, dass die Situation des 11. September 2001 mit dem vorliegenden Sachverhalt bezogen auf das grenzüberschreitende Element nicht vergleichbar sein soll. Die Anschläge auf das World Trade Center wurden von 19 Männern verübt, die ihren Wohnsitz in den Vereinigten Staaten haben, sodass auf Grundlage dieses Umstands die Bedrohung eigentlich innerhalb des Territoriums der Vereinigten Staaten zu lokalisieren ist.[326] Jedoch wurde der Anschlag in Form von finanzieller Unterstützung, Ausbildung und direkter Anweisungen aus dem Ausland gesteuert, woraus sich das grenzüberschreitende Moment ableitet.[327] Im Fall des israelischen Mauerbaus legte Israel in seinen schriftlichen Stellungnahmen dar, dass die terroristischen Anschläge durch signifikante Verbindungen zum Ausland gekennzeichnet sind. So machte Israel vier terroristische Gruppierungen ausfindig, die gewaltsam gegen Israel vorgegangen sind und die vom Ausland Unterstützung, z.B. in Form der Bereitstellung eines *safe haven* oder logistischer Hilfe, erhalten hatten.[328] Der Internationale Gerichtshof erläuterte nicht, warum diese Unterstützung dennoch bedeute, dass die Bedrohung aus dem von Israel kontrollierten Gebiet stamme.[329]

---

323 Statt vieler *Bothe,* in: Graf Vitzthum/Proelß (Hrsg.), Völkerrecht, S. 603, Rn. 14.
324 Zur Staatsgründung fehlt es unabhängig der Voraussetzungen von Staatsvolk und Staatsgebiet nach überwiegender Ansicht an einer effektiven und unabhängigen Staatsgewalt; *Stein/von Buttlar*, Völkerrecht, Rn. 286.
325 Vgl. auch *Scholz*, Selbstverteidigungsrecht, S. 166.
326 Vgl. *Murphy,* AJIL 99 (2005), S. 62 (68).
327 Vgl. *Murphy,* AJIL 99 (2005), S. 62 (68).
328 Written Statement of the Government of Israel on Jurisdiction and Propriety v. 30. Januar 2004, para. 3.61, www.icj-cij.org/docket/files/131/1579.pdf.
329 Vgl. *Murphy*, AJIL 99 (2005), S. 62 (69).

Im Ergebnis überzeugen die Versuche, der Passage »armed attack by one state« eine andere Bedeutung beizumessen, als von dem Erfordernis eines staatlichen Angriffs auszugehen, nicht. Selbst wenn man aber das Gutachten mit der hier vertretenen Auffassung in dem Sinn versteht, dass nur Staaten Urheber bewaffneter Angriffe sein können, ist es zu Recht heftiger Kritik ausgesetzt.[330] Das Gericht bleibt eine Erklärung schuldig, *warum* Art. 51 UN-Charta tatbestandlich auf staatliche Angriffe beschränkt wird, spricht der Wortlaut der satzungsrechtlichen Norm doch gegen eine Beschränkung der Akteure bewaffneter Angriffe.[331]

Ferner verliert das Gutachten schon in Anbetracht der innergerichtlichen Kontroversen an Glaubwürdigkeit.[332] So sieht Richter Kooijmans die Ausdehnung des Kreises potenzieller Angreifer auf Private als durch die Resolutionen 1368 und 1373 hervorgebrachte und vom Wortlaut des Art. 51 UN-Charta nicht ausgeschlossene Möglichkeit.[333] Ebenso unter Rückgriff auf den Wortlaut und die Resolutionen im Zuge des 11. September 2001 verweist Richter Buergenthal darauf, dass der Sicherheitsrat

> »invokes the right of self-defence in calling on the international community to combat terrorism. In neither of [the resolutions 1368 and 1373] did the Security Council limit their application to terrorist attacks by State actors only, nor was an assumption to that effect implicit in these resolutions.«[334]

Letztlich spricht das Mauergutachten des Internationalen Gerichtshofs gegen eine Angreiferqualität nicht-staatlicher Akteure. Da das Gericht jedoch eine schlüssige Erklärung schuldig blieb und daher an Überzeugungskraft einbüßte, verlor die Entscheidung an Bedeutung.[335]

---

330 *Murphy*, AJIL 99 (2005), S. 62 (62): »The position taken by the Court is [...] upon analysis, unsatisfactory. [...] represents imprecise drafting [...] (and) the lack to analytical reasoning.«

331 *Mauer*-Gutachten, Separate Opinion of Judge *Higgins*, Rn. 33: »There is, with respect, nothing in the text of Article 51 that *thus* stipulates that self-defense is available only when an armed attack is made by a state«.

332 Vgl. auch *Ryus/Verhoeven*, JCSL 10 (2005), S. 289 (305): »The only fact that is apparent from the Advisory Opinion is that the Members of the Court disagree on the issue«.

333 *Mauer*-Gutachten, Separate Opinion of Judge *Kooijmans*, Rn. 35.

334 *Mauer*-Gutachten, Declaration of Judge *Buergenthal*, Rn. 6.

335 Ähnlich *Schmitz-Elvenich*, Targeted Killing, S. 68.

e. *Armed Activities*-Fall (2005)

In der Auseinandersetzung zwischen der Demokratischen Republik Kongo und Uganda vor dem IGH beschuldigten sich beide Parteien gegenseitig der Verwicklung in von Rebellen durchgeführte Handlungen, die jeweils zu einem Verstoß gegen das Gewaltverbot geführt hätten.[336] Gleichzeitig beanspruchte Uganda, den bewaffneten Angriff des Kongos durch Selbstverteidigung abgewehrt zu haben.[337]

Der ugandischen Rechtsansicht schloss sich der IGH in seiner Entscheidung aus dem Jahr 2005 jedoch nicht an. Der Verstoß gegen Art. 2 Ziff. 4 UN-Charta seitens Uganda[338] sei nicht durch Selbstverteidigung gerechtfertigt. Zur Begründung hieß es:

> »The attacks did not emanate from armed bands or irregulars sent by the [Democratic Republic of Congo] or on behalf of the [Democratic Republic of Congo].«[339]

Das Gericht ließ das Vorliegen eines bewaffneten Angriffs folglich am Fehlen der Zurechnung der nicht-staatlichen Aktivitäten an den Kongo scheitern.

Dementsprechend gab es nach Ansicht des IGH

> »no need to respond to the contention of the Parties as whether and under what conditions contemporary international law provides for a right of self-defense against large-scale attacks by irregular forces.«[340]

Unter Zugrundelegung dieser zitierten Passage ist der Großteil an Autoren der Meinung, der IGH hätte die Frage eines Selbstverteidigungsrechts gegen nicht-staatliche Angriffe in seiner Entscheidung ausdrücklich offen gelassen.[341] Beide Zitate sind jedoch zusammenzulesen und lassen bei genau-

---

336   *Armed Activities*-Fall, Rn. 24 (Kongo), Rn. 276 (Uganda).

337   *Armed Activities*-Fall, Rn. 39, 41, 92, 108.

338   *Armed Activities*-Fall, Rn. 165.

339   *Armed Activities*-Fall, Rn. 146, Hervorhebung durch Verf.

340   IGH, *Case Concerning the Legal Consequences of the Construction of a Wall in the Occupied Territory*, Gutachten v. 9. Juli 2004, ICJ Rep. 2004, S. 136 ff. (im Folgenden: *Mauer*-Gutachten), Rn. 139; IGH, *Case Concerning Armed Activities on the Territory of the Congo* (Democratic Republic of the Congo v. Uganda), Merits, Urteil v. 19. Dezember 2005, ICJ Rep. 2005, S. 168 ff. (im Folgenden: *Armed Activities*-Fall), Rn. 146 f.

341   *Zimmermann*, MPYUNL 11 (2007), S. 99 (116); *Gray*, Use of Force, S. 134; *Trapp*, ICLQ 56 (2007), S. 141 (145). Zweifelnd *Lubell*, Use of Force, S. 33.

erem Hinsehen erkennen, dass das Gericht gerade durch seine Erklärung, die Beantwortung der Frage für entbehrlich zu halten, Stellung bezieht.[342] Denn entsprechende Erörterungen seien nur deshalb überflüssig, weil die privaten Aktivitäten dem Kongo nicht zugerechnet werden könnten, es ergo an der Staatlichkeit des bewaffneten Angriffs fehle. Mithin führte der IGH seine Rechtsprechung fort, indem er weiterhin einen staatlichen Hintergrund der Angriffe verlangt.[343]

Abweichend von der Mehrheitsentscheidung des Gerichts stellen die Richter Kooijmans und Simma in Sondervoten ausdrücklich klar, dass die Rechtsnatur der Akteure bewaffneter Angriffe für die Aktivierung von Art. 51 UN-Charta bedeutungslos sei.[344] Richter Kooijmans zufolge habe der Sicherheitsrat mit den im Zuge der Anschläge vom 11. September 2001 erlassenen Resolutionen 1368 und 1373 anerkannt, dass nunmehr auch nicht-staatliche Angriffe das Selbstverteidigungsrecht nach Art. 51 UN-Charta auslösen können.[345] Richter Simma begründete die Erweiterung der Angreifereigenschaft auf private Gruppierungen auf Grundlage der seit dem 11. September 2001 verzeichneten »Entwicklungen in der Staatenpraxis und entsprechender *opinio iuris*«.[346]

6. Zusammenfassung

Die Frage nach einem Verteidigungsrecht gegen nicht-staatliche Akteure lässt sich anhand der Staatenpraxis vor dem 11. September 2001 nicht eindeutig klären. Umso ergiebiger sind die Stellungnahmen internationaler Organisationen im Zusammenhang mit den Anschlägen vom 11. September 2001, die ausnahmslos für die Erweiterung des Angriffsbegriffs auch auf

---

342 Ebenso *Kammerhofer*, LJIL 20 (2007), S. 89 (96); *Reinold*, AJIL 105 (2011), S. 244 (260).

343 *Kammerhofer*, LJIL 20 (2007), S. 89 (96); *Hakimi*, International Law Studies 91 (2015), S. 1 (6).

344 *Armed Activities*-Fall, Separate Opinion of Judge *Kooijmans*, Rn. 32 und Separate Opinion of Judge *Simma*, Rn. 12.

345 *Armed Activities*-Fall, Separate Opinion of Judge *Kooijmans*, Rn. 28. S. hierzu *Kammerhofer*, LJIL 20 (2007), S. 89 (99 ff.), der kritisiert, dass der Sicherheitsrat in seinen Resolutionen das Selbstverteidigungsrecht bloß generell anerkannt habe, und dieser im Übrigen nicht befugt sei, geltendes Recht fortzuentwickeln, sondern allenfalls die Fortentwicklung festzustellen.

346 *Armed Activities*-Fall, Separate Opinion of Judge *Simma*, Rn. 11. Kritisch hierzu *Kammerhofer*, LJIL 20 (2007), S. 89 (101).

Handlungen Privater sprechen. Hervorzuheben ist vor allem die Stellungnahme der NATO, in der die terroristischen Anschläge selbst ausdrücklich als bewaffneter Angriff bezeichnet werden. Der Sicherheitsrat äußerte sich nicht so eindeutig, seine Resolutionstexte sind jedoch derart auszulegen. Auf ähnliche Weise haben die Reaktionen der Staatengemeinschaft im Zuge des Kampfes gegen den IS die Akzeptanz eines Selbstverteidigungsrechts gegen private Angreifer gestärkt und diesem neuen Aufschwung verliehen. Einige Staaten sind infolge terroristischer Anschläge – jeweils einzeln oder geschlossen im Rahmen der EU – ausdrücklich oder implizit vom Vorliegen eines »bewaffneten Angriffs« ausgegangen. Der Internationale Gerichtshof hingegen verfolgt seit seinem Urteil im *Nicaragua*-Fall aus dem Jahr 1986 eine klare Linie und hält an dem Erfordernis eines rein staatlich orientierten Selbstverteidigungsrechts fest. In dem Gutachten zum Bau der israelischen Mauer verlangt er ausdrücklich das Vorliegen eines bewaffneten Angriffs »durch einen Staat«. Allerdings ist zu berücksichtigen, dass der IGH seit dem Jahr 2005 keine Gelegenheit mehr hatte, zur Thematik Stellung zu nehmen, um ggf. von seiner bisherigen Rechtsansicht abzuweichen.

III. (Spontanes) Völkergewohnheitsrecht

Vereinzelt ist nach den Ereignissen vom 11. September 2001 behauptet worden, die Erweiterung des Angriffsbegriffs auf private Gewaltakte sei durch »spontanes Gewohnheitsrecht« erfolgt.[347] Für die Entstehung von Völkergewohnheitsrecht bedarf es einer allgemeinen Übung, die darüber hinaus als Recht anerkannt ist (*opinio iuris*).[348] Die einhellige Verurteilung der Anschläge in der gesamten Staatengemeinschaft erfüllt zwar das Merkmal der »Allgemeinheit«. Allerdings spricht ein einmaliges Ereignis gegen das Vorliegen einer »Übung«, da es hierfür einer »wiederholten, gefestigten

---

347   *Kotzur*, AVR 40 (2002), S. 454 (472); *Gray*, in: Evans (Hrsg.), International Law, S. 629. Zur grundsätzlichen Möglichkeit spontanen Gewohnheitsrechts s. *Cheng*, IJIL 5 (1965), S. 23 (23 ff.) und ähnlich *Scharf* (Case Western Reserve JIL 48 (2016), S. 15 (18 f.)), der insoweit von einem »international constitutional moment« bzw. »Grotian moment« spricht. Kritisch *Starski*, ZaöRV 75 (2015), S. 455 (486).

348   S. oben 1. Kapitel B. III.

oder regelmäßigen«[349] Praxis bedarf, die von einer gewissen Dauer sein muss.[350] Aus einem einzelnen Vorgang kann sich damit generell kein Gewohnheitsrecht entwickeln.[351] Darüber hinaus wird vorgebracht, dass eine solche völkergewohnheitsrechtliche Modifikation angesichts der hohen Bedeutung der Regelungen zum Gewalteinsatz einer klareren Praxis und deutlicheren Rechtsüberzeugung bedürfe.[352]

Unabhängig hiervon ist zu erwägen, ob seit den über 16 Jahre zurückliegenden Anschlägen von 2001 nicht durch Zeitablauf eine entsprechende Norm des Völkergewohnheitsrechts entstanden ist. Da jedoch fast alle Staaten Vertragsparteien der UN-Charta sind und für diese Art. 51 UN-Charta als *lex specialis* der völkergewohnheitsrechtlichen Vorschrift vorgeht, kommt es darauf an, ob ihre Praxis ausschließlich bei der Interpretation von Art. 51 UN-Charta oder ebenso auch im Rahmen des gewohnheitsrechtlichen Selbstverteidigungsrechts zu berücksichtigen ist. Grundsätzlich gilt, dass bei einer parallelen Geltung von vertraglicher und gewohnheitsrechtlicher Regelung primär das Verhalten solcher Staaten, die nicht an den jeweiligen Vertrag gebunden sind, für die Fortentwicklung von Gewohnheitsrecht maßgeblich ist;[353] daneben kann auch die Praxis von Vertragsstaaten eine (untergeordnete) Rolle spielen.[354]

Im Hinblick auf das Selbstverteidigungsrecht rechtfertigen Staaten militärische Maßnahmen zur Abwehr eines bewaffneten Angriffs meist durch einen ausdrücklichen Rekurs auf Art. 51 UN-Charta, was eher dafür spricht, die Staatenpraxis allein im Rahmen des chartarechtlichen Selbstverteidigungsrechts zu berücksichtigen.[355] Gleichzeitig ist aber zu bedenken, dass Art. 51 UN-Charta selbst auf das naturgegebene Recht auf Selbstverteidi-

---

349 *Graf Vitzthum,* in: ders./Proelß (Hrsg.), Völkerrecht, S. 51, Rn. 131. So auch *Berber,* Lehrbuch des Völkerrechts, I. Band, S. 54.

350 *Heintschel von Heinegg,* in: Ipsen (Hrsg.), Völkerrecht, S. 475, Rn. 7. A.A. *Shaw,* International Law, S. 78 f.

351 *Seidel,* AVR 41 (2003), S. 449 (459 f.); *Cassese,* International Law, S. 475; *Berber,* Lehrbuch des Völkerrechts, I. Band, S. 54; *Heintschel von Heinegg,* in: Ipsen (Hrsg.), Völkerrecht, S. 474, Rn. 5. S. aber *Mendelson,* RdC 272 (1998), S. 159 (371) m.w.N.

352 *Guillaume,* ICLQ 53 (2004), S. 537 (547); *Cassese,* International Law, S. 475. S. auch *Starski,* ZaöRV 75 (2015), S. 455 (487).

353 *Kolb,* NILR 50 (2003), S. 119 (146).

354 *Meron,* AJIL 81 (1987), S. 348 (365 f.); *Kolb,* NILR 50 (2003), S. 119 (146).

355 S. oben Fn. 140.

gung verweist[356] und dass auch Fälle aus der Praxis noch vor Abschluss der UN-Charta zum Anlass genommen werden könnten, um die Vorschrift des Art. 51 UN-Charta zu interpretieren.[357] Darüber hinaus ist Art. 51 UN-Charta schlichtweg diejenige Vorschrift, die mit sämtlichen Aspekten des Rechts auf Selbstverteidigung assoziiert wird, ohne eine bewusste Differenzierung nach der Rechtsquelle.[358]

Letztendlich kommt es darauf an, ob eine bestimmte Übung nur aus der Motivation erfolgt, vertragliche Verpflichtungen zu erfüllen oder ob Staaten diese Übung auch als die zweckdienlichste und sinnvollste im Umgang mit der jeweiligen Rechtsmaterie betrachten.[359] Ist letzteres der Fall, ist die jeweilige Praxis nicht nur im Rahmen der vertraglichen Vorschrift, sondern ebenso im Kontext der parallel geltenden gewohnheitsrechtlichen Norm relevant.[360]

Bezogen auf die Frage einer nicht-staatlichen Urheberschaft bewaffneter Angriffe haben die Reaktionen der Staatengemeinschaft im Zuge der Anschläge vom 11. September 2001 und im Kampf gegen den IS die Akzeptanz eines Selbstverteidigungsrechts gegen private Angreifer gestärkt. Auch wenn im Hinblick auf die konkreten Anforderungen teilweise (noch) Unklarheiten bestehen, zeigt sich, dass die Staatenpraxis insoweit Ausdruck einer Rechtsüberzeugung ist und damit auch als Gewohnheitsrecht verstanden werden kann.[361] So hat z.B. die USA zu Beginn ihres Einsatzes gegen den IS erklärt, dass Staaten sich gegen private Angriffe verteidigen können müssen »in accordance with the inherent right of individual and collective self-defense, *as reflected* in Article 51 of the UN Charter.«[362] Dieser Einsatz

---

356   *Steenberghe*, LJIL 29 (2016), S. 43 (60 f.).
357   *Steenberghe*, LJIL 29 (2016), S. 43 (61).
358   *Steenberghe*, LJIL 29 (2016), S. 43 (61).
359   Vgl. *Kolb*, NILR 50 (2003), S. 119 (146): »most reasonable and convenient way« sowie das *Nicaragua*-Urteil, Rn. 181.
360   *Meron*, AJIL 81 (1987), S. 348 (367). Ähnlich *Steenberghe*, LJIL 29 (2016), S. 43 (61).
361   S. hierzu sowie zur Bedeutung der Rechtsprechung internationaler Gerichte *Scharf*, Case Western Reserve JIL 48 (2016), S. 15 (54).
362   Brief des damaligen US-Präsidenten Barack Obama v. 23. September 2014, https://obamawhitehouse.archives.gov/the-press-office/2014/09/23/letter-president-war-powers-resolution-regarding-syria (Hervorhebung durch Verf.).

stieß zumindest im Laufe des Kampfes gegen den IS auf breite rechtliche Zustimmung, wie oben ausgeführt.[363]

V. Ergebnis und rechtspolitische Konsequenzen

Die vorangegangene Untersuchung hat zu keinem eindeutigen Ergebnis geführt. Während insbesondere der IGH private Handlungen aus dem Anwendungsbereich von Art. 51 UN-Charta ausklammert, zeigt die Textauslegung der Vorschrift, dass bewaffnete Angriffe nicht der Staatlichkeit bzw. staatlichen Zurechenbarkeit bedürfen. Neben teleologischen Aspekten stützt vor allem der offene Wortlaut eine solche Interpretation. Staatenpraxis und völkerrechtliche Literatur im Zuge des 11. September 2001 und der terroristischen Attentate des IS bestätigen das Ergebnis der Textauslegung.[364] Die

---

363   2. Kapitel C. II. 4.

364   Für die Erweiterung des Kreises potenzieller Urheber bewaffneter Angriffe auf nicht-staatliche Akteure *Stahn*, ZaöRV 62 (2002), S. 183 (213); *Kotzur*, AVR 40 (2002), S. 454 (471); *Cassese*, in: Cot/Pellet (Hrsg.), Charte des Nations Unies, S. 1352; *Paust*, Friedens-Warte 81 (2006), S. 81 (81); *Kreß*, Reflections against the Use of Force in Syria, Just Security, 17. Februar 2015, www.just-security.org/20118/claus-kreb-force-isil-syria; *Lubell*, Use of Force, S. 35 m.w.N.; *Becker Lorca*, NYUJILP 45 (2012-2013), S. 1 (32); *Dinstein*, Self-Defence, Rn. 594; *Tsagourias*, JCSL 17 (2012), S. 229 (240); *ders.*, LJIL 29 (2016), S. 801 (814); *Richter*, Preemptive Self-Defense, S. 122; *Moir*, in: Weller (Hrsg.), Use of Force, S. 720 (730); *Kapaun*, Gezielte Tötungen, S. 87; *Weigelt*, Terrorismus, S. 88; *Weller*, Striking ISIL: Aspects on the Law of the Use of Force, ASIL Insights, Vol. 19, Issue 5, 11. März 2015, www.asil.org/insights/volume/19/issue/5/striking-isil-aspects-law-use-force; *Janik*, 9/11 und das Völkerrecht, Wordpress, 11. September 2016; https://ralphjanik.word-press.com/2016/09/11/911-und-das-voelkerrecht/; *Ohlin*, The Unwilling or Unable Doctrine comes to Life, Opinio Juris, 23. September 2014, http://opinioju-ris.org/2014/09/23/unwilling-unable-doctrine-comes-life/; *Ronzitti*, JCSL 11 (2006), S. 343 (348); *Deeks*, Virginia JIL 52 (2012), S. 483 (493); *Trapp*, ICLQ 56 (2007), S. 141 (141 f.); *Zimmermann*, MPYUNL 11 (2007), S. 99 (122); *Aurescu*, AFDI 52 (2006), S. 137 (151); *Heintschel von Heinegg/Gries*, AVR 40 (2002), S. 145 (155); *Kretzmer*, EJIL 24 (2013), S. 235 (247); *ders.*, EJIL 16 (2005), S. 171 (186); *Müllerson*, IsYHR 32 (2002), S. 1 (37); *Reinold*, AJIL 105 (2011), S. 244 (248); *Gâlea*, RJIL 3 (2006), S. 109 (115); *Meiser/von Buttlar*, Terrorismusbekämpfung, S. 34; *Greenwood*, San Diego ILJ 4 (2003), S. 7 (17); *Murphy*, Harvard ILJ 43 (2002), S. 41 (50); *Ruys*, Stanford JIL 43 (2007), S. 265

breite Zustimmung in Literatur und Staatenpraxis wird inzwischen gar als eigenständiges Argument für ein erweitertes Verständnis von Art. 51 UN-Charta herangezogen.[365] Für die Aktivierung des Selbstverteidigungsrechts kommt es im Ergebnis allein auf das Vorliegen eines bewaffneten Angriffs unabhängig von seinem Urheber an.

---

(279); *Tomuschat*, EuGRZ 2001, S. 535 (540); *Frowein*, ZaöRV 62 (2002), S. 879 (887); *Hoppe*, ItYIL 16 (2006), S. 21 (32 f.); *Bruha*, in: Koch (Hrsg.), Terrorismus, S. 64 f.; *ders./Bortfeld*, VN 2001, S. 160 (165); *Weber*, AVR (2006), S. 460 (462 f.); *Neuhold*, ZaöRV 64 (2004), S. 263 (272); *Frowein*, ZaöRV 62 (2002), S. 879 (887); *van Steenberghe*, LJIL 23 (2010), S. 183 (199); *Eisemann*, in: Bannelier/Christakis/Corten/Delcourt (Hrsg.), Droit International, S. 239 (247); *Hmoud*, AJIL 107 (2013), S. 576 (578); *Waisberg*, War on Terror, S. 49, 52; i.E. wohl auch *Mégret*, KJ 2002, S. 157 (164); *Myjer/White*, JCSL 7 (2002), S. 5 (8 f.); *Dörr*, in: ders. (Hrsg.), Rechtslehrer in Berlin, S. 33 (35). Bereits vor dem 11. September 2001 bejahend *Wedgwood*, Yale JIL 24 (1999), S. 559 (564); *Baker*, Houston JIL 10 (1987-1988), S. 25 (42 f.); wohl auch *Paust*, Whittier LR 8 (1986-1987), S. 711 (723).
Am Erfordernis der Staatlichkeit des bewaffneten Angriffs festhaltend *Schwarz*, »Terroranschläge in Frankreich – Ein Fall für das Recht auf Selbstverteidigung?«, juwiss, 17. November 2015; www.juwiss.de/83-2015/; *Tladi*, AJIL 107 (2013), S. 570 (574); *Hofmeister*, ZÖR 62 (2007), S. 475 (488); *ders.*, SYIL 11 (2007), S. 75 (78); *von Arnauld*, Völkerrecht, Rn. 1112, 1116 f.; *Alexandrov*, Self-Defense, S. 188; *Seidel*, VRÜ 40 (2007), S. 352 (358); *Corten*, Le droit contre la guerre, S. 669; *Kammerhofer*, LJIL 20 (2007), S. 89 (111); *Randelzhofer/Nolte*, in: Simma/Khan/Nolte/Paulus (Hrsg.), UN Charter, Art. 51; Rn. 37 f.; *Kugelmann*, Jura 2003, S. 376 (379); *Wandscher*, Terrorismus, S. 243; *Kempen/Hillgruber*, Völkerrecht, S. 238, Rn. 111; *Antonoloulos*, NILR 2008, S. 159 (169 ff.); *Lamberti Zanardi*, in: Cassese (Hrsg.), Use of Force, S. 111 (112); *Garwood-Gowers*, QUTLJJ 4 (2004-2005), S. 1 (5); *Tietje/Nowrot*, NZWehrR 2002, S. 1 (6); *Epiney*, Verantwortlichkeit, S. 161; *Bothe/Lohmann*, SZIER 5 (1995), S. 441 (447 f.).
Unklar *Schachter*, IsYHR 19 (1989), S. 209 (215 f.); *Blum*, GYIL 19 (1976), S. 223 (233).
Stahn, in: Walter/Vöneky/Röben/Schorkopf (Hrsg.), Terrorism, S. 827 (850 f.), stimmt zwar darin überein, dass »the main criteria to determine […] should not be attributability«, erachtet allerdings für maßgeblich »whether the attack presents an external link to the state victim of the attack«. Letzterer Punkt ist jedoch unbestrittene Grundlage dieser Arbeit; ohne grenzüberschreitendes Element scheidet die Anwendbarkeit des Art. 51 UN-Charta von vornherein aus.

365   *van Steenberghe*, LJIL 29 (2016), S. 43 (47) mit Nachweisen. S. auch *Henderson*, in: Noortmann/Reinisch/Ryngaert (Hrsg.), Non-State Actors, S. 77 (84 f.) und *Souza*, Canadian JIL 53 (2015), S. 202 (219 f.).

Durch die Erweiterung des Kreises potenzieller Angreifer auf nicht-staatliche Akteure ist letzteren in Bezug auf Art. 51 UN-Charta eine partielle Völkerrechtsfähigkeit zuzuerkennen.[366]

Zugleich bietet sich ein weiteres Argument, das einer Aufweichung des Art. 2 Ziff. 4 UN-Charta entschieden entgegen tritt.[367] Sachverhalte, die man bisher im Wege ungeschriebener Ausnahmen vom Gewaltverbot zu rechtfertigen suchte, können nun als zulässige Selbstverteidigungsmaßnahmen deklariert werden.[368] Andererseits könnten Staaten wiederum der Versuchung unterliegen, unter Rückgriff auf das Selbstverteidigungsrecht gegen Private vorzugehen, anstatt Instrumente der Strafverfolgung zu ergreifen. Da der Verhältnismäßigkeitsgrundsatz[369] geeignet ist, einem Ausufern gewaltsamer Maßnahmen entgegenzuwirken, gebührt ihm vor diesem Hintergrund eine besonders sorgfältige Anwendung.[370]

Zudem ergeben sich durch die Erweiterung des Angriffsbegriffs vor allem praktische Schwierigkeiten bei der Ausübung von Verteidigungsmaßnahmen. Zwar kann nicht-staatliche Gewalt hinsichtlich ihrer Auswirkungen mit der eines Staates vergleichbar sein, dennoch hat dies keine Gleichsetzung in jeglicher Hinsicht zur Folge.[371] Bei der Verteidigung gegen einen bewaffneten Angriff durch einen Staat sind Ziel (»Angreiferstaat«), Zweck (Beendigung des bewaffneten Angriffs) und Dauer (bis zur Beendigung des bewaffneten Angriffs bzw. bis zum Einschreiten des Sicherheitsrats) der Maßnahmen deutlich umrissen.[372] Anders verhält es sich im Kontext privater Akteure, die in der Regel erst ausfindig zu machen sind. Dies betrifft insbesondere Fälle, in denen die Stellungen der privaten Gruppierungen weltweit verteilt sind und sich nicht nur auf das Hoheitsgebiet eines ein-

---

366 Für eine partielle Völkerrechtsfähigkeit *Antonopoulos*, NILR 2008, S. 160 (170), *Bruha*, AVR 40 (2002), S. 382 (392); *Dinstein*, Self-Defence, Rn. 606; *Krajewski*, AVR 40 (2002), S. 183 (197). Dagegen *Wedgwood*, AJIL 99 (2005), S. 52 (58); *Schmitz-Elvenich*, Targeted Killing, S. 70; *Seidel*, AVR 2003, S.449 (462) und *Löw*, Selbstverteidigungsrecht, S. 104.

367 S. zur Diskussion einer tatbestandlichen oder teleologischen Reduktion des Gewaltverbots oben Erster Teil, 1. Kapitel, A. III.

368 *Stahn*, in: Walter/Vöneky/Röben/Schorkopf (Hrsg.), Terrorism, S. 827 (842).

369 S. hierzu unten Zweiter Teil, 2. Kapitel, B.

370 *Stahn*, in: Walter/Vöneky/Röben/Schorkopf (Hrsg.), Terrorism, S. 827 (843); *Baker*, Houston JIL 10 (1987-1988), S. 25 (41).

371 *Cassese*, EJIL 12 (2001), S. 993 (997).

372 *Cassese*, EJIL 12 (2001), S. 993 (997).

zigen Staates konzentrieren. Auch im Hinblick auf Zweck und Dauer ergeben sich zusätzliche Probleme, denn häufig kann das Gewaltpotenzial einer Gruppe nicht allein durch die Abwehr eines einzigen Anschlags eingedämmt werden.

D. Qualifizierung staatlich nicht zurechenbarer Gewalt als bewaffneter Angriff

Nicht jeder Verstoß gegen das Gewaltverbot in Art. 2 Ziff. 4 UN-Charta stellt automatisch einen bewaffneten Angriff nach Art. 51 UN-Charta dar. Die Gewaltanwendung muss vielmehr einen bestimmten Grad an Intensität aufweisen, um unter den Tatbestand des Selbstverteidigungsrechts subsumiert zu werden.[373] Probleme bei der qualitativen Einstufung privater Gewalt unter den Angriffsbegriff ergeben sich daraus, dass die Gewalt im Vergleich zu konventionellen staatlichen Militäraktionen zumeist dezentral und in überschaubarer Tragweite auftritt.[374] Unter den Befürwortern eines neuen Begriffsverständnisses ist anerkannt, dass die Intensität und Wirkung nicht-staatlicher Gewalt mit einer Angriffsmaßnahme von staatlicher Seite aus vergleichbar sein muss, um unter Art. 51 UN-Charta zu fallen.[375] Insoweit ist auch ein Vergleich mit Art. 3 lit. g der Aggressionsdefinition zu ziehen,

---

373 So der IGH im *Nicaragua*-Fall, Rn. 191: »As regards certain particular aspects of the principle in question, it will be necessary to distinguish the most grave forms of the use of force (those constituting an armed attack) from other less grave forms« und im *Oil Platforms*-Fall, Rn. 51, 64. Kritisch *Murphy*; Berkeley JIL 27 (2009), S. 22 (30). Eine Gewaltmaßnahme unterhalb dieser Schwelle berechtigt zwar zu »sofortigen und verhältnismäßigen Abwehrmaßnahmen«, nicht aber zu Selbstverteidigungsmaßnahmen und erst recht nicht zu kollektiven Verteidigungsmaßnahmen; s. *Bothe,* in: Graf Vitzthum/Proelß (Hrsg.), Völkerrecht, S. 588.

374 *Krajewski*, AVR 40 (2002), S. 183 (199).

375 Statt vieler *Shah*, JCSL 12 (2007), S. 95 (105); *Greenwood*, San Diego ILJ 4 (2003), S. 7 (16 f.); *Bruha/Bortfeld*, VN 2001, S. 160 (165), *Moir*, in: Weller (Hrsg.), Use of Force, S. 720 (731); *Deeks*, Virginia JIL 52 (2012), S. 483 (493); *Ruys*, Stanford JIL 43 (2007), S. 265 (279). Nach *Bothe,* in: Graf Vitzthum/Proelß (Hrsg.), Völkerrecht, S. 606, liegt ein solcher bei militärischer Gewalt eines gewissen Grades vor. Der Internationale Gerichtshof führte im *Nicaragua*-Fall aus, dass »self-defense should be available only in response of grave infractions of the prohibition of the use of force«.

wonach das gewaltsame Vorgehen der privaten Akteure u.a. selbst Angriffsqualität aufweisen muss, um als Angriffshandlung zu gelten.[376] Nur durch eine Vergleichbarkeit in der Angriffsstärke wird dem Ausnahmecharakter des Selbstverteidigungsrechts entsprochen.[377] Eine solche Parallele ist anhand einer Vielzahl von Kriterien zu bestimmen und stets eine Fall-zu-Fall-Entscheidung.[378]

I. Kriterien zur Qualifizierung eines bewaffneten Angriffs

1. Täterkreis

Der Kreis nicht-staatlicher Täter, die zur Verübung eines bewaffneten Angriffs in Betracht kommen, ist begrenzt. Das alleinige Handeln einer einzelnen Person genügt nicht.[379] Stattdessen müssen die Gewaltakte auf eine Gruppierung zurückzuführen sein, die ausreichend organisiert ist und ein institutionelles Gefüge aufweist,[380] d.h. die quasi-militärische Eigenschaften wie eine Kommandostruktur und Trainingseinrichtungen besitzt.[381]

2. Größenordnung und Auswirkungen der Gewaltausübung

a. Zahl der Opfer und Ausmaß der Zerstörung

Ferner sind die sichtbaren Folgen der Gewaltakte, wie die Zahl der Opfer und das Ausmaß der Zerstörung, von ausschlaggebender Bedeutung.[382] Je

---

376 Art. 3 lit. g der Aggressionsdefinition lautet: »[...] wenn sie mit Waffengewalt Handlungen gegen einen anderen Staat von so schwerer Art ausführen, dass sie den oben genannten Handlungen gleichkommt«.
377 *Föh*, Terrorismus, S. 165.
378 *Shah*, JCSL 12 (2007), S. 95 (105).
379 *Krajewski*, AVR 40 (2002), S. 183 (200); wohl auch *Beck/Arend*, Wisconsin ILJ 12 (1993), S. 153 (217).
380 *Kotzur*, AVR 40 (2002), S. 454 (469); *Krajewski*, AVR 40 (2002), S. 183 (200).
381 *Ruys*, Armed Attack, S. 501.
382 *Krajewski*, AVR 40 (2002), S. 183 (200); *Beard*, Harvard JLPP 25 (2002), S. 559 (574 f.); *Delbrück*, GYIL 44 (2002), S. 9 (16).

mehr Menschen durch einen Anschlag verletzt oder getötet wurden, je größer die Beschädigungen an Infrastruktur, Gebäuden und anderen Objekten sind, desto einfacher fällt die Einordnung als bewaffneter Angriff.[383] Die Tötung weniger Personen kann den Tatbestand von Art. 51 UN-Charta nicht ohne Weiteres erfüllen.[384] Dagegen kann ein bewaffneter Angriff auch dann verwirklicht worden sein, wenn keine oder nur geringfügige Schäden an Eigentum enstanden sind.

b. Tatort/Anschlagsort

Im Rahmen der Gesamtbetrachtung ist darüber hinaus der Anschlagsort zu berücksichtigen,[385] wobei man wiederum umso eher einen bewaffneten Angriff bejahen wird, desto (medien)wirksamer der gewählte Schauplatz ist.[386] Es ist deutlich einfacher, Geschehnisse an symbolträchtigen Orten, wie staatsrepräsentativen Sehenswürdigkeiten,[387] oftmals in der Hauptstadt gelegen, im Gegensatz zu Anschlägen in ländlichen Gegenden, unter den Tatbestand des Art. 51 UN-Charta zu subsumieren.[388]

---

383 *Stahn*, in: Walter/Vöneky/Röben/Schorkopf (Hrsg.), Terrorism, S. 827 (853); *Beck/Arend,* Wisconsin ILJ 12 (1993), S. 153 (217). Vgl. auch *Murphy*, Harvard ILJ 43 (2002), S. 41 (47).

384 *Beard*, Harvard JLPP 25 (2002), S. 559 (574 f.).

385 Vgl. *Krajewski*, AVR 40 (2002), S. 183 (201); *Tomuschat*, EuGRZ 2001, S. 535 (540).

386 Vgl. *Tomuschat*, EuGRZ 2001, S. 535 (540); *Krajewski*, AVR 40 (2002), S. 183 (201); *Mégret*, KJ 2002, S. 157 (164); *Delbruck*, GYIL 44 (2002), S. 9 (10).

387 Vgl. auch *Delbrück*, GYIL 44 (2002), S. 9 (16); *Murphy*, Harvard ILJ 43 (2002), S. 41 (47); *Mégret*, KJ 2002, S. 157 (164).

388 *Beck/Arend*, Wisconsin ILJ 12 (1993), S. 153 (216 f.), differenzieren danach, ob der Anschlag auf dem Territorium eines Staates stattfindet oder sich gegen eine Außenposition richtet. Ersteres lasse eher auf einen bewaffneten Angriff schließen.

c. Wahrnehmung der Tat durch den angegriffenen Staat und seine Bevölkerung

Des Weiteren kommt es auch auf die Wahrnehmung des Anschlags durch den betroffenen Staat und seine Bevölkerung sowie auf die Reaktion dritter Staaten an.[389] Einschnitte in das gesellschaftliche oder politische Leben zeigen in außerordentlichem Maße die Betroffenheit des Staates. Besonders krass fielen die Reaktionen auf die Anschläge vom 11. September 2001 aus. Die vollständige Zerstörung der Twin Towers »im Herzen des US-Finanzzentrums« erregte nicht nur die Angst der Bevölkerung, sondern führte auch zum zeitweisen Stillstand des gesamten zivilen Luftverkehrs bis hin zur Schließung der New Yorker Börse für fast eine Woche.[390] Nach der Wiedereröffnung verbuchte der amerikanische Aktienmarkt große Verluste.[391] An der Vergleichbarkeit der Attentate vom 11. September 2001 mit einem herkömmlichen militärischen Schlag staatlicherseits bestehen keine Zweifel. Das beweist auch die Tatsache, dass der damalige Präsident Bush den nationalen Notstand ausrief.[392]

d. *Accumulation of events*-Doktrin

Private Gewalt drückt sich häufig in einzelnen, kleineren Anschlägen aus, die zwar nicht in einem bestimmten Rhythmus, aber dennoch regelmäßig und mit der gleichen Zielsetzung erfolgen. Für sich allein betrachtet genügen sie den Anforderungen nicht, um die Qualität eines bewaffneten Angriffs zu erreichen. Somit hätte ein hiervon betroffener Staat grundsätzlich keine Möglichkeit, gegen solche Gewaltakte grenzüberschreitend vorzugehen. Abhilfe schafft die in Staatenpraxis und Literatur umstrittene Doktrin der *Accumulation of events*, wonach die Anschläge in ihrer Summe die Schwelle zu *einem* bewaffneten Angriff überschreiten.[393] Die auch »Nadel-

---

389   *Weber*, AVR 44 (2006), S. 460 (463); zweifelnd *Kotzur*, AVR 40 (2002), S. 454 (469).
390   *Murphy*, Harvard ILJ 43 (2002), S. 41 (47).
391   *Murphy*, Harvard ILJ 43 (2002), S. 41 (47).
392   *Murphy*, Harvard ILJ 43 (2002), S. 41 (47).
393   Zustimmend *Dinstein*, Self-Defence, Rn. 584; *Herdegen*, Völkerrecht, S. 250; *Bowett*, AJIL 66 (1972), S. 19; *van Steenberghe*, LJIL 23 (2010), S. 183 (202);

stichtaktik« genannte Doktrin setzt einen zeitlichen und inhaltlichen Zusammenhang zwischen den Gewaltakten voraus.[394] Eine inhaltliche Übereinstimmung besteht insbesondere dann, wenn die Übergriffe auf den gleichen (terroristischen) Zweck abzielen.[395] Da die jeweils verantwortliche Gruppierung jedoch in den seltensten Fällen ihre Motivation ausdrücklich darlegen wird, kann der Zusammenhang auch durch die Art und Weise der Gewaltanwendungen (Entführung, Bombenanschläge, etc.) erkennbar sein.

Israel sah sich bei der Bekämpfung palästinensischer Gruppierungen im Sinne der *Accumulation of events*-Doktrin wiederholt zu Gewaltmaßnah-

---

Kretzmer, EJIL 24 (2013), S. 235 (244); *Reinold*, AJIL 105 (2011), S. 244 (246); *Blum*, GYIL 19 (1976), S. 223 (233); *Canizzaro*, IRRC 88 (2006), S. 779 (783); *Kreß*, Selbstverteidigungsrecht, S. 203; *Ruys*, Stanford JIL 43 (2007), S. 265 (272); *Jorasch*, NZWehrR 1981, S. 201 (208); wohl auch *Schiffbauer*, Rechtsgebrauch oder Rechtsfortbildung? Die jüngsten Anti-Terror-Einsätze des Vereinigten Königreichs und das Völkerrecht, Verfassungsblog, 9. September 2015, http://verfassungsblog.de/rechtsgebrauch-oder-rechtsfortbildung-die-juengsten-anti-terror-einsaetze-des-vereinigten-koenigreichs-und-das-voelkerrecht; *Wittig,* in: Schaumann (Hrsg.), Gewaltverbot, S. 33 (55). Zweifelnd *Henderson*, in: Noortmann/Reinisch/Ryngaert (Hrsg.), Non-State Actors, S. 77 (86).

394   Ähnlich *van Steenberghe*, LJIL 23 (2010), S. 183 (202), nach dem die Übergriffe »zeitlich nah beieinander« liegen und »durch die gleiche Angriffsabsicht miteinander verbunden« (Übersetzung durch Verf.) sein müssen. *Reinold*, AJIL 105 (2011), S. 244 (274), fordert eine »long-lasting, ongoing campaign«. *Ruys*, Armed Attack, S. 168, setzt eine Verlinkung »in time, source and cause« voraus. *Jorasch*, NZWehrR 1981, S. 201 (208), bewertet das Vorliegen eines bewaffneten Angriffs »kraft Fortsetzungszusammenhangs«; ähnlich *Kaupaun*, Völkerrechtliche Bewertung gezielter Tötungen, S. 90; *Cannizaro*, IRRC 88 (2006), S. 779 (783), spricht von einer »complex strategy of aggression«; *Blum*, GYIL 19 (1976), S. 223 (233), von einer »co-ordinated and general campaign«. *Schindler*, BDGV 26 (1986), S. 11 (36), verlangt nur eine »gewisse Regelmäßigkeit«; *Wolf*, Haftung der Staaten, S. 433, spricht von »consistent pattern of gross violations«. *Weigelt*, Terrorismus, S. 95, setzt voraus, dass die Angriffe in einem »engen zeitlichen Zusammenhang stehen, ein Muster erkennbar ist«, »die Annahme zulassen, dass sie zielgerichtet aus derselben Quelle stammen und nicht nur sporadisch auftreten«. S. ferner *Weber*, AVR 44 (2006), S. 460 (463), der voraussetzt (ohne allerdings ausdrücklich die *Accumulation of events*-Doktrin zu nennen), dass die einzelnen Taten »systematisch organisiert und Teil eines umfassenden Planes« sind.

395   Vgl. *van Steenberghe*, LJIL 23 (2010), S. 183 (202).

men befugt,[396] die jedoch vom Sicherheitsrat regelmäßig verurteilt wurden.[397] Gleiches gilt auch für das israelische Vorgehen in Ägypten während der Suez-Krise im Jahr 1956.[398]

Ebenso berief sich Großbritannien nach einer »series of acts, over a considerable period, of an aggressive nature« des Jemen auf die unter britischer Führung stehende Südarabische Föderation im Jahr 1964 auf ein Selbstverteidigungsrecht.[399] Auch in diesem Fall missbilligte der Sicherheitsrat das Vorgehen.[400] Insgesamt haben nur wenige Staaten der Doktrin ausdrücklich zugestimmt, dennoch scheint eine große Zahl sie zu akzeptieren.[401]

Letzteres gilt auch für den Internationalen Gerichtshof. Dieser erklärte im *Oil Platforms*-Fall, dass die im Rechtsstreit untersuchte Serie privater Anschläge »even taken cumulatively« nicht unter den Tatbestand von Art. 51 UN-Charta zu subsumieren sei, da der Beweis über eine ausreichende Verwicklung des Iran nicht geführt werden konnte.[402] Das affirmative in Betracht ziehen eines bewaffneten Angriffs scheint für die Akzeptanz dieser Rechtsfigur durch den IGH zu sprechen.[403] Diese Vermutung wird durch die Entscheidung im *Armed Activities*-Fall bestärkt, in der es heißt, dass »the series of deplorable attacks could be regarded as cumulative in character.«[404]

---

396   Letter dated 13 March 1978 from the Chargé d'affaires a.i. of the Permanent Mission of Israel to the United Nations addressed to the Secretary-General, S. 2, UN Doc. A/33/64-S/12598, 13. März 1978; Letter dated 17 March 1978 from the Permanent Representative of Israel to the United Nations addressed to the President of the Security Council, UN Doc. S/12607, 17. März 1978.

397   Vgl. UN Doc. SR-Res. 425, 19. März 1978, Rn. 1 f., UN Doc. SR-Res. 501, 25. Februar 1982, Rn. 1 f.; *Wandscher*, Terrorismus, S. 170 ff. und 270.

398   SCOR 11th year, 749th meeting, S. 8-10.

399   Stellungnahme des britischen Vertreters *Sir Patrick Dean* im Sicherheitsrat v. 7. April 1964, UN Doc. S/PV.1109, 7. April 1964, S. 2 (4 f.).

400   UN Doc. SR-Res. 188, 9. April 1964.

401   S. *Tams*, EJIL 20 (2009), S. 359 (388).

402   *Oil Platforms*-Fall, Rn. 64.

403   Ebenso *Kretzmer*, EJIL 24 (2013), S. 235 (244); *Ruys*, Armed Attack, S. 173; *Raab*, LJIL 17 (2004), S. 719 (732). A.A. *Ochoa-Ruiz/Salamanca-Aguado*, EJIL 16 (2005), S. 499 (517). S. auch *Gray*, Use of Force, S. 156, die die Frage vom Gericht offen gelassen sieht.

404   *Armed Activities*-Fall, Rn. 146.

Die *Accumulation of events*-Doktrin birgt einige Ungewissheiten in sich und lässt einer Beurteilung weite Spielräume. Mangels klarer Voraussetzungen besteht die Gefahr subjektiver Entscheidungen, die oftmals politischer Natur sind. Auch wird eine Einschätzung regelmäßig erst im Nachhinein zu treffen sein.[405] Dennoch muss Staaten eine Abwehrmöglichkeit zur Seite stehen, um einzelnen Taten nicht schutzlos ausgeliefert zu sein. Deshalb ist die Zulässigkeit dieser Doktrin zu Recht zu befürworten.

3. »Bewaffneter« Angriff

Nur militärische Gewalt, d.h. Waffengewalt, fällt unter den Begriff des bewaffneten Angriffs. Private Gewalt kennzeichnet sich häufig durch den Gebrauch unüblicher Mittel wie Flugzeuge oder Kraftfahrzeuge.[406] Der Tatbestand von Art. 51 UN-Charta ist jedoch nicht auf den Einsatz bestimmter Waffen beschränkt; es kommt allein auf die Intensität der Gewaltanwendung an.[407] Daher fallen auch Gewaltakte mittels »Waffen« im untechnischen Sinn unter den Tatbestand des Verteidigungsrechts, soweit Größenordnung und Auswirkungen die für Art. 51 UN-Charta erforderliche Gewaltschwelle überschreiten.[408]

II. Tauglichkeit der Angriffsobjekte: Anschläge gegen staatliche Einrichtungen und Individuen

Nach Art. 51 UN-Charta muss sich ein bewaffneter Angriff *gegen ein Mitglied der Vereinten Nationen* richten. Wann dies im Fall von Anschlägen privater Gruppierungen, deren Ziele größtenteils unkalkulierbar sind, zutrifft, ist Gegenstand der folgenden Erörterung.

---

405 *Meiser/von Buttlar*, Terrorismusbekämpfung, S. 36.
406 *Murphy*, Harvard ILJ 43 (2002), S. 41 (45).
407 Vgl. die Feststellungen des IGH, *Legality of the Threat or Use of Nuclear Weapons*, Gutachten v. 8. Juli 1996, ICJ Rep. 1996, S. 226 ff. (im Folgenden: *Nuklearwaffen*-Gutachten), Rn. 39.
408 *Stahn*, in: Walter/Vöneky/Röben/Schorkopf (Hrsg.), Terrorism, S. 827 (858); *Neuhold*, ZaöRV 64 (2004), S. 263 (272); *Ruffert*, ZRP 2002, S. 247 (247).

1. Gewalt gegen den Staat als solchen

Ein bewaffneter Angriff richtet sich zweifellos »gegen ein Mitglied der Vereinten Nationen«, wenn der Staat als solches das Ziel der Anschläge ist.[409] Dies ist zumindest dann der Fall, wenn seine Organe oder Einrichtungen innerhalb seines Territoriums von der Gewaltanwendung betroffen sind.[410] Schwieriger zu beurteilen sind Vorfälle gegen staatliche Außenstellen, da diese nicht zum jeweiligen Staatsgebiet zählen. Unter Rückgriff auf Art. 3 lit. d der Aggressionsdefinition wenden sich Anschläge auf im Ausland stationierte Streitkräfte *gegen* deren »Heimatstaat«.[411] Ob indessen auch diplomatische Einrichtungen taugliches Angriffsziel sind, ist umstritten.[412] Zwar ist einzugestehen, dass Botschaften für die Repräsentanz und die politischen Beziehungen eines Staates von nicht geringer Bedeutung sind.[413] Ferner spricht auch der Internationale Gerichtshof im Kontext der Besetzung der amerikanischen Botschaft in Teheran im Jahr 1979 von einem »bewaffneten Angriff«.[414] Ob dies aber tatsächlich einen Verweis auf das Verteidigungsrecht darstellte, ist – wie bereits oben erläutert[415] – in Zweifel zu ziehen. Darüber hinaus ist zu berücksichtigen, dass Anschläge gegen diplomatische Missionen nicht gegen das Gewaltverbot verstoßen.[416] Diese gehören nicht zum Hoheitsgebiet des Entsendestaates, weswegen es an einer Gewaltausübung *in den internationalen Beziehungen* fehlt.[417] Da das Gewaltverbot und das Selbstverteidigungsrecht jeweils Teil eines ein-

---

409 *Schachter*, IsYHR 19 (1989), S. 209 (215); *Stahn*, in: Walter/Vöneky/Röben/Schorkopf (Hrsg.), Terrorism, S. 827 (852).

410 *Schachter*, IsYHR 19 (1989), S. 209 (215); *Stahn*, in: Walter/Vöneky/Röben/Schorkopf (Hrsg.), Terrorism, S. 827 (852); *Mégret*, KJ 2002, S. 157 (164).

411 *Ruys*, Armed Attack, S. 200.

412 Zustimmend *Stahn*, in: Walter/Vöneky/Röben/Schorkopf (Hrsg.), Terrorism, S. 827 (852 f.); *Dinstein*, Self-Defence, Rn. 566; *Ruys*, Armed Attack, S. 202. Ablehnend *Randelzhofer/Nolte* in: Simma/Khan/Nolte/Paulus (Hrsg.), UN Charter, Art. 51, Rn. 28; *Schmalenbach*, NZWehrR 2000, S. 177 (184). Hierzu ausführlich *Ruys*, Armed Attack, S. 201 ff.

413 Vgl. *Stahn*, in: Walter/Vöneky/Röben/Schorkopf (Hrsg.), Terrorism, S. 827 (852 f.).

414 *Teheraner Geisel*-Fall, Rn. 57, 64, 91.

415 Erster Teil, 2. Kapitel, C. II. 4.

416 Statt aller *Bothe*, in: Graf Vitzthum/Proelß (Hrsg.), Völkerrecht, S. 603, Rn. 12.

417 *Bothe,* in: Graf Vitzthum/Proelß (Hrsg.), Völkerrecht, S. 603, Rn. 12.

heitlichen Friedenssicherungssystems sind, erscheint es widersprüchlich, hier einen grenzüberschreitenden Bezug in Art. 2 Ziff. 4 anders als in Art. 51 UN-Charta zu verneinen. Demnach ist es schlüssig, diplomatische Vertretungen nicht als taugliches Angriffsziel zu bewerten.

2. Gewalt gegen Individuen

Regelmäßig werden Zivilisten zum Ziel terroristischer Anschläge. Nach umstrittener Ansicht können sich auch Vorfälle gegen Staatsangehörige »gegen ein Mitglied der Vereinten Nationen« richten.[418] Dies ergibt sich schon aus der Tatsache, dass das Staatsvolk eines von drei notwendigen konstituierenden Elementen eines Staat ist.[419] Anschläge gegen Individuen setzen im Rahmen von Art. 51 UN-Charta allerdings voraus, dass auch der jeweilige Staat betroffen ist,[420] worüber vor allem die Motive für die Tat Aufschluss geben. So spielt z.B. der Umstand, dass die Personen aufgrund ihrer Nationalität zum Ziel der Gewalt wurden[421] oder dass der Anschlag Terror in dem jeweiligen Staat verbreiten[422] oder dieser zu einem bestimmten politischen Verhalten an- bzw. davon abgehalten werden soll, eine Rolle.[423] Die Frage nach dem tauglichen Angriffsziel steht ferner in engem Zusammenhang mit der Größenordnung des Anschlags. So macht es einen Unterschied, ob eine kleine Personengruppe kurzzeitig in Geiselhaft genommen, ein Einzelner getötet oder aber eine größere Zahl an Individuen einem chemischen oder biologischen Waffenanschlag ausgesetzt wird. Im

---

418   S. auch *Tomuschat*, EuGRZ 2001, S. 535 (540). Ablehnend *Ronzitti*, Rescuing Nationals Abroad, S. 69.

419   *Greenwood*, West Virginia LR 24 (1987), S. 933 (941). Nach *Kotzur*, AVR 40 (2002), S. 454 (473), muss sich der Anschlag auch gegen das gesamte Volk wenden.

420   In diesem Sinne *Schachter*, IsYHR 19 (1989), S. 209 (215); *Paust*, Friedens-Warte 81 (2006), S. 81 (83); *Stahn*, in: Walter/Vöneky/Röben/Schorkopf (Hrsg.), Terrorism, S. 827 (854).

421   *Beck/Arend,* Wisconsin ILJ 12 (1993), S. 153 (217); *Stahn*, in: Walter/Vöneky/Röben/Schorkopf (Hrsg.), Terrorism, S. 827 (854).

422   *Stahn*, in: Walter/Vöneky/Röben/Schorkopf (Hrsg.), Terrorism, S. 827 (854).

423   *Schachter*, IsYHR 19 (1989), S. 209 (215).

Gegensatz zu den ersten beiden Beispielen ist der Staat im zuletzt genannten Fall offensichtlich selbst betroffen.[424]

Anders als bei Anschlägen gegen staatliche Außenpositionen kommt es bei Übergriffen auf Staatsangehörige für die Einschlägigkeit von Art. 51 UN-Charta nicht darauf an, ob sie sich im Inland aufhalten oder nicht.[425] Staatliche Einrichtungen im Ausland scheiden als Angriffsziele nur deshalb aus, weil sie nicht auf dem Hoheitsgebiet des jeweiligen Staates liegen. Staatsangehörige bleiben jedoch unabhängig von ihrem Aufenthaltsort Teil des Staatsvolkes. Auch insoweit ist im Rahmen einer Gesamtbetrachtung von Größenordnung und Auswirkung des Anschlags[426] auf die Betroffenheit des jeweiligen Staates abzustellen.[427]

III. Fazit

Für die Qualifizierung als bewaffneter Angriff sind Größenordnung und Auswirkungen der nicht-staatlichen Aktivitäten entscheidend. Vor allem die Zahl der Opfer und die Wahrnehmung der Tat durch den betroffenen Staat und die Staatengemeinschaft sind hierbei von Bedeutung. Daneben kommt es auf den Organisationsgrad der Täter, das Ausmaß der Zerstörung, den Anschlagsort sowie auf das Angriffsobjekt an: Nur wenn sich ein Anschlag direkt gegen einen Staat wendet oder dieser zumindest davon betroffen ist, richtet sich der bewaffnete Angriff »gegen ein Mitglied der Vereinten Nationen«. Zudem können auch unkonventionelle Waffen das Kriterium des »bewaffneten« Angriffs erfüllen, nach der *Accumulation of events*-Doktrin auch einzelne Übergriffe in ihrer Gesamtheit.

---

424 Vgl. insoweit im gleichen Abschnitt unter 2. S. *Stahn*, in: Walter/Vöneky/Röben/Schorkopf (Hrsg.), Terrorism, S. 827 (853).
425 *Meiser/von Buttlar*, Terrorismusbekämpfung, S. 39 f.
426 Vgl. *Meiser/von Buttlar*, Terrorismusbekämpfung, S. 40.
427 I.E. auch *Schmalenbach*, NZWehrR 2000, S. 177 (184).

Zweiter Teil — Die Ausübung des Selbstverteidigungsrechts
auf dem Hoheitsgebiet dritter Staaten

Im Mittelpunkt der bisherigen Arbeit stand die Frage, *ob* ein Staat zur Selbstverteidigung befugt ist, Gegenstand war folglich die tatbestandliche Ebene von Art. 51 UN-Charta. Nur bei Vorliegen eines bewaffneten Angriffs besteht die Befugnis zur individuellen oder kollektiven Selbstverteidigung. Hiervon strikt zu trennen sind Fragen zur Dimension des Selbstverteidigungsrechts, die sich auf *Rechtsfolgenseite* stellen. Die Frage, welche Maßnahmen ein angegriffener Staat gegen welchen Gegner ausüben darf, stellt sich erst, nachdem das Vorliegen eines bewaffneten Angriffs bejaht wurde.[428] Die Erörterung dieser zentralen Themenstellungen erfolgt im zweiten Teil dieser Arbeit.

---

[428] A.A. *Walsh*, Pace ILR, S. 136 (154 f.), der Tatbestand (bewaffneter Angriff) und Rechtsfolge (Reichweite der Verteidigungsmaßnahmen) vermischt und voneinander in Abhängigkeit setzt.

1. Kapitel — Die Zulässigkeit von Verteidigungsmaßnahmen gegen nicht-staatliche Akteure und deren Aufenthaltsstaaten

Gewaltsame Aktivitäten werden hier unabhängig von ihrer Staatlichkeit bzw. staatlichen Zurechenbarkeit als bewaffneter Angriff eingeordnet. Aus dieser Feststellung ergeben sich Probleme, die die Reichweite des Selbstverteidigungsrechts betreffen. Verteidigungsmaßnahmen gegen einen nicht-staatlichen Angreifer sind ohne ein Vorgehen auf dem Hoheitsgebiet dritter Staaten kaum denkbar. Damit ist allerdings gleichzeitig ein Eingriff in die territorialen Rechte dieser Staaten verbunden. Unter Berücksichtigung dieses Umstands muss zum einen untersucht werden, ob und wann solch ein grenzübergreifendes Einschreiten zulässig ist. Dass hierfür nicht eine noch so entfernte Verbindung der dritten Staaten zur privaten Gruppierung ausreicht, soll das folgende Extrembeispiel verdeutlichen: Ein terroristischer Anschlag kann in einem Staat von aus einem zweiten Staat stammenden Akteuren geplant werden unter Rekrutierung weiterer Personen aus einem dritten Staat. Der Anschlag selbst wird vom Territorium eines vierten Staates durchgeführt, wobei die Waffen hierfür aus oder von einem fünften Staat geliefert wurden.[429]

Zum anderen ist zu klären, gegen wen sich die Verteidigungsmaßnahmen richten dürfen, wobei zwischen Stellungen der nicht-staatlichen Akteure und Zielen, die den Staat als solchen treffen, zu unterscheiden ist. Beide Fragen gilt es im Folgenden zu erörtern.

---

[429] Beispiel angelehnt an *Stahn*, in: Walter/Vöneky/Röben/Schorkopf (Hrsg.), Terrorism, S. 827 (862).

A. Adressat der Selbstverteidigung abhängig vom Verhalten des Hintergrundstaates

Eine Vielzahl völkerrechtlicher Stimmen teilt zwar die Einschätzung, dass auch private Gruppierungen den Tatbestand von Art. 51 UN-Charta verwirklichen können. Wegen der damit verbundenen Verletzung territorialer Rechte halten die Vertreter dieser Ansicht die *Ausübung* des Selbstverteidigungsrechts aber weiterhin nur dann für zulässig, wenn dem Hintergrundstaat das private Verhalten zurechenbar sei.[430] Andere Stimmen verlangen hinsichtlich des privaten Angriffs zumindest eine völkerrechtliche Verantwortlichkeit des Aufenthaltsstaates unterhalb der Schwelle staatlicher Zurechnung.[431] Der Großteil der Autoren gesteht dem angegriffenen Staat ein Verteidigungsrecht uneingeschränkt zu, setzt aber die Unfähigkeit oder Unwilligkeit des Aufenthaltsstaates voraus, gegen die nicht-staatlichen Gruppierungen vorzugehen.[432] Nach dieser Ansicht sei nur ein Einschreiten auf dem Territorium eines gänzlich unbeteiligten Staates rechtswidrig, der ausreichende Maßnahmen getroffen hat, um terroristische Bedrohungen zu verhindern.[433] In allen Meinungen spiegelt sich wider, dass die Art und Weise der Involvierung des Hintergrundstaates darüber befindet, *ob* Abwehrmaßnahmen auf seinem Hoheitsgebiet ausgeübt werden dürfen.

Das Ausmaß der staatlichen Verwicklung entscheidet ferner auch über den zulässigen Gegner der Verteidigungsmaßnahmen und betrifft damit die Reichweite von Art. 51 UN-Charta. So ist die Befugnis des angegriffenen Staates zur Gegenwehr in bestimmten Fällen nicht nur *auf* das Hoheitsgebiet eines anderen Staates begrenzt, sondern darf sich sogar *gegen* den dritten Staat selbst richten.

---

430   *Stahn*, ZaöRV 62 (2002), S. 183 (214); *Ruffert*, ZRP 2002, S. 247 (247); *Moir*, in: Weller (Hrsg.), Use of Force, S. 720 (731); *Drohla*, in: Heintschel von Heinegg, Casebook Völkerrecht, Rn. 421. S. ferner *Ronen*, YIHL 9 (2006), S. 362 (377) und *Waisberg*, War on Terror, S. 52.

431   *Bruha/Bortfeld*, VN 2001, S. 161 (166); *Cassese*, EJIL 12 (2001), S. 993 (997); *ders.*, ICLQ 38 (1989), S. 589 (598 f.); *Greenwood*, SDJIL 4 (2003), S. 7 (24). *Tams*, EJIL 20 (2009), S. 359 (385), deutet so die gegenwärtige Staatenpraxis. S. zur völkerrechtlichen Verantwortlichkeit unten Zweiter Teil, 1. Kapitel, C. III. 1.

432   Statt vieler *Dinstein*, Self-Defence, Rn. 720; *van Steenberghe*, LJIL 23 (2010), S. 183 (200); *Weber*, AVR 44 (2006), S. 460 (466); *Jackson*, Air Force Law Review 74 (2015), S. 133 (163 ff.).

433   *Frowein*, ZaöRV 62 (2002), S. 879 (887).

Im Folgenden sollen die soeben dargestellten Rechtsfragen/Rechtsansichten näher erörtert und kritisch beleuchtet werden. Welcher Auffassung der Vorzug zu geben ist, soll am Ende dieses Kapitels beantwortet sein. Hierzu wird zunächst die Zulässigkeit von Verteidigungsmaßnahmen gegen nicht-staatliche Akteure sowie eine womöglich bestehende Pflicht des jeweiligen Aufenthaltsstaates zur Duldung dieses Vorgehens erörtert. Anschließend stehen Fragen zur Rechtmäßigkeit militärischer Maßnahmen gegen die jeweiligen Hintergrundstaaten im Fokus der Untersuchung.

Fest steht jedenfalls, dass Zulässigkeit und Reichweite des Selbstverteidigungsrechts einer differenzierenden Betrachtung bedürfen, abhängig davon, inwieweit der von den Verteidigungsmaßnahmen betroffene Staat in die nicht-staatlichen Aktivitäten verwickelt ist. Daher bleibt das Problem der Zurechnung, wenn nicht für den Tatbestand von Art. 51 UN-Charta, so aber auf Rechtsfolgenseite relevant und insbesondere für die Frage des völkerrechtlich zulässigen Verteidigungsgegners von weichenstellender Bedeutung. Herkömmliche Zurechnungskriterien sowie Erwägungen hinsichtlich ihrer Modifizierungen sind Gegenstand des Abschnitts zum Verteidigungsrecht *gegen* Hintergrundstaaten.

B. Die Zulässigkeit von Verteidigungsmaßnahmen gegen nicht-staatliche Akteure

I. Konsequenz aus neuem Verständnis des Angriffsbegriffs: Vorgehen gegen nicht-staatliche Angreifer trotz Verletzung territorialer Rechte des Hintergrundstaates

Wenn auch nicht-staatliche Gewalt das Selbstverteidigungsrecht tatbestandlich aktivieren kann, so erscheint es nur konsequent, auch ein gezieltes grenzüberschreitendes Vorgehen gegen die privaten Angreifer für zulässig zu befinden.[434] Mache man ein Einschreiten weiterhin von einer staatlichen Zurechenbarkeit abhängig, so wäre aus dem veränderten Verständnis des Schlüsselbegriffs »bewaffneter Angriff« nichts gewonnen. Das Problem der staatlichen Zurechnung an einen Hintergrundstaat würde lediglich von der Tatbestandsebene auf die Rechtsfolgenseite verschoben werden.[435] Gewalt-

---

434 Vgl. die zahlreichen Nachweise bei (sowie auch zum gesamten Abschnitt) *Schmitz-Elvenich*, Targeted Killing, S. 104 ff.

435 *Schmitz-Elvenich*, Targeted Killing, S. 104.

same Aktivitäten privater Gruppierungen müssten dann auch künftig dergestalt einem Staat zugerechnet werden, dass dieser selbst Angreifer i.S.v. Art. 51 UN-Charta ist. Wie seine Textauslegung gezeigt hat, besteht das Selbstverteidigungsrecht als Folge neuer Bedrohungslagen losgelöst vom Erfordernis staatlichen Ursprungs des bewaffneten Angriffs. Entgegenstehende Ansichten, die das Problem staatlicher Zurechenbarkeit auf die Rechtsfolgenseite verlagern, sind daher im Ergebnis abzulehnen. Es wäre widersinnig, dem angegriffenen Staat zwar theoretisch ein Selbstverteidigungsrecht zuzugestehen, ihm aber seine tatsächliche Ausübung zu versagen. Sinn der Selbstverteidigung ist es gerade, dem angegriffenen Staat eine Abwehrmöglichkeit zur Seite zu stellen. Ist der Angreifer ein nicht-staatlicher Akteur, so würde der angegriffene Staat schutzlos gestellt werden, wenn es weiterhin auf das Erfordernis einer staatlichen Zurechenbarkeit an den jeweiligen Hintergrundstaat ankäme. Daher ist für den Rekurs auf das Selbstverteidigungsrecht weder tatbestandlich noch auf Rechtsfolgenseite die staatliche Zurechnung notwendiges Kriterium. Art. 51 UN-Charta berechtigt zu militärischer Gegengewalt gegen den Angreifer.[436] Ist dieser ein nicht-staatlicher Akteur, ist dem Grunde nach ein gezieltes Vorgehen gegen Mitglieder der privaten Gruppierung und deren Einrichtungen von der Reichweite des Art. 51 UN-Charta erfasst.[437] Darunter fällt die Vernichtung von terroristischen Trainingscamps und Waffenarsenalen sowie die Inhaftierung der privaten Akteure.[438]

Dies gilt zumindest für alle Aufenthalts- und Ausbildungslager sowie Operationsbasen auf dem Territorium des Staates, von dem der bewaffnete Angriff aus lanciert oder geleitet wird.[439] Schwieriger beurteilt sich die

---

436 Statt aller *Weller*, Striking ISIL: Aspects on the Law of the Use of Force, ASIL Insights, Vol. 19, Issue 5, 11. März 2015, www.asil.org/insights/volume/19/issue/5/striking-isil-aspects-law-use-force; *Kotzur*, AVR 40 (2002), S. 454 (474); *Schindler*, BDGV 26 (1986), S. 11 (36).

437 In diesem Sinne auch *Kreß*, Selbstverteidigungsrecht, S. 292; *Henderson*, in: Noortmann/Reinisch/Ryngaert (Hrsg.), Non-State Actors, S. 77 (95); *Bowett*, Self Defence in International Law, S. 56. Zum Vorgehen gegen staatliche Einrichtungen vgl. unten unter C. dieses Kapitels.

438 *Krajewski*, AVR 40 (2002), S. 183 (202).

439 *Wedgwood*, Yale JIL 24 (1999), S. 559 (566). Ebenso *Stahn*, in: Walter/Vöneky/Röben/Schorkopf (Hrsg.), Terrorism, S. 827 (865), der entsprechende Ausführungen allerdings im Kontext der »Harbouring doctrine« (s. hierzu unten Zweiter Teil, 1. Kapitel, C. III. 3.) erbringt.

Situation hinsichtlich terroristischer Aufenthaltslager, die für den bewaffneten Angriff als solchen zwar ohne Bedeutung waren, in denen die Täter
aber nach seiner Beendigung Zuflucht fanden. Ähnlich problematisch ein-
zuordnen ist das Vorgehen gegen Stellungen der für den Angriff verant-
wortlichen Gruppierung in einem anderen Staat, die außer dieser Zugehö-
rigkeit in keinem Zusammenhang zum bewaffneten Angriff stehen. Die Bewertung beider Szenarien setzt zunächst ein grundlegendes Verständnis
darüber voraus, inwieweit das Selbstverteidigungsrecht mit dem Recht auf
Achtung territorialer Integrität kollidiert und erfolgt daher am Abschnitts-
ende.[440]

Ungeachtet der Erkenntnis, dass es für die Aktivierung von Art. 51 UN-
Charta keiner staatlichen Zurechenbarkeit mehr bedarf, ergibt sich die
Frage, ob die Ausübung des Selbstverteidigungsrechts auf fremdem Territorium ohne Weiteres zulässig ist. Denn wie bereits festgestellt, bedeutet
ein grenzüberschreitendes Vorgehen gegen die privaten Angreifer auch un-
weigerlich einen Verstoß gegen die territorialen Rechte ihres Aufenthaltsstaates. Konkret sind die Gebietshoheit und das Recht auf Achtung der territorialen Integrität betroffen.[441] Die territoriale Integrität erweist sich nicht
nur als Gebot, gewaltsame Aktivitäten gegen fremdes Staatsgebiet zu unterlassen, sondern untersagt sämtliche Einwirkungen ohne die Einwilligung
des betroffenen Staates.[442] Es ist daher verboten, auf fremdem Territorium
hoheitlich tätig zu werden.[443] Das Recht auf Achtung der territorialen Integrität ist Ausdruck staatlicher Souveränität und bezieht sich vorrangig auf
den Schutz der Grenzen eines Staates.[444] Insoweit korrespondiert es mit
dem Gewaltverbot und findet gleichfalls in Art. 2 Ziff. 4 UN-Charta seine
rechtliche Verankerung.[445]

Die Ausübung des Selbstverteidigungsrechts steht dem Recht auf Achtung der territorialen Integrität des Aufenthaltsstaates nicht-staatlicher
Gruppierungen diametral entgegen. Zur Rechtfertigung für diese Verletzung territorialer Rechte befürwortet die völkerrechtliche Literatur eine
Duldungspflicht.

---

440 S. unten Zweiter Teil, 1. Kapitel, B. II. 6.
441 Statt aller *Verdross/Simma*, Universelles Völkerrecht, § 456.
442 *Drohla,* in: Heintschel von Heinegg (Hrsg.), Casebook Völkerrecht, Rn. 458.
443 *Dahm/Delbrück/Wolf,* Völkerrecht, Bd. I/3, S. 793.
444 *Dahm/Delbrück/Wolf,* Völkerrecht, Bd. I/3, S. 791.
445 *Dahm/Delbrück/Wolf,* Völkerrecht, Bd. I/3, S. 791.

II. Pflicht des Aufenthaltsstaates zur Duldung von Verteidigungsmaßnahmen

Es ist von den Befürwortern eines erweiterten Verständnisses von Art. 51 UN-Charta unbestritten, dass die Verletzung der territorialen Integrität unter bestimmten Voraussetzungen zu dulden ist. Je umfassender hinsichtlich des Rechtfertigungsgrundes als solchem Einigkeit besteht, desto unterschiedlicher sind die Ansätze seiner rechtsdogmatischen Herleitung. In diesem Abschnitt sollen die verschiedenen Lösungswege – die nebeneinander Bestand haben können[446] – dargestellt und kritisch beleuchtet werden.

In allen Lösungsansätzen spiegelt sich die Tatsache wider, dass es für die Bejahung einer Duldungspflicht von Verteidigungsmaßnahmen auf die Verhaltensweise des Aufenthaltsstaates ankommt. In der völkerrechtlichen Literatur räumt fast kein Autor dem angegriffenen Staat die Befugnis zum grenzüberschreitenden Vorgehen ohne Weiteres ein.[447] Dies überzeugt in Anbetracht der damit einhergehenden Verletzung territorialer Rechte.

Im Folgenden soll näher untersucht werden, welche Verhaltensweisen des Aufenthaltsstaates die Verletzung seiner territorialen Rechte legitimieren. Hiervon abzugrenzen ist die an späterer Stelle zu beantwortende Frage, inwieweit ein Staat in die Handlungen Privater verwickelt sein muss, damit sie ihm selbst als eigene zurechenbar sind.[448]

1. Schutzzweck des Selbstverteidigungsrechts

Einige Stimmen in der völkerrechtlichen Literatur ziehen zur Begründung einer etwaigen Duldungspflicht den Schutzzweck des Selbstverteidigungsrechts heran.[449] Stünde einem angegriffenen Staat die Befugnis zur Selbstverteidigung zu, müsse er es auch wirksam durchsetzen können, selbst

---

446   *Bruha*, AVR 40 (2002), S. 383 (407); *Krajewski*, AVR 40 (2002), S. 183 (203 f.).
447   S. aber *Paust*, U Pa JIL 34 (2012-2013), S. 431 (434).
448   S. dazu unten gleiches Kapitel unter C. II.
449   *Krajewski*, AVR 40 (2002), S. 183 (204 f.); *Schmitz-Elvenich*, Targeted Killing, S. 114 f.

wenn damit zwangsläufig eine Interessensbeeinträchtigung von Drittstaaten einhergehe.[450] Zweck der Ermächtigung aus Art. 51 UN-Charta sei es schließlich, Angriffe abzuwehren und weitere zu unterbinden.[451]

Der Aufenthaltsstaat sei zur Duldung von Verteidigungshandlungen verpflichtet, solange und soweit er nicht selbst Maßnahmen zur Verhinderung und Verfolgung gewaltsamer terroristischer Aktivitäten ergreife.[452] Durch entsprechende Bestrebungen des Aufenthaltsstaates würden Verteidigungsmaßnahmen überflüssig, hingegen mache deren Unterlassen Selbstverteidigung überhaupt erst erforderlich.[453] Im Fall seiner Unfähigkeit könne der Aufenthaltsstaat die Verletzung seiner territorialen Integrität durch die Inanspruchnahme fremder Hilfe abwenden, indem er die Durchführung antiterroristischer Maßnahmen auf seinem Territorium gestatte.[454]

Unabhängig von der Frage, welche kooperativen Bemühungen vom Aufenthaltsstaat zur Abwendung von Verteidigungsmaßnahmen erwartet werden können, sprechen rechtsdogmatische Gründe gegen eine Duldungspflicht aufgrund des Schutzzwecks von Art. 51 UN-Charta. Während der Grundsatz territorialer Integrität vor jeglichen fremden Hoheitsakten auf dem eigenen Territorium schützt,[455] verbietet Art. 2 Ziff. 4 UN-Charta »nur« Hoheitsakte in Form von Gewaltanwendungen und –drohungen. Das Gewaltverbot und der Grundsatz territorialer Integrität sind mithin zwei unterschiedliche Rechtsinstitute, mögen sie im Fall gewaltsamer Eingriffe auch weitgehend deckungsgleich sein.[456] Das Selbstverteidigungsrecht statuiert jedoch nur eine Ausnahme zu Art. 2 Ziff. 4 UN-Charta. Es wäre methodisch unsauber, einen Eingriff in die territoriale Integrität des Aufenthaltsstaates gleichfalls unter Rückgriff auf Art. 51 UN-Charta, und zwar mit dessen Schutzzweck, zu rechtfertigen.

---

450 *Schmitz-Elvenich*, Targeted Killing, S. 114 f.
451 *Krajewski*, AVR 40 (2002), S. 183 (204).
452 *Krajewski*, AVR 40 (2002), S. 183 (205).
453 *Krajewski*, AVR 40 (2002), S. 183 (205).
454 *Schmitt*, IsYHR 32 (2002), S. 53 (111).
455 *Stein/von Buttlar*, Völkerrecht, Rn. 537.
456 *Stein/von Buttlar*, Völkerrecht, Rn. 537.

2. Verwirkung des durch das Gewaltverbot bestehenden Schutzes

Grundsätzlich untersteht auch der Aufenthaltsstaat nicht-staatlicher Akteure dem Schutz des Gewaltverbots. Nach einer Literaturansicht stünde dieser Grundsatz allerdings unter der Bedingung, dass der Staat auf seinem Territorium selbst für Recht und Ordnung sorge.[457] Weiche er bewusst dieser Pflicht aus und lasse den privaten Akteuren freien Handlungsraum, so verwirke er den Schutz des Gewaltverbots.[458]

In ähnliche Richtung geht eine andere Auffassung, die nicht-staatliche Akteure mit Erlangen partieller Völkerrechtssubjektivität aus dem Kreis der inneren Angelegenheiten eines Aufenthaltsstaates ausschließt.[459] Insoweit verließen sie das »Souveränitätsschild« des jeweiligen Staates und damit gleichzeitig den Schutzbereich seiner Territorialhoheit.[460] Unterbinde der Aufenthaltsstaat die privaten Aktivitäten nicht, so billige er deren Entfernung aus seiner Territorialhoheit.[461] Daher ergebe sich eine Duldungspflicht aus dem Schutzzweck der Territorialhoheit.[462]

Beide Auffassungen knüpfen mithin an die Tatsache an, dass ein Staat nicht gegen die auf seinem Territorium operierenden terroristischen Kräfte vorgeht und infolgedessen den Schutz durch das Gewaltverbot verliert.

Ob dieser Schutz in der Tat eingebüßt, insbesondere verwirkt werden kann, bedarf näherer Klärung. Zweifel daran nähren sich zunächst durch den Umstand, dass der Rechtsbegriff der Verwirkung teilweise nicht als eigene Kategorie, sondern nur im Zusammenhang mit anderen völkerrechtlichen Prinzipien wie *Estoppel* (widersprüchliches Verhalten), *Acquiescence* (qualifiziertes Stillschweigen), Treu und Glauben[463] und insbesondere mit dem Grundsatz des Rechtsmissbrauchs genannt wird.[464] Ein bedeutender Teil der Literatur sieht die Verwirkung jedoch als allgemeinen Rechts-

---

457   *Tomuschat*, EuGRZ 2001, S. 535 (541); *ders.*, EA 36 (1981), S. 325 (332).
458   *Tomuschat*, EuGRZ 2001, S. 535 (541).
459   *Krajewski*, AVR 40 (2002), S. 183 (203 f.).
460   *Krajewski*, AVR 40 (2002), S. 183 (203).
461   *Krajewski*, AVR 40 (2002), S. 183 (203).
462   *Krajewski*, AVR 40 (2002), S. 183 (203 f.).
463   Zur Verwirkung als Unterfall des Grundsatzes von Treu und Glauben s. *Böhmer*, BayVBl 2 (1956), S. 129 (129 ff.)
464   M.w.N. *Doehring,* in: FS Seidl-Hohenveldern, S. 51 (51).

grundsatz i.S.v. Art. 38 Abs. 1 lit. c IGH-Statut[465] an,[466] eine Verwandtschaft mit den zuvor genannten Begriffen steht dem nicht entgegen.[467]

Unter Verwirkung versteht man den Verlust eines Rechtsstatus als Folge eines Verhaltens, das dem Sinn und Zweck des Status widerspricht. Ein solcher Verlust tritt unter der Voraussetzung ein, dass die Völkerrechtsordnung keine klare Aussage dazu trifft, ob und wann der Status verloren geht, es muss mithin an einer Spezialregelung fehlen.[468] Da die Verwirkung an ein staatliches Verhalten anknüpft, sind nur solche Rechte verwirkbar, über die ein Staat verfügen kann.[469] Zwingendes Völkerrecht und Normen mit *erga omnes*-Wirkung sind grundsätzlich nicht verwirkbar.[470] Dementsprechend kann auch das Gewaltverbot als Teil des *ius cogens* nicht verwirkt werden.[471] Es wäre wertungswidersprüchlich, trotz dieser Erkenntnis auf Umwegen zu einer Verwirkung zu gelangen: So wird vereinzelt vertreten, dass der »Status als Objekt des Gewaltverbots« verloren ginge.[472] Der Argumentation zufolge verhalte sich ein Staat, der auf Teilen seines Hoheitsgebiets keine Herrschaftsgewalt ausübe, nicht mehr wie ein solcher, weshalb ihm die Berufung auf das Gewaltverbot zu versagen sei.[473]

Auch das Konstrukt einer Aussonderung privater Akteure aus dem »Souveränitätsschild« bzw. aus dem Schutzbereich der territorialen Integrität des jeweiligen Aufenthaltsstaates erweist sich zur Begründung einer Duldungs-

---

465 Statute of the International Court of Justice, Statut des Internationalen Gerichtshofs v. 26. Juni 1945, UNTS Bd. 961 S. 183, BGBl. 1973 II S. 505.

466 *Dahm/Delbrück/Wolfrum*, Völkerrecht, Bd. I/1, S. 64; *Stein/von Buttlar*, Völkerrecht, S. 51, Rn. 162; *Herdegen*, Völkerrecht, S. 160, Rn. 2; *Graf Vitzthum*, in: ders./Proelß (Hrsg.), Völkerrecht, S. 55, Fn. 355; wohl auch *Doehring,* in: FS Seidl-Hohenveldern, S. 51 (51).

467 Zum Beweis, dass der Tatbestand der Verwirkung einen eigenen Rechtsgrund darstellt, anhand einiger (fiktiver) Fall-Szenarien *Doehring,* in: FS Seidel-Hohenveldern, S. 51 (52 ff.).

468 *Doehring*, ZaöRV 67 (2007), S. 385 (386).

469 *Kokott,* in: FS Bernhardt, S. 135 (142). Differenzierend *Doehring,* in: FS Seidl-Hohenveldern, S. 51 (57 ff.).

470 *Kokott,* in: FS Bernhardt, S. 135 (142).

471 *Kokott,* in: FS Bernhardt, S. 135 (142). A.A. *Doehring,* in: FS Seidl-Hohenveldern, S. 51 (58 f.), nach dem der rechtswidrige Angreifer sich seinerseits (zumindest) gegenüber dem angegriffenen Staat nicht auf das Gewaltverbot berufen könne.

472 So aber *Kokott,* in: FS Bernhardt, S. 135 (150).

473 Wie *Löw*, Selbstverteidigungsrecht, S. 172, zu Recht erkennt.

pflicht als nicht tragfähig. Warum mit dem Erwerb partieller Völkerrechtsfähigkeit eine Ausklammerung aus dem Hoheitsbereich des jeweiligen Aufenthaltsstaates erfolgen soll, erschließt sich nicht. Diese Ansicht übersieht, dass eine Gebietsübertragung nur mit dem ausdrücklichen Willen des abtretenden Staates erfolgen kann. Dass ein entsprechender Wille tatsächlich vorliegt, ist kaum nachvollziehbar.[474] Ungeachtet dessen ist zu fragen, welchem völkerrechtlichen Status das ausgesonderte Gebiet unterläge.[475]

Auch das folgende Beispiel zeigt zugespitzt, dass die »Aussonderungslösung«[476] in sich nicht schlüssig ist. Angenommen, eine einzelne Person – der anerkanntermaßen im Bereich des Völkerstrafrechts partielle Völkerrechtsfähigkeit zuwächst – verwirklicht ein völkerrechtlich sanktioniertes Verbrechen, das zugleich auch innerstaatlich strafbar ist. Unterlässt der jeweilige Staat die innerstaatliche Strafverfolgung, bedeute dies nach dem Verständnis der »Aussonderungslösung«, dass der Staat die Tat billige und das Individuum aus dem Schutzbereich der territorialen Integrität des Aufenthaltsstaates herausfalle. Daraufhin könnte ein dritter Staat die betroffene Person nach Belieben ergreifen, um sie einem anderen Gericht zu überführen, ohne gegen die territorialen Rechte des Aufenthaltsstaates zu verstoßen. Dass ein solcher Vorgang nicht dem Willen des jeweiligen Staates entspricht, dürfte auf der Hand liegen. Gleiches ist in Bezug auf eine Herauslösung terroristischer Kräfte aus dem Bereich der Territorialhoheit nur schwer vorstellbar. Es kann nicht ohne Weiteres von einer »Billigung« ausgegangen werden. Daher verstoßen auch Verteidigungshandlungen gegen die nicht-staatliche Organisation stets gegen die Territorialhoheit des jeweiligen Aufenthaltsstaates.

3. Rechtsgedanke des völkerrechtlichen Notstands

Vereinzelt wird in der völkerrechtlichen Literatur auch auf ein dem angegriffenen Staat zustehendes Notstandsrecht Rekurs genommen.[477] Die Ver-

---

474 *Wandscher*, Terrorismus, S. 126.
475 *Wandscher*, Terrorismus, S. 126.
476 *Scholz*, Selbstverteidigungsrecht, S. 28.
477 *Epiney*, Verantwortlichkeit, S. 263; *Bowett*, Self-Defence in International Law, S. 56; *Malanczuk,* in: Spinedi/Simma (Hrsg.), State Responsibility, S. 264 ff.;

letzung einer völkerrechtlichen Norm kann nur durch Notstand gerechtfertigt werden, wenn der Verstoß die einzige Möglichkeit ist,

> »lebenswichtige Interessen des Staates vor einer schweren und unmittelbaren Gefahr zu schützen, seinerseits aber ebensolche Interessen des verletzten Staates nicht ernsthaft beeinträchtigt.«[478]

Zudem darf der verletzende Staat nicht zur Notstandssituation beigetragen haben.[479] Der Staat, in dessen territoriale Integrität eingegriffen wird, müsse sich zwar nicht wegen eines völkerrechtlichen Delikts verantwortlich gemacht haben, er müsse aber unwillig oder unfähig sein, seinen völkerrechtlichen Verpflichtungen mit der angemessenen Sorgfalt nachzukommen.[480] Ein Aufenthaltsstaat nicht-staatlicher Akteure müsse also unfähig oder unwillig sein, gegen die private Gruppierung auf seinem Hoheitsgebiet ausreichend vorzugehen.

Auch die International Law Commission[481] scheint im Kontext der Bekämpfung grenzüberschreitender privater Gewalt den Rückgriff auf das in Art. 25 ILC-Entwurf zur Staatenverantwortlichkeit kodifizierte Notstandsrecht zur Rechtfertigung der Verletzung territorialer Rechte zu befürworten.[482] So greift sie in ihren Kommentierungen den *Caroline*-Fall aus dem Jahre 1837 auf und scheint nach Auflistung entscheidender Notenwechsel und gegenseitiger Erklärungen der USA[483] und Großbritanniens den briti-

---

Dinstein, Self-Defence, Rn. 718; *Greig*, International Law, S. 884; unklar *Gazzini*, JCSL 13 (2008), S. 25 (28). Ablehnend *Ruys/Verhoeven*, JCSL 10 (2005), S. 289 (308).

478   *Verdross/Simma*, Universelles Völkerrecht, § 1290.

479   *Verdross/Simma*, Universelles Völkerrecht, § 1290.

480   Sowohl für den Fall der Unfähig- und Unwilligkeit *Epiney*, Verantwortlichkeit, S. 263 m.w.N.; *Kempen/Hillgruber*, Völkerrecht, S. 238, Rn. 112 f. Für den Fall der Unfähigkeit *Bowett*, Self-Defence in International Law, S. 56. Für den Fall der Unwilligkeit vgl. *Wolf*, Haftung der Staaten, S. 459, dessen Ausführungen zur Rechtfertigung von Gewalteinsätzen zur Rettung eigener Staatsangehöriger auf die Begründung einer Duldungspflicht auf den vorliegenden Sachverhalt übertragbar erscheinen.

481   Kurz: ILC. Die ILC ist ein subsidiäres Organ der Generalversammlung, der 34 unabhängige Völkerrechtsexperten angehören. Sie ist Motor zur Kodifizierung von Völkergewohnheitsrecht. S. hierzu *Heintschel von Heinegg,* in: Ipsen (Hrsg), Völkerrecht, S. 487, Rn. 50.

482   ILC Yearbook 1980 II, S. 44 Rn. 23.

483   Vgl. z.B. den Brief des amerikanischen Außenministers *Daniel Webster* an *Mr. Fox* v. 24. April 1841, British and Foreign State Papers 29 (1857), S. 1129

schen Eingriff in die territoriale Integrität der USA durch Notstand gerechtfertigt zu sehen.[484]

Allerdings wird dieses Ergebnis durch den Umstand gemindert, dass das
Notstandsrecht in Art. 25 ILC-Entwurf systematisch losgelöst vom Verteidigungsrecht in Art. 21 ILC-Entwurf Erwähnung findet.[485] Darüber hinaus
ist das Notstandsrecht sowohl in der Staatenpraxis als auch in der Literatur
seit jeher umstritten und in Frage gestellt worden.[486] Dies veranschaulicht,
mit welchen Unsicherheiten die Begründung einer Duldungspflicht für den
Aufenthaltsstaat auf Grundlage eines Notstandsrechts verbunden ist.

4. Beschränkung des Rechts auf Achtung der territorialen Integrität
   beider Staaten durch Interessenabwägung

Das Recht territorialer Integrität ist Ausfluss staatlicher Souveränität. Souveränität ist

> »die Fähigkeit, eine Ordnung auf dem Staatsgebiet zu organisieren (innere Souve-
> ränität) und nach außen selbständig und von anderen Staaten unabhängig im Rah-
> men und nach Maßgabe des Völkerrechts zu handeln (äußere Souveränität)«.[487]

Entfalten völkerrechtlich zulässige Handlungen Rechtswirkungen nach außen, ist ein von ihnen betroffener Drittstaat zur Duldung verpflichtet.[488]
Gleiches gilt auch umgekehrt für Aktivitäten des betroffenen Staates gegenüber dem ersten Staat, den ebenso eine Duldungspflicht trifft. Staatliche

---

(1133): »[…] and when its alleged exercise has led to the commission of hostile
acts within the territory of a Power at Peace, nothing less than a clear and absolute necessity can afford ground of justification.« S. ferner die Erklärung des
Präsidenten *John Tyler* v. 7. Dezember 1841, British and Foreign State Papers
30 (1858), S. 194 (194): »This Government can never concede to any foreign
Government the power, except in a case of the most urgent and extreme necessity, of invading its territory, either to arrest the persons or destroy the property
of those who may have violated the municipal laws of such foreign Government
[…].«

484   ILC-Kommentierung, S. 81, Art. 25, Rn. (5).
485   Kritisch *Dinstein*, Self-Defence, Rn. 718.
486   *Ruys/Verhoeven*, JCSL 10 (2005), S. 289 (309) m.w.N.
487   *Epping*, in: Ipsen (Hrsg.), Völkerrecht, S. 110, Rn. 137.
488   *Hector*, Abwägungsgebot, S. 160.

Souveränität findet ihre Grenzen damit vordergründig in den subjektiven Rechten anderer Staaten.[489]

Die Souveränität des einen Staates wird also durch die Souveränität des anderen Staates begrenzt.[490] Sie ist nur insoweit ausgeformt, als es die Souveränität anderer Staaten erlaubt.[491] Im Kontext der grenzüberschreitenden Bekämpfung nicht-staatlicher Gewalt bedeutet dies, dass sich nicht nur der von den Verteidigungsmaßnahmen betroffene Aufenthaltsstaat privater Gruppierungen auf seine staatliche Souveränität, mithin auf seine territoriale Integrität berufen kann. Gleiches gilt auch für den angegriffenen Staat. Auch er kann geltend machen, dass sein Territorium physisch nicht beeinträchtigt wird. Dies trifft auch für solche Aktivitäten zu, die zwar auf dem Hoheitsgebiet von nur einem Staat stattfinden, aber dennoch zu Beeinträchtigungen eines dritten Staates führen.

Der Grundsatz auf Achtung der territorialen Integrität anderer Staaten verbietet einem Staat daher zugleich, private Akteure auf seinem Hoheitsgebiet frei walten zu lassen, wenn hierdurch dritte Staaten geschädigt werden.[492] Das Recht auf Achtung der territorialen Integrität ist daher zugleich mit der Verpflichtung verbunden, die territoriale Integrität anderer Staaten nicht zu beeinträchtigen. Eine Rechtekollision ist die Folge.

Einige völkerrechtliche Stimmen wollen diese Rechtekollision durch eine Güterabwägung zugunsten des angegriffenen Staates auflösen.[493] Hier-

---

489   *Bleckmann*, AVR 23 (1985), S. 450 (466).
490   *Hector*, Abwägungsgebot, S. 160.
491   *Hector*, Abwägungsgebot, S. 160.
492   *Bethlehem*, AJIL 106 (2012), S. 770 (776); *Dahm/Delbrück/Wolfrum*, Völkerrecht, Bd. I/3, S. 793 f.
493   *Weller*, Striking ISIL: Aspects on the Law of the Use of Force, ASIL Insights, Vol. 19, Issue 5, 11. März 2015, www.asil.org/insights/volume/19/issue/5/stri king-isil-aspects-law-use-force; *Bruha/Bortfeld*, VN 2001, S. 161 (166); *Kempen/Hillgruber*, Völkerrecht, S. 186; *Schmitt*, Michigan JIL 29 (2008), S. 127 (159 ff.); *Walsh*, Pace ILR 21 (2009), S. 137 (154 ff.); *Baker*, Houston JIL 10 (1987-1988), S. 25 (40); *Kotzur*, AVR 40 (2002), S. 454 (475). Vgl. ferner *Kreß*, Reflections against the Use of Force in Syria, Just Security, 17. Februar 2015, www.justsecurity.org/20118/claus-kreb-force-isil-syria: »It therefore follows […] primarily from the respect for the sovereignty of the territorial State that the right of self-defense in case of a *non*-State armed attack is of a *subsidiary* nature.« Vgl. auch *Reinold*, AJIL 105 (2011), S. 244 (245): »[To] reconcile the victim state's vital security interests with the harboring state's sovereignty«; *Marcella*, War without Borders, S. 8: »[W]hich [value] is higher, non-intervent-

bei soll ermittelt werden, ob das Recht auf Achtung der territorialen Integrität des sich verteidigenden Staates derart überwiegt, dass die territoriale Integrität des Aufenthaltsstaates zurücktritt und letzterer Staat zur Duldung der Maßnahmen verpflichtet ist.[494]

Hierfür spielt das Verhalten des Aufenthaltsstaates sowie seine grundlegende Einstellung und Beziehung zu den privaten Akteuren eine entscheidende Rolle.[495] Je geringer die Bestrebungen eines Staates zur Bekämpfung der auf seinem Territorium operierenden terroristischen Kräfte sind, je positiver er den Privatpersonen gegenübersteht, je mehr er sie gar unterstützt, desto eher lässt sich eine Duldungspflicht bejahen. Zeigt sich ein Staat unwillig oder unfähig, gegen die Akteure auf seinem Territorium vorzugehen, so müsse sein Recht auf Achtung der territorialen Integrität zurücktreten.[496] Dies sei dann der Fall, wenn ein Staat nicht-staatliche Gruppierungen beherbergt, sie auf sonstige Weise unterstützt oder er mangels effektiver Staatsgewalt oder unzureichender Ressourcen nicht in der Lage ist, Bedrohungen auf seinem Hoheitsgebiet zu beseitigen.[497] Einige Autoren verlangen, dass der angegriffene Staat vor Ergreifen von Verteidigungsmaßnahmen zunächst grundsätzlich[498] versucht, die Zustimmung oder Kooperation des Aufenthaltsstaates einzuholen, diesem ferner die Möglichkeit einräumt, selbst gegen die privaten Angreifer einzuschreiten und die von ihm hierzu

---

ion or self-defense?« sowie *Stein/von Buttlar*, Völkerrecht, Rn. 845: »[K]ann dem Selbstverteidigungsrecht der *Vorrang* vor dem Recht auf territoriale Integrität und Souveränität einzuräumen sein.« (Hervorhebung durch Verf.). *Tomuschat*, EA 36 (1981), S. 325 (330) und *Bleckmann*, AVR 23 (1985), S. 450 (465), halten eine Interessenabwägung im Zusammenhang mit dem Recht auf Souveränität ebenso für möglich.

494 S. zum Abwägungsverfahren *Hector*, Abwägungsgebot, S. 198 ff.
495 *Antonopoulos*, NILR 2008, S. 159 (169); *Bruha/Bortfeld*, VN 2001, S. 161 (166); *Wedgwood*, Yale JIL 24 (1999), S. 559 (565 f.).
496 *Schmitt*, Michigan JIL 29 (2008), S. 157 (161); *Walsh*, Pace ILR 21 (2009), S. 137 (157); *Kotzur*, AVR 40 (2002), S. 454 (475).
497 *Hakimi*, International Law Studies 91 (2015), S. 1 (6 ff.); *Stahn*, in: Walter/Vöneky/Röben/Schorkopf (Hrsg.), Terrorism, S. 827 (864); *Bethlehem*, AJIL 106 (2012), S. 770 (777).
498 Zu möglichen Ausnahmen, die z.B. im gegenwärtigen Konflikt in Syrien griffen, *Kreß*, Reflections against the Use of Force in Syria, Just Security, 17. Februar 2015, www.justsecurity.org/20118/claus-kreb-force-isil-syria.

vorgeschlagenen Mittel ebenso wie die vorherige Zusammenarbeit mit diesem Staat in dieser Hinsicht sorgfältig zu beurteilen.[499]

Insbesondere im US-amerikanischen Rechtsraum wird dieser Argumentationsstrang (auch) unter der Doktrin »unable or unwilling« diskutiert, teils wie hier im Rahmen einer Interessenabwägung,[500] oder durch eine Parallele zum Neutralitätsrecht,[501] teils als Kriterium für eine Zurechnung der nichtstaatlichen Handlungen an einen Hintergrundstaat[502] oder gar ohne nähere rechtliche Einordnung.[503] Oftmals wird die Doktrin gar als eigenständige Grundlage für den Einsatz von Gewalt auf dem Hoheitsgebiet dritter Staaten vorgebracht.[504]

Die USA beriefen sich im Zuge der Terroranschläge des 11. September 2001 sowie im Hinblick auf ihren gegenwärtigen Einsatz in Syrien auf diese Rechtsfigur, auf die sich auch Israel, Russland und die Türkei, zum Teil wiederholt, stützten.[505] Andere Staaten lehnen sie hingegen ausdrücklich

---

499 *Deeks*, Virginia JIL 52 (2012), S. 483 (506); *Toffanello*, The Concept of Self-Defense against non-State Actors in International Law and the 'Unwilling or Unable' Doctrine, European Network for Conflict Studies, 30. September 2015, https://encsblog.wordpress.com/2015/09/30/self-defence-non-state-actors-and-unwilling-or-unable-doctrine. S. auch *Bethlehem*, AJIL 106 (2012), S. 770 (776) und *Jackson*, Air Force Law Review 74 (2015), S. 133 (163).

500 S. oben Fn. 493.

501 *Deeks*, Virginia JIL 52 (2012), S. 483 (496 ff.). So wohl auch *Demmer*, Ohio State Journal on Dispute Resolution 31 (2016), S. 207 (221).

502 *Starski*, ZaöRV 75 (2015), S. 455 (484 ff.); *Schwarz*, Terroranschläge in Frankreich – Ein Fall für das Recht auf Selbstverteidigung?, juwiss, 17. November 2015; www.juwiss.de/83-2015/.

503 S. z.B. *Goodman*, International Law on Airstrikes against ISIS in Syria, Just Security, 28. August 2014, www.justsecurity.org/14414/international-law-air strikes-isis-syria/. Kritisch hierzu *Tsagourias*, LJIL 29 (2016), S. 801 (810).

504 Hierzu und zu den weiteren Problemen der »unable or unwilling«-Doktrin s. *Tsagourias*, LJIL 29 (2016), S. 801 (809 f.) und *Kajtar*, Wisconsin ILJ 34 (2017), S. 535 (576 ff.).

505 Mit Nachweisen *Deeks*, Virginia JIL 52 (2012), S. 483 (486 ff.).

ab.[506] Ob die Doktrin tatsächlich schon geltendes Recht wiederspiegelt, ist angesichts der nicht eindeutigen Staatenpraxis umstritten.[507]

Bei der Bewertung spielen auch Qualität und Quantität bewaffneter Übergriffe eine Rolle.[508] Je häufiger und schwerer private Übergriffe vom Hoheitsgebiet des gleichen Staates aus verübt werden, desto eher fällt die Interessenabwägung zugunsten des angegriffenen Staates aus.

Für die Begründung einer Duldungspflicht auf Grundlage einer Interessenabwägung spricht, dass nicht jedes noch so geringfügige Fehlverhalten des Aufenthaltsstaates pauschal zur Duldung der Verletzung seiner Souveränitätsrechte verpflichtet, sondern es auf den Grad der Involvierung sowie auf die Bereitschaft und Anstrengungen des Aufenthaltsstaates zur Bekämpfung der sich auf seinem Territorium befindenden Akteure vorzugehen, ankommt. Auf der anderen Seite ist ungeklärt, wann genau von einer

---

506   Mit Nachweisen *Heller*, Do Attacks on ISIS in Syria Justify the 'Unwilling and Unable' Test?, Opinio Juris, 13. Dezember 2014, http://opiniojuris.org/2014/12/13/attacks-isis-syria-justify-unwilling-unable-test/; *ders.*, The Absence of Practice Supporting the 'Unwilling or Unable' Test; Opinio Juris, 17. Februar 2015, http://opiniojuris.org/2015/02/17/unable-unwilling-test-unstoppable-scholarly-imagination/; *Hakimi*, Assessing (Again) the Defensive Operations in Syria, Just Security, 22. Januar 2015, www.justsecurity.org/19313/assessing-again-defensive-operations-syria/.

507   Noch zweifelnd, aber zuversichtlich: *Deeks*, The UK's Article 51 letter on Use of Force in Syria, Lawfare, 12. Dezember 2014, www.lawfareblog.com/uks-article-51-letter-use-force-syria; *Ohlin*, The Unwilling or Unable Doctrine comes to Life, Opinio Juris, 23. September 2014, http://opiniojuris.org/2014/09/23/unwilling-unable-doctrine-comes-life/. Ablehnend *Payandeh*, Militäraktion gegen ISIS: Ein Präzedenzfall für eine Aufweichung des völkerrechtlichen Gewaltverbots? Verfassungsblog, 24. September 2014, http://verfassungsblog.de/militaeraktion-gegen-isis-ein-praezedenzfall-fuer-eine-aufweichung-des-voelkerrechtlichen-gewaltverbots/; *Heller*, Do Attacks on ISIS in Syria Justify the 'Unwilling and Unable' Test?, Opinio Juris, 13. Dezember 2014, http://opiniojuris.org/2014/12/13/attacks-isis-syria-justify-unwilling-unable-test/; *ders.*, The Absence of Practice Supporting the 'Unwilling or Unable' Test; Opinio Juris, 17. Februar 2015, http://opiniojuris.org/2015/02/17/unable-unwilling-test-unstoppable-scholarly-imagination/. Zweifelnd *Hakimi*, Assessing (Again) the Defensive Operations in Syria, Just Security, 22. Januar 2015, www.justsecurity.org/19313/assessing-again-defensive-operations -syria/.

508   *Löw*, Selbstverteidigungsrecht, S. 163.

Unwilligkeit oder Unfähigkeit ausgegangen werden kann und wer diese Bewertung trifft.[509]

5. Parallele zum völkerrechtlichen Neutralitätsrecht

Ein bedeutender Teil völkerrechtlicher Stimmen zieht die Grundsätze des völkerrechtlichen Neutralitätsrechts für eine Duldungspflicht heran.[510] Hiernach hat ein an einem bewaffneten Konflikt unbeteiligter Staat das Recht, von Übergriffen der Konfliktparteien verschont zu bleiben,[511] er ist aber gleichzeitig zur Nichtbeteiligung an den kriegerischen Aktivitäten verpflichtet.[512] Er hat mit allen möglichen Mitteln sicherzustellen, dass sein Territorium von keiner Konfliktpartei zur Vorbereitung und Ausübung von Kampfhandlungen oder zum Durchmarsch genutzt wird.[513] Gehen von seinem Territorium dennoch Angriffshandlungen aus und kann oder will der neutrale Staat diese nicht unterbinden, darf der angegriffene Staat auf das fremde Territorium übergreifen.[514] Der neutrale Staat ist in diesem Fall zur Duldung der Verteidigungsmaßnahmen verpflichtet.[515]

Übertragen auf nicht-staatliche Angriffe sei nach den Vertretern, die sich für eine analoge Anwendung des Neutralitätsrechts aussprechen, der Aufenthaltsstaat als neutraler Dritter im Verhältnis zum angegriffenen Staat und den privaten Akteuren anzusehen.[516] Ist der Aufenthaltsstaat unwillig oder unfähig, gegen die Akteure vorzugehen, verliere er seinen Schutz und habe

---

509   S. zu den Bedenken *Demmer*, Ohio State Journal on Dispute Resolution 31 (2016), S. 207 (221 f.).

510   Statt vieler *Lubell*, Use of Force, S. 42; *Travalio/Altenburg*, Chicago JIL 4 (2003), S. 97 (111); *Bruha*, AVR 40 (2002), S. 383 (408); *Greenwood*, San Diego ILJ 4 (2003), S. 7 (24 f.); *Krajewski*, AVR 40 (2002), S. 183 (203); *Kotzur*, AVR 40 (2002), S. 454 (475). S. auch *Tsagourias*, LJIL 29 (2016), S. 801 (812). A.A. *Weigelt*, Terrorismus, S. 101 f.; *Wandscher*, Terrorismus, S. 244 f.

511   Art. 1, 2 XIII. Haager Abkommen; vgl. auch Art. 1, 2 V. Haager Abkommen.

512   Vgl. Art. 17 V. Haager Abkommen und Art. 6 XIII. Haager Abkommen.

513   S. auch *Berber*, Lehrbuch des Völkerrechts, S. 221.

514   *Krajewski*, AVR 40 (2002), S. 183 (203).

515   Statt aller, die das Neutralitätsrecht analog anwenden *Bruha,* in: Koch (Hrsg.), Terrorismus, S. 76.

516   *Krajewski*, AVR 40 (2002), S. 183 (203); *Deeks*, Virginia JIL 52 (2012), S. 483 (497).

die Selbstverteidigungsmaßnahmen des angegriffenen Staates auf seinem Hoheitsgebiet zu dulden.[517]

Ob das Neutralitätsrecht den Aufenthaltsstaat privater Akteure zur Duldung von Verteidigungsmaßnahmen verpflichten kann, ist davon abhängig, inwieweit die Pflicht zur Unparteilichkeit mit der in Art. 2 Ziff. 5 UN-Charta verankerten Beistandspflicht und den Mitwirkungspflichten aus Art. 42, 43, 48 UN-Charta vereinbar ist. In Art. 2 Ziff. 5 UN-Charta heißt es:

> »Alle Mitglieder leisten den Vereinten Nationen jeglichen Beistand bei jeder Maßnahme, welche die Organisation im Einklang mit dieser Charta ergreift; sie leisten einem Staat, gegen den die Organisation Vorbeugungs- oder Zwangsmaßnahmen ergreift, keinen Beistand.«

Art. 2 Ziff. 5 UN-Charta könnte so verstanden werden, dass die Entscheidung zur Unparteilichkeit der Disposition eines Staates entzogen ist.[518] Dem ist aber entgegenzuhalten, dass es gängige Praxis des Sicherheitsrates ist, nur solche Staaten nach Art. 42, 43, 48 UN-Charta zu autorisieren bzw. zu verpflichten, die zuvor ihre Zustimmung erteilt haben,[519] sodass neutrale Staaten einer Beteiligung an Maßnahmen nach Kapitel VII der UN-Charta entgehen können. Sogar jene Verpflichtungen, die sich an die gesamte Staatengemeinschaft richten, so wird argumentiert, seien mit den Neutralitätspflichten vereinbar. Insoweit wird vorgebracht, dass die Durchführung militärischer Zwangsmaßnahmen nach Kapitel VII der UN-Charta eher mit einem Polizeieinsatz vergleichbar sei als einer Kriegssituation entspräch-chen.[520] Daher sei das allein für den bewaffneten Konflikt geltende Neutralitätsrecht bei Sicherheitsratsbeschlüssen nie anwendbar.[521] Demgemäß würde dem Neutralitätsprinzip konsequenterweise nicht entgegenstehen, dass der Sicherheitsrat alle Mitgliedsstaaten wiederholt zur Bekämpfung des Terrorismus aufrief und insbesondere sichere Rückzugsorte zu verhindern sucht.[522] Wenngleich einzugestehen ist, dass Zwangsmaßnahmen zum Teil sehr wohl einer Kriegssituation entsprechen können, ist zuzustimmen,

---

517 *Krajewski*, AVR 40 (2002), S. 183 (203).

518 Vgl. *Ipsen,* in: ders. (Hrsg.), Völkerrecht, S. 1245, Rn. 5. S. dort auch zu den anderen Chartavorschriften, die dem Grundsatz der Unparteilichkeit entgegenstehen könnten.

519 *Ipsen,* in: ders. (Hrsg.), Völkerrecht, S. 1245, Rn. 9 ff.

520 *Reinisch/Novak*, in: Simma/Khan/Nolte/Paulus (Hrsg.), UN Charter, Art. 48, Rn. 7.

521 *Reinisch/Novak*, in: Simma/Khan/Nolte/Paulus (Hrsg.), UN Charter, Art. 48, Rn. 7.

522 Dies ist der Kritik *Weigelts* (Terrorismus, S. 101 f.) an einer analogen Anwendung des Neutralitätsrechts entgegenzusetzen.

dass sie jedenfalls in Bezug auf ein Vorgehen gegen terroristische Aktivitäten regelmäßig durch gewöhnliche Polizeimaßnahmen erfolgen.

Die Begründung einer Duldungspflicht durch eine analoge Anwendung neutralitätsrechtlicher Grundsätze findet vereinzelt auch Rückhalt in der Staatenpraxis: So gingen die USA im Jahr 1970 militärisch gegen nordvietnamesische private Gruppierungen auf dem Territorium Kambodschas vor, von wo Angriffe gegen Südvietnam lanciert wurden. Zur Begründung führten die USA an, Kambodscha sei unfähig, selbst Maßnahmen gegen die auf seinem Territorium waltenden Akteure zu ergreifen und deswegen nicht mehr neutral:

> »Under international law we had every right to strike the enemy in areas put to such uses. The inability of Cambodia over a period of years to liveup to its legal obligations as a neutral state freed us from the obligation to stay out of these areas. There were not under Cambodian control. There were not neutral.«[523]

Einem pauschalen Verweis auf Bedenken gegenüber Analogien im Völkerrecht[524] ist entgegenzuhalten, dass Analogien indessen vielfach für zulässig erachtet werden.[525]

Aufenthaltsstaaten terroristischer Organisationen sind folglich als neutrale Drittstaaten zu behandeln. Sind sie nicht willens oder fähig, terroristische Handlungen auf ihrem Territorium abzuwenden, dürfen sie sich gegenüber dem sich verteidigendem Staat nicht auf ihren neutralen Status berufen.[526] Eingriffe in ihr Recht auf territoriale Integrität müssen sie in dem Maße dulden, in dem terroristische Einrichtungen von den Verteidigungsmaßnahmen betroffen sind. Das restliche Hoheitsgebiet darf jedoch nicht Ziel der Gegenwehr sein.[527]

---

523 Department of Defense News Release, May 15, 1970, S. 5.
524 S. *Wandscher*, Terrorismus, S. 244.
525 So *Fastenrath*, Lücken im Völkerrecht, S. 137; *Dahm/Delbrück/Wolfrum*, Völkerrecht, Bd. I/1, S. 81; *Bleckmann*, AVR 17 (1977/78), S. 161 (171 ff.); *Lauterpacht*, Function of Law, S. 111 ff.; *Kunz*, AJIL 45 (1951), S. 329 (334); *Jaenicke*, in: Strupp/Schlochauer (Hrsg.), Wörterbuch des Völkerrechts, Bd. 3, S. 766 (771); *von Arnauld*, Völkerrecht, Rn. 2941; vgl. auch *Verdross/Simma*, Universelles Völkerrecht, §§ 895, 1076, 1131.
526 So auch *Bruha*, AVR 40 (2002), S. 383 (408).
527 *Krajewski*, AVR 40 (2002), S. 183 (203).

6. Ergebnis

Eingriffe in das Recht auf territoriale Integrität hat der Aufenthaltsstaat nicht-staatlicher Akteure unter bestimmten Voraussetzungen zu dulden.[528] Diese Pflicht basiert auf mehreren rechtlichen Grundlagen, die einander nicht ausschließen: Möglich, aber sehr vage und mit (dogmatischen) Unsicherheiten behaftet scheint ein Rückgriff auf den Schutzzweck des Selbstverteidigungsrechts und auf den Rechtsgedanken des völkerrechtlichen Notstands, dessen Voraussetzungen umstritten sind. Auch eine Abwägung des Rechts auf Achtung der territorialen Integrität des Aufenthaltsstaates privater Akteure mit dem gleichen Recht des sich verteidigenden Staates *kann* zu einer Duldungspflicht führen. Am überzeugendsten gelingt die Rechtfertigung der Verletzung territorialer Rechte dank rechtlicher Kodifizierung durch eine Parallele zum völkerrechtlichen Neutralitätsrecht. Geht ein Aufenthaltsstaat nicht gegen die privaten Akteure vor, verstößt er gegen neutralitätsrechtliche Vorschriften, mit der Folge, dass er seinen Status als neutrale Partei verliert und zur Duldung von Verteidigungsmaßnahmen verpflichtet ist.

Alle Rechtfertigungsmodelle knüpfen an das Verhalten des Aufenthaltsstaates an und setzen voraus, dass dieser unwillig oder unfähig ist, gegen die privaten Akteure einzuschreiten.[529] Dies gilt erst recht für den Fall ak-

---

528 Dagegen *Schmalenbach*, NZWehrR 2002, S. 177 (187), die ein grenzüberschreitendes Vorgehen bei Verletzung fremder territorialer Integrität nur auf Grundlage von Kapitel VII UN-Charta für zulässig erachtet.

529 Unklar, mit welcher rechtlichen Begründung, im Ergebnis aber auch *Heintschel von Heinegg/Gries*, AVR 40 (2002), S. 145 (160); *Bethlehem*, AJIL 106 (2012), S. 770 (775); *Hmoud*, AJIL 107 (2013), S. 576 (577 f.); *Ruys*, Armed Attack, S. 505; *Herdegen*, Völkerrecht, S. 263; *Stahn*, in: Walter/Vöneky/Röben/Schorkopf (Hrsg.), Terrorism, S. 827 (864 f.): »relative character of territorial integrity«; *Beck/Arend*, Wisconsin ILJ 12 (1993), S. 153 (218); *Müllerson*, IsYHR 32 (2002), S. 1 (45). Für die Zulässigkeit der Ausübung von Verteidigungsmaßnahmen bei Unfähigkeit und Unwilligkeit des Aufenthaltsstaates auch *van Steenberghe*, LJIL 23 (2010), S. 183 (200); *Tsagourias*, JCSL 17 (2012), S. 229 (243); *Coll*, ASIL Proc 1987, S. 297 (305); *Ronzitti*, JCSL 11 (2006), S. 343 (349); zumindest im Fall der Unwilligkeit bejahend *Kretzmer*, EJIL 24 (2013), S. 235 (247); *Cassese*, EJIL 12 (2001), S. 993 (999); zumindest im Fall der Unfähigkeit bejahend *Randelzhofer/Nolte,* in: Simma/Khan/Nolte/Paulus (Hrsg.), UN Charter, Art. 51, Rn. 43. In die Fälle der Tolerierung, Unwilligkeit und Unfähigkeit aufsplittend und ebenso bejahend *Antonopoulos*, NILR 2008, S. 159

tiver staatlicher Unterstützung, in der aber noch nicht die Schwelle zur Zurechnung überschritten wird.[530] Regelmäßig wird sich der Aufenthaltsstaat in allen drei Situationen wegen Verstoßes gegen Normen, die die Bekämpfung des Terrorismus zum Inhalt haben, völkerrechtlich verantwortlich machen. Anderes gilt nur bei Unfähigkeit aufgrund fehlender effektiver Herrschaftsgewalt: *failed states* können sich mangels Handlungsfähigkeit keines völkerrechtlichen Delikts schuldig machen. Ferner kann bestätigt werden, dass Verteidigungsmaßnahmen auf dem Territorium eines gänzlich unbeteiligten Staates unzulässig sind.

Eine Duldungspflicht besteht für den Staat bzw. die Staaten, aus dem bzw. denen der bewaffnete Angriff lanciert oder verübt wird. Angesichts der Bedeutung des Grundsatzes auf Achtung territorialer Integrität gilt eine Duldungspflicht nicht im Hinblick auf Operationsbasen der gleichen Gruppierung in anderen Staaten, die für das konkrete Attentat ohne Bedeutung sind.[531] Ob dadurch tatsächlich ein taktisches »Splitting« der Organisation zu befürchten sei, was ein effektives Vorgehen unmöglich mache, ist fraglich. Ein Staat kann nämlich nicht nur im Fall eines gerade stattfindenden oder noch andauernden Angriffs einschreiten. Unter engen Voraussetzungen sind auch präventive Maßnahmen zulässig.[532]

Widersetzt sich der Aufenthaltsstaat seiner Duldungspflicht und wehrt sich gegen die zulässige Selbstverteidigung derart, dass er selbst die Schwelle zum bewaffneten Angriff überschreitet, ist der dann »doppelt«

---

(167), der jedoch noch zusätzlich voraussetzt, dass sich die nicht-staatliche Gruppierung im Aufenthaltsstaat *dauerhaft* eingerichtet hat und nur *individuelle* Selbstverteidigung ausgeübt wird. Vgl. insoweit auch die Stellungnahmen Israels zum Beschuss von Einrichtungen der Hisbollah (Fn. 220) sowie die Resolution des Sicherheitsrates zur Kongo-Krise (Fn. 227). S. hierzu auch oben S. 69 f. und S. 71 f.

530 Jedenfalls für diesen Fall bejahend *Zimmer*, Terrorismus, S. 71. S. zur Zurechnungsdefinition oben S. 37, zur Abgrenzung zwischen Zurechnung und Verantwortlichkeit im Fall von Unterstützungshandlungen Zweiter Teil, 1. Kapitel, C. II. 1. bzw. 1. Kapitel, C. III. 1.

531 In diesem Sinne wohl auch *Weller*, Striking ISIL: Aspects on the Law of the Use of Force, ASIL Insights, Vol. 19, Issue 5, 11. März 2015, www.asil.org/insights/volume/19/issue/5/striking-isil-aspects-law-use-force. A.A. *Meiser/von Buttlar*, Terrorismusbekämpfung, S. 55.

532 S. zur präventiven Selbstverteidigung unten Zweiter Teil, 2. Kapitel A. I.

angegriffene Staat wiederum berechtigt, die Verteidigungsmaßnahmen auch *gegen* den Aufenthaltsstaat auszudehnen.[533]

III. Zusammenfassung

Für die Auslösung des Selbstverteidigungsrechts bedarf es weder auf Tatbestands- noch auf Rechtsfolgeseite einer staatlichen Zurechnung privater Gewalt. Das Selbstverteidigungsrecht berechtigt nur zur Gegenwehr gegen den Angreifer. Ist eine private Gruppierung Urheber des bewaffneten Angriffs, ist allein sie Gegner der Verteidigungsmaßnahmen. Letztere dürfen sich nur gegen Stellungen dieser privaten Gruppierung richten.[534]

Ein Vorgehen gegen nicht-staatliche Akteure auf fremdem Territorium ist stets mit einer Beeinträchtigung der territorialen Integrität des von der Gegenwehr betroffenen Staates verbunden. Für letzteren besteht die Pflicht zur Duldung der Verteidigungsmaßnahmen, wenn er unwillig oder unfähig ist, selbst gegen die terroristischen Kräfte einzuschreiten.

C. Die Zulässigkeit von Verteidigungsmaßnahmen gegen Hintergrundstaaten

Im vorherigen Abschnitt wurde erörtert, ob ein Staat bei Angriffen Privater gegen terroristische Einrichtungen *auf* fremdem Hoheitsgebiet vorgehen darf und unter welchen Voraussetzungen für den Aufenthaltsstaat eine Pflicht zur Duldung des Eingriffs in die territoriale Integrität besteht. Hiervon abzugrenzen ist die Frage nach einem Selbstverteidigungsrecht *gegen* einen dritten Staat, das unstreitig nur dann besteht, wenn die privaten Akti-

---

533 *Schmitt*, Michigan JIL 29 (2008), S. 157 (162); *Greenwood*, San Diego ILJ 4 (2003), S. 7 (25).

534 *Antonopoulos*, NILR 2008, S. 159 (167); *Ronen*, YIHL 9 (2006), S. 362 (380); *Meiser/von Buttlar*, Terrorismusbekämpfung, S. 60; *Beck/ Arend*, Wisconsin ILJ 12 (1993), S. 153 (218).

vitäten dem Staat zurechenbar sind, sodass letzterer selbst Urheber des bewaffneten Angriffs ist.[535]

I. Die Bedeutung der Zurechenbarkeit nicht-staatlicher Gewalt für die Rechtsfolgen des Selbstverteidigungsrechts

Der Staat als juristische Person ist nicht in der Lage, selbst Handlungen vorzunehmen. Für seine Handlungen und Unterlassungen ist er vielmehr von natürlichen Personen abhängig.[536] Bezeichnet man ein Verhalten als das eines Staates, ist dies Ergebnis völkerrechtlicher Zurechenbarkeitsregeln.[537] Nach einem allgemeinen Grundsatz des Völkerrechts sind zunächst Handlungen staatlicher Organe dem jeweiligen Staat zurechenbar.[538] Wer Staatsorgan ist, bestimmt sich nach dem jeweiligen innerstaatlichen Recht. Überschreitet das handelnde Organ seine Kompetenzen (sog. *ultra vires*-Handeln), ändert sich hinsichtlich der Zurechenbarkeit nichts. Terroristische Anschläge werden aber nur in den seltensten Fällen von Staatsorganen verübt,[539] sodass sich die Frage nach den Zurechnungsmöglichkeiten von Handlungen Privater aufdrängt.

---

535   Statt aller *Weber*, AVR 44 (2006), S. 460 (466); *Trapp*, ICLQ 56 (2007), S. 141 (145). S. hierzu bereits oben Erster Teil, 2. Kapitel, B, dort auch zur Defintion der Zurechnung.

536   *Wolf*, Haftung der Staaten, S. 62.

537   *Wolf*, Haftung der Staaten, S. 62.

538   IGH, *Difference Relating to Immunity from Legal Process of a Special Rapporteur of the Commission on Human Rights*, Gutachten v. 29. April 1999, ICJ Rep. 1999, S. 62 ff., Rn. 62. Vgl. auch Art. 4 ILC-Entwurf: »Das Verhalten eines jeden Staatsorgans ist als Handlung des Staates im Sinne des Völkerrechts zu werten, gleichwohl ob das Organ Aufgaben der Gesetzgebung, der vollziehenden Gewalt, der Rechtsprechung oder andere Aufgaben wahrnimmt, welche Stellung es innerhalb des Staatsaufbaus einnimmt und ob es sich um ein Organ der Zentralregierung oder einer Gebietseinheit des Staates handelt. Ein Organ schließt jede Person oder Stelle ein, die diesen Status nach dem innerstaatlichen Recht des Staates innehat. «
Zur Bedeutung des ILC-Entwurfs s. im gleichen Abschnitt unter II.

539   Vgl. die wenigen Fälle aus der Staatenpraxis bei *Cassese*, International Law, S. 470.

Grundsätzlich hat ein Staat für das Verhalten von Privatpersonen nicht einzustehen.[540] Anderes gilt ausnahmsweise nur dann, wenn der Staat für das ursprünglich private Verhalten derart eintritt, dass das Verhalten letztendlich dem Staat zugeschrieben werden kann.[541] Wann und unter welchen Voraussetzungen dies tatsächlich zutrifft, ist oftmals nur schwierig zu beantworten, weshalb zu Recht von einer »Zurechnungsproblematik«[542] gesprochen wird.

Wird ein bewaffneter Angriff also nicht von staatlichen Streitkräften oder anderen Staatsorganen initiiert, bedarf es spezieller Zurechnungskriterien.[543] Bei der Lösung des Problems spielen mehrere Aspekte eine Rolle: Für die Bewertung der Beziehung zwischen dem jeweiligen Hintergrundstaat und den gewaltausübenden Gruppierungen sind neben tatsächlichen Umständen auch politische Einstellungen – insbesondere die Haltung des jeweiligen Staates zu den nicht-staatlichen Organisationen – relevant.[544] Die Art der Beziehung, die sich aus dem Zusammenspiel dieser Eigenschaften ergibt, lässt sich abstrakt in eine der folgenden Kategorien einordnen, die den Grad der staatlichen Verwicklung abstufend berücksichtigen:[545]

---

540   Statt aller *Tietje/Nowrot*, NZWehrR 2002, S. 1 (6); *Ruys/Verhoeven*, JCSL (2005), S. 289 (300); *Gries*, in: Heintschel von Heinegg (Hrsg.), Casebook Völkerrecht, Rn. 555; *Malzahn*, Hastings ICLR 26 (2002-2003), S. 83 (96) und die ILC-Kommentierung, S. 47, Art. 8, Rn. (1).

541   *Malzahn*, Hastings ICLR 26 (2002-2003), S. 83 (96); *Shah*, JCSL 12 (2007), S. 95 (109) und die ILC-Kommentierung, S. 47, Art. 8, Rn. (1) bezeichnen dies als »real link«; *Beck/Arend*, Wisconsin ILJ 12 (1993), S. 153 (219) spricht von »directly linked«.

542   *Wolf*, Haftung der Staaten, S. 62.

543   *Krajewski*, AVR 40 (2002), S. 183 (189).

544   *Lubell*, Use of Force, S. 36.

545   Kategorien angelehnt an *Lubell*, Use of Force, S. 36. Freilich lässt sich auch anders kategorisieren: *Cassese*, International Law, S. 470 untergliedert in sechs Fälle: (1) Terroristische Anschläge werden durch Staatsorgane verübt, (2) Beschäftigung inoffizieller Agenten, Söldner oder bewaffneter Banden, (3) Finanzielle Unterstützung oder Belieferung mit Waffen, (4) Logistische Unterstützung, z.B. durch Bereitstellung von Trainingscamps, (5) Duldung terroristischer Akteure auf dem eigenen Territorium, (6) Unfähigkeit, gegen die terroristische Gruppierung vorzugehen. *Kreß*, Selbstverteidigungsrecht, S. 23 f., teilt in sieben Konstellationen ein: (1) Entsendung, (2) Förderung der Entsendung, (3) Duldung grenzüberschreitender Aktivitäten auf dem eigenen Territorium, (4) Sorgfaltswidriges Unterlassen des Einschreitens, (5) Unfähigkeit, gegen die Akteure

- Der Staat ist derart in die nicht-staatlichen Aktivitäten verflochten, dass er erheblichen Einfluss auf jede Gewaltanwendung nimmt.
- Die nicht-staatlichen Akteure handeln zwar unabhängig, werden vom Staat aber logistisch, finanziell, materiell oder anderweitig aktiv unterstützt.
- Der Staat leistet zwar keine aktive Unterstützung, er gewährt den privaten Gruppierungen aber willentlich Aufenthalt und lässt sie vom eigenen Territorium aus operieren.
- Der Staat stimmt einer Aufenthaltsgewährung zwar nicht zu, er ist aber unwillig, gegen die von seinem Territorium aus initiierten privaten Aktivitäten einzuschreiten.
- Der Staat stellt sich als unfähig heraus, gegen solche Aktivitäten vorzugehen.

---

vorzugehen, (6) Anstiftung von sich auf fremdem Territorium befindenden Akteuren zu Gewaltanwendungen, (7) Unterstützung von Akteuren, die sich bereits im »Zielstaat« befinden. *Starski*, ZaöRV 75 (2015), S. 455 (459), kategorisiert in (1) Anweisung zur Ausübung eines bestimmten bewaffneten Angriffs, (2) Unterstützung durch Finanzierung, Waffenlieferungen oder Propaganda, (3) Zustimmung zur Ausübung eines bestimmten Angriffs (4) oder zu terroristischen Aktivitäten im Allgemeinen, (5) Tolerierung terroristischer Aktivitäten, (6) Untätigkeit, einen bestimmten Angriff zu verhindern oder zu verfolgen wegen fahrlässiger Unkenntnis (7) oder Unfähigkeit, (8) Untätigkeit oder (9) Unwilligkeit, gegen die Akteure vorzugehen im Allgemeinen. *Ruys/Verhoeven*, JCSL 10 (2005), S. 289 (292), untergliedern in drei Stufen: (1) Aktive Unterstützung in Form von Bereitstellung von Ausbildungslagern, Waffen, Strategien, etc. (2) Passive Unterstützung in Form der Beherbergung oder Unwilligkeit, gegen die Akteure vorzugehen. (3) Unfähigkeit, gegen die Akteure vorzugehen. *Murphy*, State Support, S. 32 f., untergliedert sehr kleinteilig in 12 Fälle: (1) Staatsterrorismus, (2) direkte Unterstützung, (3) Informationsversorgung (»intelligence«), (4) Bereitstellung militärischen Trainings, (5) Bereitstellung diplomatischer Hilfe, (6) Versorgung mit Spitzentechnologie, (7) Waffenlieferungen, (8) Transporthilfen, (9) Aufenthaltsgewährung, (10) finanzielle Unterstützung, (11) taktische Unterstützung (durch Untätigbleiben), (12) verbale Unterstützung. Vgl. ferner *Simpson*, in: Wilmshurst (Hrsg.), Use of Force, S. 27, der differenziert zwischen (1) dem Einsatz bewaffneter Banden i.S. der Feststellungen im *Nicaragua*-Fall, (2) der Unterstützung und Beherbergung terroristischer Gruppierungen und (3) Fällen, in denen der Staat dem Aufenthalt auf seinem Territorium zwar nicht zugestimmt hat, ihn auch nicht befürwortet, aber in denen er unfähig ist, gegen die Akteure vorzugehen.

Ob die Verbindung gar so ausgestaltet ist, dass sie zu einer Zurechnung der nicht-staatlichen Aktivitäten an den entsprechenden Hintergrundstaat führt, ist Gegenstand der zweiten Fragestellung. Hierin liegt die eigentliche Schwierigkeit. Dies ist dem Umstand geschuldet, dass Regeln zur Zurechnung auch heute noch nicht (rechtsverbindlich) kodifiziert sind, sondern im Wesentlichen auf Völkergewohnheitsrecht beruhen.[546] Der konkrete Aussagegehalt einer völkergewohnheitsrechtlichen Norm ist mangels Kodifizierung jedoch nur schwer feststellbar.

Es folgt zunächst eine Darstellung der anerkannten völkergewohnheitsrechtlichen Zurechnungskriterien, die sich in der Aggressionsdefinition und dem ILC-Entwurf zur Staatenhaftung widerspiegeln und in der Judikatur aufgegriffen wurden. Sodann schließt sich eine kritische Prüfung an, inwieweit diese herkömmlichen Kriterien auf heutige Formen staatlicher Verwicklungen in terroristische Aktivitäten zugeschnitten sind. Das hieraus resultierende unbefriedigende Ergebnis wird zum Anlass genommen, den Kriterien modifizierenden Lösungen zuzuführen.

II. Anerkannte Zurechnungskriterien bei Verhalten nicht-staatlicher Akteure

Fragen der Zurechnung stehen seit jeher zur völkerrechtlichen Debatte. Die Vereinten Nationen haben sich in unterschiedlichem Kontext mit dieser Problematik beschäftigt und verschiedene Ansätze herausgearbeitet. Neben der Generalversammlung, die sich hierzu in der Aggressionsdefinition punktuell äußerte, nahmen sowohl der Internationale Gerichtshof als auch das Straftribunal für das ehemalige Jugoslawien (ICTY)[547] zu dieser Thematik Stellung.

Ergiebig sind auch die Arbeiten der International Law Commission zum Recht der Staatenverantwortlichkeit, die im Jahr 2001 beendet und im entsprechenden ILC-Entwurf schriftlich fixiert wurden. Obwohl der ILC-Entwurf nicht rechtsverbindlich ist, kodifiziert er jedoch zum großen Teil Völ-

---

546 *Schmalenbach*, NZWehrR 2002, S. 177 (178).
547 International Criminal Tribunal for the former Yugoslavia, Internationaler Strafgerichtshof für das ehemalige Jugoslawien, UN Doc. SR-Res. 827, 25. Mai 1993 und UN Doc. SR-Res. 1166 (1998), 13. Mai 1998.

kergewohnheitsrecht.[548] Die Generalversammlung hat zudem in einer Resolution die Beachtung des ILC-Entwurfs befürwortet.[549] Auch in der völkerrechtlichen Literatur wird sein Stellenwert unterstrichen.[550] Der Entwurf regelt, wann und mit welchen Folgen ein Staat für ein völkerrechtswidriges Verhalten einzustehen hat. Ein solcher Verstoß setzt voraus, dass das Verhalten einer natürlichen Person dem Staat zurechenbar ist, der Staat eine völkerrechtliche Pflicht verletzt und diese Verletzung nicht gerechtfertigt ist.

Das Verhalten einer *Privat*person kann dem Staat in folgenden Fällen zugerechnet werden: Entweder ist die Person nach Art. 5 ILC-Entwurf ermächtigt, hoheitliche Befugnisse auszuüben und sie handelt auch in dieser Eigenschaft oder die Person übt nach Art. 9 ILC-Entwurf im Fall der Abwesenheit oder des Ausfalls staatlicher Stellen faktisch hoheitliche Befugnisse aus und die Umstände erfordern auch die Ausübung dieser Befugnisse. Darüber hinaus sind die Vorschriften der Art. 8 und 11 ILC-Entwurf einschlägig.

1. Anleitung und Kontrolle nicht-staatlichen Verhaltens

In der Völkerrechtsgemeinschaft wird eine tatbestandliche Zurechnung bei Vorliegen staatlicher Anleitung und Kontrolle privaten Verhaltens anerkannt. Der Ansatz findet neben Art. 3 lit. g Aggressionsdefinition in Art. 8 ILC-Entwurf zur Staatenhaftung seinen Ausdruck und wurde wiederholt in der Judikatur internationaler Gerichte aufgegriffen. Im *Nicaragua*-Fall sprach der Internationale Gerichtshof diesbezüglich von Völkergewohnheitsrecht.[551]

a. Art. 3 lit. g Aggressionsdefinition

Bereits in der Aggressionsdefinition aus dem Jahre 1974 wird an die Idee staatlicher Anleitung und Kontrolle angeknüpft. Zwar klärt das Dokument

---

548 *Tams*, GYIL 44 (2001), S. 707 (713 f.).
549 UN Doc. GV-Res. 56/83 (2001), 12. Dezember 2001, Ziff. 3 des 4. Absatzes des Resolutionstextes.
550 Vgl. *Ruys/Verhoeven*, JCSL 10 (2005), S. 289 (300); *Condorelli*, IsYHR 19 (1989), S. 233 (233); *Garwood-Gowers*, QUTLJJ 4 (2004), S. 1 (14).
551 *Nicaragua*-Fall, Rn. 195.

der UN-Generalversammlung nicht ausdrücklich Fragen der Zurechnung, sondern dient der Konkretisierung des Begriffs der Angriffshandlung. Dennoch ist die Aggressionsdefinition zur Klarstellung der Zurechnungsproblematik insoweit gewinnbringend, als sie auch indirekte Aggressionen erfasst. So stellt sich nach Art. 3 lit. g unter anderem

> »[d]as Entsenden bewaffneter Banden, Gruppen, Freischärlern oder Söldnern durch einen Staat oder für ihn als Angriffshandlung [dar], wenn sie mit Waffengewalt Handlungen gegen einen anderen Staat von so schwerer Art ausführen, dass sie den oben [in Art. 3] aufgeführten Handlungen gleichkommen oder die wesentliche Beteiligung an einer solchen Entsendung.«

Eine Zurechnung privaten Verhaltens erfolgt dem Wortlaut nach bei der Entsendung nicht-staatlicher Akteure oder einer wesentlichen Beteiligung hieran.[552] Für eine Anleitung und Kontrolle ist der Fokus auf die »Entsendung« zu legen. Welcher Grad an staatlichem Einfluss hierzu erforderlich ist, lässt sich der Aggressionsdefinition nicht entnehmen.

Auch die Vorarbeiten zur Aggressionsdefinition sind für die Klärung der Problematik weniger ergiebig. Die Entstehungsgeschichte stellt einzig unter Beweis, dass über die zurechnungsbegründenden Formen staatlicher Involvierung keine Einigkeit unter den Staaten erzielt werden konnte.[553] Der letztendlich angenommene Wortlaut ist daher auch nur ein nach langen Kontroversen gefundener Formelkompromiss, der die inhaltlichen Diffe-

---

[552]   Inwieweit die zweite Variante der »wesentlichen Beteiligung an einer solchen Entsendung« eine Zurechnung begründen kann s. im gleichen Kapitel unter C. III. 2.

[553]   Vgl. *Broms*, RdC 154 (1977 I), S. 301 (353): »[Art. 3 lit. g] was considered for many years as one of the most difficult problems to solve.«
Zur Entstehungsgeschichte von Art. 3 lit. g Aggressionsdefinition s. die sehr ausführliche Darstellung bei *Bruha*, Definition der Aggression, S. 228 ff. und die knappe Zusammenfassung bei *Scholz*, Selbstverteidigungsrecht, S. 35 und *Stone*, AJIL 71 (1977), S. 224 (238).
Vgl. z.B. auszugsweise einen der Kompromissvorschläge (GAOR, XXVII, Suppl. No 19, S. 15), der insbesondere der Position der Ostblockstaaten gerecht wurde und zeigt, dass letztere ein Selbstverteidigungsrecht nur im Fall direkter Aggressionen befürworteten: »When a State is victim in its own territory of subversive and/or terrorist acts by armed bands, irregulars or mercenaries organized or supported by another State, it may take all reasonable and adequate steps to safeguard its existences and its institutions, without having recourse to the right of individual or collective self-defence against the other State.«

renzen nicht zu beseitigen vermochte.[554] Nach Ansicht westlicher Staaten sollten besonders viele Verwicklungsformen als Aggression qualifiziert werden und damit zu einer Zurechnung der nicht-staatlichen Handlungen führen. So werden in ihrem Entwurf die Leitung, Planung und sogar die bloße Unterstützung genannt.[555] Ihnen gegenüber standen zum einen die Ostblockstaaten, nach denen neben der ausdrücklich genannten »Entsendung« auch »andere Formen« der Verwicklung in den Regelungskatalog der Aggressionsdefinition aufgenommen wurden.[556] Ein noch engeres Verständnis vertraten die blockfreien Staaten, die Formen der indirekten Aggression gänzlich aus dem Regelungsbereich der Aggressionsdefinition auszuschließen versuchten.[557] Im Befund bestätigt Art. 3 lit. g der Aggressionsdefinition damit lediglich das Vorliegen einer Zurechnungsregel im Fall staatlicher Anleitung und Kontrolle. Zur klärungsbedürftigen Frage nach der Intensität der Verstrickung gibt die Vorschrift hingegen kaum Aufschlüsse.

Anders verhält es sich mit dem *Nicaragua*-Fall des IGH, der für die Problematik staatlicher Zurechenbarkeit privaten Verhaltens bis in die heutige

---

554 Hierzu *Bruha*, Definition der Aggression, S. 236 ff.

555 Entwurf der Staaten Australien, Italien, Kanada, Großbritannien, USA, Japan (»Six-Power Draft«), UN Doc. A/AC.134/L.17, Abschnitt IV B., Ziff. 6-8: »Organizing, supporting or directing [...]«. S. ferner *Bruha*, Definition der Aggression, S. 228 f.

556 Sowjetischer Entwurf, A/AC.134/L.12 Abschnitt 2. C.: »The use by a State of armed force by sending armed bands, mercenaries, terrorists or saboteurs to the territory of another State and engagement in other forms of subversive activity involving the use of armed force with the aim of promoting an internal upheaval in another State or a reversal of policy in favour of the aggressor shall be considered an act of indirect aggression.« S. auch *Bruha*, Definition der Aggression, S. 229.

557 Entwurf der blockfreien Staaten Uruguay, Uganda, Spanien, Zypern, Jugoslawien, Ecuador, Ghana, Mexiko, Guinea, Madagaskar, Kolumbien, Iran, Haiti (»Thirteen-Power Draft«), A/AC. 134/L.16, 5. Punkt im operativen Teil. Vgl. ferner auch den 7. Punkt desselben Dokuments: »When a State is a victim in its own territory of subversive and/or terrorist acts by irregular, volunteer or armed bands organized or supported by another State, it may take all reasonable and adequate steps to safeguard its existence and its institutions, *without having recourse to the right of individual or collective self-defence* against the other State under Article 51 of the Charter.« Hervorhebung durch Verf. S. auch *Bruha*, Definition der Aggression, S. 229.

Zeit von prägender Bedeutung ist. Das Gericht hatte sich unter anderem mit dem US-amerikanischen Einwand zu befassen, in kollektiver Selbstverteidigung einen bewaffneten Angriff Nicaraguas zugunsten El Salvadors abgewehrt zu haben. Da die gewaltsamen Aktivitäten von Rebellen ausgingen, stand die Frage zur Debatte, ob sie Nicaragua aufgrund seiner Unterstützungsleistungen zurechenbar waren, was das Gericht aber in Ermangelung an Beweisen verneinte.[558]

Dennoch bezog der IGH in einem *obiter dictum* Stellung und erklärte unter Rückgriff auf Art. 3 lit. g der Aggressionsdefinition, dass eine Zurechnung grenzüberschreitender Guerillaaktivitäten nur unter der Prämisse einer staatlichen »Entsendung« erfolgen könne:

> »In particular, it may be considered to be agreed that an armed attack must be understood as including not merely action by regular armed forces across an international border, but also *the sending by or on behalf* of a state of armed bands, groups, mercenaries, which carry out acts of armed force against another State of such gravity as to amount to an actual armed attack conducted by regular forces or its substantial involvement therein.«[559]

Bloße Unterstützungshandlungen führten hingegen nicht zur Bejahung eines bewaffneten Angriffs.[560]

b. Effective Control

Der Internationale Gerichtshof hatte sich in der gleichen Entscheidung auch mit der Frage auseinanderzusetzen, ob die gewaltsamen Handlungen der oppositionellen Rebellengruppe »Contras« gegen Nicaragua wiederum den

---

558   *Nicaragua*-Fall, Rn. 160.
559   *Nicaragua*-Fall, Rn. 195.
560   Kritisch hierzu Richter *Schwebel, Nicaragua*-Fall, Dissenting Opinion of Judge Schwebel, Rn. 155 ff., der der Ansicht ist, dass die erhebliche Unterstützung oppositioneller Rebellen in Form von Waffenlieferungen und Logistik sehr wohl den Tatbestand eines bewaffneten Angriffs erfüllen könne. Zwar würde dies nicht zu einer »Entsendung« führen, aber als eine »wesentliche Beteiligung« im Sinne der von der Mehrheitsmeinung übersehenen zweiten Variante des Art. 3 lit. g der Aggressionsdefinition gelten (*Schwebel, Nicaragua*-Fall, Dissenting Opinion of Judge Schwebel, Rn. 166).
     Auch Richter *Sir Jennings, Nicaragua*-Fall, Dissenting Opinion of Judge Sir Jennings, S. 543, monierte, dass das Gericht zwar die Möglichkeit eines bewaffneten Angriffs durch wesentliche Unterstützung anerkannte, sein Vorliegen aber bei nicht nachweisbarer Waffenlieferung in Kombination mit logistischer Hilfe bestätigte.

USA zugerechnet werden konnten. Diesbezüglich legte das Gericht einen besonders strengen Maßstab an und entwickelte das Kriterium einer »effective control«. Trotz durch das Gericht festgestellter immenser Unterstützung seitens der USA sei selbst ein massives Finanzieren, Organisieren, Trainieren und Ausrüsten einer privaten Gruppierung ohne effektive Kontrolle nicht ausreichend:

> »[...] United States participation [...] in the financing, training, supplying and equipping of the contras, the selection of its military or paramilitary targets, and the planning of the whole of its operation, *is still insufficient* in itself [...] *for the purpose of attributing* to the United States the acts committed by the contras [...]. All the forms of United States participation mentioned above, and even the general control by the respondent State over a force with a high degree of dependency on it, would not in themselves mean, without further evidence, that the United States *directed or enforced* the perpetration. [...] For this conduct to give rise to legal responsibility of the United States, it would in principle have to be proved that the State had *effective control* of the military or paramilitary operations in the course of which the alleged violations were committed.«[561]

---

561   *Nicaragua*-Fall, Rn. 115. In diesem Zusammenhang wird in der Literatur fast durchweg auch folgende Passage des *Nicaragua*-Falls (Rn. 109) zitiert: »What the court has to determine at this point is whether or not the relationship of the contras to the United States Government was so much one of dependence on the one side and control on the other that it would be right to equate the contras, for legal purposes, with an organ of the United States Government, or as acting on behalf of that Government. [...] [D]espite the heavy subsidies and other support [...] there is no clear evidence of the United States having actually exercised such a degree of control in all fields as to justify treating the contras on its behalf.« Wie der IGH allerdings in seinem Urteil *Application on the Convention on the Prevention and Punishment of the Crime of Genocide* (Bosnia and Herzegovina v. Serbia and Montenegro), Urteil v. 26. Februar 2007, ICJ Rep. 2007, S. 43 ff. (im Folgenden: *Genozid*-Fall), Rn. 392, sehr deutlich klarstellt, bezieht sich diese von ihm wiederum selbst zitierte Passage (*Genozid*-Fall, Rn. 391) nicht auf zurechnungsbegründende Fragen der Anleitung und Kontrolle, sondern erörtert das Zurechnungskriterium des *de facto*-Organs.
Der Begriff »*de facto*-Organ« wird weder im ILC-Entwurf selbst noch in seinen Kommentierungen aufgegriffen. Aus diesem Grund wird die Frage, wann jemand die Stellung eines *de facto*-Organs innehat und nach welcher Vorschrift des ILC-Entwurfs Handlungen eines *de facto*-Organs zurechenbar sind, unterschiedlich beantwortet. Zum Teil sei hierfür Art. 5 ILC-Entwurf einschlägig (so *Stein/von Buttlar*, Völkerrecht, Rn. 1115; *Wandscher*, Terrorismus, S. 219), teilweise wird auf Art. 8 ILC-Entwurf zurückgegriffen (*Tietje/Nowrot*, NZWehrR 2002, S. 1 (6); *Epiney*, in: FS Bothe, S. 883 (884); s. auch *dies.*, Verantwort-

Für das Vorliegen effektiver Kontrolle müsse ein Staat wesentlichen Einfluss auf die Aktionen der privaten Akteure nehmen und zwar über *jede verübte einzelne Operation*:

> »[A]dequate direct proof that *all or the great majority* of contra activities during that period received this support has not been, and indeed probably could not be, advanced in every respect.«[562]

Es konnte aber nicht ausgeschlossen werden, dass die Contras auch völkerrechtswidrige Handlungen begingen, die die USA nicht kontrollierten, sodass der IGH das Vorliegen effektiver Kontrolle verneinte.[563]

---

lichkeit, S. 166 f.; *Wolf*, Haftung der Staaten, S. 146 f.; *Randelzhofer/Nolte,* in: Simma/Khan/Nolte/Paulus (Hrsg.), UN Charter, Art. 51, Rn. 33 und Fn. 124). Der IGH, *Genozid*-Fall, Rn. 392, verortet die Zurechnung aufgrund einer *de facto*-Organstellung in Art. 4 ILC-Entwurf und grenzt deutlich zur Anleitung und Kontrolle ab; beide Zurechnungskriterien seien strikt voneinander zu trennen: »completely separate issue«, »[a]n affirmative answer to this question [concerning direction and control; Anm. der Verf.] would in no way imply that the perpetrators should be characterized as organs [...] or equated with [...] organs«. Wie der IGH auch *Lanovoy*, EJIL 28 (2017), S. 563 (574 ff.); *Zimmermann*, MPYUNL 11 (2007), S. 99 (111); *de Hoogh*, BYIL 72 (2001), S. 255 (257). Vgl. zu Art. 4 und 8 ILC-Entwurf auch *ders.*, *Hoogh*, BYIL 72 (2001), S. 255 (268) und *Crawford*, First Report on State Responsibility, UN Doc. A/CN.4/490/Add.5, 22. Juli 1998, S. 7, Rn. 160 ff. (zu Art. 5 a.F. und Art. 8 lit. a a.F., die aber den heutigen Art. 4 und Art. 8 entsprechen). Es ist einzugestehen, dass der IGH im *Nicaragua*-Fall zwischen der Erörterung einer zurechnungsbegründenden *de facto*-Organstellung und einer Zurechnung aufgrund von Anleitung und Kontrolle nicht eindeutig abgrenzte. So auch die Feststellung des ICTY, Appeals Chamber, *Prosecutor v. Duško Tadić* (IT-94-1-A), Urteil v. 15. Juli 1999 (im Folgenden: *Tadić*-Fall), Rn. 108: »Almost in the same breath the Court then discussed the different question of whether individuals not having the status of United States officials but allegedly paid by and acting under the instructions of United States organs [...]«; Hervorhebung durch Verf. Aufgrund dessen erschien es (zumindest bis zum *Genozid*-Fall) auch nicht unschlüssig, die oben genannte Passage im Rahmen der Prüfung des Vorliegens einer »Anleitung und Kontrolle« zusätzlich zu zitieren.

562 *Nicaragua*-Fall, Rn. 111; Hervorhebung durch Verf. S. auch *Crawford*, First Report on State Responsibility, UN Doc. A/CN.4/490/Add.5, 22. Juli 1998, S. 19, Rn. 207: »[B]oth the majority and minority interpreted *Nicaragua* as allowing attribution to be based on the exercise of command and control in relation to a particular operation [...].«

563 *Nicaragua*-Fall, Rn. 115.

In seinem Urteil im Streit zwischen Bosnien und Serbien bestätigte der Gerichtshof im Jahr 2007 das Erfordernis effektiver Kontrolle im Kontext der Frage, ob der von den bosnischen Serben verübte Genozid der Bundesrepublik Jugoslawien zurechenbar war.[564] Damit übernahm das Gericht nicht das weniger strenge Kriterium der »overall control«, das Gegenstand der folgenden Prüfung ist.

c. Overall Control

Auch die Erkenntnisse der Berufungskammer des ICTY im Fall *Tadić* sind für die Lösung der Zurechnungsproblematik von Bedeutung. Die Anklage legte Tadić, einem Offizier der serbischen Armee, mehrere Verstöße gegen humanitäres Völkerrecht auf dem Territorium Bosnien-Herzegowinas zur Last. Obwohl das Verfahren keine Fragen zur Staatenverantwortlichkeit, sondern zur individuellen völkerrechtlichen Strafbarkeit zum Gegenstand hatte,[565] musste sich das Gericht mit dem Problem staatlicher Zurechenbarkeit privaten Verhaltens auseinandersetzen.[566] Konkret ging es um Art. 2 des Statuts des IGH, der nur im Fall eines internationalen Konflikts im Sinne der Genfer Konventionen einschlägig ist. Ein internationaler Konflikt zwischen Bosnien-Herzegowina auf der einen und der Bundesrepublik Jugoslawien auf der anderen Seite hatte jedoch die Zurechenbarkeit der Aktivitäten der bosnisch-serbischen Streitkräfte an die Bundesrepublik Jugosla-

---

564   *Genozid*-Fall, Rn. 392 f.

565   Deshalb sehr kritisch zu der Frage, ob die Erkenntnisse aus dem *Tadić*-Fall überhaupt auf Art. 51 UN-Charta übertragbar sind, *Bruha*, AVR 40 (2002), S. 383 (406). Auch das ICTY, *Tadić*-Fall, Rn. 104, erkennt die unterschiedlich gelagerten Fälle und nimmt vorweg: »What is at issue is not the distinction between the two classes of responsibility. [...] [W]hat is at issue is not the distinction between State responsibility and individual criminal responsibility. Rather, the question is that of establishing the criteria for the legal imputability to a State of acts performed by individuals not having the status of State officials.« Für den Rückgriff anerkannter Regeln eines völkerrechtliches Teilgebiets bei der Beantwortung von Fragen aus einem anderen Teilgebiet des Völkerrechts *Cassese*, EJIL 18 (2007), S. 649 (662).

566   Gleichwohl es hierbei nicht um Fragen der Zurechenbarkeit im Kontext eines bewaffneten Angriffs, sondern Zurechnungsfragen im Bereich des humanitären Völkerrechts ging.

wien zur Voraussetzung. Demzufolge stellte sich die Frage, ob die Streitkräfte als *de jure* oder *de facto*-Organe Jugoslawiens zu qualifizieren waren.

Die Ausgangsinstanz verneinte diese Frage unter Berufung auf die Feststellungen des IGH im *Nicaragua*-Fall.[567] Die Berufungskammer des ICTY
hingegen senkte die Zurechnungsdichte deutlich und relativierte den Ansatz
des Internationalen Gerichtshofs, indem es zwischen unterschiedlichen Personen und Gruppierungen differenzierte. An die Qualifizierung von Einzelpersonen und nicht militärisch organisierten Gruppen als *de facto*-Organe
seien im Vergleich zu militärischen oder paramilitärischen Gruppierungen
höhere Anforderungen zu stellen.[568] Diesbezüglich sei für eine Zurechnung
weiterhin erforderlich, dass der Staat einzelne Handlungen konkret angewiesen habe.[569] Demgegenüber entwickelte die Berufungskammer hinsichtlich militärischer oder paramilitärischer Gruppierungen das Kriterium einer
»overall control«,[570] wonach unter Umständen auch eine Beteiligung an der

---

567   ICTY, Trial Chamber, *Prosecutor v. Duško Tadić a/k/a »Dule«* (IT-94-1-T),
      Opinion and Judgment v. 7. Mai 1997, Rn. 605: »[E]vidence that the Federal
      Republic of Yugoslavia (Serbia and Montenegro) [...] was otherwise given ef-
      fective control over those forces and which it exercised, is similarly insuffi-
      cient.« S. auch Rn. 607.

568   *Tadić*-Fall, Rn. 120: »One should distinguish the situation of individuals acting
      on behalf of a State without specific instructions, from that of individuals mak-
      ing up an organised and hierarchically structured group, such as a military unit
      or, in case of war or civil strife, armed bands of irregulars or rebels. Plainly, an
      organised group differs from an individual in that the former normally has a
      structure, a chain of command and a set of rules as well as the outward symbols
      of authority. Normally a member of the group does not act on his own but con-
      forms to the standards prevailing in the group and is subject to the authority of
      the head of the group.« Diese Differenzierungen sehr befürwortend *Cassese*,
      EJIL 18 (2007), S. 649 (657 ff.).
      Wie eine Vielzahl an Stimmen in der Literatur hat auch die Mehrheitsmeinung
      des ICTY, *Tadić*-Fall, Rn. 114, das Urteil im *Nicaragua*-Fall in der Weise miss-
      verstanden, dass das Kriterium effektiver Kontrolle im Zusammenhang mit einer
      de facto-Organstellung stehe. S. hierzu Fn. 561. Anders hingegen Richterin
      McDonald, *Tadić*-Fall, Dissenting Opinion of Judge McDonald, S. 295, die das
      Urteil im *Nicaragua*-Fall entsprechend der Feststellungen des IGH im *Genozid*-
      Fall »richtig« ausgelegt hat.

569   *Tadić*-Fall, Rn. 118 f.

570   *Tadić*-Fall, Rn. 120: [F]or the attribution to a State of acts of these groups it is
      sufficient to require that the group as a whole be under the overall control of the
      State.«

allgemeinen Planung und Organisation für eine staatliche Zurechnung genüge. Hierzu führte das Gericht aus:

>The control required by international law may be deemed to exist when a State [...] has a role in organising, coordinating or planning the military actions of the military group, in addition to financing, training and equipping or providing operational support to that group.«[571]

Im Einklang mit der Rechtsprechung des IGH reiche aber die bloße finanzielle oder materielle Unterstützung für eine staatliche Zurechenbarkeit allein nicht aus. Das Gericht kam zu dem Ergebnis, dass die Bundesrepublik Jugoslawien über die serbischen Einheiten allgemeine Kontrolle ausübte, sodass deren Handlungen der Bundesrepublik zurechenbar waren.[572]

Einerseits dokumentiert die Entscheidung der Berufungskammer des ICTY, dass ein Abweichen vom hohen Maßstab effektiver Kontrolle grundsätzlich zulässig und möglich ist. Andererseits büßt sie ein wenig an Bedeutung ein durch die Erkenntnis, dass der erforderliche Verwicklungsgrad für die Bejahung staatlicher Zurechenbarkeit von Fall zu Fall zu beurteilen ist. Daher kann nicht pauschal davon ausgegangen werden, dass für die Zurechenbarkeit nicht-staatlicher Aktivitäten in jedem Fall eine generelle staatliche Kontrolle genügt. Dennoch ist der Entscheidung des ICTY darin zuzustimmen, dass eigene organisatorische Strukturen einer privaten Gruppierung ein geringeres Maß staatlicher Kontrolle für eine Zurechenbarkeit rechtfertigen.[573]

---

571   *Tadić*-Fall, Rn. 137: »[...] must comprise more than the mere provision of financial assistance or military equipment or training. This requirement [an overall control], however, does not go so far as to include the issuing of specific orders by the State, or its direction of each individual operation. Under international law it is by no means necessary that the controlling authorities should plan all the operations of the units dependent on them, choose their targets, or give specific instructions concerning the conduct of military operations and any alleged violations of international humanitarian law.«

572   *Tadić*-Fall, Rn. 145: »the control of the FRY authorities over these armed forces required by international law for considering the armed conflict to be international was overall control going beyond the mere financing and equipping of such forces and involving also participation in the planning and supervision of military operations.«

573   Ebenso *Wandscher*, Terrorismus, S. 165. Das Urteil im *Nicaragua*-Fall kritisierend, dasjenige im *Tadić*-Fall hingegen befürwortend *Cassese*, EJIL 18 (2007), S. 649 (653 ff.).

d. Art. 8 ILC-Entwurf zur Staatenhaftung

Auch im ILC-Entwurf findet sich mit Art. 8 eine (Völkergewohnheitsrecht widerspiegelnde)[574] Vorschrift, die eine Zurechnung im Fall der Anweisung, Führung oder Kontrolle des Staates herbeiführt:

> »Das Verhalten einer Person oder Personengruppe ist als Handlung eines Staates im Sinne des Völkerrechts zu werten, wenn die Person oder Personengruppe dabei faktisch im Auftrag oder unter der Leitung oder Kontrolle dieses Staates handelt.«

Auch hier gibt die Textauslegung keine eindeutigen Aufschlüsse zum Umfang des staatlichen Verwicklungsgrades. In den Kommentierungen der ILC heißt es zunächst, dass sich die staatliche Anleitung und Kontrolle auf eine spezifische Operation richten müsse und bloße zufällige Randhandlungen nicht zurechenbar seien.[575] Direkt im Anschluss werden die Feststellungen des *Nicaragua*- und *Tadić*-Falls dargelegt und die in den Entscheidungen entwickelten Zurechnungskriterien präsentiert.[576] Eine Stellungnahme, inwieweit sich diese Zurechnungsstandards mit Art. 8 ILC-Entwurf decken, findet sich nicht. An späterer Stelle stellt die Kommentierung aber klar, dass zumindest bei Vorliegen effektiver Kontrolle eine Zurechnung privater Handlungen erfolgen könne.[577] Die Frage, ob in bestimmten Konstellationen auch eine allgemeine Kontrolle für eine Zurechenbarkeit nach Art. 8 ILC-Entwurf ausreicht, bleibt unbeantwortet, hätte jedoch am meisten einer Klarstellung bedurft.

Der Großteil der völkerrechtlichen Literatur geht davon aus, dass eine Absenkung der hohen Zurechnungshürde vom Niveau effektiver Kontrolle

---

574 So der IGH im *Genozid*-Fall, Rn. 398.

575 ILC-Kommentierung, S. 47, Art. 8, Rn. (3): »Such conduct will be attributable to the State only if it directed or controlled the specific operation and the conduct complained of was an integral part of that operation. The principle does not extent to conduct which was only incidentally or peripherally associated with an operation and which escaped from the State's direction and control.«

576 ILC-Kommentierung, S. 47 f., Art. 8, Rn. (4) und (5). Eine Vielzahl von Autoren erwähnt lediglich den Verweis auf den *Nicaragua*-Fall und sieht darin die Anerkennung der hohen Zurechnungshürde einer effektiven Kontrolle.

577 ILC-Kommentierung, S. 48, Art. 8, Rn. (8): »[W]here persons or groups have committed acts under the effective control of a State, the condition for attribution will still be met even if particular instructions may have been ignored.«

durch Art. 8 ILC-Entwurfs nicht vorgesehen ist.[578] In diesem Sinne äußerte sich auch der Internationale Gerichtshof.[579]

2. Anerkennung des Verhaltens nicht-staatlicher Akteure (Art. 11 ILC-Entwurf zur Staatenhaftung)

Private Aktivitäten sind zudem bei einer Anerkennung durch den Staat zurechenbar. In Art. 11 ILC-Entwurf heißt es:

> »Ein Verhalten, dass einem Staat nach den vorstehenden Artikeln nicht zugerechnet werden kann, ist gleichwohl als Handlung des Staates im Sinne des Völkerrechts zu werten, wenn und soweit der Staat dieses Verhalten als sein eigenes anerkennt und annimmt.«

Im Vergleich zu den zuvor genannten Tatbeständen erfolgt eine Zurechnung also erst durch eine ausdrückliche oder konkludente Erklärung des Staates *nach* Begehung der nicht-staatlichen Handlung.[580]

Die Vorschrift des Art. 11 ILC-Entwurf ist im Wesentlichen durch den *Teheraner-Geisel*-Fall motiviert.[581] Der Internationale Gerichtshof, der im Jahr 1980 in dieser Angelegenheit ein Urteil fällte, hatte sich mit der Frage auseinanderzusetzen, ob der Iran den Überfall auf die US-amerikanische Botschaft und die anschließende Geiselnahme des Botschaftspersonals durch iranische Studenten anerkannt habe.[582]

Zur Beantwortung der Frage unterteilte der IGH das Geschehen: Das anfängliche Stürmen des Gebäudes sowie die Festnahme der Botschaftsange-

---

578   *Zimmermann*, MPYUNL 11 (2007), S. 99 (114); *van Steenberghe*, LJIL 23 (2010), S. 183 (195, Fn. 42); *Hofmeister*, ZÖR 62 (2007), S. 475 (489); *Hoppe*, ItYIL 16 (2006), S. 21 (28 ff.); *Scobbie,* in: Wilmshurst (Hrsg.), Classification of Conflicts, S. 387 (406); *Stahn*, ZaöRV 62 (2002), S. 183 (222); *Seidel*, AVR 41 (2003), S. 449 (464); *Bruha*, AVR 40 (2002), S. 383 (401).

579   *Genozid*-Fall, Rn. 399.

580   ILC-Kommentierung, S. 52, Art. 11, Rn. (1); *Gries* in: Heintschel von Heinegg (Hrsg.), Casebook Völkerrecht, Rn. 562; *Malzahn*, Hastings ICLR 26 (2002-2003), S. 83 (98).

581   *Hofmeister*, SYIL 11 (2007), S. 75 (77).

582   Zuvor überprüfte der Gerichtshof, *Teheraner Geisel*-Fall, Rn. 58, ob eine Zurechnung an den Iran kraft Organeigenschaft der Studenten oder durch deren Anleitung und Kontrolle begründet werden könne, kam jedoch zu einem negativen Ergebnis.

hörigen könne dem Iran nicht zugeschrieben werden, da das bloße Befürworten oder die bloße Zuneigung für eine zurechnungsbegründende Anerkennung noch nicht ausreiche:

> »[I]t would be going too far to interpret such general declarations of the Ayatollah
> Khomeini to the people or students of Iran as amounting to an authorization from
> the State to undertake the specific Operation of invading and seizing the United
> States Embassy. [...] [C]ongratulations after the event [...] and other subsequent
> statements of official approval [...] do not alter the initially independent and unof-
> ficial character of the militants' attack.«[583]

Allerdings treffe den Iran eine völkerrechtliche Verantwortlichkeit, da iranische Stellen ein Einschreiten pflichtwidrig unterlassen haben und damit
eine Verletzung diplomatenrechtlicher Vorschriften einhergehe.[584]

Anders beurteilte das Gericht die Lage ab dem Moment, als die Aufrecht-
erhaltung der Geiselnahme von staatlicher Seite durch verschiedene Erklärungen sogar unterstützt und damit perpetuiert wurde. So lehnte z.B. der
geistliche Führer Ayatollah Khomeini ein Einschreiten iranischer Behörden
nicht nur ausdrücklich ab, sondern motivierte dazu, die Geiselnahme und
Besetzung der Botschaft fortsetzen zu lassen.[585] Nach Aussage des Gerichts
würde der Iran hierdurch das Verhalten der Studenten als sein eigenes anerkennen:

> »The approval given to these facts by Ayatollah Khomeini and other organs of the
> Iranian State, and the decision to perpetuate them, translated continuing occupation
> of the Embassy and detention of the hostages into acts of that State. The militants,
> authors of the invasion and jailers of the hostages, had now become agents of the
> Iranian State for whose acts the State itself was internationally responsible.«[586]

In der zweiten Phase des Geschehens solidarisierten sich iranische Reprä-
sentanten derart mit dem studentischen Verhalten, dass dem Iran die priva-

---

583   *Teheraner Geisel*-Fall, Rn. 59.
584   *Teheraner Geisel*-Fall, Rn. 61 ff.
585   *Teheraner Geisel*-Fall, Rn. 71 ff., s. u.a. die Erklärung *Khomeinis* nach der Frei-
     lassung einiger Geiseln: »[T]he noble Iranian nation will not give permission for
     the release of the rest of them. Therefore, the rest of them will be under arrest
     until the American Government acts according to the wish of the nation.« Vgl.
     Ferner *Teheraner Geisel*-Fall, Rn. 71: »[Ajatollah Khomeini] expressly forbade
     members of the Revolutionary Council and all responsible officials to meet the
     special representatives sent by President Carter to try and obtain the release of
     the hostages and evacuation of the Embassy.«
586   *Teheraner Geisel*-Fall, Rn. 74.

ten Handlungen als eigene zurechenbar waren. Das Unrecht des Iran bestand damit nicht mehr nur in einem Unterlassen, sondern in einem aktiven Tun.

Die Entscheidung des IGH zeigt, dass die Beantwortung der Frage, ob der Grad an Zustimmung für eine zurechenbare Anerkennung ausreicht, im Einzelfall schwierig sein kann. Dennoch stellt Art. 11 ILC-Entwurf nicht weniger hohe Anforderungen an die Zurechenbarkeit privaten Verhaltens an einen Hintergrundstaat als Art. 8 ILC-Entwurf.[587] Daher ist fraglich, inwieweit Art. 11 ILC-Entwurf im Kontext grenzüberschreitender privater Gewalt überhaupt zur Anwendung gelangt. Zwar ist es noch realistisch, dass ein Staat für eine private gewalttätige Gruppierung Sympathie ausspricht oder zumindest deren Ziele und Absichten befürwortet. Anders verhält es sich aber mit der Vorstellung, ein Staat würde einen bewaffneten Angriff nicht-staatlicher Gruppierungen als seinen eigenen anerkennen und sich somit selbst zum Gegner potenzieller Verteidigungsmaßnahmen machen. Im Befund hat Art. 11 ILC-Entwurf für zurechnungsbegründende Fragen terroristischer Attentate eine geringe Bedeutung.

3. Fazit

Die Aggressionsdefinition trifft keine präzise Aussage zur erforderlichen Zurechnungsdichte. Das vom Internationalen Gerichtshof formulierte Zurechnungskriterium effektiver Kontrolle ist hingegen wie die bisher in ähnlicher Weise verstandenen Vorschriften des ILC-Entwurfs für die Bedürfnisse grenzüberschreitender terroristischer Gewaltübergriffe zu eng gefasst. Schon damals war das Urteil im *Nicaragua*-Fall der Kritik einer Diskrepanz zwischen Gewaltverbot und Selbstverteidigungsrecht ausgesetzt.[588] Wendet ein Staat Gewalt unterhalb der Schwelle zum bewaffneten Angriff an, so verstößt er zwar gegen Art. 2 Ziff. 4 UN-Charta. Der »verletzte« Staat ist aber seinerseits an das Gewaltverbot gebunden und darf mangels Vorliegen der Voraussetzungen des Art. 51 UN-Charta keine Verteidigungsmaßnahmen ausüben. Einerseits wird eine solche satzungsrechtliche Auslegung

---

587 *Hofmeister*, SYIL 11 (2007), S. 75 (77).
588 Vgl. hierzu *Oellers-Frahm*, Zeitschrift für europarechtliche Studien 10 (2007), S. 71 ff. S. auch *Cassese*, EJIL 18 (2007), S. 649 (653 f.).

dem absoluten Gewaltverbot am ehesten gerecht. Andererseits erscheint es unbillig, einen Staat unter den Schutz des Gewaltverbots zu stellen, obwohl er seinerseits dagegen verstoßen hat.[589] Darüber hinaus spricht noch ein weiterer Aspekt gegen das Kriterium effektiver Kontrolle. Ein Staat könnte einer Zurechnung entkommen, indem er auf die private Organisation nur in allgemeiner Weise Einfluss nimmt und gerade nicht hinsichtlich jedes spezifischen Einzelaktes.[590]

Ungeachtet dieser allgemein formulierten Kritik sind die besonderen Gegebenheiten des existierenden internationalen Terrorismus zu berücksichtigen. Heutzutage handeln nicht-staatliche Gruppierungen und Netzwerke weitestgehend finanziell und logistisch unabhängig. Zum Teil sind sie sogar finanziell besser ausgestattet als mancher Staat. Zudem ist es durch die Verfügbarkeit an Informationen oder aufgrund fehlender Grenzkontrollen leichter, Waffen und finanzielle Mittel weltweit zu transferieren. Insgesamt sind die Möglichkeiten staatlicher Einflussnahme rapide gesunken. Der Sachverhalt im *Nicaragua*-Fall ist mit den heutigen Erscheinungsformen privater Gewalt kaum vergleichbar. Hielte man weiterhin am Erfordernis einer effektiven Kontrolle fest, würde eine staatliche Zurechnung privater Handlung in der heutigen Zeit regelmäßig ausscheiden und der Nachweis eines solch hohen Grades staatlicher Kontrolle nicht gelingen.[591] Entsprechendes gilt für die strengen Anforderungen an eine zurechnungsbegründende Anerkennung. Geprägt durch die Feststellungen des IGH ist die Anwendung des Zurechnungskriteriums genereller Kontrolle in der Literatur bisher auf wenig Resonanz gestoßen. Ein effektives Vorgehen gegen grenzüberschreitenden Terrorismus ist nach den bisher anerkannten Zurechnungskriterien fast unmöglich.[592]

---

589   *Stein/von Buttlar*, Völkerrecht, Rn. 790.
590   *Hofmeister*, ZÖR 62 (2007), S. 475 (490).
591   *Stahn*, ZaöRV 62 (2002), S. 183 (224): »(unrealistic) obligation to provide evidence about specific instructions or directions«; mit dem gleichen Wortlaut *ders.*; in: Walter/Vöneky/Röben/Schorkopf (Hrsg.), Terrorism, S. 827 (863).
592   S. insgesamt die kritische Würdigung bei *Hofmeister*, ZÖR 62 (2007), S. 475 (490); ferner *Ruys*, Melbourne JIL 9 (2008), S. 334 (352 f.).

III. Modifizierung der Zurechnungskriterien im Kontext nicht-staatlicher Gewalt

In Anbetracht der aufgezeigten Defizite befürwortet der Großteil der völkerrechtlichen Literatur eine Modifikation der Zurechnungsdichte.[593] Auch einige Stimmen, die grundsätzlich die Staatlichkeit des bewaffneten Angriffs fordern, halten besondere Regeln der Zurechnung terroristischer Gewalt für eine moderate Lösung.[594] Ebenso weist die jüngere Staatenpraxis in diese Richtung.[595] Dessen ungeachtet darf der Ausnahmecharakter des Grundsatzes, dass privates Verhalten nicht zurechenbar ist, nicht unterlaufen werden, weshalb eine Absenkung der Zurechnungshürde strenger Voraussetzungen bedarf und kritischer Betrachtung standhalten muss.

Dass eine fallentsprechende Modifizierung der Zurechnungsschwelle aber grundsätzlich möglich ist, stellt die Entscheidung des ICTY unter Beweis. Das Gericht wies darauf hin:

»The *degree of control* may, however, vary according to the factual circumstances of each case. The Appeals Chamber fails to see why in each and every circumstance international law should require a high threshold for the test of control. Rather, various situations may be distinguished.«[596]

---

593   *Murphy*, Harvard ILJ 43 (2002), S. 41 (47); *Travalio/Altenburg*, Chicago JIL 4 (2003), S. 97 (105 f.); *Stahn*, in: Walter/Vöneky/Röben/Schorkopf (Hrsg.), Terrorism, S. 827 (863); *Epiney*, in: FS Bothe, S. 883 (889). Im Ergebnis auch *Kugelmann*, Jura 2003, S. 376 (380), der zwar weiterhin am Erfordernis effektiver Kontrolle festhält, aber den Kreis an staatlichen Verhaltensweisen, die Ausdruck effektiver Kontrolle sein können, sogar bis auf die Stufe des Duldens absenkt. S. auch die eingängliche und prägnante Darstellung der unterschiedlichen Literaturansichten bei *de Hoogh*, LJIL 29 (2016), S. 19 (25 ff.).
Weiterhin am Erfordernis effektiver Kontrolle festhaltend *Seidel*, AVR 41 (2993), S. 449 (464); wohl auch *Henderson*, in: Noortmann/Reinisch/Ryngaert (Hrsg.), Non-State Actors, S. 77 (94, 96).

594   *Tietje/Nowrot*, NZWehrR 2002, S. 1 (8); *Hofmeister*, SYIL 11 (2007), S. 75 (77 f.); *Garwood-Gowers*, QUTLJJ 4 (2004-2005), S. 1 (12 ff.); *Tams*, EJIL 20 (2009), S. 359 (385); *Randelzhofer/Nolte,* in: Simma/Khan/Nolte/Paulus (Hrsg.), UN Charter, Art. 51, Rn. 34.

595   Vgl. *Ruys/Verhoeven*, JCSL 10 (2005), S. 289 (309 ff.).

596   *Tadić*-Fall, Rn. 117.

Auch Art. 8 und 11 des ILC-Entwurfs stehen einer den aktuellen Bedürfnissen angepassten Interpretation nicht entgegen,[597] was insbesondere durch den offenen Wortlaut beider Vorschriften sichergestellt ist, der gerade *nicht* den erforderlichen Grad an staatlicher Anleitung und Kontrolle vorgibt. Ebenso lässt Art. 3 lit. g Aggressionsdefinition, wie bereits aufgezeigt, weniger strenge Zurechnungsvarianten zu. In der völkerrechtlichen Literatur werden die Zurechnungskriterien auf unterschiedliche Weise modifiziert, wie die folgende Darstellung zeigt.

1. Zurechnung aufgrund wesentlicher aktiver Unterstützung nicht-staatlicher Gruppierungen

Gewichtige Stimmen bekräftigen, dass auch staatliche Unterstützungsleistungen an eine private Organisation für eine Zurechenbarkeit privater Gewaltakte an einen Staat ausreichen (können).[598] Zwar handeln private Gruppierungen weitgehend selbständig. Die Ansicht trägt aber dem Umstand Rechnung, dass private Akteure auch weiterhin auf vielfältigste Weise staatlichen Beistand erhalten, weshalb sich diese Auffassung als tragfähig herausstellt. Rechtsdogmatisch können zurechnungsbegründende staatliche Hilfeleistungen sowohl als »wesentliche Beteiligung« i.S.v. Art. 3 lit. g der

---

597 Ebenso *Travalio/Altenburg*, Chicago JIL 4 (2003), S. 97 (111); *Meiser/von Buttlar*, Terrorismusbekämpfung, S. 51. Im Hinblick auf Art. 8 ILC-Entwurf auch *Tsagourias*, JCSL 17 (2012), S. 229 (239).

598 *Stahn*, in: Walter/Vöneky/Röben/Schorkopf (Hrsg.), Terrorism, S. 827 (871); *Krajewski*, AVR 40 (2002), S. 183 (191); *Tietje/Nowrot*, NZWehrR 2002, S. 1 (8 f.); *Ruys*, Melbourne JIL 9 (2008), S. 334 (359); *Kretzmer*, EJIL 16 (2005), S. 171 (187); *Randelzhofer/Nolte,* in: Simma/Khan/Nolte/Paulus (Hrsg.), UN Charter, Art. 51, Rn. 38; *Cenic*, Australian ILJ 14 (2007), S. 201; *Weber*, AVR 44 (2006), S. 460 (466); *Kempen/Hillgruber*, Völkerrecht, S. 229, Rn. 89; *Franck*, Recourse to Force, S. 67 f.; *Souza*, Canadian JIL 53 (2015), S. 202 (216); *Tsagourias*, LJIL 29 (2016), S. 801 (816); *Lanovoy*, EJIL 28 (2017), 563 (584); wohl auch *Beard*, Harvard JLPP 25(2002), S. 559 (579 ff.); ferner *Tomuschat*, EuGRZ 2001, S. 535 (542). Unklar *Cassese*, EJIL 12 (2001), S. 993 (997): »aiding and abetting is equated with an armed attack«. Ablehnend *Epiney,* in: FS Bothe, S. 883 (889).

Aggressionsdefinition verstanden werden[599] oder auch Ausdruck »genereller Kontrolle« sein.[600]

Bestätigung findet die These der Zurechenbarkeit aufgrund von Unterstützungshandlungen im Non-Aggression and Common Defence Pact der Afrikanischen Union aus dem Jahre 2005.[601] In Art. 1 lit. c der Übereinkunft findet sich eine Definition des Begriffs der Angriffshandlung, die dem Wortlaut der UN-Aggressionsdefinition sehr ähnelt. Auch der Katalog an Regelbeispielen stimmt in beiden Dokumenten zu einem Großteil überein.[602] Der aussagekräftige Unterschied liegt jedoch in Art. 1 lit. c xi. des

---

599 *Ruys*, Melbourne JIL 9 (2008), S. 334 (359); *Krajewski*, AVR 40 (2002), S. 183 (193).

600 *Cassese*, EJIL 18 (2007), S. 649 (666). Beiden Möglichkeiten zustimmend *Stahn*, in: Walter/Vöneky/Röben/Schorkopf (Hrsg.), Terrorism, S. 827 (871).

601 Adopted by the Fourth Ordinary Session of the Assembly of the African Union am 31. Januar 2005, http://www.au.int/en/sites/default/files/AFRICAN_ UN-ION_NON_AGGRESSION_AND_COMMON_DEFENCE_PACT.pdf

602 Im Katalog von Art. 1 lit. c) des Non-Aggression and Common Defence Pact heißt es:

   i.   The following shall constitute acts of aggression, regardless of a declaration of war by a State, group of States, organization of States, or non-State actor(s) or by any foreign entity:

   ii.   the use of armed forces against the sovereignty, territorial integrity and political independence of a Member State, or any other act inconsistent with the provisions of the Constitutive Act of the African Union and the Charter of the United Nations;

   iii. the invasion or attack by armed forces against the territory of a Member State, or military occupation, however temporary, resulting from such an invasion or attack, or any annexation by the use of force of the territory of a Member State or part thereof;

   iv.   the bombardment of the territory of a Member State or the use of any weapon against the territory of a Member State;

   v.   the blockade of the ports, coasts or airspace of a Member State;

   vi.   the attack on the land, sea or air forces, or marine and fleets of a Member State;

   vii. the use of the armed forces of a Member State which are within the territory of another Member State with the agreement of the latter, in contravention of the conditions provided for in this Pact;

   viii. the action of a Member State in allowing its territory, to be used by another Member State for perpetrating an act of aggression against a third State;

   ix.   the sending by, or on behalf of a Member State or the provision of any support to armed groups, mercenaries, and other organized trans-national

Non-Aggression and Common Defence Pact, wonach als Angriffshandlung auch gilt:

>»the encouragement, support, harbouring or provision of any assistance for the commission of terrorist acts and other violent trans-national organized crimes against a Member State.«

Die Staatenpraxis Afrikas erkennt staatliche Unterstützungsleistungen also ausdrücklich als zurechnungsbegründendes Verhalten an.

Allerdings führt nicht jeder Akt staatlicher Hilfe zur Zurechenbarkeit des privaten bewaffneten Angriffs. Vielmehr bedarf es einer *wesentlichen* Unterstützung,[603] wofür nicht die Form staatlicher Unterstützung, sondern das Ausmaß entscheidend ist.[604] Anders als das ICTY im *Tadić*-Fall entschieden hat, kann daher neben der logistischen und materiellen Unterstützung auch die wesentliche finanzielle Ausstattung einer privaten Gruppierung die

---

criminal groups which may carry out hostile acts against a Member State, of such gravity as to amount to the acts listed above, or its substantial involvement therein;

x.   the acts of espionage which could be used for military aggression against a Member State;

xi.   technological assistance of any kind, intelligence and training to another State for use in committing acts of aggression against another Member State; and

xii.   the encouragement, support, harbouring or provision of any assistance for the commission of terrorist acts and other violent trans-national organized crimes against a Member State.

603   *Schachter*, IsYHR 19 (1989), S. 209 (218): »substantially supported and encouraged«; *Travalio/Altenburg*, Chicago JIL 4 (2003), S. 97 (119): »significant support«; *Ruys/Verhoeven*, JCSL 10 (2005), S. 289 (316): »substantially contributed«; *Kempen/Hillgruber*, Völkerrecht, S. 229, Rn. 89: »massiv[e] staatlich[e] Unterstützung«; *Krajewski*, AVR 40 (2002), S. 183 (191): »besonders qualifizierte Form der Unterstützung«; *Tsagourias*, LJIL 29 (2016), S. 801 (815 f.); *Ruffert*, ZRP 2002, S. 247 (248). A.A. *Tietje/Nowrot*, NZWehrR 2002, S. 1 (8), die »jedes staatliche Verhalten« ausreichen lassen und auf diese Weise den Begriff des *de facto*-Organs erweitern. Der Begriff der »wesentlichen« Unterstützung ist angepasst an die Formulierung der »wesentlichen« Beteiligung in Art. 3 lit. g Aggressionsdefinition.

604   *Bruha*, AVR 40 (2002), S. 383 (406); s. auch *Schachter,* IsYHR 19 (1989), S. 209 (218): »substantial scale«; *Randelzhofer/Nolte,* in: Simma/Khan/Nolte/Paulus (Hrsg.), UN Charter, Art. 51 UN-Charta, Rn. 34.

Schwelle zur Zurechnung überschreiten. Darüber hinaus muss die Unterstützungshandlung für den bewaffneten Angriff kausal gewesen sein.[605]

Nach der hier erörterten Ansicht muss ein angegriffener Staat nicht mehr den oft aussichtslosen Nachweis einer staatlichen Verwicklung in die nichtstaatlichen Aktivitäten derart erbringen, dass eine Kontrolle über jeden einzelnen terroristischen Anschlag vorliegt. Durch die zurechnungsbegründende Anknüpfung an beträchtliche staatliche Hilfeleistungen können auch Staaten, die autonom agierende terroristische Organisationen unterstützen, zur Rechenschaft gezogen werden.

2. Zurechnung wegen pflichtwidriger Nichtverhinderung nicht-staatlicher Aktivitäten

Einzelne Autoren senken die Zurechnungsschwelle noch weiter ab und lassen die Tatsache ausreichen, dass der Aufenthaltsstaat nicht-staatlicher Akteure wegen Nichtverhinderung terroristischer Attentate völkerrechtlich verantwortlich sei.[606] Dies soll nach einer Teilansicht nur dann gelten, wenn der Aufenthaltsstaat unwillig ist, der Organisation auf seinem Territorium Einhalt zu gebieten,[607] nach anderer Teilansicht auch im Fall bloßer Unfähigkeit.[608] Teilweise bedürfe es der »ausdrücklichen Duldung«, eine »ledig-

---

605   *Lanovoy*, EJIL 28 (2017), 563 (584). Welcher Kausalitätsmaßstab im Kontext aktiver Unterstützung anzulegen ist, soll in dieser Arbeit nicht ausführlich diskutiert werden. *Tietje/Nowrot*, NZWehrR 2002, S. 1 (8), verlangen, dass das staatliche Verhalten bei »objektiver Betrachtung vorhersehbar der Unterstützung [...] dient«. Jedenfalls ist das Erfordernis der *conditio sine qua non*-Formel (s. hierzu im gleichen Abschnitt unter 3. C. (2)) hinsichtlich jedes terroristischen bewaffneten Angriffs im Kontext aktiver Unterstützungshandlungen zu hoch (so aber *Krajewski*, AVR 40 (2002), S. 183 (192)), da sich der staatliche Einfluss heutzutage gerade nicht mehr auf jede Einzeltat bezieht.

606   *Blum*, GYIL 19 (1976), S. 223 (236); *Weber*, AVR 44 (2006), S. 460 (467); *Heintschel von Heinegg/Gries*, AVR 40 (2002), S. 145 (160); *Kugelmann*, Jura 2003, S. 376 (380); *Souza*, Canadian JIL 53 (2015), S. 202 (229).

607   *Heintschel von Heinegg/Gries*, AVR 40 (2002), S. 145 (160). Vgl. auch *Randelzhofer/Nolte*, in: Simma/Khan/Nolte/Paulus (Hrsg.), UN Charter, Art. 51, Rn. 38; *Souza*, Canadian JIL 53 (2015), S. 202 (228 f.).

608   *Blum*, GYIL 19 (1976), S. 223 (236). Kritisch *Henderson*, in: Noortmann/Reinisch/Ryngaert (Hrsg.), Non-State Actors, S. 77 (94).

lich fahrlässige Unterlassung des Vorgehens gegen die Terroristen [führe] nicht zur Zurechnung«.[609] Ein Absenken der Zurechnungsschwelle auf die Ebene völkerrechtlicher Verantwortlichkeit ist jedoch nicht zu befürworten.[610] Völkerrechtliche Verantwortlichkeit einerseits und staatliche Zurechenbarkeit andererseits sind voneinander zu trennen, da beide Institute Synonym für einen bestimmten (aber unterschiedlichen) Grad staatlicher Verstrickung in private Aktivitäten sind. Die Staatengemeinschaft hat sich in zahlreichen Übereinkünften dazu verpflichtet, intensiv gegen terroristische Aktivitäten vorzugehen und diese zu verhindern. Daneben bestehen weitere verbindliche Normen, die ähnlich umfassende Pflichten begründen.[611] Ein Absenken des Zurechnungsmaßstabs auf die Stufe völkerrechtlicher Verantwortlichkeit hätte nicht nur ein uferloses Ausweiten der Zurechnungssituationen zur Folge, sondern steht auch im Widerspruch zum Grundsatz, dass ein Staat für das Verhalten von Privatpersonen nicht verantwortlich ist. Daher bleibt die Differenzierung zwischen völkerrechtlicher Verantwortlichkeit und staatlicher Zurechenbarkeit auch weiterhin nicht nur begrifflicher Natur.

3. Zurechnung durch Gewährung einer sicheren Zufluchtsstätte (*safe haven*)

Die völkerrechtliche Debatte zur tatbestandlichen Modifizierung staatlicher Zurechnung konzentriert sich indes auf die These, dass bereits die bewusste Gewährung einer sichereren Zufluchtsstätte (sog. *safe haven*) zu einer staatlichen Zurechnung der Gewaltakte Privater führen könne.[612] Anknüpfungs-

---

609   *Kugelmann*, Jura 2003, S. 376 (380).

610   Ebenso *Starski*, ZaöRV 75 (2015), S. 455 (459).

611   Vgl. exemplarisch die umfangreiche und bereits zitierte UN Doc. SR-Res. 1373 (2001).

612   Zustimmend, aber zum Teil mit anderen Begrifflichkeiten: »safe haven«: *Bruha/Bortfeld*, VN 2001, S. 160 (166); *Stein/von Buttlar*, Völkerrecht, Rn. 846; *Meiser/von Buttlar*, Terrorismusbekämpfung, S. 54; *Kotzur*, AVR 40 (2002), S. 454 (471); »Harbouring«: *Tsagourias*, LJIL 29 (2016), S. 801 (806); *Becker Lorca*, NYUJILP 45 (2012-2013), S. 1 (33); *Hofmeister*, ZÖR 62 (2007), S. 475 (494); *Stahn*, in: Walter/Vöneky/Röben/Schorkopf (Hrsg.), Terrorism, S. 827 (869); *Byers*, ICLQ 51 (2002), S. 401 (409); *Ruys*, Stanford JIL 43 (2007),

punkt ist hierfür kein aktives staatlichen Handeln, sondern die bloße Duldung privater Stützpunkte.[613] Die Theorie des *safe haven* stellt zwar wie die zuvor abgelehnte Ansicht, die für eine Zurechnung die Nichtverhinderung terroristischer Aktivitäten genügen lässt, auf ein pflichtwidriges staatliches

---

S. 265 (282); *ders./Verhoeven*, JCSL 10 (2005), S. 289 (316 f.); *Ratner*, AJIL 96 (2002), S. 905 (908); *Wiefelspütz*, Friedens-Warte 81 (2006), S. 73 (79); *Travalio*, Wisconsin ILJ 18 (2000), S. 145 (174 ff.); *Hillgenberg,* in: Frowein/Scharioth/Winkelmann/Wolfrum (Hrsg.), Frieden, S. 141 (165); »shelter«: *Randelzhofer/Nolte,* in: Simma/Khan/Nol-te/Paulus (Hrsg.), UN Charter, Art. 51, Rn. 38; *Beard,* Harvard JLPP 25 (2002), S. 559 (574 f.); *Neuhold,* ZaöRV 64 (2004), S. 263 (272); »Gewährung eines Aufenthaltsrechts«: *Tietje/Nowrot,* NZWehrR 2002, S. 1 (10); »Duldung/Unterlassen«: *Kugelmann,* Jura 2003, S. 376 (380); »Duldung«: *Bothe,* in: Graf Vitzthum/Proelß (Hrsg.), Völkerrecht, S. 608; *Wandscher,* Terrorismus, S. 251; »Tolerierung«: *Weber,* AVR 44 (2006), S. 460 (466).

Noch zweifelnd *Ruys*, Melbourne JIL 9 (2008), S. 334 (359); *Heintschel von Heinegg/Gries*, AVR 40 (2002), S. 145 (156); *Cenic*, Australian ILJ 14 (2007), S. 201 (214 ff.).

Unklar *Wedgwood*, Yale JIL 24 (1999), S. 559 (566); *Trapp*, ICLQ 56 (2007), S. 141 (155). Ferner auch *Blum*, GYIL 19 (1976), S. 223 (236), der vermutlich eine Duldungspflicht von Verteidigungsmaßnahmen für den Aufenthaltsstaat hinterfragt, dennoch irritierend formuliert: »[The target state] is entitled to regard the sanctuary state itself as the aggressive attacker [...].«

Ablehnend *Kapaun*, Gezielte Tötungen, S. 75 f.; *von Arnauld*, Völkerrecht, Rn. 1114; *Föh*, Terrorismus, S. 167; *Schmitz-Elvenich*, Targeted Killing, S. 93, *Schmalenbach*, NZWehrR 2000, S. 177 (186); *Ruffert*, ZRP 2002, S. 247 (248); *Kotzur*, AVR 40 (2002), S. 454 (475).

613   Insoweit irritieren zum einen die Stimmen, die zur Zurechnung das »Beherbergen *oder* Unterstützen« als ausreichend erachten, so *Ratner*, AJIL 96 (2002), S. 905 (908); *Byers*, ICLQ 51 (2002), S. 401 (409); *Travalio*, Wisconsin ILJ 18 (2000). S. 145 (174). Vgl. auch die Rede des damaligen US-Präsidenten *Bush* v. 24. September 2001, http://georgewbush-whitehouse.archives.gov/news/relea ses/2001/09/20010920-8.html: »From this day forward, any nation that continues to harbor or support terrorism will be regarded by the United States as a hostile regime«. Nach anderer Ansicht führe nur das »Beherbergen *und* Unterstützen« zu einer Zurechnung: *Randelzhofer,* in: Simma (Hrsg.), UN Charter, 2. Aufl., Art. 51, Rn. 33: »to offer [the members of a private group] a safe haven [...] and additionally provid[e] them with weapons and logistical support«; wohl auch *Ruffert*, ZRP 2002, S. 247 (248). Vgl. auch *Schachter*, IsYHR 19 (1989), S. 209 (218): »[...] where the State harboring the terrorists had so substantially supported and encouraged the terrorist acts that the State itself should be held fully accountable for those acts«.

Unterlassen ab. Im Unterschied zur »bloßen« Nichtverhinderung unterstützt das Gewähren einer Freistätte aber private Organisationen in ihren Aktivitäten. Vielmehr noch: Die *safe haven*-Doktrin liegt der Überlegung zugrunde, dass nicht-staatliche Gruppierungen heutzutage zwar weitgehend finanziell unabhängig agieren, sichere Zufluchtsgebiete, die dem Aufenthalt oder gar der Ausbildung dienen, aber »zu einer existenziellen Notwendigkeit [...] geworden« sind.[614] Daher ist die Überlegung anzustellen, ob Staaten auf diese Weise Kontrolle über Privatpersonen auszuüben vermögen.[615]

Zweifelhaft ist, ob eine passive Form der Hilfeleistung, wie die Bereitstellung einer Zufluchtsstätte, überhaupt als Zurechnungskriterium in Betracht kommt. Der IGH hielt im *Nicaragua*-Fall fest, dass die materielle, logistische und finanzielle Unterstützung privater Akteure mangels möglicher Zurechenbarkeit nicht unter den Tatbestand des bewaffneten Angriffs nach Art. 51 UN-Charta fällt. Nach kritischen Stimmen sei die Bereitstellung eines *safe haven* deshalb erst recht nicht als bewaffneter Angriff einzustufen, da eine bloße passive staatliche Instrumentalisierung gegenüber einer aktiven Unterstützung ein Minus bedeute.[616] Es ist allgemein anerkannt, dass nicht jede Gewaltanwendung einen bewaffneten Angriff darstellt und deshalb konsequenterweise auch nicht jede Form der Unterstützung privater Akteure als ein solcher angesehen werden kann. Vielmehr bedarf es einer »besonders qualifizierten Form« der Unterstützung.[617] Jedoch können nicht-staatliche Organisationen durch eine passive Hilfestellung unter Umständen sogar eine größere Begünstigung erfahren als durch materielle oder finanzielle Art. Daher ist auf die Intensität der Unterstützung abzu-

---

614 *Bruha/Bortfeld*, VN 2001, S. 160 (166); vgl. *Kugelmann*, Jura 2003, S. 376 (380).

615 Während der Großteil völkerrechtlicher Stimmen in der Bereitstellung einer Zufluchtsstätte ein Absenken des Zurechnungsstandards von der Ebene staatlicher Kontrolle spricht, hinterfragen nur sehr wenige Stimmen, ob die Duldung nicht ebenso Ausdruck staatlicher Kontrolle sein kann. So z.B. *Kugelmann*, Jura 2003, S. 376 (380).

616 So *Krajewski*, AVR 40 (2002), S. 183 (194); *Cassese*, ICQL 38 (1989), S. 589 (599); *Bruha*, AVR 40 (2002), S. 383 (403 f.); *Schmalenbach*, NZWehrR 2002, S. 177 (186 f.); i.E. auch *Stahn*, ZaöRV 62 (2002), S. 183 (228).

617 *Krajewski*, AVR 40 (2002), S. 183 (191).

stellen.[618] Auch kann zur Behauptung des Gegenteils nicht das Beispiel des *Teheraner Geisel*-Falls herangezogen werden.[619] Zwar hatte der IGH das bloße Untätigbleiben des Aufenthaltsstaates Iran nicht als Angriff gegen den Entsendestaat USA betrachtet.[620] Allerdings ging es in diesem Fall auch nicht um Fragen des Friedenssicherungsrechts im Kontext von Gewaltverbot und Selbstverteidigungsrecht, sodass die Situation insoweit nicht auf den vorliegenden Untersuchungsgegenstand übertragbar ist.

Für die Theorie des *safe haven* spricht zudem Art. 3 lit. f Aggressionsdefinition, der ausdrücklich Situationen erfasst, in denen ein Staat Handlungen duldet, die von seinem Territorium ausgehen. Zum anderen ergibt sich ein Rückschluss aus der Friendly Relations Declaration, in welcher den Staaten die Pflicht auferlegt wird,

»die Organisierung, Anstiftung oder Unterstützung an Bürgerkriegs- und Terrorakten in einem anderen Staat oder die Teilnahme daran oder die *Duldung* organisierter Aktivitäten, die auf die Begehung solcher Akte gerichtet sind, in seinem Hoheitsgebiet zu unterlassen, wenn die erwähnten Akte die Androhung oder Anwendung von Gewalt einschließen.«[621]

Inwieweit beide Dokumente auch Anknüpfungspunkt zur rechtlichen Fixierung eines Zurechnungskriteriums sein können, soll nachfolgend erörtert werden.

Dann wird die Staatenpraxis im Zusammenhang mit der Beherbergung terroristischer Gruppierungen kurz präsentiert und die in der völkerrechtlichen Literatur zur Theorie des *safe haven* vertretenen Ideen dargestellt. Unter der Annahme, dass die Bereitstellung einer Zufluchtsstätte grundsätzlich als Zurechnungskriterium in Betracht kommt,[622] wird der Versuch unter-

---

618 Ebenso *Ruffert*, ZRP 2002, S. 247 (247).
619 So aber *Bruha*, AVR 40 (2002), S. 383 (404).
620 *Teheraner Geisel*-Fall, Rn. 58.
621 Erster Grundsatz der Friendly Relations Declaration (Hervorhebung durch Verf.).
622 Zumindest führt die Bereitstellung einer Zufluchtsstätte unstreitig zu einer völkerrechtlichen Verantwortlichkeit. S. hierzu statt vieler *Kotzur*, AVR 40 (2002), S. 454 (469); *Delbrück*, GYIL 44 (2002), S. 9 (15); *Condorelli*, IsYHR 19 (1989), S. 233 (240). S. ferner die Erklärung des Ständigen Rats der OAS, Convocation of the Twenty-third Meeting of Consultation of Ministers of Foreign Affairs, OAS-Dok. CP Res. 796 (1293/01) v. 19. September 2001: »[T]hose that aid, abet or harbor terrorist organizations are responsible for the acts of those terrorists.« S. www.oas.org/consejo/resolutions/res796.asp.

nommen, dafür konkrete rechtliche Voraussetzungen zu entwickeln. Diese müssen einerseits einem angegriffenen Staat die Möglichkeit bieten, seine Bevölkerung effektiv gegen private Angriffshandlungen zu schützen und andererseits auch die Souveränität des Hintergrundstaates beachten und nicht zu übermäßigen gewaltsamen Eingriffen führen.[623]

a. Staatenpraxis zur Beherbergung nicht-staatlicher Akteure

Israel brachte vor allem beim Vorgehen gegen Jordanien und den Libanon mehrfach zum Ausdruck, dass die Bereitstellung eines Zufluchtsorts an Terroristen militärische Gegenwehr rechtfertige. So heißt es z.B. in einem Brief an die UN auszugsweise:

> »The Government [of Jordan] must accept full responsibility for [the raids]. [...] The training, organization and dispatch of these raids are openly carried out on Jordan territory.«[624]

Der Sicherheitsrat bezog zu dieser Thematik keine Stellung, verurteilte aber stets die israelischen Aktionen.[625] Kurz nach den Anschlägen vom 11. September 2001 erklärte die US-amerikanische Regierung unter Präsident Bush

> »that it would make no distinction between the terrorists who committed these acts and those who harbour them.«[626]

Auch Großbritannien deklarierte seinen Einsatz gegen Afghanistan nach den Anschlägen als Selbstverteidigung gegen die Planer und Initiatoren als auch gegen diejenigen, die sie beherbergt haben.[627] Ebenso bekundet die Türkei, diejenigen Staaten nicht zu tolerieren, die Terroristen Hilfe leisten

---

623 *Reinold*, AJIL 105 (2011), S. 244 (245).
624 Letter dated 18 March 1968 from the Permanent Representative of Israel to the United Nations addressed to the President of the Security Council, UN Doc. S/8475, 18. März 1968, S. 1.
625 Vgl. u.a. UN Doc. SR-Res. 228 (1966), 25. November 1966; UN Doc. SR-Res. 248 (1968), 24. März 1968; UN Doc. SR-Res. 262 (1968), 31. Dezember 1968.
626 Rede des damaligen US-Präsidenten *Bush* v. 24. September 2001, http://george wbush-whitehouse.archives.gov/news/releases/2001/09/20010920-8.html.
627 So der Generalstaatsanwalt in einer Rede vor dem House of Lords v. 21. April 2004, abgedruckt in: BYIL 75 (2004), S. 822 (823).

und ihnen Aufenthalt gewähren.[628] Von hervorgehobener Bedeutung ist der für den gesamten afrikanischen Raum geltende Non-Aggression and Common Defence Pact; nach Art. 1 lit. c xi. gilt als Angriffshandlung:

>»the encouragement, support, *harbouring* or provision of any assistance for the commission of terrorist acts and other violent transnational organized crimes against a Member State.«

b. Die Aggressionsdefinition als rechtliche Grundlage

Die völkerrechtliche Literatur verortet die zurechnungsbegründende Bereitstellung einer Zufluchtsstätte rechtsdogmatisch in den Vorschriften von Art. 3 lit. f[629] und[630]/oder[631] lit. g der Aggressionsdefinition[632] und/oder Art. 16 ILC-Entwurf.[633]

aa. Art. 3 lit. g Aggressionsdefinition

Als rechtliche Grundlage für eine Zurechnung kommt die zweite Variante des Art. 3 lit. g der Aggressionsdefinition in Betracht, die die Regelung indirekter Angriffshandlungen zum Gegenstand hat. Die Vorschrift ist jedoch nur dann einschlägig, wenn das Bereitstellen einer sicheren Zufluchtsstätte die Qualität einer wesentlichen Beteiligung an der Entsendung bewaffneter Banden hat. Dies setzt wiederum voraus, dass der Tatbestand auch Fälle der Duldung erfasst, was durch Auslegung zu ermitteln ist.

---

628 Europe Again Warns against Turkish Intervention in Iraq, Deutsche Welle, 22. Oktober 2007, www.dw-world.de/dw/article/0,2144,2834888,00.html.

629 *Stahn*, ZaöRV 62 (2002), S. 183 (228). In analoger Anwendung *Hofmeister*, ZÖR 62 (2007), S. 488 (494 f.); *ders.*, SYIL 11 (2007), S. 75 (80).

630 Beide Vorschriften in analoger Anwendung *Bruha*, AVR 40 (2002), S. 383 (405); *Weber*, AVR 44 (2006), S. 460 (467).

631 *Bruha/Bortfeld*, VN 2001, S. 161 (166); *Ruys*, Stanford JIL 43 (2007), S. 265 (282).

632 *Blum*, GYIL 19 (1976), S. 223 (232), verweist darüber hinaus auf die ungeregelten Fälle von Aggressionen.

633 Nach *Stone*, AJIL 71 (1977), S. 224 (237), würde das wissentliche Beherbergen schon nach »traditionellem Völkerrecht« zu einer Zurechnung privater Akte führen und dem Opferstaat ein Recht zur Selbsthilfe einräumen.

Unter »Beteiligung« ist im allgemeinsprachlichen Sinne die Teilnahme, Mitwirkung oder Verwicklung an einem Vorhaben zu verstehen und so offen zu interpretieren, dass nicht nur aktive Verhaltensweisen erfasst werden. Das deutsche Strafrecht definiert »Beteiligung« als Oberbegriff für sämtliche Täterschafts- und Beteiligungsformen und schließt gleichfalls Fälle des Unterlassens ein, die in § 13 StGB[634] tatbestandlich geregelt sind. Des Weiteren kann passives Verhalten auch als Form der Beihilfe strafbar sein, z.B. dann, wenn durch die bloße Anwesenheit am Tatort der Tatentschluss des eigentlichen Täters bestärkt wird.[635] Auf völkerrechtlicher Ebene sieht Art. 5 Nordatlantikvertrag vor, dass jeder NATO-Mitgliedstaat im Fall eines bewaffneten Angriffs gegen eines seiner Mitglieder »Beistand leistet«. Diese Beistandspflicht setzt aber nicht unbedingt die Ergreifung aktiver Maßnahmen voraus, sondern kann auch in der Erklärung zum neutralen Staat liegen.[636] Es ist nicht fernliegend, die Vokabel »Beistand« als Synonym für »Beteiligung« zu begreifen; zumindest sind sich beide Begriffe in ihrer Bedeutung sehr ähnlich. Der Wortlaut spricht daher sowohl aus allgemeinsprachlicher als auch aus rechtlicher Sichtweise dafür, unter die zweite Variante des Art. 3 lit. g Aggressionsdefinition Konstellationen der Duldung zu subsumieren.

Vereinzelt wird die Ansicht vertreten, systematische Gesichtspunkte widersprächen einer solchen Auslegung.[637] Zustimmung verdient zwar die Feststellung, dass der authentische französische Text (»ou le fait de s'engager d'une manière substantielle dans une telle action«) verdeutliche, dass sich die Beteiligung auf die Entsendung beziehen müsse.[638] Eine Beteiligung an der Entsendung ist aber auch durch deren bloße Duldung vorstellbar. So könne im klassischen zwischenstaatlichen Verhältnis ein Staat an einer Truppenentsendung z.B. dadurch mitwirken, dass er dieser Überflugrechte gewährt, die Nutzung seines Territoriums folglich duldet.

---

634   Strafgesetzbuch i.d.F. v. 13. November 1998, BGBl. I S. 3322.
635   BGH NStZ 2002, S. 139 (139); *Fischer*, StGB, § 27, Rn. 11.
636   *Kersting*, Bündnisfall und Verteidigungsfall, S. 5.
637   *Wandscher*, Terrorismus, S. 150.
638   *Wandscher*, Terrorismus, S. 150. Gleiches ergibt sich aber auch aus der englischen Fassung: »or its substantial involvement therein«.

Die kontroverse Entstehungsgeschichte zu Art. 3 lit. g Aggressionsdefinition[639] spricht weder eindeutig für noch gegen die Einbeziehung bloßer passiver Beteiligungsformen. Die Duldung sollte nur nach dem breiten Verständnis der westlichen Staaten zurechnungsbegründend wirken; in einem ihrer Entwürfe wurde diese Form staatlicher Verstrickung sogar ausdrücklich mit in den Tatbestand aufgenommen:

>»[...] The organization or instigation of or assistance or participation in acts of civil strife or terrorist acts in another State, or *acquiescence in organized activities* within its territory directed towards the commission of such acts.«[640]

Da der Wortlaut von Art. 3 lit. g der Aggressionsdefinition aber lediglich einen textlichen Kompromiss darstellt, die inhaltlichen Streitigkeiten hingegen fortbestanden, lässt sich nach der historischen Auslegung nicht klären, welche Formen der indirekten Aggression letztendlich erfasst sind.[641]

Die besseren Argumente sprechen für die Einbeziehung von Formen der Duldung unter das Kriterium der »Beteiligung«.[642] Folglich stellt sich auch das Bereitstellen einer Zufluchtsstätte als »wesentliche Beteiligung an einer Entsendung« dar.[643] Subsumiert man nicht-staatliche terroristische Akteure unter den Begriff der »bewaffneten Bande«, die Gewalt in den Ausmaßen einer Angriffshandlung verübt, liegen die Voraussetzungen von Art. 3 lit. g Aggressionsdefinition vor. Mithin ist diese Vorschrift direkt anwendbar.[644]

---

639 S. hierzu bereits oben Zweiter Teil, 1. Kapitel, C. II. 1. a.

640 GAOR, XXVII, Suppl. Nr. 19, S. 18, Hervorhebungen durch Verf.

641 Für ein engeres Verständnis der Vorschrift hingegen *Seidel*, NJ 28 (1974), S. 509 (513); *Gray*, Use of Force, S. 130 f.

642 Ablehnend *Travalio*, Wisconsin ILJ 18 (2000), S. 145 (154).

643 *Bruha/Bortfeld*, VN 2001, S. 160 (166); *Bruha*, AVR 40 (2002), S. 383 (405); *ders.*, Definition der Aggression, S. 239: »[...] womit auch einer Qualifizierung »unterlassenen Einschreitens gegen subversive Gewaltakte« als Aggression nichts im Wege steht: «

644 Ablehnend *Wandscher*, Terrorismus, S. 150.

bb. Art. 3 lit. f Aggressionsdefinition

(1) Direkte Anwendung

Für eine Zurechnung bewaffneter Angriffe wegen Bereitstellens einer Zufluchtsstätte könnte neben Art. 3 lit. g auch Art. 3 lit. f der Aggressionsdefinition als rechtlicher Anknüpfungspunkt einschlägig sein. Die Vorschrift besagt, dass

> »[d]ie Handlung eines Staates, die in der *Duldung* besteht, dass sein Hoheitsgebiet, das er einem anderen Staat zur Verfügung gestellt hat, von diesem anderen Staat dazu benutzt wird, eine Angriffshandlung gegen einen dritten Staat zu begehen,«

selbst als Angriffshandlung zu qualifizieren ist.[645] Eine direkte Anwendung der Vorschrift scheitert aber bereits an den Umstand, dass das Hoheitsgebiet seinem Wortlaut nach einem *Staat* zur Verfügung gestellt sein muss.

(2) Analoge Anwendung[646]

Möglicherweise könnte Art. 3 lit. f Aggressionsdefinition analog anzuwenden sein, wenn man auf die Qualität der gewaltsamen nicht-staatlichen Anschläge abstellt. Dies setzt neben einer Regelungslücke eine vergleichbare Interessenlage voraus.

Vorschriften, die eine Zurechnung durch die Bereitstellung des eigenen Territoriums an Privatpersonen regeln, existieren nicht: Die Aggressionsdefinition bezieht sich nur auf zwischenstaatliche Konstellationen. Allerdings ist bereits die Vorschrift des Art. 3 lit. g Aggressionsdefinition einschlägig, sodass es schon an der Voraussetzung einer Regelungslücke fehlt. Hält man diese Sicht aufgrund eines engeren Verständnisses der von Art. 3

---

645 Hervorhebung durch Verf.

646 Mit der Verwendung des Begriffs der »analogen Anwendung« (Abschnitt bb. und cc.) ist nicht das im Zivilrecht verankerte und im Völkerrecht umstrittende Rechtsinstitut der Analogie im direkten Sinne gemeint. Es soll lediglich der hinter der jeweiligen Norm stehende Gedanke auf eine diesem ähnliche Situation übetragen, d.h. entsprechend angewendet werden, ohne hierbei auf die Bedingungen/Rechtsfolgen der Analogie im eigentlichen Sinne einzugehen.

lit. g geregelten indirekten Aggressionen für nicht überzeugend,[647] bleibt das Bestehen einer vergleichbaren Interessenlage zu hinterfragen.

Die Aggressionsdefinition stammt aus dem Jahre 1974, einer Zeit, in der das Völkerrecht noch dem klassischen Verständnis des zwischenstaatlichen Rechts entsprach. Damals waren die heutigen Formen privater Gewaltanwendungen noch nicht vorhersehbar.[648] Es ist daher zu untersuchen, mit welcher Formulierung die Generalversammlung die Aggressionsdefinition erlassen hätte, wenn sie sich dieser Erscheinungsformen bewusst gewesen wäre. Die weltweiten scharfen Verurteilungen terroristischer Anschläge sowie die Vielzahl an Übereinkünften zu deren Bekämpfung lassen auf den Willen der Staaten schließen, auch nicht-staatliche Verhaltensweisen entsprechend der Aggressionsdefinition zu regeln. Dies gilt umso mehr, als nicht-staatliche Angriffe in Qualität und Quantität zunehmen und Erscheinungsformen aufweisen, die bisher nur von staatlicher Seite aus bekannt waren. Dementsprechend liegt die Vermutung nahe, dass die Staatengemeinschaft – würde die Aggressionsdefinition im 21. Jahrhundert neu beschlossen – allein an die Duldung der Nutzung des eigenen Hoheitsgebiets anknüpfte, unabhängig vom gewaltausübenden Akteur.[649] Diese Vermutung bewahrheitet sich zumindest für die Staaten Afrikas. So schließt die Definition des Angriffsbegriffs im Non-Aggression and Common Defence Pact der Afrikanischen Union explizit auch Handlungen nicht-staatlicher Akteure ein:

»'Aggression' means the use, intentionally and knowingly, of armed force or any other hostile act by a State, a group of States, an organization of States or *non-State actor(s)* or by any foreign or external entity against the sovereignty, political independence, territorial integrity and human security of the population of a State Party

---

647 So *Seidel*, AVR 41 (2003), S. 449 (465); *Ruys*, Armed Attack, S. 388 ff.; *Wandscher*, Terrorismus, S. 151; *Schmalenbach*, NZWehrR 2002, S. 177 (187); *Scholz*, Selbstverteidigungsrecht, S. 35 f.; *Stahn*, ZaöRV 62 (2002), S. 183 (228); *Lamberti Zanardi*, in: Cassese (Hrsg.), Use of Force, S. 111 (115); *Zimmer*, Terrorismus, S. 64. *Blum*, GYIL 19 (1976), S. 223 (232), weist im Kontext der nicht von Art. 3 lit. g der Aggressionsdefinition erfassten Formen indirekter Aggressionen darauf hin, dass die Aufzählung in Art. 3 nicht abschließend sei und die Bereitstellung einer Zufluchtsstätte womöglich einen ungeregelten Fall der Aggression darstelle.
648 *Hofmeister*, SYIL 11 (2007), S. 75 (80 f.).
649 Kritisch *Seidel*, AVR 41 (2003), S. 449 (465).

to this Pact, which are incompatible with the Charter of the United Nations or the Constitutive Act of the African Union.«[650]

Daneben wird die These durch die generelle »Offenheit« der Aggressionsdefinition[651] bestärkt; Art. 4 der Aggressionsdefinition stellt ausdrücklich klar, dass auch andere als die im Text genannten Handlungen Aggressionen darstellen können. Bezogen auf die Qualität nicht-staatlicher Gewalt besteht eine vergleichbare Interessenlage. Die Voraussetzungen einer Analogie liegen damit vor. Hält man Art. 3 lit. g Aggressionsdefinition für nicht einschlägig, ist Art. 3 lit. f Aggressionsdefinition analog anwendbar.[652]

Wie die Textauslegung zum Teil bereits bewiesen hat, ist eine genaue inhaltliche Bestimmung der Tatbestandsmerkmale »wesentliche Beteiligung an der Entsendung« (Art. 3 lit. g Aggressionsdefinition) bzw. »zur Verfügung stellen« (Art. 3 lit. f) aufgrund der weiten Formulierung dieser Vorschriften nicht ohne Weiteres möglich. Daher liegt es auf der Hand, dass die bloße Bereitstellung einer Zufluchtsstätte ohne zusätzliche Konkretisierung für eine Zurechnung privater Gewaltakte nicht ausreicht. Verbindliche Kriterien haben sich unter den Befürwortern der *safe haven*-Doktrin allerdings noch nicht durchgesetzt. Im folgenden Abschnitt sollen deshalb die bisherigen Gedanken aufgegriffen und kritisch beleuchtet werden.

cc. Art. 16 ILC-Entwurf zur Staatenhaftung in analoger Anwendung

Art. 16 ILC-Entwurf zur Staatenhaftung sieht die völkerrechtliche Verantwortlichkeit eines Staates vor, der einem anderen Staat bei der Begehung einer völkerrechtswidrigen Handlung Beihilfe leistet oder Unterstützung gewährt, wenn er Kenntnis von der Handlung hat. Das Bereitstellen einer

---

650 Art. 1 lit. c) Non-Aggression and Common Defence Pact; Hervorhebung durch Verf.

651 So *Bruha*, Definition der Aggression, S. 103.

652 Für eine analoge Anwendung von Art. 3 lit. f der Aggressionsdefinition *Hofmeister*, ZÖR 62 (2007), S. 475 (495); *ders.*, SYIL 11 (2007), S. 75 (81); *Bruha*, AVR 40 (2002), S. 383 (404); wohl auch *Dörr*, in: ders. (Hrsg.), Rechtslehrer in Berlin, S. 33 (35) und *Tsagourias*, LJIL 29 (2016), S. 801 (818). *Wandscher*, Terrorismus, S. 253, führt Art. 3 lit. f Aggressionsdefinition (und Art. 16 ILC-Entwurf) gerade als Beweis dafür an, dass eine Zurechnung im Fall der Duldung nicht begründet werden könne.

Zufluchtsstätte könnte als »Unterstützung« im Sinne dieser Vorschrift angesehen werden. Eine direkte Anwendung der Norm scheitert wiederum am Wortlaut, da sich die Beihilfe an einen anderen Staat richten muss. Eine analoge Anwendung von Art. 16 ILC-Entwurf[653] kommt – unabhängig von der Einschlägigkeit von Art. 3 lit. g Aggressionsdefinition – aufgrund des Fehlens einer Regelungslücke nicht in Betracht. Der ILC-Entwurf enthält nämlich ausdrücklich Regelungen, die die Zurechenbarkeit des Verhaltens von Privatpersonen regeln.

c. Tatbestandsvoraussetzungen

aa. Eignung des beherbergten Personenkreises

Zunächst ist zu hinterfragen, *welche* privaten Akteure ein Staat beherbergen muss, deren bewaffneter Angriff ihm womöglich zugerechnet wird. Zustimmung verdient die Ansicht, dass nur solche Privaten in den geeigneten Personenkreis fallen, die bereits gewaltsame Anschläge verübt haben[654] oder eine entsprechende Absicht explizit zum Ausdruck bringen.[655] Erfasste man auch solche Personen, deren (vermeintlich) terroristische Absichten nicht ausdrücklich bekannt sind, würden zu hohe Anforderungen an die staatliche Aufsicht gestellt.

bb. Kausalitätserfordernis: Die *conditio sine qua non*-Formel

Um eine uferlose Ausweitung der Zurechnung zu verhindern, muss die Beherbergung der nicht-staatlichen Akteure für die spätere Gewaltanwendung kausal sein, wobei fraglich ist, welche Richtschnur hierfür anzulegen ist. Zum Teil wird die Kausalität als »unverzichtbare Vorbedingung der Pla-

---

653 Dafür *Meiser/von Buttlar*, Terrorismusbekämpfung, S. 54; *Stein/von Buttlar*, Völkerrecht, Rn. 1113. *Bruha*, AVR 40 (2002), S. 383 (404), zieht Art. 16 ILC-Entwurf »vergleichsweise« heran.

654 *Byers*, ICLQ 51 (2002), S. 401 (409); *Randelzhofer/Nolte,* in: Simma/Khan/Nolte/Paulus (Hrsg.), UN Charter, Art. 51, Rn. 38.

655 *Hofmeister*, ZÖR 62 (2007), S. 475 (496).

nung terroristischer Anschläge«[656] formuliert, teilweise ist davon die Rede, dass die Freistätte »entscheidend zum Erfolg des Angriffs beitragen«[657] oder «beträchtlich beigetragen haben«[658] müsse. Andernorts wird die Kausalität als »objektive Vorhersehbarkeit« umschrieben.[659]

Ein hoher Kausalitätsmaßstab entspricht zum einen dem Erfordernis enger Voraussetzungen, die das Zurechnungskriterium der Aufenthaltsgewährung mit sich bringt. Zum anderen ist die Frage auch stets aus dem Blickwinkel zu bewerten, dass lediglich an ein Unterlassen des Staates angeknüpft wird, was im Vergleich zu aktivem Tun eine engere Kausalitätsdichte rechtfertigt. Die Argumente sprechen für die *conditio sine qua non*-Formel, nach der die Beherbergung dann kausal für den bewaffneten Angriff ist, wenn sie nicht hinweg gedacht werden kann, ohne dass der Erfolg entfällt.[660] Es ist also zu fragen, ob das Gelingen des bewaffneten Angriffs vom Bereitstellen der Zufluchtsstätte abhängig war. Steht und fällt der Erfolg i.S.v. Art. 51 UN-Charta mit der Bereitstellung des *safe haven* durch den Aufenthaltsstaat, erscheint es nur gerecht, ihn in diesem Fall selbst als Angreifer zu qualifizieren.[661]

cc. Nachweisbarkeit

Für die Befürworter der *safe haven*-Theorie steht außer Frage, dass über die Beherbergung *deutliche* Beweise erbracht werden müssen; bloße Behauptungen reichen nicht aus.[662] Nur so kann sichergestellt werden, dass Gewalt nicht unter dem Deckmantel des Selbstverteidigungsrechts ausgeübt wird.

---

656 *Bruha/Bortfeld*, VN 2001, S. 160 (166).
657 *Hofmeister*, ZÖR 62 (2007), S. 475 (496).
658 *Ruys/Verhoeven*, JCSL 10 (2005), S. 289 (317), Übersetzung durch Verf.
659 *Tietje/Nowrot*, NZWehrR 2002, S. 1 (11).
660 Für die *conditio sine qua non*-Formel auch *Hofmeister*, ZÖR 62 (2007), S. 475 (496); vgl. auch *Weber*, AVR 44 (2006), S. 460 (467) und *Krajewski*, AVR 40 (2002), S. 183 (192).
661 *Krajewski*, AVR 40 (2002), S. 183 (192).
662 *Bruha*, AVR 40 (2002), S. 383 (406); *Kugelmann*, Jura 3003, S. 376 (380); *Hofmeister*, ZÖR 62 (2007), S. 475 (497) und *ders.*, SYIL 11(2007), S. 75 (82): »clear and compelling evidence«; *Wiefelspütz*, Friedens-Warte 81 (2006), S. 73 (79). Zum Beweiserfordernis im Hinblick auf Zurechnungsfragen s. den *Nicaragua*-Fall, Rn. 109: »clear evidence« und Rn. 111: »adequate direct proof« sowie

dd. Wille des Aufenthaltsstaates

Als subjektive Voraussetzung ist erforderlich, dass der Aufenthaltsstaat die nicht-staatliche Gruppierung *willentlich* beherbergt,[663] die bloße *Kenntnis*[664] oder das *Kennenmüssen*[665] einer terroristischen Zielrichtung reicht nicht aus. Die Notwendigkeit eines subjektiven Elements ergibt sich bereits aus den Vorarbeiten zu Art. 3 lit. f Aggressionsdefinition. Geht man von einer analogen Anwendung dieser Vorschrift im Hinblick auf die Bereitstellung von Hoheitsgebiet an Privatpersonen aus, so müssen auch die Einschränkungen der Norm mit beachtet werden.[666] Zwar lassen sich diese nicht direkt aus dem Wortlaut von Art. 3 lit. f. Aggressionsdefinition ableiten, aber aus den zu ihr ergangenen Erklärungen der Mitglieder des Sonderausschusses.[667] So haben viele Staaten in Bezug auf rein zwischenstaatliche Verhältnisse zum Ausdruck gebracht, dass der sein Hoheitsgebiet zur Verfügung stellende Staat sich mit dem Staat, der dieses nutzt, zu verständigen

---

das *Armed Activities*-Urteil, Rn. 146: »no satisfactory proof [...] direct or indirect«; s. ferner *Stahn*, ZaöRV 62 (2002), S. 183 (219), der vor allzu hohen Anforderungen warnt. S. ferner *Zimmer*, Terrorismus, S. 43, der »konkrete Verdachtsmomente« für eine Verstrickung ausreichen lässt. Allgemein zum Beweiserfordernis bei Berufung auf Art. 51 UN-Charta *O'Connell*, JCSL 7 (2002), S. 19 (22): »clear and compelling evidence«; *Charney*, AJIL 95 (2001), S. 835 (836): »credible evidence«; *Wolf*, HuV-I 14 (2001), S. 204 (207); *Wedgwood*, Yale JIL 24 (1999), S. 559 (574). Zu den unterschiedlichen Beweiserfordernissen im Völkerrecht *O'Connell*, JCSL 7 (2002), S. 19 (22 ff.).

663 *Byers*, ICLQ 51 (2002), S. 401 (409); *Ruys*, Stanford JIL 43 (2007), S. 265 (282); *Stein/von Buttlar*, Völkerrecht, Rn. 846. Vgl. auch *Travalio*, Wisconsin ILJ 18 (2000), S. 145 (165); *Garwood-Gowers*, QUTLJJ 4 (2004-2005), S. 1 (13); *Neuhold*, ZaöRV 64 (2004), S. 263 (272).

664 Die Möglichkeit der Zurechenbarkeit durch »wissentliche« Aufenthaltsgewährung diskutieren aber *Tsagourias*, LJIL 29 (2016), S. 801 (817 f.); *Ruys/Verhoeven*, JCSL 10 (2005), S. 289 (317); *Tietje/Nowrot*, NZWehrR 2002, S. 1 (10); *Bruha*, AVR 40 (2002), S. 383 (406); *Kugelmann*, Jura 2003, S. 376 (380); *Kempen/Hillgruber*, Völkerrecht, S. 234 Rn. 86; *Hofmeister*, ZOR 62 (2007), S. 475 (498); *ders.*, SYIL 11 (2007), S. 75 (82 f.); *Wiefelspütz*, Friedens-Warte 81 (2006), S. 73 (79). Unklar *Meiser/von Buttlar*, Terrorismusbekämpfung, S. 54: »wissentliche und willentliche Gewährung eines Aufenthaltsrechtes«.

665 So *Hofmeister*, SYIL 11 (2007), S. 75 (83).

666 *Bruha*, AVR 40 (2002), S. 383 (404).

667 *Bruha*, Definition der Aggression, S. 262 ff.

habe.[668] Diese Verständigung müsse sowohl das Bereitstellen des Hoheits-gebiets als auch die Begehung einer konkreten Angriffshandlung durch den dritten Staat umfassen.[669] Übertragen auf die Situation, dass eine nicht-staatliche Gruppierung staatliches Territorium nutzt, muss der Wille des Aufenthaltsstaates demzufolge die Beherbergung der Organisation sowie deren terroristische Zielsetzung beinhalten. In Anbetracht der Besonderhei-ten des weltweit vernetzten Terrorismus, bei dem Anschlagspläne weitest-gehend im Dunkeln bleiben, kann man jedoch nicht verlangen, dass sich dieser Wille auf jeden konkreten Anschlag beziehen muss. Ein genereller Wille, der die terroristischen Absichten umfasst, reicht aus.[670]

d. Fazit

Um dem gegenwärtigen Bedrohungspotenzial durch nicht-staatliche Ak-teure gerecht zu werden, deren Existenz maßgeblich von Staaten abhängig ist, die ihnen Aufenthalt gewähren, kann das Bereitstellen einer sicheren Zufluchtsstätte unter ganz konkreten Voraussetzungen zu einer tatbestand-lichen Zurechnung bewaffneter Angriffe Privater führen. Ausgehend von Art. 3 lit. g Aggressionsdefinition oder Art. 3 lit. f in analoger Anwendung zählen nur solche nicht-staatlichen Akteure zum tauglichen Personenkreis, die bereits Anschläge verübt oder zumindest entsprechende Absichten be-kundet haben. Die Zufluchtsstätte muss für den Erfolg des bewaffneten An-griffs nicht nur *conditio sine qua non* sein, der Aufenthaltsstaat muss diese auch willentlich bereitstellen. Prozessual betrachtet muss der angegriffene Staat ferner ausreichend Beweise zur Verwicklung des jeweiligen Aufent-haltsstaates vorlegen.

---

668 S. die bei *Bruha*, Definition der Aggression, S. 263, Fn. 55, wiedergegebenen Stimmerklärungen Italiens und Kenias. Ebenso *Schindler*, BDGV 26 (1986), S. 11 (39).

669 *Bruha*, AVR 40 (2002), S. 383 (405), mit weniger überzeugendem Wortlaut-Argument.

670 Vgl. *Bruha*, AVR 40 (2002), S. 383 (405) und *Hofmeister*, ZÖR 62 (2007), S. 475 (498), die eine generelle Kenntnis ausreichen lassen. *Wandscher*, Terro-rismus, S. 253, verlangt hingegen eine Verbindung zum konkreten bewaffneten Angriff.

IV. Zusammenfassung

Die Zulässigkeit von Selbstverteidigungsmaßnahmen *gegen* die Aufenthaltsstaaten privater Akteure steht unter der Prämisse der Zurechenbarkeit gewaltsamer Aktivitäten, sodass der Aufenthaltsstaat selbst als Angreifer i.S.v. Art. 51 UN-Charta auftritt. Handlungen von Privaten sind nur ausnahmsweise einem Staat zurechenbar, insbesondere dann, wenn die nichtstaatlichen Akteure unter staatlicher Leitung oder Kontrolle stehen. Umstritten ist allerdings der hierfür erforderliche Grad staatlichen Einflusses. Art. 3 lit. g der Aggressionsdefinition, der Fälle indirekter Aggressionen regelt, gibt zur Beantwortung der Frage wenig hilfreichen Aufschluss. Anderes gilt für die Feststellungen des IGH im *Nicaragua*-Fall, der für die Zurechnung der privaten Aktivitäten an die USA die hohe Hürde effektiver Kontrolle forderte, die dann vorläge, wenn ein Staat auf jeden spezifischen Einzelakt Einfluss nehmen könne. In ähnlicher Weise wird von einem Großteil der völkerrechtlichen Stimmen auch Art. 8 ILC-Entwurf ausgelegt. Eine deutliche Absenkung hat das Zurechnungskriterium der Anleitung und Kontrolle durch den *Tadić*-Fall des ICTY erfahren, das das Kriterium genereller Kontrolle heranzog. Allerdings wurde das Kriterium durch den IGH nicht übernommen, als er hierzu im *Genozid*-Fall im Jahr 2007 Gelegenheit hatte. Auch die Reaktionen in der übrigen Völkerrechtsgemeinschaft fielen zurückhaltend aus, was dem Umstand geschuldet ist, dass sich das ICTY anstatt mit Fragen zur Staatenverantwortlichkeit mit individueller Verantwortlichkeit zu befassen hatte. Neben der Anleitung und Kontrolle privaten Verhaltens führt auch eine Anerkennung der privaten Aktivitäten im Nachhinein zu einer Zurechenbarkeit, wenngleich auch an das Vorliegen dieses Tatbestandes hohe Anforderungen gestellt sind.

Heutzutage scheint es schwer vorstellbar, dass ein Staat derart in terroristische Strukturen verwickelt ist, dass er jeden spezifischen Einzelanschlag kontrollieren könnte. Nach den herkömmlichen Zurechnungskriterien würde eine Zurechnung daher regelmäßig ausscheiden. Um sich den aktuellen Gegebenheiten anzupassen, bedarf es einer entsprechenden Modifizierung. Große Zustimmung findet die Ansicht, die sich für eine Zurechnung aufgrund beträchtlicher staatlicher Unterstützungsleistungen ausspricht, die auch durch Art. 3 lit. g der Aggressionsdefinition sowie durch Art. 8 ILC-Entwurf gestützt wird. Auch die Bereitstellung einer sicheren Zufluchtsstätte reicht unter konkreten Voraussetzungen für eine Zurechnung privater Aktivitäten aus. Sie findet in Art. 3 lit. g der Aggressionsdefinition ihre rechtliche Verankerung, der damit auch ein staatliches Dulden als »wesentliche Beteiligung an einer Entsendung« qualifiziert.

2. Kapitel — Zeitliche und qualitative Grenzen des Selbstverteidigungsrechts

A. Zeitliche Dimension des Selbstverteidigungsrechts

I. Gegenwärtigkeit nicht-staatlicher bewaffneter Angriffe

Auch bei Vorliegen eines bewaffneten Angriffs und nach Bestimmung des richtigen Verteidigungsgegners besteht die Befugnis zur Selbstverteidigung nicht unbegrenzt. Eine weitere Einschränkung erfährt Art. 51 UN-Charta in zeitlicher Hinsicht. Nicht-staatliche Gewalt zeichnet sich gewöhnlicherweise durch punktuelle Aktionen aus, die zum Teil in regelmäßigen Abständen erfolgen. Daher ist zum einen die Frage zu erörtern, bis zu welchem Zeitpunkt Verteidigungsmaßnahmen zulässig sind. Ist dies etwa nur im Anschluss an jeden einzelnen bewaffneten Angriff der Fall oder solange, bis das von den nicht-staatlichen Akteuren verfolgte Ziel erreicht ist? Zum anderen ist zu hinterfragen, ob Selbstverteidigung auch präventiv gegen bevorstehende Angriffe zulässig ist.

1. Klassisches Verständnis der Gegenwärtigkeit und Probleme bei der Übertragung auf Gewaltakte nicht-staatlicher Akteure

Unbestritten ist, dass die Ermächtigung zu Maßnahmen nach Art. 51 UN-Charta nur im Fall eines gegenwärtigen Angriffs besteht. Gegenwärtig ist der Angriff zumindest dann, wenn er gerade stattgefunden hat oder noch andauert.[671] Ist der Angriff hingegen vollständig beendet, ist der Rückgriff auf das Selbstverteidigungsrecht nach klassischem Verständnis gesperrt.[672] Verteidigungsmaßnahmen müssen also *unmittelbar* an den bewaffneten

---

[671] *Stein/von Buttlar*, Völkerrecht, Rn. 792.
[672] So die h.M., statt vieler *Tomuschat*, EuGRZ 2001, S. 535 (542); *Kotzur*, AVR 40 (2002), S. 454 (473 f.); *Bruha/Bortfeld*, VN 2001, S. 161 (165). A.A. *Franck*, AJIL 95 (2001), S. 839 (840).

Angriff erfolgen. Andernfalls stellt sich die Gegenwehr als unzulässige Maßnahme mit Strafcharakter dar.[673] Dies rührt aus dem Grundsatz, dass gewaltsame Gegenmaßnahmen völkergewohnheitsrechtlich verboten sind,[674] was auch in Art. 50 Nr. 1 lit. a ILC-Entwurf[675] und in der Friendly Relations Declaration[676] niedergelegt ist. Selbst bei einem schweren Verstoß gegen das Völkerrecht – wie etwa in Form eines bewaffneten Angriffs – ist der von der Verletzung betroffene Staat an das Verbot gebunden und darf nicht mittels Gegengewalt auf den Völkerrechtsbruch antworten.[677]

Verteidigungsmaßnahmen haben zwar unmittelbar nach Verübung des bewaffneten Angriffs zu erfolgen. Zeitverzögerungen wegen der Entwicklung von Verteidigungsstrategien und weiterer erforderlicher militärischer Vorbereitungen sowie etwa Behinderungen durch Witterungsbedingungen ändern an der Bewertung der Gegenwärtigkeit nichts.[678] Gleiches gilt auch für den Fall, dass der angegriffene Staat zunächst erfolglos versucht, den Konflikt durch friedliche Mittel zu lösen.[679]

Bei nicht-staatlichen Angriffen ergibt sich zudem die Besonderheit, dass ihre Urheber und deren Aufenthaltsorte häufig nicht auf Anhieb festzustellen sind. In diesen Fällen ist dem angegriffenen Staat auch noch ausreichend Zeit einzuräumen, um den nicht-staatlichen Angreifer zu identifizieren, dessen Sitz ausfindig zu machen und zu überprüfen, inwieweit dessen Aufenthaltsstaat in die privaten Aktivitäten involviert ist.[680] Auch ist die Frage der Gegenwärtigkeit nicht davon abhängig, ob der angegriffene Staat den Auf-

---

673 *Fischer*, in: Ipsen (Hrsg.), Völkerrecht, 5. Aufl., S. 1094, Rn. 39.

674 Vgl. hierzu auch die Friendly Relations Declaration, die den Wortlaut des Art. 2 Ziff. 4 UN-Charta wiederholt.

675 Die genannte Norm besagt, dass »Gegenmaßnahmen [...] folgende Verpflichtungen unberührt [lassen]: die in der Charta der Vereinten Nationen verankerte Verpflichtung, die Androhung und Anwendung von Gewalt zu unterlassen.«

676 6. Absatz des 1. Grundsatzes: »Die Staaten haben die Pflicht, Vergeltungsmaßnahmen, welche die Anwendung von Gewalt einschließen, zu unterlassen.«

677 Dennoch wird vereinzelt die Zulässigkeit von Vergeltungsaktionen gegen terroristische Gruppierungen befürwortet, sowohl zur Abschreckung als auch zum effektiveren Schutz der Bevölkerung. So *Coll,* ASIL Proc (1987), S. 297 (302 f.).

678 *Fischer*, in: Ipsen (Hrsg.), Völkerrecht, 5. Aufl., S. 1093, Rn. 38.

679 *Fischer*, in: Ipsen (Hrsg.), Völkerrecht, 5. Aufl., S. 1093, Rn. 38.

680 *Travalio*, Wisconsin ILJ 18 (2000), S. 145 (165); S. auch *Müllerson*, IsYHR 32 (2002), S. 1 (40).

enthaltsstaat Privater zunächst überzeugen möchte, selbst gegen die Attentäter vorzugehen.[681]

Die Beurteilung der Gegenwärtigkeit eines terroristischen Angriffs wird dadurch erschwert, dass sein Anfang und Ende anders als im zwischenstaatlichen Verhältnis häufig nicht klar definierbar ist.[682] Vielmehr zeichnet sich nicht-staatliche Gewalt durch punktuelle, teilweise willkürliche, aber dennoch regelmäßige Ereignisse aus. Unter Zugrundelegung dieser Charakteristika dehnen einige völkerrechtliche Stimmen das zeitliche Verständnis des Andauerns der Angriffslage und damit das Verständnis für deren Gegenwärtigkeit aus.

Obwohl der Einsatz militärischer Gewalt durch nicht-staatliche Akteure bereits ausgesetzt und eine gewisse Zeit zur Initiierung von Verteidigungsmaßnahmen verstrichen ist, könne der bewaffnete Angriff nach einigen Stimmen womöglich noch fortdauern.[683] Dies treffe unter der Voraussetzung einer anhaltenden Gefährdungslage zu, wobei bis zum Erreichen des von den nicht-staatlichen Akteuren verfolgten Ziels ein »ständiger bewaffneter Angriff« vorläge. [684] Nach der US-amerikanischen Doktrin des *consistent pattern of violent terrorist action* stelle sich die terroristische Bedrohung als ein auf Dauer angelegtes Gesamtkonzept dar, das die einzelnen Anschläge in einem einheitlichen bewaffneten Angriff bündle (»ongoing armed attack«)[685] und eine latente Dauergefahr begründe.[686]

Die These hält einer kritischen Prüfung nicht stand, da nach dieser Betrachtungsweise nicht mehr zwischen zulässiger Abwehr und verbotenen gewaltsamen Repressalien differenziert werden kann.[687] Zudem ist zu be-

---

681   *Fischer,* in: Ipsen (Hrsg.), Völkerrecht, 5. Aufl., S. 1094, Rn. 38.

682   *Heintschel von Heinegg/Gries,* AVR 40 (2002), S. 145 (157).

683   *Kugelmann,* Jura 2003, S. 376 (381).

684   *Stein/von Buttlar,* Völkerrecht, Rn. 847; Vgl. auch *Kugelmann,* Jura 2003, S. 376 (381); *Heintschel von Heinegg/Gries,* AVR 40 (2002), S. 145 (157); *Bruha,* AVR 40 (2002), S. 383 (409); unklar *Tomuschat,* EuGRZ 2001, S. 535 (542).

685   Vgl. die Rede des damaligen US-amerikanischen Außenministers *Shultz,* auszugsweise abgedruckt bei *Levitt,* in: Damrosch/Scheffer (Hrsg.), Law and Force, S. 225 f. S. auch *Paust,* Friedens-Warte 81 (2006), S. 81 (82) und *Schmitt,* in: ders./Pejic (Hrsg.), Armed Conflict, S. 158 (175).

686   *Stein/von Buttlar,* Völkerrecht, Rn. 851.

687   *Stein/von Buttlar,* Völkerrecht, Rn. 850; *Souza,* Canadian JIL 53 (2015), S. 202 (240).

denken, dass selbst dann, wenn das terroristische Ziel noch nicht erreicht sein sollte, der Gefahr weiterer Angriffe womöglich im Wege präventiver Selbstverteidigung begegnet werden kann.[688] Daher besteht auch nicht die Notwendigkeit, den Begriff der Gegenwärtigkeit im Kontext terroristischer Gewalt auszudehnen.

Hingegen ist ein nicht-staatlicher bewaffneter Angriff auch nach seiner Durchführung noch gegenwärtig, wenn er durch weitere noch bevorstehende Übergriffe intensiviert wird. Zu vergleichen ist dieser Fall mit dem Raketenangriff durch einen Staat, wenn zusätzliche militärische Handlungen drohen.[689] In diesem Fall (der bloßen Waffenpause) dauert der (eine) bewaffnete Angriff noch an.

2. *Accumulation of events*-Doktrin

Eng im Zusammenhang mit den soeben geschilderten Situationen steht auch die Konstellation, in der mehrere einzelne, zeitlich zwar deutlich versetzte, aber regelmäßig stattfindende Anschläge die Schwelle zu *einem* bewaffneten Angriff überschreiten. Diese bereits an anderer Stelle befürwortete Doktrin der *Accumulation of events* hat insbesondere aufgrund des Unmittelbarkeitselements Anlass zu Kontroversen gegeben, da sie sowohl abgeschlossene als auch bevorstehende Anschläge erfasst.[690] Damit würden Maßnahmen der Gegenwehr entweder erst nach Abschluss oder aber bereits vor Beginn eines terroristischen Angriffs ergriffen und demzufolge repressive oder präventive Wirkung entfalten.[691] Die Kritik lässt sich aber durch den Umstand entkräften, dass die einzelnen Aktionen vor Überschreitung der Schwelle zum bewaffneten Angriff noch gar nicht am Maßstab von Art. 51 UN-Charta zu bewerten sind. Ist die Hürde zum bewaffneten Angriff genommen, bemisst sich die Frage der Gegenwärtigkeit erst ab diesem Zeitpunkt. Dementsprechend gilt das oben Gesagte.

---

688   Vgl. hierzu im gleichen Kapitel unter A. I. 3.
689   *Kugelmann*, Jura 2003, S. 376 (281).
690   *Blum*, GYIL 19 (1976), S. 223 (233).
691   *Blum*, GYIL 19 (1976), S. 223 (233).

3. Präventive Selbstverteidigung

Ausweislich des Wortlauts von Art. 51 UN-Charta besteht die Ermächtigung zur Selbstverteidigung nur »*im Fall* eines bewaffneten Angriffs«, also nur dann, wenn der Angriff gerade stattfindet oder noch andauert. Noch deutlicher ist die (authentische) englische Fassung »*if an armed attack occurs*«.[692] Ungeachtet dessen halten gewichtige Stimmen in der völkerrechtlichen Literatur Selbstverteidigung auch dann für zulässig, wenn der bewaffnete Angriff noch nicht stattgefunden hat, aber unmittelbar bevorstehe.[693] Rechtlich umschrieben wird diese Konstellation als präventive

---

[692] Vgl. auch den französischen Wortlaut: »dans le cas où un Membre des Nations Unies est l'objet d'une agression armée«.

[693] *Kretzmer*, EJIL 24 (2013), S. 235 (249); *Greenwood*, San Diego ILJ 4 (2003), S. 7 (15); *Ronzitti*, JCSL 11 (2006), S. 343 (347); *Jorasch*, NZWehrR 23 (1981), S. 201 (210); *Schindler*, BDGV 26 (1986), S. 11 (16); *Bowett*, Self-Defence, S. 191 f.; *Franck*, Recourse to Force, S. 98 ff.; Institut de droit International, Annuaire de l'Institut de droit International 72 (2007), S. 233 Ziff. 6: »manifestly imminent attack«; *Schachter*, Michigan LR 82 (1984), S. 1620 (1634); *Shah*, JCSL 12 (2007), S. 95 (100 f.); *Kempen/Hillgruber*, Völkerrecht, S. 235, Rn. 105; *Neuhold*, ZaöRV 64 (2004), S. 263 (272); *Herdegen*, Völkerrecht, S. 266; *Kunde*, Präventivkrieg, S. 156; *Gill*, in: FS Dinstein, S. 113 (126); *Greig*, International Law, S. 892; *Randelzhofer/Nolte*, in: Simma/Khan/Nolte/Paulus (Hrsg.), UN Charter, Art. 51, Rn. 54 (noch ablehnend in der 2. Aufl., Art. 51, Rn. 39); *Hailbronner*, BDGV 26 (1986), S. 49 (81); *Vatanparast*, Hastings ICLR 31 (2008), S. 783 (789); *Weber*, AVR 44 (2006), S. 460 (463). *Dinstein*, Self-Defence, Rn. 530, 538, lehnt ein präventives Selbstverteidigungsrecht ab, erlaubt aber Verteidigungsmaßnahmen, sobald sich Hinweise abzeichnen, die auf ein Ingangsetzen des bewaffneten Angriffs deuten. Somit muss »der Opferstaat [gleichfalls] nicht abwarten bis Bomben fallen« (Übersetzung durch Verf.). Ausdrücklich auch für nicht-staatliche Angriffe befürwortend *Lubell*, Use of Force, S. 59 f.; *Bethlehem*, AJIL 106 (2012), S. 770 (775); *von Arnauld*, Völkerrecht, Rn. 1110; *Baker*, Houston JIL 10 (1987-88), S. 25 (45); *Weber*, AVR 44 (2006), S. 460 (463); *Dörr*, in: ders. (Hrsg.), Rechtslehrer in Berlin, S. 33 (44 f.); *Gazzini*, JCSL 13 (2008), S. 25 (28): »absolute imminent attack«; *Travalio*, Wisconsin ILJ 18 (2000), S. 145 (165): »sufficiently imminent«; *Schmalenbach*, NZWehrR 2002, S. 177 (182); *Travalio/Altenburg*, Chicago JIL 4 (2003), S. 97 (116). Zumindest im Kontext des internationalen Terrorismus befürwortend *Bruha/Bortfeld*, VN 2001, S. 161 (165).
Ablehnend *Kelsen*, United Nations, S. 797 f.; *Bothe*, in: Graf Vitzthum/Proelß (Hrsg.), Völkerrecht, S. 606; *ders.*, EJIL 14 (2003), S. 227 (229); *Brownlie*, Use of Force, S. 278; *Kugelmann*, Jura 2003, S. 376 (381); *Genoni*, Notwehr,

Selbstverteidigung.[694]

Sie ist auf den berühmten *Caroline*-Fall[695] aus dem Jahr 1837 zurückzuführen. In einem Notenwechsel zwischen den USA und Großbritannien verständigten sich beide Staaten darauf, dass ein Gewalteinsatz dann zulässig sei, wenn »a necessity of self-defense, instant, overwhelming and leaving no choice for deliberation«[696] vorgelegen habe. Als Bestandteil des völkergewohnheitsrechtlichen Selbstverteidigungsrechts sei die sog. *Webster*-Formel von Art. 51 UN-Charta aufrechterhalten.[697]

Es stellt sich jedoch die Frage, inwieweit die Subsumtion eines unmittelbar drohenden bewaffneten Angriffs unter Art. 51 UN-Charta mit dessen Text vereinbar ist. Neben dem Wortlaut der Vorschrift[698] lassen auch systematische Argumente Zweifel an der Figur präventiver Selbstverteidigung entstehen. Denn Art. 51 UN-Charta ist stets als Teil eines einheitlichen Friedenssicherungssystems zu betrachten. In Art. 2 Ziff. 4 UN-Charta ist neben der Anwendung auch die *Androhung* von Gewalt geregelt. Ebenso eröffnet Art. 39 UN-Charta als zweite Ausnahme zum satzungsrechtlichen Gewaltverbot für den Sicherheitsrat neben einer Angriffshandlung und einem Friedensbruch auch das Vorliegen einer Friedens*bedrohung* die Möglichkeit zu Zwangsmaßnahmen. Da die Verfasser der Charta die Gefahr einer Bedrohung daher ausdrücklich erkannt haben, kann ihre textliche Nichtveranke-

---

S. 143 ff.; *Kunz*, AJIL 41 (1947), S. 872 (878).

694 Die Begriffe »präventive«, »präemptive« und »antizipatorische« Selbstverteidigung werden in der völkerrechtlichen Literatur nicht einheitlich gebraucht. Zur ausführlichen Darstellung des oftmals sogar gegensätzlichen Begriffsverständnisses vgl. *Richter*, Preemptive Self-Defense, S. 128 ff.; *Deeks*, in: Weller (Hrsg.), Use of Force, S. 661 (662 f.) und *Schwehm*, AVR 46 (2008), S. 368 (369 ff.). Darüber hinaus werden weitere Unterscheidungen getroffen, s. z.B. *Bothe,* in: Graf Vitzthum/Proelß (Hrsg.), Völkerrecht, S. 606, der zwischen der Frage eines Verteidigungsrechts gegen einen drohenden bewaffneten Angriff und zwischen präventiver Selbstverteidigung differenziert.

695 Zum Sachverhalt s. oben S. 71.

696 Brief von *Webster* an *Fox* v. 24. April 1841, British and Foreign State Papers 29 (1857), S. 1129 (1138).

697 *Greenwood*, San Diego ILJ 4 (2003), S. 7 (13); *Bowett*, Self-Defence, S. 188 f.; *Dinstein*, Self-Defence, Rn. 727.

698 Statt vieler *Baker*, Houston JIL 10 (1987-88), S. 25 (44); *Brownlie*, Use of Force, S. 275; *Neuhold*, ZaöRV 64 (2004), S. 263 (272).

rung in Art. 51 UN-Charta nicht als Versehen gewertet werden.[699] Aus dem systematischen Umkehrschluss lässt sich daher nicht die Befugnis zu präventiven Verteidigungsmaßnahmen ableiten.[700]

Zudem stellt sich nach Art. 2 der Aggressionsdefinition, die zur tatbestandlichen Konkretisierung von Art. 51 UN-Charta herangezogen wird, die erste Gewaltanwendung als Angriffshandlung dar. Da präventive Abwehrmaßnahmen nach Art. 51 UN-Charta gerade dem eigentlichen militärischen Übergriff zuvorkommen und damit als erstes erfolgen, müssten sie demzufolge als verbotene Angriffshandlung zu bewerten sein. Allerdings lässt sich dieses gegen ein vorgezogenes Selbstverteidigungsrecht sprechende Argument wiederum dadurch entkräften, dass die Qualifizierung nach Art. 2 der Aggressionsdefinition nur *prima facie* vorgesehen ist. Demnach widerspricht es auch nicht der Aggressionsdefinition, den unmittelbar drohenden Angriff als verboten und die vorgezogenen Verteidigungsmaßnahmen als zulässig einzustufen, was ein Recht auf präventive Selbstverteidigung wiederum bestärkt.[701]

Im Rahmen der teleologischen Auslegung ergeben sich mehrere Argumente. Einerseits spricht das Gebot, nur unter engen Voraussetzungen gewaltsame Maßnahmen zuzulassen, gegen ein Selbstverteidigungsrecht im Fall einer bevorstehenden Bedrohung.[702] Auf der anderen Seite wäre es für das Opfer militärischer Gewalt unzumutbar, den Beginn des bewaffneten Angriffs abzuwarten, insbesondere im Hinblick auf Rüstungsstand und Waffentechnik.[703] Der (nicht-staatliche) Angreifer könnte einen für ihn günstigen strategischen Zeitpunkt wählen und sich ausreichend Zeit zur Planung und Vorbereitung des Anschlags nehmen. Der Opferstaat wäre einem solchen Vorgang machtlos ausgesetzt. Ihm bliebe im Fall nicht-staatlicher

---

699   *Bothe*, EJIL 14 (2003), S. 227 (229). Anders *Blum*, GYIL 19 (1976), S. 223 (234).

700   A.A. *Bowett*, Self-Defense, S. 191, der in seiner Argumentation zwar auch auf Art. 2 Ziff. 4 UN-Charta zurückgreift, nach dem sich aber sonst ein Widerspruch zu dieser Vorschrift ergebe, würde Art. 51 UN-Charta nicht auch einen unmittelbar drohenden Angriff umfassen.

701   *Schindler*, BDGV 26 (1986), S. 11 (16).

702   *Neuhold*, ZaöRV 64 (2004), S. 263 (272); *Bothe*, EJIL 14 (2003), S. 227 (229).

703   Statt aller, die ein präventives Selbstverteidigungsrecht befürworten *Schwehm*, AVR 46 (2008), S. 368 (379); *Weber*, AVR 44 (2006), S. 460 (463); *Drohla,* in: Heintschel von Heinegg, Casebook Völkerrecht, Rn. 432.

Gewalt einzig die Möglichkeit, verschärfte Sicherheitskontrollen einzuleiten, die jedoch mit erheblichen finanziellen Aufwendungen verbunden wären. Zudem wäre fraglich, ob hierdurch ein geplanter Übergriff tatsächlich abgewendet werden könnte. Ein tatenloses Zusehen seitens des Opferstaates widerspricht daher dem Gerechtigkeitsgedanken, der dem Völkerrecht innewohnt.

Im Rahmen der ersten Vorarbeiten zum Atomwaffensperrvertrag[704], der Verhaltensweisen im *Vorfeld* eines Kernwaffeneinsatzes regelt, betont die Atomenergiekommission[705], dass eine schwerwiegende Vertragsverletzung unter Umständen das Recht zur Selbstverteidigung aktivieren könne.[706] Dies könne so interpretiert werden, dass auch die *Vorbereitung* eines Atomwaffeneinsatzes in bestimmten Situationen als bewaffneter Angriff zu qualifizieren ist.[707] Dieses Beispiel spricht ebenso für ein zeitlich vorgezogenes Selbstverteidigungsrecht.

Den *travaux préparatoires* der UN-Charta sind keine klarstellenden Hinweise zu entnehmen.[708] Einerseits waren sich die Gründungsmitglieder der Vereinten Nationen darüber einig, dass der Einsatz von Gewalt nur ausnahmsweise zulässig sein sollte, was ein Recht auf präventive Abwehrmaßnahmen eher nicht befürwortet.[709] Auf der anderen Seite zeigen die Kommentierungen einiger Staaten in die gegenteilige Richtung. So spricht z.B. die Tschechoslowakei in ihrer Stellungnahme von »cases of immediate

---

704 *Treaty on the Non-Proliferation of Nuclear Weapons,* Vertrag über die Nicht-verbreitung von Kernwaffen v. 1. Juli 1968, UNTS Bd. 729 S. 161, BGBl. 1974 II S. 785.

705 Die Atomenergiekommission wurde von der UN-Generalversammlung u.a. mit dem Auftrag eingerichtet, Empfehlungen zum Umgang mit Atomenergie auszuarbeiten (s. UN Doc. GV-Res. 1 (I), 24. Januar 1946).

706 First Report of the Atomic Energy Commission to the Security Council, UN Doc. AEC/18/Rev. I, 3. Januar 1947, S. 24, 4. Punkt: »In consideration of the problem of violation of the terms of the treaty or convention, it should also be borne in mind that a violation might be of so grave a character as to give rise to the inherent right of self-defense recognized in Article 51 of the Charter of the United Nations.«

707 S. auch *Schwebel*, RdC 136 (1972 II), S. 411 (481), der die zitierte Passage dahingehend begreift, dass die Atomenergiekommission Verteidigung auch bei Abwesenheit eines bewaffneten Angriffs für zulässig halte.

708 *Brownlie*, Use of Force, S. 275.

709 *Brownlie*, Use of Force, S. 275.

danger«.[710] Wiederum widersprüchlich sind die türkischen Ausführungen, die sich zunächst auf »cases of emergency« beziehen, später aber im Zusammenhang mit Art. 51 UN-Charta formulieren »the country being attacked«.[711]

Systematische Aspekte sprechen überwiegend gegen ein Recht auf präventive Selbstverteidigung und auch der Wortlaut des Art. 51 UN-Charta bestärkt diese Sichtweise. Dennoch überwiegt letztendlich das teleologische Argument der Unzumutbarkeit eines Abwartens angesichts hoher Rüstungsstandards und moderner Waffentechnik. Im Ergebnis deutet die Textauslegung für die Zulässigkeit von Selbstverteidigung im Fall eines unmittelbar bevorstehenden bewaffneten Angriffs. Bestätigt wird diese Auffassung durch die (wenn auch nur zwischenstaatliche) Staatenpraxis, so z.B. im Sechs-Tage-Krieg zwischen Israel und Ägypten.[712] Der IGH hat zu dieser Thematik noch keine Stellung bezogen.[713]

Während die Frage nach präventiver Selbstverteidigung in Staatengemeinschaft und Literatur überwiegend positiv beschieden wird, findet ein noch weitergehendes Recht auf präemptive Selbstverteidigung, wonach Verteidigungsmaßnahmen zur »Vorbeugung« eines bewaffneten Angriffs zulässig sein sollen,[714] keinen Rückhalt.[715] Ein solches präemptives Selbst-

---

710 UNCIO XII, S. 773.

711 UNCIO XII, S. 781. Beide Beispiele nach *Brownlie*, Use of Force, S. 275 f.

712 Vgl. hierzu *Gill,* in: FS Dinstein, S. 113 (134 ff.).

713 Vgl. den IGH im *Nicaragua*-Fall, Rn. 194 und im *Armed Activities*-Fall, Rn. 143, der festhielt, solange sich die streitenden Parteien auf einen stattfindenden (und nicht bloß drohenden) Angriff berufen, zur Frage präventiver Selbstverteidigung keine Stellung zu beziehen.

714 *Ronzitti*, JCSL 11 (2006), S. 343 (346), spricht von einem »latent drohenden« Angriff; *Stahn*, in: Walter/Vöneky/Röben/Schorkopf (Hrsg.), Terrorism, S. 867, von einem »sufficient threat«; *Reisman/Armstrong*, AJIL 100 (2006), S. 525 (526) von »mere possibility of an attack at some future time«, *Weber*, AVR 44 (2006), S. 460 (464), von der »Möglichkeit eines Angriffs«.

715 *Fassbender*, EuGRZ 31 (2004), S. 241 (250); *Vatanparast*, Hastings ICLR 31 (2008), S. 783 (790 f.); *Gazzini*, JCSL 13 (2008), S. 25 (29); *Neuhold*, ZaöRV 64 (2004), S. 263 (272); *Stahn*, in: Walter/Vöneky/Röben/Schorkopf (Hrsg.), Terrorism, S. 868 f.; *Franck*, AJIL 97 (2003), S. 607 (619); *Kunde*, Präventivkrieg, S. 199 ff.; *Kotzur*, AVR 40 (2002), S. 454 (474); *Kempen/Hillgruber*, Völkerrecht, S. 235 f., Rn. 107.

verteidigungsrecht stützt sich auf eine Bedrohungssituation, die potenziell zu einem in der Zukunft liegenden[716] bewaffneten Angriff erwachsen könnte. Hierbei besteht eine hohe Ungewissheit, ob und wann sich die Gefahr tatsächlich in Form eines bewaffneten Angriffs realisieren wird.[717] Insbesondere die *National Security Strategy* der USA, in der auch ein Vorgehen gegen Staaten, die Massenvernichtungswaffen besitzen oder besitzen könnten, zulässig sei, stieß größtenteils auf Missbilligung.[718] Auszugsweise heißt es dort:

> »We must adapt the concept of imminent threat to the capabilities and objectives of today's adversaries. […] The greater the threat, the greater the risk of inaction – and the more compelling the case for taking anticipatory action to defend ourselves, *even if uncertainty remains as to the time and place of the enemy's attack.*«[719]

Auch der Angriff Israels auf einen irakischen Atomreaktor im Jahr 1981 wurde im Sicherheitsrat einstimmig verurteilt und als Verstoß gegen die UN-Charta bezeichnet.[720]

Der Internationale Gerichtshof wies im *Armed Activities*-Fall ein präemptives Selbstverteidigungsrecht implizit zurück, indem er zunächst festhielt, dass Uganda sich zur Ausübung seiner behaupteten Selbstverteidi-

---

Präemptive Selbstverteidigung hingegen befürwortend *Totten*, Stanford JIL 43 (3007), S. 95 (123); *Charney*, AJIL 95 (2001), S. 835 (835), wohl auch *Müllerson*, IsYHR 32 (2002), S. 1 (41).

716   *Ronzitti*, JCSL 11 (2006), S. 343 (346), spricht von einem »latent drohenden« Angriff; *Stahn*, in: Walter/Vöneky/Röben/Schorkopf (Hrsg.), Terrorism, S. 867, von einem »sufficient threat«; *Reisman/Armstrong*, AJIL 100 (2006), S. 525 (526) von »mere possibility of an attack at some future time«, *Weber*, AVR 44 (2006), S. 460 (464), von der »Möglichkeit eines Angriffs«.

717   *Deeks*, in: Weller (Hrsg.), Use of Force, S. 661 (663).

718   *Bothe*, EJIL 14 (2003), S. 227 (232). Vgl. die präemptiven »Selbstverteidigungsstrategien« weiterer Staaten im Zuge der *National Security Strategy* bei *Reisman/Armstrong*, AJIL 100 (2006), S. 525 (538 ff.). Bereits davor befürwortete die USA den Einsatz präemptiver Selbstverteidigung; vgl. hierzu die ausführliche Darstellung bei *Reisman/Armstrong*, AJIL 100 (2006), S. 525 (S. 527 ff.).

719   *National Security Strategy*, S. 15, http://www.state.gov/documents/organization/63562.pdf (Hervorhebung durch Verf.). S. zur National Security Strategy und zum Konzept der präemptiven Selbstverteidigung in weiteren Regierungsdokumenten *Richter*, Preemptive Self-Defense, S. 82 ff.

720   Vgl. UN Doc. SR-Res. 487 (1981), 19. Juni 1981.

gungsbefugnis überwiegend auf vorsorgliche Sicherheitsinteressen berief[721] und sodann erklärte:

>Article 51 of the Charter may justify a use of force in self-defence only within the strict confines there laid down. It does not allow the use of force to protect perceived security interests beyond these parameters.«[722]

Im Ergebnis bestätigt sich, dass präemptive Selbstverteidigung kein geltendes Recht ist.[723]

Wann ein bewaffneter Angriff unmittelbar bevorsteht, bestimmt sich nach der Schwere der Bedrohung, insbesondere nach der Art der Waffen.[724] So ist z.B. die Bedrohung durch einen Angriff, in dem atomare, chemische oder biologische Waffen zum Einsatz gelangen sollen, größer als bei Verwendung weniger gefährlicher Mittel.

II. Subsidiarität des Selbstverteidigungsrechts

Gemäß dem Wortlaut von Art. 51 UN-Charta erlischt die Befugnis zur Selbstverteidigung sobald »der Sicherheitsrat die zur Wahrung des Weltfriedens und der internationalen Sicherheit erforderlichen Maßnahmen getroffen hat.« Die Ausübung von Verteidigungsmaßnahmen ist daher nur zulässig, bevor der Sicherheitsrat nach Vorliegen eines bewaffneten Angriffs Maßnahmen nach Kapitel VII der UN-Charta getroffen hat, die für die Mitglieder gemäß Art. 25 UN-Charta verbindlich sind.

Der Grundsatz der Subsidiarität des Verteidigungsrechts verdeutlicht, dass dem Sicherheitsrat die Hauptverantwortung zur Friedenswahrung übertragen ist. Seine Maßnahmen nach Kapitel VII und die Befugnis aus Art. 51 UN-Charta stehen daher zueinander in einem Rangverhältnis.[725] Dies bedeutet jedoch nicht, dass es zur Ausübung von Verteidigungsmaßnahmen einer Autorisierung durch den Sicherheitsrat bedarf. Das Selbstverteidigungsrecht steht bereits ab dem Moment zur Verfügung, in dem der bewaffnete Angriff gegenwärtig ist.

---

721   *Armed Activities*-Fall, Rn. 143.
722   *Armed Activities*-Fall, Rn. 148.
723   *Stahn*, ZaöRV 62 (2002), S. 183 (232); *Franck*, AJIL 97 (2003), S. 607 (619).
724   *Greenwood*, San Diego ILJ 4 (2003), S. 7 (16).
725   *Shah*, JCSL 12 (2007), S. 95 (97).

Im Einzelfall ergeben sich Schwierigkeiten bei der Beurteilung, ob der Sicherheitsrat die »erforderlichen Maßnahmen« getroffen hat. Nicht jede Resolution des Sicherheitsrates beschneidet dem angegriffenen Staat die Ausübung von Selbstverteidigung. Vielmehr muss der Sicherheitsrat Zwangsmaßnahmen ergreifen oder die Beendigung der Verteidigungsmaßnahmen fordern.[726]

Im Kontext des Subsidiaritätsgrundsatzes spielt auch die Pflicht zur Notifizierung der Verteidigungsmaßnahem eine wichtige Rolle. Damit der Sicherheitsrat seine friedenssichernde Funktion bestmöglich wahrnehmen kann, hat der sich verteidigende Staat die von ihm ergriffenen Selbstverteidigungsmaßnahmen ausdrücklich des Wortlauts von Art. 51 S. 2, 1. HS UN-Charta unverzüglich anzuzeigen.[727] Eine Verletzung dieser Pflicht führt jedoch nicht schlechthin zur Unzulässigkeit der Verteidigungsmaßnahmen.[728]

B. Grundsatz der Verhältnismäßigkeit der Verteidigungsmaßnahmen

Eine weitere Einschränkung erfährt das Selbstverteidigungsrecht durch den Grundsatz der Verhältnismäßigkeit, der sich zwar nicht im Wortlaut der Vorschrift des Art. 51 UN-Charta wiederfindet, aber in Staatengemeinschaft und Literatur anerkannt ist.[729] Seine Geltung ist völkergewohnheitsrechtlich unbestritten.[730] Auch der Internationale Gerichtshof hat im *Nicar-*

---

726 *Dinstein*, Self-Defence, Rn. 632. Zu den inhaltlichen Anforderungen an die Maßnahmen des Sicherheitsrates s. *Kielmansegg*, AVR 50 (2012), S. 285 (302 ff.).

727 So auch die h.M., statt vieler *Cassese*, in: Cot/Pellet (Hrsg.), La Charte des Nations Unies, S. 1332. Gegen eine Anzeigepflicht *Greig*, ICLQ 40 (1991), S. 366 (379 ff.).

728 Dies ist umstritten. Ausführlich hierzu *Dinstein*, Self-Defence, Rn. 633 ff. Zur Staatenpraxis vgl. *Gray*, Use of Force, S. 121 ff.

729 *Drohla,* in: Heintschel von Heinegg, Casebook Völkerrecht, Rn. 422; *Bleckmann*, Staats- und Völkerrechtslehre, S. 680; *Gardam*, AJIL 87 (1993), S. 391 (403).

730 Statt aller *Ratner*, AJIL 96 (2002), S. 905 (915); *Green*, NILR 2008, S. 181 (186).

agua-Fall[731] und im *Oil Platforms*-Fall[732] sowie in seinem Gutachten zum Einsatz von Nuklearwaffen[733] ausdrücklich auf diesen Grundsatz verwiesen. Schon im *Caroline*-Fall fand der Verhältnismäßigkeitsgrundsatz Erwähnung[734] und in der völkerrechtlichen Literatur wird seine Bedeutung durchweg betont.[735] Die Verhältnismäßigkeit bestimmt sich stets aus der Sicht eines objektiven Dritten.[736] Im Fall der Unverhältnismäßigkeit der Gegenwehr sind die Verteidigungsmaßnahmen selbst als rechtswidrige verbotene Gewalt zu bewerten.[737]

Streit besteht über die inhaltliche Ausprägung des Verhältnismäßigkeitsgrundsatzes, denn oftmals finden sich nur pauschale Hinweise.[738] Zum Teil wird er ähnlich der dem deutschen Recht entsprechenden letzten Stufe einer Angemessenheitsprüfung verstanden[739] oder wie in dieser Arbeit als Oberbegriff einer mehrstufigen Prüfung betrachtet, die – wiederum vergleichbar

---

731 *Nicaragua*-Fall, Rn. 176: »[In customary international law is a] specific rule whereby self-defence would warrant only measures which are proportional to the armed attack and necessary to respond to it.«

732 *Oil Platforms*-Fall, Rn. 43.

733 *Nuklearwaffen*-Gutachten, S. 245, Rn. 41: »The submission of the exercise of the right of self-defence to the conditions of necessity and proportionality is a rule of customary international law«, but »[t]his dual condition applies equally to Article 51 of the Charter, whatever the means of force employed«.

734 Brief des amerikanischen Außenministers *Daniel Webster* an *Mr. Fox* v. 24. April 1841, British and Foreign State Papers 29 (1857), S. 1129 (1133): »[…] since that act justified by the necessity of self-defence, must be limited by that necessity, and kept clearly within it«.

735 Statt vieler *Randelzhofer/Nolte*, in: Simma/Khan/Nolte/Paulus (Hrsg.), UN Charter, Art. 51, Rn. 57: »exceptional legal and practical importance for the right of self-defence.« *Antonopoulos*, NILR 2008, S. 159 (167): »The importance of proportionality is fundamental.« *Aurescu*, AFDI 52 (2006), S. 137 (154): »une condition importante«.

736 *Drohla*, in: Heintschel von Heinegg, Casebook Völkerrecht, Rn. 423.

737 Statt aller *Bothe*, in: Graf Vitzthum/Proelß (Hrsg.), Völkerrecht, S. 608.

738 S auch *Akande/Liefländer*, AJIL 107 (2013), S. 563 (566 f.); *Krugmann*, Verhältnismäßigkeit, S. 11.

739 So *Jorasch*, NZwehrR 23 (1981), S. 201 (210); *Scholz*, Selbstverteidigungsrecht, S. 65, Fn. 31; wohl auch *Grothe*, in: Graf Vitzthum/Proelß (Hrsg.), Völkerrecht, S. 659: »Selbstverteidigung muss in einem *angemessenen* Verhältnis zur Schwere des sie rechtfertigenden Angriffs stehen« (Hervorhebung durch Verf.) und *Constantinou*, Self-Defense, S. 162; *Brownlie*, Use of Force, S. 261 ff.; *Shah*, JCSL 12 (2007), S. 95 (110).

mit dem deutschen Recht – untersucht, ob die Selbstverteidigungsmaßnahmen einem legitimen Zweck dienen sowie geeignet, erforderlich und angemessen sind.[740]

Das Recht aus Art. 51 UN-Charta dient der Abwehr eines bewaffneten Angriffs, Gegenwehr ist daher nur zu defensiven Zwecken, d.h. zur Abwehr des Angriffs, zulässig.[741] Vergeltungs- oder Strafmaßnahmen sind stets unzulässig.[742] Die Verteidigungshandlungen müssen darüber hinaus dem Grundsatz der *Erforderlickeit* entsprechen, gewaltsame Maßnahmen sind nur *ultima ratio*.[743] Der angegriffene Staat darf nur dann mittels Gewalt reagieren, wenn alternative Möglichkeiten nicht vorhanden sind, sich nicht als erfolgversprechend auszeichnen oder erfolglos geblieben sind.[744] Daher muss zunächst der Versuch unternommen werden, den Konflikt auf fried-

---

740 So *Bleckmann*, Staats- und Völkerrechtslehre, S. 680; *Zimmer*, Terrorismus, S. 68; *Ruffert*, ZRP 2002, S. 247 (248); wohl auch *Genoni*, Notwehr, S. 132 ff.; *Schindler*, BDGV 26 (1986), S. 11 (17); *Kempen/Hillgruber*, Völkerrecht, S. 239, Rn. 239. Eine Vielzahl völkerrechtlicher Autoren prüft die Erforderlichkeit (»necessity«) als eigenständiges Kriterium neben der Verhältnismäßigkeit (»proportionality«), schließt in einen der beiden Punkte aber auch Fragen zum Zweck der Verteidigungsmaßnahmen ein; so z.B. *Ruys*, Stanford JIL 43 (2007), S. 265 (290); *ders.*, Melbourne JIL 9 (2008), S. 334 (359 ff.); *Ronen*, YIHL 9 (2006), S. 362 (388 f.); *Randelzhofer/Nolte*, in: Simma/Khan/Nolte/Paulus (Hrsg.), UN Charter, Art. 51, Rn. 57 f.; *Gray*, Use of Force, S. 150; *Aurescu*, AFDI 52 (2006), S. 137 (153 f.); s. auch *Stein/von Buttlar*, Völkerrecht, Rn. 851. Ausführlich zu beiden Kriterien (unterscheidend zwischen staatlichen/nichtstaatlichen Angriffen) *Tams/Devaney*, IsLR 45 (2012), S. 91 (96 ff.). Zum Verständnis und Inhalt des Verhältnismäßigkeitsgrundsatzes im Kontext von Art. 51 UN-Charta und der Aggressionsdefinition aus Sicht vieler Staaten s. *Bruha*, Definition der Aggression, S. 172 ff.

741 So die h.M., statt vieler *Gray*, Use of Force, S. 150; *Beard*, Harvard JLPP 25 (2002), S. 559 (583); *Tietje/Nowrot*, NZWehrR 2002, S. 1 (15); *Randelzhofer/Nolte*, in: Simma/Khan/Nolte/Paulus (Hrsg.), UN Charter, Art. 51, Rn. 60; *Ruys*, Melbourne JIL 9 (2008), S. 334 (359); *Tams*, EJIL 20 (2009), S. 359 (391). Unklar *Akande/Liefländer*, AJIL 107 (2013), S. 563 (569): »[S]elf-defense is entirely defensive (i.e. preventive)«.

742 *Tietje/Nowrot*, NZWehrR 2002, S. 1 (15); *Ruys*, Melbourne JIL 9 (2008), S. 334 (359); *Gray*, Use of Force, S. 150.

743 *Green*, NILR 2008, S. 181 (185) und *Cassese*, International Law, S. 469: »last resort«. Kritisch *Zimmer*, Terrorismus, S. 69.

744 Statt aller *Green*, NILR 2008, S. 181 (185); *Garwood-Gowers*, QUTLJJ 4 (2004-2005), S. 1 (15); vgl. ferner *Schmitt*, Michigan JIL 29 (2008), S. 127 (151) und *ders.*, IsYHR 32 (2002), S. 53 (71).

liche Weise, z.B. durch diplomatische Mittel, zu lösen.[745] Dies gilt auch, wenn der bewaffnete Angriff noch andauert.[746] Steht hinter dem bewaffneten Angriff eine private Gruppierung, bietet es sich für den Opferstaat an, den Aufenthaltsstaat um Maßnahmen der Strafverfolgung oder um solche zu bitten, die darauf abzielen, weitere Übergriffe zu verhindern.[747] Ist letzterer selbst willig und fähig, gegen die privaten Angreifer einzuschreiten und ergreift alle notwendigen Maßnahmen, sind Verteidigungshandlungen nicht (mehr) erforderlich.[748] Wird der Aufenthaltsstaat nicht tätig, obliegt es dem angegriffenen Staat, zumindest die Zustimmung zur grenzüberschreitenden Gegenwehr einzuholen.[749]

Ein durch den angegriffenen Staat erzwungener Regimewechsel im Aufenthaltsstaat der privaten Gruppierung ist nicht von Art. 51 UN-Charta gedeckt,[750] selbst wenn hierdurch weitere Unterstützungsleistungen von Regierungsseite an die Privaten eingestellt würden. Dies gilt auch im Fall der Zurechenbarkeit des Angriffs an den Aufenthaltsstaat, d.h. auch dann, wenn letzterer selbst zulässiger Gegner der Verteidigungsmaßnahmen ist. Ein Regimewechsel stellt nicht das mildeste Mittel dar, es fehlt mithin an der Erforderlichkeit einer solchen Maßnahme.[751]

Ferner muss die Gegenwehr auch *angemessen* sein, also im Hinblick auf Umfang und Auswirkungen in einem ausgewogenen Verhältnis zum bewaffneten Angriff stehen.[752] Die vom Verteidiger angewandte Gewalt muss

---

745 Vgl. *Stahn*, ZaöRV 62 (2002), S. 183 (230), der bei einem nicht-staatlichen bewaffneten Angriff voraussetzt, dass »(1) peaceful means are not sufficient to deter future attacks and (2) that strikes against the terrorists themselves do not provide adequate redress to forestall the danger of future attacks.«

746 A.A. *Lubell*, Use of Force, S. 45.

747 *Lubell*, Use of Force, S. 46; *Kretzmer*, EJIL 24 (2013), S. 235 (273); *Tams/Devaney*, IsLR 45 (2012), S. 91 (98).

748 *Trapp*, ICLQ 56 (2007), S. 141 (147); *Travalio/Altenburg*, Chicago JIL 4 (2003), S. 97 (114); *Weller*, Striking ISIL: Aspects on the Law of the Use of Force, ASIL Insights, Vol. 19, Issue 5, 11. März 2015, www.asil.org/insights/volume/19/issue/5/striking-isil-aspects-law-use-force.

749 *Tams/Devaney*, IsLR 45 (2012), S. 91 (98).

750 So die h.M., statt vieler *Souza*, Canadian JIL 53 (2015), S. 202 (236); *Stein/von Buttlar*, Völkerrecht, Rn. 795; *Tomuschat*, EuGRZ 2001, S. 535 (543); *Stahn*, ZaöRV 2002, S. 183 (231); *Tietje/Nowrot*, NZWehrR 2002, S. 1 (15).

751 *Wandscher*, Terrorismus, S. 281.

752 *Krajewski*, AVR 40 (2002), S. 183 (208 f.); *Bruha/Bortfeld*, VN 2001, S. 161 (167); *Aurescu*, AFDI 52 (2006), S. 137 (154).

die Zahl der Opfer und den erlittenen Schaden berücksichtigen[753] sowie in Relation zur Bewaffnung des Angreifers und seiner Art der Kampfführung gesetzt werden.[754] Dies bedeutet aber nicht, dass nur solche Waffen zum Einsatz gelangen dürfen, die auch der Angreifer verwendet hat.[755] Darüber hinaus sind Verteidigungsmaßnahmen strikt aus dem Blickwinkel des humanitären Völkerrechts zu bewerten.[756] Seine Bedeutung wird stets betont, so z.B. im Gutachten zur Zulässigkeit des Atomwaffeneinsatzes, in dem der IGH festhält, dass

> »use of force that is proportionate under the law of self-defence, must, in order to be lawful, also meet the requirements of the law applicable in armed conflicts which comprise in particular the principles and rules of humanitarian law.«[757]

Nach der Grundregel des humanitären Völkerrechts dürfen Kriegshandlungen nur gegen Kombattanten und militärische Ziele gerichtet werden, Zivilpersonen und zivile Objekte sind hingegen zu schützen.[758] Militärische Ziele sind solche, die aufgrund ihrer Beschaffenheit, ihres Standorts, ihrer Zweckbestimmung oder ihrer Verwendung einen eindeutigen militärischen Vorteil darstellen.[759]

---

753   *Dinstein*, Self-Defence, Rn. 697; *Ruys*, Armed Attack, S. 117.

754   *Ruys*, Armed Attack, S. 117. A.A. *Schmitt*, Michigan JIL 29 (2008), S. 127 (153) und *ders.,* in: ders./Pejic (Hrsg.), International Law and Armed Conflict, S. 158 (172), nach dem es nicht auf eine Gleichwertigkeit ankomme, sondern all diejenige Gewalt verhältnismäßig sei, derer es zur Abwehr des bewaffneten Angriffs bedarf.

755   *Constantinou*, Right of Self-Defense, S. 164; *Gâlea*, RJIL 3 (2006), S. 109 (116); *Randelzhofer/Nolte,* in: Simma/Khan/Nolte/Paulus (Hrsg.), UN Charter, Art. 51, Rn. 60; *Gray*, Use of Force, S. 150.

756   Statt aller *Schachter*, IsYHR 19 (1989), S. 209 (224); *Zimmermann*, MPYUNL 11 (2007), S. 99 (124).

757   *Nuklearwaffen*-Gutachten, S. 245, Rn. 42.

758   S. Art. 27 ff. des 4. Genfer Abkommens (Geneva Convention relative to the Protection of Civilian Persons in Time of War, Abkommen zum Schutze von Zivilpersonen in Kriegszeiten v. 12. August 1949, UNTS Bd. 75 S. 287, BGBl. 1954 II S. 917, ber. 1956 II S. 1586).

759   Art. 52 Abs. 2 Zusatzprotokoll I (Protocol Additional to the Geneva Conventions of 12 August 1949, and relating to the Protection of Victims of International Armed Conflicts, Zusatzprotokoll zu den Genfer Abkommen vom 12. August 1949 über den Schutz der Opfer internationaler bewaffneter Konflikte v. 8. Juni 1977, UNTS Bd. 1125 S. 3, BGBl. 1990 II S. 1551): »Angriffe sind streng auf militärische Ziele zu beschränken. Soweit es sich um Objekte handelt,

Reagiert ein angegriffener Staat auf eine Reihe einzelner Gewaltanwendungen, die nach der *Accumulation of events*-Doktrin die Schwelle zu einem bewaffneten Angriff überschreiten, ist es auch nur konsequent, die *Summe* aller Einzelakte zur Beurteilung der Verhältnismäßigkeit heranzuziehen.[760] Daher steht ein einzelner größerer Gegenschlag noch in Angemessenheit zu mehreren kleineren Einzelanschlägen.[761] Ob auch zukünftige drohende Attacken zur Beantwortung der Frage der Angemessenheit mit einzubeziehen sind,[762] ist fraglich. Schließlich sind die Ausmaße eines Übergriffs nur schwer vorhersehbar.

Es stellt sich die Frage, ob auch der Einsatz von Waffen zulässig ist, die größere Schäden anrichten als zur Abwehr des bewaffneten Angriffs erforderlich sind. Zwar ist der vom Angriff betroffene Staat nicht dazu verpflichtet, auf weniger gefährliche militärische Mittel zurückzugreifen, wenn die erfolgreiche Abwehr des Angriffs hierbei zweifelhaft erscheint. Anderes gilt dann, wenn von vornherein erkennbar ist, dass die zu erwartenden Zerstörungen größer sein werden als nötig.

Einschränkungen können sich (ungeachtet des humanitären Völkerrechts) auch hinsichtlich des Kampfgebietes ergeben. Sind nicht-staatliche Akteure Urheber des bewaffneten Angriffs, ist dem Grundsatz der Verhältnismäßigkeit nur dann Rechnung getragen, wenn sich die Verteidigungsmaßnahmen ausschließlich gegen ihre Stellungen richten.[763]

---

gelten als militärische Ziele nur solche Objekte, die auf Grund ihrer Beschaffenheit, ihres Standorts, ihrer Zweckbestimmung oder ihrer Verwendung wirksam zu militärischen Handlungen beitragen und deren gänzliche oder teilweise Zerstörung, deren Inbesitznahme oder Neutralisierung unter den in dem betreffenden Zeitpunkt gegebenen Umständen einen eindeutigen Vorteil darstellt.« Wie weite Teile des humanitären Völkerrechts gilt auch Art. 52 Abs. 2 ZP I als Völkergewohnheitsrecht; s. *Bothe,* in: Graf Vitzthum/Proelß (Hrsg.), Völkerrecht, S. 700, Rn. 68.

760   Ebenso *Schachter,* IsYHR 19 (1989), S. 209 (223).
761   *Shah,* JCSL 12 (2007), S. 95 (123); *Schachter,* IsYHR 19 (1989), S. 209 (223).
762   So *Baker,* Houston JIL 10 (1987-88), S. 25 (47).
763   *Ruys,* Melbourne JIL 9 (2008), S. 334.

3. Kapitel — Fallstudien aus jüngerer Zeit zur Selbstverteidigung gegen nicht-staatliche Akteure

Mehrfach haben Staaten in jüngerer Zeit auf Gewaltaktionen privater Akteure mit militärischen Maßnahmen auf dem Hoheitsgebiet der jeweiligen Aufenthaltsstaaten geantwortet und sich hierbei auf ein bestehendes Selbstverteidigungsrecht berufen.[764] Dies trifft auf Israel zu, das im Jahr 2006 auf dem Gebiet des Libanon gegen die Hisbollah vorgegangen ist. Ebenso erklärte Kolumbien im Konflikt um die FARC seine im Jahr 2008 durchgeführte Militäraktion in Ecuador als zulässige Selbstverteidigung. Gleiches gilt für die Türkei hinsichtlich ihres Einsatzes gegen die PKK im Nordirak. Im Folgenden sollen diese drei Einzelfälle gemäß den Kriterien von Art. 51 UN-Charta erörtert werden.

Die Verortung dieser Abhandlungen am Schluss der Arbeit liegt der methodischen Überlegung zugrunde, dass die Fallstudien für die bisherigen, überwiegend theoretischen Untersuchungsergebnisse nicht normprägend waren. Vielmehr sollen letztere anhand der genannten Fälle auf ihre Praktikabilität hin überprüft werden.

A. Der israelische Militäreinsatz im Libanon im Sommer 2006

I. Geschichtliche Hintergründe

Der im Nahen Osten schwelende Konflikt um Israel gipfelte im Sommer 2006 nach monatelangem Raketenbeschuss durch palästinensische Gruppierungen auf südisraelische Städte in einem weiteren Höhepunkt. Am 12. Juli 2006 feuerte die Hisbollah von libanesischem Gebiet aus Katjuscha-Raketen auf nordisraelische Städte ab. Zur gleichen Zeit überschritten weitere Hisbollah-Milizen die libanesische Grenze zu Israel und verwickelten israelische Grenzposten in Auseinandersetzungen, die mit der Tötung von acht – nach anderen Angaben von sechs bzw. drei – und der Entführung von zwei israelischen Soldaten endete.

---

764 Vgl. die aufgelisteten und erörterten Fälle bei *Reinold*, AJIL 105 (2011), S. 244 (252 ff.).

Israel reagierte auf das Ereignis noch am gleichen Tag mit gewaltigen militärischen Gegenschlägen, zunächst auf dem Land-, später auch auf dem Luft- und Seeweg. Es zerstörte neben Waffenlagern und Wohnvierteln der Hisbollah auch Infrastruktur wie Straßen, Brücken und den Flughafen Beiruts. Darüber hinaus blockierte es den Seeweg zum Libanon, Verbindungswege zu Syrien und weitere Hauptverkehrswege. Schließlich marschierten israelische Streitkräfte in den Libanon ein und begannen mit einer umfassenden Bodenoffensive. Der insgesamt 34 Tage dauernde Konflikt, der auch unter den Namen »Zweiter Libanonkrieg« bekannt ist, führte auf beiden Seiten zu hohen Verlusten an Menschenleben. Mehrere tausend Menschen wurden verletzt oder begaben sich auf die Flucht.[765] In Folge der Sicherheitsrat-Resolution 1701 vom 11. August 2006 wurde die Auseinandersetzung durch einen Waffenstillstand beendet, der am 16. August in Kraft trat.[766]

II.   Israels Befugnis zur Selbstverteidigung

Der damalige Premierminister Israels erklärte noch am Tag der Vorfälle:

> »This morning's events were not a terrorist attack, but the action of a sovereign state that *attacked* Israel for no reason and without provocation. [...] Lebanon is responsible and Lebanon will bear the consequences [...] for this *act of war* [...] on the sovereign territory [...] of the state of Israel.«[767]

Auch die israelische Außenministerin nahm vergleichbar Stellung:

---

765   Für genaue Zahlen und eine Schadensbilanz vgl. den Bericht des UN-Generalsekretärs, Report of the Secretary-General on the implementation of Security Council resolution 1701 (2006), UN Doc. S/2006/730, 12. September 2006, S. 2.

766   Vgl. zum Hergang des Geschehens den Bericht des UN-Menschenrechtsrates zu den von Israel verübten Menschenrechtsverletzungen im Libanonkrieg, UN Doc. A/HRC/3/2, 23. November 2006 (im Folgenden: Bericht des UN-Menschenrechtsrates zum Libanonkrieg), Rn. 40 ff.

767   Erklärung *Ehud Olmerts* v. 12. Juli 2006, www.mfa.gov.il/mfa/pressroom/20 06/pages/pm%20olmert%20-%20lebanon%20is%20responsible%20and%20wi ll%20bear%20the%20consequences%2012-jul-2006.aspx, Hervorhebung durch Verf.; im Folgenden: Erklärung *Olmerts* v. 12. Juli 2006.

»Israel views the government of Lebanon as responsible for today's unprovoked *aggression*.«[768]

Einen Tag später äußerte sich das Außenministerium in ähnlicher Weise:

> »Israel is now reacting to an *act of war* by a neighboring sovereign state. Israel views Lebanon as responsible for the present situation, and it shall bear the consequences for this act.«[769]

Wenngleich von Israel nicht klar zum Ausdruck gebracht, lassen die zitierten Erklärungen auf das Selbstverständnis Israels zur Selbstverteidigung zumindest schließen. Dies wird insbesondere durch die Worte »attacked« und »aggression« deutlich, die auf den Tatbestand des bewaffneten Angriffs (armed attack) hinweisen, zumal letzterer ein Unterfall der Aggression ist.

Eindeutig in der Formulierung ist hingegen der Brief Israels an die Vereinten Nationen, in dem zunächst wiederum auf die Verantwortlichkeit des Libanon für den »belligerent act« hingewiesen wird. Sodann bekräftigte Israel, dass es

> »reserves the right to act in accordance with Article 51 of the Charter of the United Nations and exercise its right of self-defense when an armed attack is launched against a Member of the United Nations. The State of Israel will take appropriate actions to secure the release of the kidnapped soldiers and bring an end to the shelling that terrorizes our citizens.«[770]

Während Israel sich folglich in einer Selbstverteidigungsposition sah, wies der Libanon jegliche Verantwortlichkeit von sich und verurteilte die »Israeli

---

768 Erklärung der Außenministerin *Tzipi Livni* v. 12. Juli 2006, http://www.mfa. gov.il/MFA/PressRoom/2006/Pages/Statement%20by%20FM%20Livni%20on %20Hizbullah%20attack%20from%20Lebanon%2012-Jul-2006.aspx, Hervorhebung durch Verf.; im Folgenden: Erklärung *Livnis* v. 12. Juli 2006.

769 Erklärung des Vertreters des Außenministeriums *Gideon Meir* bei einer Pressekonferenz v. 13. Juli 2006, www.mfa.gov.il/mfa/pressroom/2006/pages/state-ment%20by%20foreign%20ministry%20deputy%20dg%20gideon%20meir% 2013-jul-2006.aspx, Hervorhebung durch Verf.; im Folgenden: Erklärung *Meirs* vom 13. Juli 2006.

770 Identical letters dated 12 July 2006 from the Permanent Representative of Israel to the United Nations Secretary-General and the President of the Security Council, UN Doc. S/2006/515, 12. Juli 2006.

aggressions« deutlich.[771] Der überwiegende Teil der Mitglieder des Sicherheitsrates gestand Israel ein Verteidigungsrecht dem Grunde nach zu.[772]

Da keine Autorisierung durch den Sicherheitsrat nach Kapitel VII der UN-Charta stattfand, stellt sich die Frage, ob der Verstoß Israels gegen Art. 2 Ziff. 4 UN-Charta auf Grundlage von Art. 51 UN-Charta zu rechtfertigen ist. Dafür müssten die Aktivitäten der Hisbollah den Tatbestand eines bewaffneten Angriffs gegen Israel erfüllen und die israelischen Gegenmaßnahmen die zeitlichen und qualitativen Grenzen des Selbstverteidigungsrechts nicht überschritten haben.

1. Vorliegen eines bewaffneten Angriffs durch die Handlungen der Hisbollah

Ein bewaffneter Angriff ist eine besonders qualifizierte Form der Gewaltanwendung. Da die Hisbollah keine regulären staatlichen Streitkräfte sind, ist unter Berücksichtigung von Größenordnung und Auswirkungen der ausgeübten Gewalt zu überprüfen, ob letztere mit derjenigen eines klassischen staatlichen Angriffs vergleichbar ist. Vorab ist zu klären, ob die Hisbollah überhaupt zum potenziellen Täterkreis zählt.

Die Hisbollah verfügt zweifelsfrei über einen hohen Organisationsgrad, eine interne Struktur und sogar über einen eigenen militärischen Arm, sodass sie als Täter eines bewaffneten Angriffs in Betracht kommt. Für die Bewertung von Größenordnung und Auswirkungen der Gewaltausübung sind Opferzahlen und Ausmaß der Zerstörung maßgeblich. Ebenso sind der Anschlagsort und die Reaktion durch den betroffenen Staat heranzuziehen. Letzter Punkt verdeutlicht, dass sich die Gewalt *gegen* den Staat richten muss, der ein Verteidigungsrecht geltend macht.

---

771 Identical letters dated 13 July 2006 from the Chargé d'affaires a.i. of the Permanent Mission of Lebanon to the United Nations addressed to the Secretary-General and the President of the Security Council, UN Doc. S/2006/518, 13. Juli 2006.

772 S. UN Doc. S/PV.5489, 14. Juli 2006, S. 12 (Großbritannien), S. 17 (Frankreich), S. 15 (Dänemark), S. 11 f. (Japan), S. 16 (Slowakei), S. 17 (Griechenland), S. 14 (Peru), S. 9 (Argentinien). Ablehnend hingegen UN Doc. S/PV.5489, 14. Juli 2006, S. 11 (China), S. 10 f. (Quatar), die beide von einer »Aggression« Israels gegen den Libanon ausgehen.

Ziel des militärischen Überfalls waren israelische Grenzposten und Soldaten, mithin staatliche Stellen und zwar solche, die für die Sicherheit eines Staates von wesentlicher Bedeutung sind. Darüber hinaus übernehmen staatliche Streitkräfte häufig auch eine Repräsentationsfunktion. Der Anschlag richtete sich eindeutig *gegen* den Staat Israel.

Die Entführung und Tötung israelischer Soldaten unter Einsatz militärischer Mittel stellt eine Gewaltanwendung dar. Allerdings bedarf es zur Auslösung der Befugnis aus Art. 51 UN-Charta eines qualifizierten Gewalteinsatzes. Lediglich kleinere Schießereien zwischen Grenzposten, sog. Grenzscharmützel, überschreiten in der Regel nicht die Schwelle zum bewaffneten Angriff.[773] Der vorliegende Fall ereignete sich zwar an der Grenze, jedoch ist zu hinterfragen, ob bei der Entführung und Tötung von Soldaten und beim Einsatz von Panzerabwehrgeschossen noch von »Scharmützeln« die Rede sein kann.[774] Für das Vorliegen der erforderlichen Gewaltintensität i.S.v. Art. 51 UN-Charta spricht ein Rückgriff Art. 3 lit. d der Aggressionsdefinition, die zur Ausgestaltung des Tatbestands von Art. 51 UN-Charta herangezogen wird. Die Vorschrift stellt klar, dass der Übergriff auf die Streitkräfte eines Staates als Angriffshandlung zu qualifizieren ist.[775] Darüber hinaus wird regelmäßig in den Tagesnachrichten über die Tötung von Soldaten berichtet und so das Bewusstsein der Öffentlichkeit für solche Vorfälle geweckt. Repräsentative Organe nutzen diese Medienöffentlichkeit, um ihr Bedauern zum Ausdruck zu bringen und ihre Anteilnahme auszusprechen. Anschläge auf die Streitkräfte eines Staates werden daher im besonderen Maße sowohl durch den betroffenen Staat als auch durch die Bevölkerung wahrgenommen, auch wenn die Zahl der Opfer »relativ« gering ausfällt. Anschlagsziel, Auswirkungen und die Reaktion Israels lassen auf das Vorliegen eines Angriffs schließen. Zudem setzte die Hisbollah konventionelle Waffen ein, sodass ein »bewaffneter« Angriff vorlag. Im Ergebnis genügten die Übergiffe der Hisbollah vom 12. Juli 2006 den

---

773   Statt vieler *Verdross/Simma*, Universelles Völkerrecht, § 472; *Stein/von Buttlar*, Völkerrecht, Rn. 786.

774   Vgl. auch *Dinstein*, Self-Defence, Rn. 555 ff. und *Ronen*, YIHL 9 (2006), S. 362 (371), die ebenfalls auf die Schwere der Grenzaus-einandersetzungen abstellen.

775   Danach gilt als Angriffshandlung, »[e]in Angriff durch die Streitkräfte eines Staates gegen die Land-, See- oder Luftstreitkräfte oder die See- und Luftflotte eines anderen Staates.«

Anforderungen an den Tatbestand von Art. 51 UN-Charta.[776] Selbst wenn man aber vom Gegenteil ausginge, würde zumindest die Summe einzelner Anschläge, die die Hisbollah bis zu diesem Datum zahlreich verübte, als bewaffneter Angriff zu qualifizieren sein.[777] Israel war tatbestandlich zur Selbstverteidigung ermächtigt.[778]

2. Zurechnung der Handlungen der Hisbollah zum Libanon

Die in der Lehre umstrittene Frage, ob die Aktionen der Hisbollah dem Libanon zuzurechnen waren, wurde vom damaligen israelischen Premierminister zunächst ausdrücklich bejaht:

»This morning's events were not a terrorist attack, *but the action of a sovereign state* that attacked Israel for no reason and without provocation. The Lebanese government, of which Hizbullah is a member, is trying to undermine regional stability. Lebanon is responsible and Lebanon will bear the consequences of its actions«[779]

Ähnlich äußerte sich auch die israelische Außenministerin am gleichen Tag:

---

776   Ebenso *Weber*, AVR 44 (2006), S. 460 (465); *Aurescu*, AFDI 52 (2006), S. 137 (151); *Zimmermann*, MPYUNL 11 (2007), S. 99 (108); *Ruys*, Stanford JIL 43 (2007), S. 265 (273); *ders*, Armed Attack, S. 167; *Schmitt*, Michigan JIL 29 (2008), S. 127 (150). Vgl. auch *Ronen*, YIHL 9 (2006), S. 362 (371). A.A. *Seidel*, VRÜ 40 (2007), S. 352 (355).

777   Ebenso *Zimmermann*, MPYUNL 11 (2007), S. 99 (109); *Ronen*, YIHL 9 (2006), S. 362 (371); *Gâlea*, RJIL 3 (2006), S. 109 (113). Erst unter Rückgriff auf die *Accumulation of events*-Doktrin den Tatbestand von Art. 51 UN-Charta bejahend *Canizzaro*, IRRC 88 (2006), S. 779 (783); *Gray*, Use of Force, S. 239; *Reinold*, AJIL 105 (2011), S. 244 (266); *Ronzitti*, ItYIL 16 (2006), S. 3 (8).

778   Auch die Mehrheit der Mitglieder im Sicherheitsrat stützten Israels Sichtweise, in Selbstverteidigung zu handeln. S. UN Doc. S/PV.5493, 21. Juli 2006, S. 17 (USA), S. 19 (Slowakei); UN Doc. S/PV.5489, 14. Juli 2006, S. 9 (Argentinien, S. 12 (Großbritannien), S. 14 (Peru), S. 15 (Dänemark), S. 17 (Griechenland), S. 17 sowie der Rat der EU, Pressemitteilung Nr. 11575/06, 17.-18. Juli 2006, http://www.consilium.europa.eu/uedocs/cms_data/docs/pressdata/de/gena/9068 8.pdf. Ablehnend hingegen UN Doc. S/PV.5489, 14. Juli 2006, S. 7 (Russland), S. 11 (China), S. 15 (Quatar).

779   Erklärung *Olmerts* v. 12. Juli 2006, Hervorhebung durch Verf.

> »Hizbollah is a terrorist organization, which is part of the Lebanese Government. [...] Israel views the government of Lebanon as responsible for today's unprovoked aggression.«[780]

Allerdings bleibt ungeklärt, ob die Außenministerin tatsächlich von einer Zurechnung ausgeht oder nur eine völkerrechtliche Verantwortlichkeit (unterhalb der Schwelle der Zurechnung) annimmt.

Wiederum deutlicher ist eine am 13. Juli abgegebene Erklärung des Außenministeriums:

> »Israel is now reacting to an act of war *by a neighboring sovereign state*. Israel views Lebanon as responsible for the present situation, and it shall bear the consequences for this act.«[781]

Im Gegensatz zu dieser Erklärung steht eine nur kurze Zeit später abgegebene Stellungnahme, in der die Außenministerin zum Ausdruck bringt, nicht gegen Libanon, sondern gegen die Terroristen vorzugehen:

> »Israel believes along with the international community that these extremist elements [such as the Hizbullah and Hamas] are responsible for the conflict.«[782]

Einen Tag später hieß es wiederum:

> »Even if last Wednesday's criminal attack against an IDF patrol was carried out without the consent of the Lebanese government and without the assistance of its military, this does not absolve it of *full responsibility for the attack* which emanated from its sovereign territory.«[783]

Wenngleich zum Teil ambivalent, ist insgesamt dennoch davon auszugehen, dass Israel die Taten vom 12. Juli dem Libanon zurechnet.

Libanon hingegen proklamierte, in Unkenntnis der Anschlagspläne gewesen zu sein und wies jegliche Verantwortung und Unterstützungsleistung zurück:

---

780   Erklärung *Livnis* v. 12. Juli 2006.
781   Erklärung *Meirs* v. 13. Juli 2006, Hervorhebung durch Verf.
782   Erklärung *Livnis* v. 16. Juli 2006, http://www.mfa.gov.il/mfa/pressroom/2006/
       pages/response%20of%20fm%20livni%20to%20g8%20statement%2016-jul-2
       006.aspx.
783   Rede *Olmerts* vor der Knesset v. 17. Juli 2006, http://www.mfa.gov.il/mfa/press
       room/2006/pages/address%20to%20the%20knesset%20by%20pm%20ol-mert
       %2017-jul-2006.aspx, Hervorhebung durch Verf.

»The Lebanese government was not aware of the events that occurred and are oc-curring on the international Lebanese border. The Lebanese government is not re-sponsible for these events and does not endorse them.«[784]

Da der Libanon durch eine Zurechnung selbst Angreifer würde, mit der Folge, dass sich Verteidigungsmaßnahmen auch gegen staatliche Stellun-gen richten dürften, steht diese zentrale Fragestellung im Fokus der folgen-den Erörterung.

Probleme ergeben sich insbesondere aufgrund der Tatsache, dass die His-bollah zum Zeitpunkt des Angriffs mit zwei Ministern auch in der libanesi-schen Regierung vertreten war und im Parlament über 14 der insgesamt 128 Sitze[785] verfügte. Ihr militärischer Arm handelte jedoch autonom und au-ßerhalb jeglicher Militärstrukturen der libanesischen Armee.

a. Zurechnung aufgrund einer Organstellung oder Ermächtigung (Art. 4 und 5 ILC-Entwurf zur Staatenhaftung)

Nach Art. 4 ILC-Entwurf ist »[d]as Verhalten eines jeden Staatsorgans als Handlung des Staates zu werten«. Ein Staatsorgan ist gemäß Art. 4 Abs. 2 ILC-Entwurf nur »eine Person oder Stelle, die diesen Status nach innerstaat-lichem Recht des Staates innehat«. Die militärischen Kräfte der Hisbollah sind nach libanesischem Recht jedoch nicht in den Staatsapparat eingeglie-dert, sodass eine Qualifizierung als *de jure*-Organ ausscheidet.[786]

Eine Zurechnung nach Art. 4 ILC-Entwurf könnte dennoch dann erfol-gen, wenn die Hisbollah ein *de facto*-Organ des Libanon ist. Eine solche Einstufung setzt die »vollständige Abhängigkeit der Gruppierung«[787] sowie

---

784 S. hierzu die Identical letters dated 13 July 2006 from the Permanent Represanta-tive of Lebanon to the United Nations addressed to the Secretary-General and the President of the Security Council, UN Doc. A/60/938-S/2006/518. Auch der UN-Generalsekretär Ban Ki-moon bestätigte die Unkenntnis des Libanons, s. Secretary-General's Briefing to the Security Council on the situation in the Mid-dle East v. 20. Juli 2006, UN Doc. SC/8780 v. 20. Juli 2006.

785 Zit. nach *Hoppe*, ItYIL 16 (2006), S. 21 (23).

786 *Zimmermann*, MPYUNL 11 (2007), S. 99 (110); *Hoppe*, ItYIL 16 (2006), S. 21 (27); *Ronen*, YIHL 9 (2006), S. 362 (379); *Scobbie,* in: Wilmshurst (Hrsg.), Classification of Conflicts, S. 387 (404 f.).

787 *Genozid*-Fall, Rn. 392.

einen »beträchtlichen Grad an staatlicher Kontrolle«[788] voraus, sodass die Gruppierung als bloßes Instrument des jeweiligen Staates anzusehen ist.[789] Der Sicherheitsrat hatte den Libanon wiederholt dazu aufgefordert, sein gesamtes Territorium, insbesondere im Grenzbereich zu Israel, zu kontrollieren.[790] Des Weiteren hatte sogar Israel mehrfach dritte Staaten wie Syrien und Iran der Unterstützung der Hisbollah beschuldigt.[791] Vereinzelt wurde der Libanonkrieg gar als »durch die Achse Damaskus-Teheran befohlene [...] Operation«[792] betitelt. Es ist nicht von einer Abhängigkeit und Kontrolle der Hisbollah durch den Libanon auszugehen, vielmehr zeigt sich, dass die Hisbollah zumindest teilweise autonom handelte. Dies bestätigt sich auch dadurch, dass die Hisbollah im Vergleich zur libanesischen Regierung zeitweise politisch völlig gegenteilige Ansichten vertrat.[793] Im Ergebnis ist sie daher nicht als Instrument des Libanon zu qualifizieren und damit auch kein *de facto*-Organ, sodass eine Zurechnung nach Art. 4 ILC-Entwurf ausscheidet.[794]

Die Hisbollah ist nicht »nach dem Recht [Libanons] ermächtigt, hoheitliche Befugnisse auszuüben«, noch würde sie im Hinblick auf den bewaffneten Angriff »in dieser Eigenschaft handel[n]«. Daher können die Hand-

---

788   *Genozid*-Fall, Rn. 393.

789   *Genozid*-Fall, Rn. 392.

790   S. z.B. UN Doc. SR-Res. 1614 (2005), 29. Juli 2005, 6. Punkt im operativen Teil; UN Doc. SR-Res. 1583 (2005), 28. Januar 2005, 4. Punkt im operativen Teil und UN Doc. SR-Res. 1655 (2006), 31. Januar 2006. S. auch *Zimmermann*, MPYUNL 11 (2007), S. 99 (111 f.).

791   S. z.B. die Identical letters dated 12 July 2006 from the Permanent Representative of Israel to the United Nations Secretary-General and the President of the Security Council, UN Doc. S/2006/515, 12. Juli 2006 sowie die Erklärung *Meirs* v. 13. Juli 2006.

792   *Corm*, Internationale Politik, September 2006, S. 75 (79), der so die Sichtweise der westlichen Staaten interpretiert.

793   *Hoppe*, ItYIL 16 (2006), S. 16 (27).

794   Ebenso *Zimmermann*, MPYUNL 11 (2007), S. 99 (112); *Ronen*, YIHL 9 (2006), S. 362 (379); *Scobbie*, in: Wilmshurst (Hrsg.), Classification of Conflicts, S. 387 (405 f.). S. ferner *Hoppe*, ItYIL 16 (2006), S. 21 (27). Gegen eine Zurechnung nach Art. 4 ILC-Entwurf auch *Ruys*, Armed Attack, S. 453; *ders.*, Stanford JIL 43 (2007), S. 265 (277). Für eine Zurechnung hingegen *Ronzitti*, ItYIL 16 (2006), S. 3 (7).

lungen der Hisbollah nicht nach Art. 5 ILC-Entwurf dem Libanon zuge-rechnet werden.[795]

b. Zurechnung durch Anleitung und Kontrolle (Art. 8 ILC-Entwurf zur Staatenhaftung und Art. 3 lit. g Aggressionsdefinition)

Nach klassischem Verständnis kann der bewaffnete Angriff der Hisbollah dem Libanon nach Art. 8 ILC-Entwurf dann zugerechnet werden, wenn die-ser effektive Kontrolle über die nicht-staatliche Gruppierung ausübte. Dies setzt voraus, dass der Libanon derart intensiv auf die Aktionen der Hisbol-lah Einfluss nahm, dass er jede Einzeloperation, mithin auch den Übergriff vom 12. Juli selbst, kontrollierte. Der Libanon konstatierte jedoch, dass er hiervon nicht einmal Kenntnis hatte, sodass eine Zurechnung nach klassi-scher Interpretation entfällt.[796]

Nach neuerer Sichtweise bedarf es für eine Zurechnung nach Art. 8 ILC-Entwurf lediglich einer generellen Kontrolle durch den jeweiligen Hinter-grundstaat. Auch die beträchtliche (aktive) Unterstützung nicht-staatlicher Aktivitäten kann Ausdruck einer solchen generellen Kontrolle sein oder als »wesentliche Beteiligung« i.S.v. Art. 3 lit. g Var. 2 der Aggressionsdefini-tion betrachtet werden.

Zwar sind wesentliche Unterstützungshandlungen an die Hisbollah nach-gewiesen. Jedoch fragt sich, ob solche auch von libanesischer Seite aus stattgefunden haben. So wird Syrien vorgeworfen, die Hisbollah auf viel-fältige Weise, insbesondere in Form von Waffen- und Munitionslieferun-gen, geholfen zu haben.[797] Auch der Iran hat die Hisbollah durch finanzielle Hilfe, militärisches Training und Rüstungslieferungen unterstützt.[798]

Mit Blick auf den Libanon stellt sich die Lage anders dar. Selbst Israel bezichtigte nur Syrien und den Iran der Unterstützung, nicht jedoch den

---

795 S. auch *Hoppe*, ItYIL 16 (2006), S. 16 (28).
796 Statt vieler *Schmitt*, Michigan JIL 29 (2008), S. 127 (142); *Hoppe*, ItYIL 16 (2006), S. 16 (29); *Scobbie*, in: Wilmshurst (Hrsg.), Classification of Conflicts, S. 387 (406).
797 Erklärung *Meirs* v. 13. Juli 2006.
798 Erklärung *Meirs* v. 13. Juli 2006. Zu den Entwicklungen der Beziehungen zwi-schen der Hisbollah einerseits und dem Iran und Syrien andererseits vgl. aus-führlich bei *El-Hokayem*, Washington Quarterly 30 (2007), S. 35 (35 ff.).

Libanon. Vielmehr warf es dem Libanon vor, unfähig zu sein, sein Territorium vollständig zu beherrschen. Zudem rügte Israel die Nichteinhaltung der Resolution 1559,[799] in der zur Entwaffnung nicht-staatlicher Gruppierungen aufgerufen wurde. Im Ergebnis zeigt sich, dass Libanon nicht aktiv tätig geworden ist und nicht als Gehilfe der Hisbollah auftrat. Damit kann ihm der verübte bewaffnete Angriff nicht wegen beträchtlicher aktiver Unterstützung i.S. einer generellen Kontrolle zugerechnet werden.[800]

c. Zurechnung durch Anerkennung (Art. 11 ILC-Entwurf zur Staatenhaftung)

Wenngleich die libanesische Regierung behauptet hat, von den Übergriffen der Hisbollah am 12. Juli 2006 vorher nichts gewusst zu haben, könnte der bewaffnete Angriff dem Libanon durch eine *nachträgliche* Anerkennung zugerechnet werden. So würdigte der libanesische Präsident kurz nach Ende der militärischen Auseinandersetzung mehrfach die Aktionen »nationaler Widerstandskämpfer«,[801] zu denen auch die jahrelang im Südlibanon gegen Israel operierende Hisbollah zählt.[802]

Allerdings sind die bloße Befürwortung und das Wohlwollen gegenüber nicht-staatlichen Handlungen für eine Zurechnung nicht ausreichend. Die Erklärungen des libanesischen Präsidenten beziehen sich weder ausdrücklich auf Handlungen der Hisbollah, noch auf die Taten vom 12. Juli 2006.

---

799 Erklärung des Botschafters *Dan Gillerman* vor dem UN-Sicherheitsrat zur Lage im mittleren Osten v. 14. Juli 2006, UN Doc. S/PV.5489, 14. Juli 2006, S. 6.

800 Gegen eine Zurechnung nach Art. 8 ILC-Entwurf auch *Zimmermann*, MPYUNL 11 (2007), S. 99 (115); *Ruys*, Armed Attack, S. 454; *ders.*, Stanford JIL 43 (2007), S. 265 (278); *Hoppe*, ItYIL 16 (2006), S. 21 (30) und *Reinold*, AJIL 105 (2011), S. 244 (266).

801 Präsident *Emile Lahoud* in einer Rede zur Nation v. 18. August 2006, zit. nach dem Bericht des UN-Menschenrechtsrates zum Libanonkrieg, Rn. 57.

802 Bericht des UN-Menschenrechtsrates zum Libanonkrieg, Rn. 57. S. darüber hinaus auch *Lahouds* Rede v. 21. September 2006 vor der UN-Generalversammlung zum Libanonkrieg, UN Doc. A/61/PV.14, S. 8, 21. September 2006, in der Lahoud begrüßt, dass die libanesische Bevölkerung »embraced its national resistance, whose men faced occupation forces with epic valour, preventing their advance, and presenting Lebanon with yet another victory, in the name of justice and dignity.«

Sie sind derart offen und weit formuliert,[803] dass sie über eine bloße Sympathiebekundung nicht hinausgehen. Im Ergebnis liegt keine zurechnungsbegründende Anerkennung gemäß Art. 11 ILC-Entwurf vor.[804]

d. Zurechnung durch Gewährung einer sicheren Zufluchtsstätte
   (Art. 3 lit. g 2. Var. Aggressionsdefinition)

Bisher konnten die Handlungen der Hisbollah dem Libanon nicht zugerechnet werden. Womöglich lässt sich eine Zurechenbarkeit aber durch die Bereitstellung einer sicheren Zufluchtsstätte herbeiführen, wie dem Libanon von israelischer Seite indirekt vorgeworfen wurde: »Today's attack […] is the product of those who perpetrate terrorism and those who *give it shelter*.«[805]

aa. Die Hisbollah als beherbergte Gruppierung

Bereits vor den Ereignissen vom 12. Juli 2006 initiierte die Hisbollah zahlreiche Anschläge. So verübte sie Übergriffe u.a. gegen die US-amerikanische Botschaft in Beirut im Jahr 1984 und auf die der USA und Frankreichs in Kuwait 1986. Weiterhin ist die Hisbollah für die Entführung eines US-amerikanischen Flugzeugs im Jahr 1985 sowie für etliche Geiselnahmen verantwortlich. Häufiges Ziel ihrer Raketen- und Bombenanschläge war vor allem Israel. Damit zählt die Hisbollah zum tauglichen beherbergten Personenkreis.

bb. Kausalität zwischen bewaffnetem Angriff und Beherbergung

Des Weiteren müsste die Beherbergung für den von der Hisbollah verübten bewaffneten Angriff derart kausal gewesen sein, dass die Beherbergung nicht hinweggedacht werden kann, ohne dass der konkrete Anschlag ent-

---

803   *Hoppe*, ItYIL 16 (2006), S. 21 (31).
804   *Hoppe*, ItYIL 16 (2006), S. 21 (31); *Ruys*, Armed Attack, S. 453.
805   Special Cabinet Communique der israelischen Regierung v. 12. Juli 2006,
      www.mfa.gov.il/MFA/Government/Communiques/2006/Special%20Cabinet%
      20Communique%20-%20Hizbullah%20attack%2012-Jul-2006, Hervorhebung
      durch Verf.

fiele (*conditio sine qua non*). Die Hisbollah hielt sich bereits jahrelang im Südlibanon auf und plante von dort aus ihre Aktivitäten. Auch Vorbereitungshandlungen wie die Stationierung der Katjuscha-Raketen wurden im Libanon vorgenommen. Trotz entsprechender UN-Resolutionen ging der Libanon nicht gegen die Hisbollah im Südlibanon vor, was für deren Vorbereitungshandlungen von essentieller Bedeutung war. Ohne den Aufenthalt im Libanon wäre der bewaffnete Angriff vom 12. Juli 2006 nicht möglich gewesen. Beide Elemente hängen somit kausal zusammen.

cc. Nachweisbarkeit

Der Rückzug der Hisbollah in den Südlibanon ist allgemein bekannt. So hat z.B. der Sicherheitsrat den Libanon in einer Reihe von Resolutionen dazu aufgefordert, sein Territorium effektiv zu beherrschen und gegen bewaffnete Gruppierungen vorzugehen.[806] Für die Beherbergung der Hisbollah liegen damit hinreichend Beweise vor.

dd. Wille des Libanon

Der Wille des Libanon müsste zum einen auf die Beherbergung der Hisbollah, zum anderen auf deren terroristische Absichten gerichtet gewesen sein. Hierbei spielt es keine Rolle, dass der Libanon vom konkreten Übergriff am 12. Juli 2006 auf die israelischen Grenzsoldaten nichts gewusst haben will.[807] Denn es ist gerade nicht erforderlich, dass sich der Wille des Aufenthaltsstaates auf einen konkreten Anschlag bezieht. Dennoch ist zu klären, inwieweit das grundsätzlich gewaltsame Vorgehen der militärischen Kräfte der Hisbollah dem Willen des Libanon entsprach.

Dem Libanon wurde wiederholt vorgeworfen, gegen gewaltbereite Gruppierungen, insbesondere im Südlibanon, nicht ausreichend einzuschreiten. Man legte ihm folglich Untätigkeit zur Last, was aber nicht *per se* auf einen

---

806   UN Doc. SR-Res. 1559 (2004), 2. September 2004; UN Doc. SR-Res. 1614 (2005), 29. Juli 2005, 6. Punkt im operativen Teil; UN Doc. SR-Res. 1655 (2006), 21. Januar 2006, 8. Punkt im operativen Teil.

807   S. oben Fn. 784.

entsprechenden Beherbergungswillen schließen lässt. Für das Vorliegen eines solchen sprechen hingegen die mehrfachen Sympathiebekundungen des Libanon gegenüber der Hisbollah, die sich über die Jahre zu einer »nationalen Widerstandsbewegung gegen die israelische Besetzung im Libanon« entwickelt hat.[808] Bereits vor der Würdigung »nationaler Widerstandskämpfer« durch den libanesischen Präsidenten im August 2006[809] schätzte der Libanon den Kampf nicht-staatlicher Gruppierungen gegen die israelischen Bedrohungen. So heißt es in einer Stellungnahme der libanesischen Armee im November 2004:

> »The national resistance which is confronting the Israeli occupation is not a guerilla and it has no security role inside the country and its activities are restricted to facing the Israeli enemy. [...] *Preserving this resistance constitutes a Lebanese strategic interest* with the aim of relating the struggle with the enemy [...].«[810]

Auch in einer Regierungserklärung von Mai 2005 bekundet der Libanon Sympathie für die Hisbollah:

> »The government regards the Lebanese resistance a true and natural expression of the natural right of the Lebanese people in defending its territory and dignity by confronting the Israeli threat and aggression and Israeli ambitions [...] to complete the liberation of Lebanese territories.«[811]

Fraglich ist, ob sich aus den zitierten Erklärungen der erforderliche Wille des Libanon ableiten lässt. Aus der Anerkennung der Hisbollah als Widerstandsbewegung gegen Israel, deren Fortbestehen auch im Interesse des Libanon liegt, lässt sich zumindest der Wille zur Beherbergung der nicht-staatlichen Gruppierung herleiten. Ob aber darüber hinaus auch der Einsatz von (grenzüberschreitender) Gewalt legitimiert sein soll, ist schwieriger zu beantworten und von der Auslegung des Satzteiles »defending its territory and dignity« abhängig.

Bei der Auslegung einseitiger Erklärungen kommt es unter Zugrundelegung der Intention des sich äußernden Staates darauf an, wie die Erklärung

---

808   Bericht des UN-Menschenrechtsrates zum Libanonkrieg, Rn. 57. S. dort auch zur Rolle der Hisbollah als Widerstandsbewegung.

809   S. oben Fn. 801 und 802.

810   Stellungnahme des libanesischen Militärs v. 22. November 2004, www.david-morrison.org.uk/lebanon/lebanon-government-statment.htm;   Hervorhebung durch Verf.

811   Erklärung der libanesischen Regierung vom Mai 2005, zit. nach dem Bericht des UN-Menschenrechtsrates zum Libanonkrieg, Rn. 57.

von den betroffenen Staaten verstanden werden durfte.[812] Die folgende Untersuchung muss sich auf letzteren Punkt beschränken, da zur Intention des Libanon keine Hinweise vorliegen.

Ausgehend von der allgemeinsprachlichen Bedeutung kann das Wort »verteidigen« auch die Anwendung körperlicher Gewalt beinhalten. Auch im hier verwendeten Kontext – nämlich im Zusammenhang mit Übergriffen Israels gegen den Libanon – deutet viel darauf hin, dass eine militärische Verteidigung »des Territoriums und der Würde des libanesischen Volkes« gemeint ist. Hilfreich bei der Klärung dieser Frage ist im Übrigen eine im August 2008 vom libanesischen Kabinett angenommene Grundsatzerklärung, in der in ähnlichem, zugleich aber deutlicherem Wortlaut unterstrichen wird

> »the right of Lebanon, its people, army and resistance to liberate or recover the occupied [Lebanese territories]; and to defend Lebanon against any aggression [...] *by all legitimate and available means*«.[813]

Der hervorgehobene Zusatz stellt in diesem Fall klar, dass auch der Einsatz von Waffengewalt zulässig sein soll. Zwar lässt für sich genommen diese Regierungserklärung nicht darauf schließen, dass die gewalttätigen Aktionen der Hisbollah dem damaligen Willen des Libanon entsprachen, da die Stellungnahme erst im August 2008 abgegeben wurde. Von ihm geht aber zumindest eine Indizwirkung aus.

Darüber hinaus behauptete der Generalsekretär der Hisbollah, gegenüber einigen libanesischen führenden Politikern klargestellt zu haben, dass die Freilassung von in Israel inhaftierten Libanesen die Entführung israelischer Soldaten erfordere und dass ihm die Politiker hierbei nicht widersprochen

---

812 Vgl. *Heintschel von Heinegg*, in: Ipsen (Hrsg.), Völkerrecht, S. 495, Rn. 12. Auch der IGH stellte im *Anglo-Iranian Oil*-Fall (*Anglo-Iranian Oil Co. Case* (United Kingdom v. Iran), Urteil v. 22. Juli 1952, ICJ Rep. 1952, S. 93 (105 ff.) zur Untersuchung der *Absichten* der iranischen Regierung auf eine Erklärung des iranischen Parlaments ab.

813 Zit. nach *Gazzar*, Lebanese gov't allows Hizbullah to 'liberate occupied land', Jerusalem Post, 4. August 2008, http://www.jpost.com/Middle-East/Lebanese-govt-allows-Hizbullah-to-liberate-occupied-land, Hervorhebung durch Verf. Diese Klausel, die das Recht der Hisbollah auf Waffen anerkannte, war im Parlament sehr umstritten, vgl. Lebanese cabinet approves agenda, BBC News, 5. August 2008, http://news.bbc.co.uk/2/hi/middle_east/7542502. stm.

hätten.[814] Wenngleich diese Behauptung nicht belegbar ist, ist sie zumindest ein weiterer Hinweis, dass der Wille des Libanon auch die terroristischen Absichten der Hisbollah unmittelbar vor den Ereignissen im Juli 2006 umfasste,[815] sodass der Wille letztendlich zu bejahen ist.

ee. Ergebnis

Der von der Hisbollah am 12. Juli 2006 verübte bewaffnete Angriff ist dem Libanon aufgrund der Gewährung einer sicheren Aufenthaltsstätte zurechenbar.[816]

---

814 So der Generalsekretär der Hisbollah *Hassan Nasrallah* in einem Interview v. 24. Juli 2006, The Middle East Media Research Institute, Hizbullah, Secretary-General Hassan Nasrallah: I Told Lebanese Political Leaders We Would Abduct Israeli Soldiers, 24. Juli 2006, www.memri.org/reports/hizbullah-secretary-general-hassan-nasrallah-i-told-lebanese-political-leaders-we-would.

815 Auch *Ronen*, YIHL 9 (2006), S. 362 (380 f.), sieht den Aufenthalt und die Aktivitäten der Hisbollah als vom Libanon befürwortet.

816 Vgl. auch *Schmitt*, Michigan JIL 29 (2008), S. 127 (144, 164). Für eine Zurechnung aufgrund der Duldung der Hisbollah auf dem eigenen Territorium *Tomuschat*, Friedens-Warte 81 (2006), S. 179 (181 f); *Weber*, AVR 44 (2006), S. 460 (467). Gegen eine Zurechnung *Zimmermann*, MPYUNL 11 (2007), S. 99 (115); *Reinold*, AJIL 105 (2011), S. 244 (267); *Seidel*, VRÜ 40 (2007), S. 352 (357); *Gâlea*, RJIL 3 (2006), S. 109 (115); *Hoppe*, ItYIL 16 (2006), S. 21 (32); *Paust*, Friedens-Warte 81 (2006), S. 81 (84) (alle ohne Prüfung einer Zurechnung durch Gewährung eines *safe haven*). Ambivalent *Ronen*, YIHL 9 (2006), S. 362 (384). Vereinzelt wird auch Art. 9 ILC-Entwurf geprüft, wonach eine Zurechnung erfolgt, »wenn die Person oder Personengruppe im Falle der Abwesenheit oder des Ausfalls der staatlichen Stellen faktisch hoheitliche Befugnisse ausübt und die Umstände die Ausübung dieser Befugnisse erfordern.« Diesen Fall bejahend *Ruys*, Stanford JIL 43 (2007), S. 265 (290). Zu Recht verneinend *Hoppe*, ItYIL 16 (2006), S. 21 (30) und *Schmitt*, Michigan JIL 29 (2008), S. 127, da der Zustand im Südlibanon nicht der Ausnahmesituation entspricht, der Art. 9 ILC-Entwurf innewohnt; s. die ILC-Kommentierung, S. 20, Art. 9, Rn. (1). Insbesondere spricht dagegen, dass die libanesische Polizei und das Militär im Südlibanon noch Präsenz zeigten, wenngleich nicht im ausreichenden Maße, sodass keine vollständige »Abwesenheit« bzw. kein »Ausfall« staatlicher Stellen vorliegt. Im Übrigen ist fraglich, inwieweit die Umstände es erfordert haben, dass die Hisbollah hoheitliche Befugnisse ausübte. S. hierzu auch *Ronen*, YIHL 9 (2006), S. 362 (380) und *Scobbie,* in: Wilmshurst (Hrsg.), Classification of Conflicts, S. 387 (407).

3. Rechtsfolgen des Selbstverteidigungsrechts Israels

a. Gegenwärtigkeit des bewaffneten Angriffs

Gegenwärtig ist der Angriff, wenn er unmittelbar bevorsteht, gerade statt-findet oder noch andauert. Israel reagierte auf den libanesischen Übergriff noch am gleichen Tag als die israelischen Soldaten nach Libanon ver-schleppt wurden. Damit dauerte der Angriff noch unmittelbar an, sodass die Gegenwärtigkeit gegeben ist.[817]

b. Subsidiarität des Selbstverteidigungsrechts

Der Sicherheitsrat ist erst am 11. August – ohne ausdrückliche Bezugnahme auf Kapitel VII der UN-Charta – mit Erlass von Resolution 1701 tätig ge-worden. Nach Einstufung der Situation im Libanon als Friedensbedrohung forderte der Sicherheitsrat »the immediate cessation by Hizbollah of all at-tacks and the immediate cessation by Israel of all offensive military opera-tions«[818] und somit von beiden Parteien einen dauerhaften Waffenstill-stand,[819] der am Morgen des 14. August in Kraft trat. Auch ohne Verweis auf Art. 51 UN-Charta in Resolution 1701, durfte Israel bis zum Tätigwer-den des Sicherheitsrates Verteidigungsmaßnahmen ausüben.[820]

c. Verhältnismäßigkeit der Verteidigungsmaßnahmen

Die israelischen Militärmaßnahmen entsprechen dann dem Grundsatz der Verhältnismäßigkeit, wenn sie einen legitimen Zweck verfolgen, geeignet, erforderlich und angemessen waren.

---

817 *Aurescu*, AFDI 52 (2006), S. 137 (154); *Ruys*, Stanford JIL 43 (2007), S. 265 (290).
818 UN Doc. SR-Res. 1701 (2006), 11. August 2006, 1. Punkt im operativen Teil.
819 UN Doc. SR-Res. 1701 (2006), 11. August 2006, 8. Punkt im operativen Teil.
820 S. *Weber*, AVR 44 (2006), S. 460 (470), der die das Selbstverteidigungsrecht ablösenden »notwendigen Maßnahmen« des Sicherheitsrats in der Durchsetzung der erweiterten UN-Beobachtermission im Libanon sieht.

aa. Legitimer Zweck

Der Militäreinsatz Israels bezweckte neben der sofortigen Freilassung der zwei entführten Soldaten auch ein Ende der Übergriffe auf israelisches Territorium sowie die Durchsetzung der Resolution 1559.[821] Ferner verlangte der angegriffene Staat die Auflösung bzw. Beseitigung der Stellungen der Hisbollah im Libanon sowie die Stationierung der libanesischen Armee im Süden des Landes.[822]

Die Freilassung der Soldaten und die Beendigung der Raketenanschläge auf Israel entsprechen unstreitig den Vorgaben von Art. 51 UN-Charta. Alle weiteren Ziele dienen jedoch nicht der Abwehr des bewaffneten Angriffs, sondern gehen darüber hinaus.[823] Somit sind die Ausmerzung der Hisbollah und die Durchsetzung der Resolution 1559 nicht vom Selbstverteidigungsrecht gedeckt. Fraglich ist, welche Konsequenzen dies auf die Zulässigkeit des israelischen Einsatzes insgesamt hat. Ist es ausreichend, dass sich ein angegriffener Staat auf zumindest ein gültiges Verteidigungsziel beruft oder führt das Vorliegen von zum Teil rechtswidrigen Motiven insgesamt zur Unzulässigkeit der militärischen Operation? In der völkerrechtlichen Literatur finden sich hierzu kaum Hinweise.[824] Zur Beantwortung der Frage lässt sich aber ein Bezug zum deutschen Strafrecht herstellen, der die dortigen Rechtfertigungsgründe betrifft.[825] Begeht eine Person eine strafbare Handlung und kommt ein Rechtfertigungsgrund in Betracht, der die Rechtswidrigkeit dieser Tat entfallen lässt, bedarf es das Vorliegen eines subjek-

---

821 S. die Erklärung *Olmerts* v. 17. Juli 2006, www.mfa.gov.il/mfa/pressroom/ 2006/pages/address%20to%20the%20knesset%20by%20pm%20olmert%2017 -jul-2006.aspx.

822 Ebd. S. auch die ähnliche Erklärung der Außenministerin *Livni* v. 18. Juli 2006, www.mfa.gov.il/mfa/pressroom/2006/pages/fm%20livni%20meets%20with% 20special%20un%20team%2018-jul-2006.aspx.

823 *Ronen*, YIHL 9 (2006), S. 362 (390). S. ferner *Canizzaro*, IRRC 88 (2006), S. 779 (782).

824 Einer der wenigen Hinweise findet sich bei *Zimmermann*, MPYUNL 11 (2007), S. 99 (123), wonach Verteidigungsmaßnahmen nicht »bloßes Motiv« sein dürfen.

825 Auch *Stein/von Buttlar*, Völkerrecht, Rn. 792 und *von Arnauld*, Völkerrecht, Rn. 1083, ziehen im Rahmen der Grenzen von Art. 51 UN-Charta einen Vergleich zum deutschen Strafrecht.

tiven Elements.[826] Dieses ist dann gegeben, wenn der Wille des vermeintlichen Täters auf die Beseitigung einer Situation gerichtet ist, die die Rechtfertigunsglage erst herbeigeführt hat (wie z.B. der Wille zur Abwehr von Angriffen auf Körper und Leben (sog. *Verteidigungswille*) im Rahmen von Notwehr).[827] Handelt der Täter in einem solchen Fall aus mehreren Motiven, so ist er dennoch gerechtfertigt, soweit der Rechtfertigungswille sein Handeln dominierte.[828] Übertragen auf die vorliegende Frage bedeutet dies, dass eine militärische Operation dann noch von Art. 51 UN-Charta gedeckt ist, soweit der eigentliche Verteidigungswille die ausschlaggebende Motivation ist.[829] Im Vordergrund der israelischen Operation standen die Befreiung der Soldaten sowie die Beendigung der Raketenübergriffe, sodass für die Bewertung der Verhältnismäßigkeit das Vorliegen eines legitimen Zwecks zu bejahen ist.

bb. Geeignetheit

Kurz nach Bekanntwerden der Entführung zweier israelischer Soldaten überschritten israelische Bodentruppen die libanesische Grenze, um die Verfolgung der Entführer aufzunehmen und die Befreiung der Soldaten zu erreichen. Die Maßnahmen waren geeignet, das Ziel zumindest zu fördern.

cc. Erforderlichkeit

Fraglich ist, ob nicht mildere, d.h. nicht-militärische Mittel auf Seiten Israels zur Verfügung standen, die die Abwehr des bewaffneten Angriffs gleich gut gefördert hätten. Neben dem Signalisieren diplomatischer Gesprächsbereitschaft gegenüber der Hisbollah hätte Israel den Libanon zum Einschreiten gegen die Hisbollah auffordern können. Doch erscheint ungewiss, inwieweit diese in Betracht kommenden Maßnahmen zum Erfolg geführt

---

826 *Wessels/Beulke/Satzger*, Strafrecht, Rn. 401.
827 *Wessels/Beulke/Satzger*, Strafrecht, Rn. 532.
828 BGHSt 3, 194 (198).
829 Ebenso *Randelzhofer/Nolte*, in: Simma/Khan/Nolte/Paulus (Hrsg.), UN Charter, Art. 51, Rn. 60. In diesem Sinne wohl auch *Ronen*, YIHL 9 (2006), S. 362 (390): »[A]ction justified by pursuit of *only* this [impermissible, Anm. der Verf.] objective appears to exceed the scope of permissible military action.« Hervorhebung durch Verf.

hätten. So ist nur schwer vorstellbar, dass die Hisbollah auf die Forderungen Israels eingegangen wäre, soweit sie überhaupt zu Gesprächen bereitgestanden hätte. Im Hinblick auf den Libanon ist festzuhalten, dass es keine der vorangegangenen zahlreichen UN-Resolutionen, die ihn dazu anwiesen, effektiv gegen bewaffnete Gruppierungen auf seinem Territorium vorzugehen, erfüllte. Ferner ist zu berücksichtigen, dass ein schnelles Tätigwerden auf Seiten Israels geboten war, um weitere Zerstörungen bzw. ein Verschleppen der Soldaten ins Landesinnere des Libanon zu verhindern. Da friedliche Mittel kaum erfolgversprechend schienen, sind die Verteidigungsmaßnahmen Israels erforderlich gewesen.[830]

dd. Angemessenheit

Da die Handlungen der Hisbollah dem Libanon zurechenbar sind und der Libanon damit selbst als Angreifer auftritt, durfte sich die Gegenwehr Israels sowohl gegen libanesische Einrichtungen als auch gegen Stellungen und Lager der Hisbollah richten.[831]

Gemäß der Grundregel im humanitären Völkerrecht sind zivile und militärische Ziele strikt voneinander zu trennen. Klassischerweise zählt die gesamte Infrastruktur zu militärischen Zielen, soweit sie für militärische Strategien eine Rolle spielen.[832] Sind jedoch Verluste an Zivilpersonen oder Schäden an zivilen Objekten zu befürchten, dürfen diese in keinem Fall außer Verhältnis zum militärischen Vorteil stehen.[833] Durch die Bombardie-

---

830   Ebenso *Aurescu*, AFDI 52 (2006), S. 137 (154); *Schmitt*, Michigan JIL 29 (2008), S. 127 (153); *Antonopoulos*, NILR 2008, S. 159 (167). A.A. *Beck*, Friedens-Warte 81 (2006), S. 91 (93).

831   Dennoch erklärte der israelische Botschafter *Gillerman* (UN Doc. S/PV.5489, 14. Juli 2006, S. 6), vorwiegend gegen Stellungen der Hisbollah vorzugehen: »Although Israel holds the Government of Lebanon responsible, it is concentrating its response carefully, mainly on Hizbollah strongholds, positions and infrastructure.«

832   *Bothe*, ebd.

833   Gemäß Art. 51 Abs. 4, 5 lit. b) Zusatzprotokoll I (Protocol additional to the Geneva Conventions of 12 August 1949, and relating to the protection of victims of international armed conflicts, Zusatzprotokoll zu den Genfer Abkommen vom 12. August 1949 über den Schutz der Opfer internationaler bewaffneter Konflikte v. 8. Juni 1977, UNTS Bd. 1125 S. 1978, BGBl. 1990 II S. 1551) ist ein

rung der libanesischen Infrastruktur wollte Israel zunächst die weitere Verschleppung seiner Soldaten, anschließend den Nachschub militärischer Güter seitens der Hisbollah unterbinden. Wenngleich die Zerstörung von Brücken, Straßen und des Flughafens damit grundsätzlich rechtmäßig gewesen wäre, steht die Zahl an zivilen Opfern und materiellen Schäden außer Verhältnis zum militärischen Vorteil.[834] Gleiches gilt für den Beschuss ganzer Wohnblöcke und wichtiger Versorgungseinrichtungen. Zwar verschanzte sich die Hisbollah zum Teil in Wohnblöcken, dies entbindet Israel jedoch nicht von seiner Pflicht, zivile Schäden so gering wie möglich zu halten.[835] Das Vorgehen Israels war in keinster Weise angemessen.

ee. Ergebnis

Aufgrund der Unangemessenheit der israelischen Maßnahmen ist der Einsatz insgesamt als unverhältnismäßig zu bewerten.[836]

4. Ergebnis

Die 34 Tage andauernde Militäroperation Israels genügt nicht den Anforderungen des Verhältnismäßigkeitsgrundsatzes und geht damit über die Reichweite des Selbstverteidigungsrechts hinaus. Eine Rechtfertigung des

---

Angriff verboten, »bei dem damit zu rechnen ist, daß er auch Verluste an Menschenleben unter der Zivilbevölkerung, die Verwundung von Zivilpersonen, die Beschädigung ziviler Objekte oder mehrere derartige Folgen zusammen verursacht, die in keinem Verhältnis zum erwarteten konkreten und unmittelbaren militärischen Vorteil stehen.«

834 Ebenso *Seidel*, VRÜ 40 (2007), S. 352 (360).

835 *Seidel*, VRÜ 40 (2007), S. 352 (361). Ausführlich zum Kriegsvölkerrecht im Kontext des Libanonkrieges *Zimmermann*, MPYUNL 11 (2007), S. 99 (126 ff.).

836 So die h.M.: *Gray*, Use of Force, S. 241; *Tomuschat*, Friedens-Warte 81 (2006), S. 179 (184 ff.), *Ruys*, Stanford JIL 43 (2007), S. 265 (292); *Weber*, AVR 44 (2006), S. 460 (468); *Reinold*, AJIL 105 (2011), S. 244 (267 f.). Zum gleichen Ergebnis kommt auch der Bericht des UN-Menschenrechtsrates zum Libanonkrieg, Rn. 316 ff. S. auch die Erklärung des UN-Generalsekretärs, UN Doc. S/PV.5498, 30. Juli 2006, S. 3 und die der UN-Sicherheitsratmitglieder: S/PV.5489, S. 12 (Großbritannien), S. 12 (Japan), S. 13 (Kongo), S. 13 (Tansania), S. 15 (Dänemark), S. 17 (Griechenland); UN Doc. S/PV.5493, S. 14 (Quatar). A.A. hingegen *Schmitt*, Michigan JIL 29 (2008), S. 157 (164).

Verstoßes gegen Art. 2 Ziff. 4 UN-Charta scheidet aus. Der Militäreinsatz stellt sich folglich als verbotene Gewalt dar.

5. Zusammenfassung

Mit dem Raketenbeschuss nordisraelischer Städte, der Tötung von bis zu 8 Soldaten in Grenzgefechten und der Entführung 2 weiterer Soldaten hat die Hisbollah am 12. Juli 2006 den Tatbestand des bewaffneten Angriffs verwirklicht. Israel war mithin zur Selbstverteidigung befugt.

Da die Hisbollah im Parlament und der Regierung Libanons vertreten war, ist in der Staatengemeinschaft und der völkerrechtlichen Literatur umstritten, ob dieser Angriff dem Libanon zurechenbar ist. Ihr militärischer Arm war nicht in den Staatsapparat eingegliedert und es bestand auch keine vollständige Abhängigkeit vom Libanon, sodass eine Zurechnung kraft einer Organstellung nach Art. 4 ILC-Entwurf ausscheidet. Zudem war die Hisbollah nicht zur Ausübung hoheitlicher Befugnisse ermächtigt, sodass der bewaffnete Angriff auch nicht nach Art. 5 ILC-Entwurf zurechenbar ist. Eine Zurechnung nach Art. 8 ILC-Entwurf ist selbst unter Zugrundelegung einer (bloß) generellen Kontrolle kraft wesentlicher Unterstützung ebenso nicht einschlägig. Die Symphatiebekundungen des Libanon reichen für eine Anerkennung i.S.v. Art. 11 ILC-Entwurf nicht aus. Jedoch kommt eine Zurechnung durch die Gewährung einer sicheren Zufluchtsstätte in Betracht. So unterhielt die Hisbollah seit Jahren im Libanon Ausbildungs- und Aufenthaltslager und traf von dort auch ihre Vorbereitungen und Planungen. Nur aufgrund dieser Tatsache waren die vom Libanon aus geführten Übergriffe vom 12. Juli 2006 möglich, sodass zwischen beiden Elementen eine kausale Verbindung bestand. In einer Gesamtschau der von libanesischer Seite abgegebenen Erklärungen lässt sich der auch auf die terroristischen Absichten beziehende Wille des Libanon zur Beherbergung der Hisbollah ableiten. Im Ergebnis kann der bewaffnete Angriff Libanon zugerechnet werden, sodass Libanon selbst als Angreifer zu qualifizieren war, gegen den sich die Verteidigungsmaßnahmen richten durften.

Die israelischen Verteidigungsmaßnahmen erfolgten auch unmittelbar als der bewaffnete Angriff noch stattfand und genügten dem Grundsatz der Subsidiarität. Obwohl die israelische Gegenwehr teilweise nicht nur der Abwehr des Angriffs diente, war sie geeignet und erforderlich. Jedoch genügte der gesamte Einsatz keinesfalls den Anforderungen an die Angemessenheit, sodass er sich wegen Unverhältnismäßigkeit nicht mehr im Rahmen des Selbstverteidigungsrechts bewegte und deshalb rechtswidrig war.

B. *Der kolumbianische Militäreinsatz in Ecuador im März 2008*

I. Geschichtliche Hintergründe

Die Beziehungen zwischen Kolumbien und Ecuador führten im Kontext der linksgerichteten Guerillagruppierung »Fuerzas Armadas Revolucionarias de Colombia« (Revolutionäre Streitkräfte Kolumbiens, kurz FARC) in der Vergangenheit wiederholt zu Spannungen. Streit bestand insbesondere über den Umstand, dass die FARC das unübersichtliche Hoheitsgebiet Ecuadors an der Grenze zu Kolumbien als Rückzugsgebiet für ihre Jahrzehnte dauernden gewaltsamen Kampf gegen den kolumbianischen Staat nutzte. Bis zu dem im November 2016 zwischen der kolumbianischen Regierung und der Guerillagruppierung geschlossenen historischen Friedensabkommen[837] konzentrierte die FARC im ecuadorianischen Grenzgebiet zuletzt auch ihre Aufenthaltslager und Trainingsstätten.

Letztere Tatsache war Anlass für die von Kolumbien am 1. März 2008 aus der Luft gestartete Militäroffensive, die sich gegen eine ca. 2 km hinter der kolumbianischen Grenze auf dem nordöstlichen Territorium Ecuadors liegende Stellung der nicht-staatlichen Gruppierung richtete. Im Anschluss an die Luftoffensive drangen kolumbianische Bodentruppen bis zum zerstörten Lager in Ecuador vor. Bei der »Operation Phoenix« kamen 24 Menschen ums Leben. Auch Raúl Reyes, Führungskommandant und Sprecher der FARC, auf den die Aktion eigentlich zielte, wurde hierbei getötet.[838]

---

837 Sanos schließt neuen Friedensvertrag mit der FARC, Zeit-Online, 24. November 2016, www.zeit.de/politik/ausland/2016-11/kolumbien-juan-manuel-santos-farc-friedensvertrag-abkommen. Der ursprüngliche, im September 2015 unterzeichnete Vertrag, wurde von den Kolumbianern im Rahmen eines Referendums abgelehnt.

838 Zum genauen Hergang des Geschehens vgl. den Bericht der OAS, Report of the OAS Commission that visited Ecuador and Colombia, OAS Doc. OEA/Ser.F/II.25 RC.25/doc. 7/08, 16. März 2008, S. 6 f., www.oas.org/council/Docs/RC0 0089E01.DOC.

II. Kolumbiens Befugnis zur Selbstverteidigung

Ecuador bewertete den Militäreinsatz Kolumbiens als »Verletzung seiner Souveränität und territorialen Integrität«[839] Auch die übrigen südamerikanischen Staaten rügten vehement die Verletzung territorialer Rechte Ecuadors. So heißt es in einer Resolution des Ständigen Rats der OAS:

> »[T]hat act constitutes a violation of the sovereignty and territorial integrity of Ecuador. [...] [T]he territory of a state is inviolable and may not be the object, even temporarily of military occupation or other measures of force taken by another state«.[840]

In ähnlicher Weise äußerte sich auch die Rio-Gruppe:

> »We denounce this violation of the territorial integrity of Ecuador, and we therefore reaffirm that the territory of a state is inviolable and may not be the object, even temporarily, of military occupation or of other measures of force taken by another State, directly or indirectly, on any grounds.«[841]

Der damalige kolumbianische Außenminister betonte hingegen, dass

> »Kolumbien nicht die Souveränität Ecuadors verletzt, sondern entsprechend dem Prinzip der Selbstverteidigung gehandelt habe.«[842]

Kolumbien wurde in dieser Sichtweise einzig von den USA unterstützt.[843] Die übrige Staatengemeinschaft zeigte sich über die angespannte Situation besorgt,[844] nahm aber zu den rechtlichen Fragen des Vorfalls keine Stellung. Die Operation Phoenix führte zwischen Ecuador, Venezuela und Kolumbien zu einer der größten diplomatischen Krisen Südamerikas.

---

839 Erklärung des Präsidenten *Rafael Correa* v. 3. März 2008, zit. nach Colombia neighbors deploy troops, BBC News, 3. März 2008, http://news.bbc.co.uk/2/hi/americas/7274222.stm.

840 OAS Doc. OAS/CP/RES.930 (1632/08), 5. März 2008.

841 Erklärung der Staats- und Ministerpräsidenten der Mitgliedsstaaten der Rio-Gruppe v. 7. März 2008, 2. Punkt, www.scm.oas.org/doc_public/ENGLISH/HIST08/CP19791E11.doc.

842 S. die Erklärung des kolumbianischen Außenministers v. 2. März 2008, https://en.trend.az/world/other/1147882.html, Übersetzung durch Verf.

843 Erklärung *Tom Caseys*, Sprecher des State Departments, zit. nach Colombia: Chavez, rebels in 'armed alliance', NBC News, 3. März 2008, www.nbcnews.com/id/23435878/ns/worldnews-venezuela/t/colombia-chavez-rebels-armed-alliance.

844 Vgl. z.B. die Erklärung des UN-Generalsekretariats v. 3. März 2008, UN Doc. SG/SM/11446, 3. März 2008.

Der grenzüberschreitende militärische Einsatz Kolumbiens stellt einen Verstoß gegen das in Art. 2 Ziff. 4 UN-Charta verankerte Gewaltverbot dar. Es bedarf im Folgenden der Klärung, ob das Vordringen Kolumbiens durch Art. 51 UN-Charta gerechtfertigt ist. Probleme ergeben sich auf den ersten Blick insbesondere auf Tatbestandsebene. So erfordert die Beantwortung der Frage nach einem durch die FARC initiierten bewaffneten Angriff den Rückgriff auf die *Accumulation of events*-Doktrin. Sodann wird erörtert, ob die Guerillagruppierung zum Zeitpunkt des bewaffneten Angriffs in einer zurechnungsbegründenden Beziehung zum Aufenthaltsstaat Ecuador stand. Abschließend stehen weitere Aspekte auf der Rechtsfolgenseite von Art. 51 UN-Charta im Fokus.

1. Vorliegen eines bewaffneten Angriffs durch die Handlungen der FARC

Der Operation Phoenix ging direkt kein gewaltsamer Übergriff der FARC voraus. Dies schließt eine Rechtfertigung nach Art. 51 UN-Charta nicht *per se* aus. Zwar greift die Befugnis Kolumbiens zu präventiven Abwehrmaßnahmen nicht, da Hinweise auf einen unmittelbar bevorstehenden bewaffneten Angriff der Guerillagruppierung fehlen.[845] Jedoch kommt das Vorliegen eines bewaffneten Angriffs über die Doktrin der *Accumulation of events* in Betracht. Denn seit ihrem Bestehen wendet sich die FARC regelmäßig in gewalttätigen Aktionen gegen Kolumbien. Dies geschieht zum einen durch die Entführung von Einzelpersonen oder kleineren Personengruppen, die die FARC teilweise jahrelang in Gefangenschaft hält. Eine der bekanntesten Geiseln ist die ehemalige französisch-kolumbianische Präsidentschaftskandidatin Ingrid Betancourt, die bereits im Jahr 2002 entführt, aber erst im Juli 2008 freigelassen wurde. Zum anderen äußert sich das gewaltsame Auftreten der FARC in punktuellen, kurz dauernden Ereignissen, wie sie auch in dem der Operation Phoenix vorangehenden Jahr 2007 zu verzeichnen waren. So fanden allein im Sommer 2007 bis zu 50 kolumbianische Soldaten

---

845 A.A. *Marcella*, War without Borders: The Colombia-Ecuador Crisis 2008, S. 9, die aufgrund der zahlreich in der Vergangenheit verübten Übergriffe einen bevorstehenden Militärschlag als mit »highest certitude« bewertet. Mit gleicher Begründung auch *Deeks*, Virginia JIL 52 (2012), S. 483 (537).

durch mehrere Anschläge der FARC den Tod, wobei insbesondere diejenigen vom 10. und 24. August in Putumaya mit 25 bzw. 10 Opfern schwerwiegend sind.[846] Bei einem Überfall am 2. September wurden erneut 11 kolumbianische Soldaten im Gefecht mit der nicht-staatlichen Gruppierung getötet.[847] Im November starben bei drei Vorstößen der FARC 7[848] bzw. 3 Soldaten sowie 2 Polizisten[849]. Im Zeitraum von Dezember 2007 bis zur Operation Phoenix am 1. März 2008 unternahm die Guerillagruppierung keine Übergriffe auf kolumbianisches Territorium.

Fraglich ist, ob jene Aktionen der FARC in ihrer Summe den Tatbestand von Art. 51 UN-Charta erfüllen. Hierzu muss zwischen den Anschlägen ein zeitlicher und inhaltlicher Zusammenhang erkennbar sein, wobei der zeitliche Aspekt umso eher zu bejahen ist, je kürzer die einzelnen Anschläge der nicht-staatlichen Gruppierung beieinander liegen.[850]

Zunächst ist festzuhalten, dass die verübten Anschläge der FARC angesichts der hohen Opferzahl von insgesamt ca. 65 Soldaten die Intensität eines bewaffneten Angriffs erreichten. Dies auch unter Berücksichtigung von Art. 3 lit. d der Aggressionsdefinition, wonach Übergriffe gegen die Streitkräfte eines Staates als Angriffshandlungen gelten und mediale Aufmerksamkeit erfahren. Die militärischen Aktionen der FARC liegen nur wenige Wochen auseinander, ein zeitlicher Zusammenhang besteht. Inhaltlich war den Ereignissen gemein, dass sie die Absicht verfolgten, die kolumbia-

---

846   Justice for Colombia, FARC Guerrillas increase attacks, 5. September 2007, www.justiceforcolombia.org/news/article/18/farc-guerrillas-increase-attacks.

847   Justice for Colombia, FARC Guerrillas increase attacks, 5. September 2007, www.justiceforcolombia.org/news/article/18/farc-guerrillas-increase-attacks.

848   Justice for Colombia, FARC Kill Seven Soldiers, 17. November 2007, www.justiceforcolombia.org/news/article/76/-

849   Justice for Colombia, Three Soldiers, Two Police, Killed in Combat with FARC, 26. November 2007, www.justiceforcolombia.org/news/article/98/-.

850   Im Fall eines positiven Ergebnisses stellt sich im weiteren Verlauf die Frage nach der Gegenwärtigkeit der Verteidigungssituation, die dem Recht aus Art. 51 UN-Charta zeitliche Grenzen setzt. Im Hinblick auf diese Frage sollen deshalb bereits an dieser Stelle vor allem jene Übergriffe Erwähnung finden, die der Operation Phoenix zeitlich am nahesten standen.

nische Regierung zu schwächen.[851] Damit führte die Summe der einzelnen Übergriffe zum Vorliegen eines bewaffneten Angriffs.[852]

Da von Staatsorganen regelmäßig eine Repräsentationswirkung für den jeweiligen Staat ausgeht und sich die Anschläge der FARC gegen kolumbianische Polizisten und Soldaten wandten, liegt auch ein bewaffneter Angriff *gegen* Kolumbien vor. Im Ergebnis war Kolumbien tatbestandlich zu Verteidigungsmaßnahmen ermächtigt.

2. Zurechnung der Handlungen der FARC zu Ecuador

Ecuador nimmt dann die Rolle des Angreifers ein, wenn dem Staat der von der FARC verübte bewaffnete Angriff zugerechnet werden kann. Eine Zurechenbarkeit an Ecuador kraft einer Organstellung der FARC scheidet aus, da die nicht-staatliche Gruppierung keinerlei hoheitliche Befugnisse ausübte. Auch fehlen Äußerungen oder andere Ansatzpunkte für eine zurechnungsbegründende Anerkennung i.S.v. Art. 11 ILC-Entwurf. Ecuador bestritt vielmehr jegliche Verbindung zur Guerillaorganisation. Bei der Operation Phoenix durch Kolumbien sichergestellte Laptops und andere Datenträger der FARC belegen jedoch das Gegenteil.[853] In welcher Art und Weise die Beziehung ihren Ausdruck fand und ob sie zurechnungsbegründend wirkt, soll im Folgenden untersucht werden.

---

851 *Walsh*, Pace ILR 21 (2009), S. 136 (147). Ausdrückliche Absichtserklärungen der FARC, die sich auf die konkret genannten Ereignisse beziehen, fehlen allerdings.

852 Im Ergebnis ebenso *Walsh*, Pace ILR 21 (2009), S. 136 (159), der allerdings nicht auf einzelne Vorfälle eingeht, sondern sämtliche Übergriffe und sonstige kriminelle Akte nennt, die die FARC im letzten Jahrzehnt vor der Operation Phoenix begannen hat.

853 Die Authentizität der gefundenden Daten wurde von Interpol intensiv überprüft und bestätigt, vgl. den entsprechenden Interpol-Bericht v. 13. Juni 2008, https://www.interpol.int/News-and-media/News/2008/PR026. Dennoch bestehen weiterhin starke Zweifel an deren Echtheit, vgl. hierzu *Grandin/Salas*, What the FARC files really reveal, The Guardian, 11. Mai 2011, www.guardian.co.uk/commentisfree/cifamerica/2011/may/10/farc-files-colombia-venezuela.

a. Zurechnung durch Anleitung und Kontrolle (Art. 8 ILC-Entwurf zur Staatenhaftung und Art. 3 lit. g Aggressionsdefinition)

Die konfiszierten Dokumente beweisen, dass ecuadorianische Minister und Regierungsvertreter mit dem bei der Operation Phoenix getöteten FARC-Mitglied Raúl Reyes sowie weiteren Mitgliedern in Kontakt standen[854] und neben politischen Fragen in der Grenzregion[855] auch über die Freilassung von Geiseln verhandelten.[856]

Dass die Vertreter Ecuadors auf den durch die FARC verübten bewaffneten Angriff eingewirkt haben, steht nicht zur Debatte. Es liegen keinerlei Hinweise vor, dass Ecuador diesbezüglich Einfluss genommen hat, erst recht nicht in Form einer Kontrolle über jeden der im Rahmen der *Accumulation of events*-Doktrin berücksichtigten einzelnen Anschläge. Anhand des strengen Maßstabs effektiver Kontrolle kann der bewaffnete Angriff Ecuador nicht zugerechnet werden.

Nach dem Verständnis dieser Arbeit wirkt bereits eine generelle Kontrolle, die sich auch durch wesentliche Unterstützung ausdrücken kann, zurechnungsbegründend. So hat die FARC den Präsidenten Ecuadors Correa während seiner Kandidatur durch die Zahlung einer hohen Geldsumme unterstützt.[857] Für die Frage der Zurechenbarkeit spielen allerdings nur solche Unterstützungshandlungen eine Rolle, die vom Staat an die Gruppierung erfolgen, nicht aber solche der Gruppierung an den Staat.

Unter den bei der Operation Phoenix sichergestellten Dateien befand sich u.a. aber auch ein Bericht Raúl Reyes über ein Treffen mit dem ecuadorianischen Sicherheitsminister Larrea. Nach den dort niedergeschriebenen Äußerungen des Ministers sei Ecuador gewillt »to change the commanders

---

854   *Walsh*, Pace ILR 21 (2009), S. 136 (147).

855   *Markey*, Colombia says FARC files show Correa ties, Reuters, 2. März 2008, www.reuters.com/article/2008/03/03/us-colombia-ecuador-idUSN0229738220 080303. Vgl. z.B. eine E-Mail Raúl Reyes v. 28. Februar 2008 über ein Treffen mit einem Vertreter Correas, E-Mail abgedruckt in: *Farah/Simpson*, Ecuador at Risk, S. 52: »[Ecuador] wan[ts] to coordinate with us on border issues«.

856   Insbesondere mit dem ecuadorianischen Minister Larrea, s. *Marcella*, War without Borders: The Colombia-Ecuador Crisis 2008, S. 25.

857   Hierzu ausführlich *Farah/Simpson*, Ecuador at Risk, S. 47 f.

of the military and police to get rid of those hostile to the communities and civilians there«.[858]

Freilich deutet diese Aussage auf die Bereitschaft Ecuadors hin, die Führung seiner in der Grenzregion postierten Streitkräfte und Polizeieinheiten im Sinne der FARC auszutauschen.[859] Der Nachweis, ob das Vorhaben schließlich umgesetzt wurde, kann aber nicht geführt werden. Zwar stellt bereits das Angebot an sich eine relevante Unterstützungshandlung dar, doch ist für eine Zurechnung das Ausmaß der aktiven Hilfe entscheidend. Auch unter Berücksichtigung der Feststellungen im vorhergehenden Abschnitt[860] kann nicht von einem Überschreiten der Hilfeleistungen Ecuadors in den zurechnungsbegründenden Bereich ausgegangen werden.[861] Ecuador hat keinen Einfluss auf die Aktivitäten der nicht-staatlichen Gruppierung i.S. einer Anleitung und Kontrolle genommen.[862] Eine Zurechnung nach Art. 8 ILC-Entwurf und Art. 3 lit. g Aggressionsdefinition scheidet mithin aus.[863]

---

858 Brief *Raúl Reyes* an das »Sekretariat« der FARC, 18. Januar 2008, abgedruckt in: *Farah/Simpson*, Ecuador at Risk, S. 51.

859 So *Farah/Simpson*, Ecuador at Risk, S. 51. Bei *Markey*, Colombia says FARC documents show Correa ties, Reuters, 2. März 2008, www.reuters.com/article/ 2008/03/03/idUSN02297382_CH_2400, ist die Rede von einem »Angebot der ecuadorianischen Regierung an die FARC, Polizei- und Militärkommandanten in solche Regionen zu entsenden, die eine FARC-feindliche Einstellung vertreten« (Übersetzung duch Verf.). Unklar ist, ob sich der Autor auf dieselbe Aussage Larreas beruft oder ob er sich auf ein weiteres sichergestelltes Dokument und damit auf eine andere Hilfeleistung bezieht.

860 S. oben Zweiter Teil, 3. Kapitel, B. II. 2. a.

861 Unklar *Farah/Simpson*, Ecuador at Risk, S. 40: »[A]lthough close allies of [Correa's] government have been tied to direct support activities of the FARC.« Ebenso unklar *Walsh*, Pace ILR 21 (2009), S. 136 (160): »Colombia is entitled to exercise its Article 51 right to self-defense in territory controlled by a government that has seen fit *to assist* recognized terrorists.« (Hervorhebung durch Verf.).

862 Vgl. *Szenat/Bird,* in: Wilmshurst (Hrsg.), Classification of Conflicts, S. 203 (237).

863 In diesem Sinne auch *Reinold*, AJIL 105 (2011), S. 244 (276).

b. Zurechnung durch Gewährung einer sicheren Zufluchtsstätte

aa. Die FARC als beherbergte Gruppierung

Zum tauglichen Personenkreis zählen zumindest solche Gruppierungen, die bereits in der Vergangenheit Anschläge verübt haben. Seit Jahrzehnten findet der Kampf der FARC gegen den Staat Kolumbien in regelmäßigen gewaltsamen Übergriffen seinen Ausdruck, sodass die Guerillagruppierung zum tauglichen Personenkreis zählt. Die Aufenthaltsgewährung für diese Gruppierung kann Anknüpfungspunkt für eine Zurechnung sein kann.

bb. Kausalität zwischen bewaffnetem Angriff und Beherbergung

Die Beherbergung der FARC auf dem Territorium von Ecuador darf nicht hinweggedacht werden, ohne dass der bewaffnete Angriff entfiele. Nach der Wahl Uribes zum Präsidenten Kolumbiens im Jahr 2002 und seinem verstärkten und durch die USA unterstützten Vorgehen gegen die FARC zog sich die Gruppierung fast ausschließlich auf ecuadorianisches Hoheitsgebiet zurück.[864] Ohne die Möglichkeit, dort ihre Aufenthaltsstätten und Ausbildungslager zu unterhalten und somit ihr Fortbestehen zu sichern, hätte die nicht-staatliche Organisation keinen Ausgangspunkt zur Verübung der einzelnen Anschläge zur Verfügung gehabt.[865] Damit besteht zwischen dem bewaffneten Angriff und der Beherbergung ein Kausalzusammenhang.

cc. Nachweisbarkeit

Die Unterhaltung von Aufenthaltslagern der FARC im Grenzgebiet Ecuadors wird von keiner Seite bestritten. Die Beherbergung ist bekannt. So wurde im Rahmen der Operation Phoenix ja gerade auch eine Stellung der privaten Gruppierung zum Ziel des kolumbianischen Einsatzes. Die Beherbergung ist zweifellos nachweisbar.

---

864   Ausführlich hierzu *Walsh*, Pace ILR 21 (2009), S. 136 (141 f.).
865   *Farah/Simpson*, Ecuador at Risk, S. 39 f.

dd. Wille Ecuadors

Fraglich ist jedoch, ob die Beherbergung sowie die terroristischen Absichten der FARC gegen Kolumbien vom Willen Ecuadors umfasst (gewesen) sind. Darauf deutet – zumindest auf den ersten Blick – die stetige Zunahme der FARC-Stellungen in der Grenzregion Ecuadors. Vom Willen, d.h. vom Befürworten und Für-gut-Befinden eines Verhaltens oder Sachverhalts, ist aber die bloße Kenntnis darüber abzugrenzen, die unter Umständen mit einer Untätigkeit des jeweiligen Staates einhergeht. Daher lässt allein die Existenz der zahlreichen Aufenthaltslager der FARC noch nicht auf einen entsprechenden Willen Ecuadors schließen. Zudem zeigte Ecuador auch Bestrebungen, gegen die Aktivitäten der nicht-staatlichen Gruppierung einzuschreiten. So verstärkte der Aufenthaltsstaat seine Präsenz an der Nordgrenze,[866] zerstörte im Jahr 2007 rund 47 FARC-Stellungen,[867] nahm einen bekannten FARC-Rebellen fest[868] und beschlagnahmte Waffen sowie anderes Ausrüstungsmaterial.[869] Dieses Vorgehen spricht deutlich gegen einen Beherbergungswillen.

Ferner wies der ecuadorianische Präsident Correa jegliche Anschuldigungen für eine etwaige Verbindung zur FARC und ihren Mitgliedern zurück.[870] Zwar belegen Beweise eindeutig das Gegenteil und womöglich ist

---

866   US Department of State, Country Reports on Terrorism (2007), April 2008, S. 159, www.state.gov/documents/organization/105904.pdf.

867   Zit. nach *Brodzinsky*, On Ecuador's border, FARC rebels visit often, The Christian Science Monitor, 10. März 2008, www.csmonitor.com/World/2008/0310/p07s02-wogn.html. *Marcella*, War without borders: The Colombia-Ecuador Crisis 2008, S. 27, spricht von 170 zerstörten Camps (allerdings ohne Angabe eines Zeitraums). S. zu den weiteren Anstrengungen Ecuadors *Marcella*, War without borders: The Colombia-Ecuador Crisis 2008, S. 27 f. Im Jahr 2008 wurden 130 FARC-Einrichtungen zerstört, s. US Department of State, Country Reports on Terrorism (2008), April 2010, www.state.gov/documents/organization/122599.pdf.

868   US jails Colombian rebel leader, BBC News, 29. Januar 2008, http://news.bbc.co.uk/2/hi/7214540.stm.

869   US Department of State, Country Reports on Terrorism (2007), von April 2008, S. 159, www.state.gov/documents/organization/105904.pdf.

870   Präsident *Correa* in einer Kabinettserklärung: »They said we had a pact with terrorists, and that is completely false.« Zit. nach US urges diplomacy in Bogota row, BBC News, 3. März 2008, http://news.bbc.co.uk/2/hi/americas/7275732.stm.

die Zurückhaltung Correas nur dem Umstand geschuldet, Ecuador vor einer Haftung zu bewahren. Dennoch zeigt sich an diesem Verhalten, dass die solidarische Haltung zur FARC nicht derart ausgeprägt ist, als dass sie offen ausgesprochen würde.

Im Befund ist damit festzuhalten, dass Ecuador nicht ausreichend gegen die Aktivitäten und Stellungen der FARC vorging[871] und die Zahl ihrer Lager auf ecuadorianischem Territorium deutlich zugenommen hat. Auch lässt sich nicht leugnen, dass das Verhältnis Ecuadors zur Guerillagruppierung zwischen »Ambivalenz« und »Sympathie«[872] schwankt(e) und somit durchaus von Wohlwollen geprägt ist. Dennoch ist die Frage, ob sich daraus auch der Wille Ecuadors, der sich auf die Beherbergung der Gruppierung sowie deren terroristische Absichten richtet, mit Zurückhaltung zu beantworten.[873] Ohne Weiteres lässt er sich nicht bejahen. Vielmehr spricht insbesondere die Zerstörung einiger FARC-Rückzugsstätten gegen das Vorliegen eines entsprechenden Willens.[874]

ee. Ergebnis

Der durch die FARC verübte bewaffnete Angriff kann Ecuador nicht durch das Gewähren einer sicheren Zufluchtsstätte zugerechnet werden. Die Möglichkeiten einer Zurechenbarkeit der privaten Aktivitäten an den Aufenthaltsstaat sind damit erschöpft, sodass sich die nicht-staatliche Gruppierung selbst als Angreifer herausstellt.[875]

---

871 Ebenso *Waisberg*, Studies in Conflict and Terrorism 32 (2009), S. 476 (476).
872 *Marcella*, War without borders, S. 10. S. auch *Deeks*, Virginia JIL 52 (2012), S. 483 (544): »Ecuador's past efforts against the FARC thus paint a mixed story.«
873 Ebenso zurückhaltend *Reinold*, AJIL 105 (2011), S. 244 (275).
874 A.A. *Walsh*, Pace ILR 21 (2009), S. 136 (160): »Ecuador's decision to allow the FARC to operate on Ecuadorian territory […].«
875 Für eine Zurechnung hingegen *Walsh*, Pace ILR 2009, S. 136 (159 f.).

3. Rechtsfolgen des Selbstverteidigungsrechts

a. Pflicht Ecuadors zur Duldung der Verteidigungsmaßnahmen Kolumbiens

Der aus nicht-staatlicher Hand geführte bewaffnete Angriff berechtigte Kolumbien tatbestandlich zur Selbstverteidigung gegen die FARC. Kolumbien zerstörte eines ihrer Lager im ecuadorianischen Grenzgebiet und verstieß nicht gegen das Gebot, sich militärisch ausschließlich gegen Stellungen des Angreifers zu richten.

Ecuador wäre jedoch nur im Fall der Unwilligkeit oder Unfähigkeit, selbst gegen die FARC vorzugehen, zur Duldung der kolumbianischen Gegenwehr, mithin zur Duldung des Eingriffs in seine territoriale Integrität, verpflichtet gewesen. Zwar ist Ecuador gegen die Aufenthaltslager und Aktivitäten der FARC vorgegangen,[876] dies aber auch nicht konsequent. Ecuador reagierte auf vielfache Information Kolumbiens zu exakten Ortsangaben von 25 FARC-Stellungen mehrheitlich nicht.[877] Somit hat der Aufenthaltsstaat nicht alles Erforderliche getan, um die privaten Aktivitäten zu unterbinden[878] und ist insoweit unwillig geblieben.[879] Daneben ist aber auch fraglich, inwieweit Ecuador überhaupt fähig gewesen wäre, sein unübersichtliches Grenzgebiet effektiv zu beherrschen. Zwar verstärkte Ecuador sein militärisches Personal in dieser Region, diesem fehlte es jedoch an entsprechender Ausrüstung, um dortige Gefahrenherde auszuräumen.[880] In weiten Teilen seines Territoriums zeigte Ecuador hingegen keinerlei Präsenz.[881] Es ist daher anzunehmen, dass Ecuador teilweise unwillig, teilweise aber auch unfähig gewesen ist, gegen die FARC vorzugehen,[882] woraus sich eine Duldungspflicht der Selbstverteidigungsmaßnahmen ergibt.

---

876 S. oben Zweiter Teil, 3. Kapitel, B. II. 2. C.

877 *Marcella*, War without Borders, S. 10. S. auch *Szenat/Bird,* in: Wilmshurst (Hrsg.), Classification of Conflicts, S. 203 (233).

878 Vgl. auch *Waisberg*, Studies in Conflict and Terrorism 32 (2009), S. 476 (476): »[D]id *nothing* to counter or prevent FARC's activities against Colombia.« (Hervorherbung durch Verf.).

879 *Farah/Simpson*, Ecuador at Risk, S. 12. Unentschlossen *Deeks*, Virginia JIL 52 (2012), S. 483 (542).

880 *Marcella*, War without Borders, S. vi.

881 *Marcella*, War without Borders, S. 13; *Deeks*, Virginia JIL 52 (2012), S. 483 (541 f.).

882 Ebenso *Deeks*, Virginia JIL 52 (2012), S. 483 (545); *Reinold*, AJIL 105 (2011), S. 244 (275 f.).

b. Gegenwärtigkeit des bewaffneten Angriffs

Gegenwärtig ist der Angriff, wenn er gerade stattgefunden hat oder noch andauert. Für einen bewaffneten Angriff nach der *Accumulation of events*-Doktrin bemisst sich die Gegenwärtigkeit nach dem Zeitpunkt, in dem die Schwelle zum Tatbestand des Art. 51 UN-Charta überschritten ist. Die oben aufgelisteten Übergriffe der FARC fanden im November 2007 statt. Kolumbien griff am 1. März 2008 zu Gegenmaßnahmen, sodass dazwischen ein Zeitraum von mindestens 3 Monaten lag. Verteidigungsmaßnahmen haben unmittelbar zu erfolgen, was auf einen Zeitraum von 3 Monaten grundsätzlich nicht zutrifft,[883] da ein Zusammenhang zum vorausgegangenen Angriff nicht mehr hergestellt werden kann.[884]

Etwas Anderes gilt, wenn Kolumbien Zeit zur Entwicklung von Verteidigungsstrategien, zur Identifizierung der Angreifer oder für weitere militärische Vorbereitungen benötigt hätte. Kolumbien erfuhr vom Aufenthalt Raúl Reyes erst am 29. Februar 2008 und war in der Lage, in weniger als 2 Tagen die auf ihn abzielende Operation Phoenix zu initiieren.[885] Besonders zeitbeanspruchende Vorbereitungen waren folglich nicht erforderlich. Auch stand die FARC als Urheber der Attentate schnell fest. Damit ist die militärische Aktion Kolumbiens unter Zugrundelegung der zeitlichen Grenzen von Art. 51 UN-Charta zu spät erfolgt.[886] Es fehlt an der Gegenwärtigkeit des bewaffneten Angriffs.

---

883 So wurde schon über den US-amerikanischen Einsatz gegen Afghanistan als Folge der Anschläge vom 11. September 2001 diskutiert, ob das Verstreichenlassen von ca. 4 Wochen noch dem Unmittelbarkeitserfordernis genügte. Die Frage wurde überwiegend bejaht. S. statt vieler *Krajewski*, AVR 40 (2002), S. 183 (202).

884 Vgl. *Stein/von Buttlar*, Völkerrecht, Rn. 793.

885 *Marcella*, War without Borders, S. 5.

886 Im Ergebnis ebenso *Reinold*, AJIL 105 (2011), S. 244 (274). Selbst wenn man im Rahmen der *Accumulation of events*-Doktrin die noch andauernden Entführungen kolumbianischer Staatsangehöriger berücksichtigen würde (zur Frage, ob insoweit auch Kolumbien betroffen wäre vgl. Erster Teil, 2. Kapitel, D. II. 2.; im Hinblick auf die Präsidentschaftkandidatin Ingrid Betancourt wohl bejahend), fehlt es mit dem vorübergehenden Ende der FARC-Übergriffe im November 2007 an der erforderlichen Gewaltintensität. Mithin lässt sich auch nicht auf diesem Weg die Gegenwärtigkeit des bewaffneten Angriffs bejahen. Im Übrigen bezweckte die Operation Phoenix auch nicht die Freilassung der Geiseln, sodass es am legitimen Zweck, sich verteidigen zu wollen, gefehlt hätte.

4. Ergebnis

Die von Kolumbien am 1. März 2008 auf dem Territorium Ecuadors durchgeführte Operation Phoenix stellt sich mangels Gegenwärtigkeit des durch die FARC verübten bewaffneten Angriffs nicht als zulässige Selbstverteidigung nach Art. 51 UN-Charta dar.

5. Zusammenfassung

Der kolumbianische Militärschlag gegen eine Stellung der FARC im Grenzgebiet Ecuadors bewertet sich nach den Vorgaben des Art. 51 UN-Charta wie folgt. Zwischen den Sommermonaten und November 2007 verübte die Guerillagruppierung mehrere gewaltsame Übergriffe in Kolumbien, wobei insgesamt ca. 65 kolumbianische Soldaten ums Leben kamen. Ausgehend von der Repräsentationsfunktion von Soldaten und unter Berücksichtigung von Art. 3 lit. d Aggressionsdefinition sowie der hohen Opferzahl erreichen die aus privater Hand geführten Anschläge die für die Aktivierung von Art. 51 UN-Charta erforderliche Gewaltintensität. Zwischen den Übergriffen besteht ein inhaltlicher und zeitlicher Zusammenhang, sodass nach der *Accumulation of events*-Doktrin ein bewaffneter Angriff zu bejahen ist. Kolumbien war tatbestandlich zur Selbstverteidigung ermächtigt.

Obwohl Ecuador mit der FARC in Verbindung stand und über politische Angelegenheiten verhandelte und vereinzelt auch Unterstützungsleistungen an die Gruppierung erbrachte, fehlt es an einer Anleitung und Kontrolle i.S.v. Art. 8 ILC-Entwurf. Auch das Kriterium der Gewährung einer sicheren Zufluchtsstätte vermag eine Zurechnung nicht zu begründen. Die Beherbergung der FARC durch Ecuador ist zwar für den bewaffneten Angriff kausal und zudem auch ohne Weiteres nachweisbar. Im Hinblick auf den erforderlichen Willen Ecuadors, der sich zum einen auf die Beherbergung, zum anderen auf die terroristischen Absichten beziehen muss, widersprechen sich jedoch die Anhaltspunkte. Der entsprechende Wille lässt sich daraus nicht überzeugend ableiten und ist daher zu verneinen. Der von der FARC verübte bewaffnete Angriff ist Ecuador nicht zurechenbar, sodass sich allein die private Gruppierung als Angreifer darstellt. Militärische Maßnahmen Kolumbiens durften sich nur gegen Stellungen und Einrichtungen der FARC richten. Die Zerstörung des FARC-Camps bewegte sich somit innerhalb der Grenzen von Art. 51 UN-Charta.

Da Ecuador zum Teil unwillig, zum Teil unfähig gewesen ist, gegen die Aufenthaltsstätten und Aktivitäten der Guerillagruppierung vorzugehen, war es als Aufenthaltsstaat an sich auch verpflichtet, die militärischen Maßnahmen Kolumbiens zu dulden. Allerdings lag zwischen dem bewaffneten Angriff der FARC und dem Vorgehen Kolumbiens am 1. März 2008 ein Zeitraum von über 3 Monaten. Zu diesem Zeitpunkt war der Angriff bereits vollständig beendet. Da Kolumbien auch keine zeitbeanspruchenden Verteidigungsstrategien entwickeln und andere Vorbereitungen treffen musste, erfolgten die Maßnahmen Kolumbiens außerhalb der zeitlichen Grenzen von Art. 51 UN-Charta. Aufgrund des fehlenden Unmittelbarkeitserfordernisses stellt sich die Operation Phoenix nicht als zulässige Selbstverteidigung dar. Die Verletzung von Art. 2 Ziff. 4 UN-Charta ist nicht gerechtfertigt. Der Gewalteinsatz Kolumbiens war mithin rechtswidrig.

C. Die türkischen Militäreinsätze im Irak im Februar 2008 und Oktober 2011

I. Geschichtliche Hintergründe

Die Beziehungen zwischen der Türkei und dem Irak sind im Kontext der »Partiya Karkerên Kurdistan« (Kurdische Arbeiterpartei, kurz PKK) seit Jahrzehnten von Spannungen geprägt. Die nicht-staatliche Gruppierung, die ihre Wurzeln im Osten der Türkei hat, setzt sich für die Unabhängigkeit bzw. stärkere autonome Rechte der kurdischen Gebiete auf türkischem Territorium ein. Zur Durchsetzung dieser Ziele greift sie seit 1984 regelmäßig auch zu gewaltsamen Übergriffen gegen den türkischen Staat. Ihre Aufenthaltslager unterhält die PKK seit 1991 überwiegend im bergigen, kurdisch dominierten Gebiet des Nordirak.[887]

Die Türkei ging in der Vergangenheit des Öfteren gegen die PKK im Irak vor.[888] Gerade in jüngerer Zeit eskalierte der grenzüberschreitende Konflikt wiederholt und führte zu punktuellen gewaltsamen Auseinandersetzungen.

---

887   *Reinold*, AJIL 105 (2011), S. 244 (269).
888   Zu älteren grenzüberschreitenden Militäraktionen der Türkei s. u.a. *Antonopoulos*, JCSL 1 (1996), S. 33 (52 ff.); *Bothe/Lohmann*, SZIER 5 (1995), S. 441 ff.; *Gray/Olleson*, FYIL 12 (2001), S. 355 (377).

So lockte die Guerillagruppierung am 7. Oktober 2007 eine Einheit türkischer Streitkräfte in der südöstlichen Provinz Sirnak in einen Hinterhalt, wobei 13 Soldaten getötet und 3 verletzt wurden.[889] Bei einem weiteren Übergriff der PKK gegen eine militärische Außenstelle der türkischen Armee kamen am 21. Oktober 2007 12 Soldaten ums Leben, 8 weitere wurden entführt. Infolge dieser Ereignisse führte die Türkei vereinzelte grenzüberschreitende Militärschläge aus der Luft durch, die von einer kleineren Bodenoffensive begleitet wurden, um die entführten Soldaten zu befreien. Im Dezember 2007 startete die Türkei ihre größte Luftoffensive der letzten Jahre mit über 50 türkischen Kampffliegern gegen Stellungen der PKK im Nordirak,[890] ähnliche Einsätze folgten[891]. Auch im Januar 2008 unternahm die Türkei gelegentlich grenzüberschreitende Aktionen.[892]

Am 21. Februar 2008 initiierte sie eine weitere, diesmal groß angelegte Luft- und Bodenoffensive[893] unter dem Codenamen »Operation Sun«. 240 PKK-Kämpfer wurden getötet, etliche Stellungen der Gruppierung im Irak

---

889 Turkey mulls response to PKK raid, BBC News, 8. Oktober 2007, http://news. bbc.co.uk/2/hi/europe/7033657.stm; *Reinsford*, Pressure mounts for Turkish action, BBC News, 8. Oktober 2007, http://news.bbc.co.uk/2/hi/europe/703444 2.stm.

890 Offensive against PKK positions in northern Iraq, Keesing's Record of World Events 2007, S. 48316 (48316).

891 Vgl. z.B. den Zeitstrahl bei Turkey in new Iraq air strikes', BBC News, 23. Dezember 2007, http://news.bbc.co.uk/2/hi/europe/7158399.stm.

892 *Ruys*, Melbourne JIL 9 (2008), S. 334 (338). Hinsichtlich der Aktionen im Januar: Turkish jet bombs rebels in Iraq, BBC News, 15. Januar 2008, http://news. bbc.co.uk/2/hi/europe/7189527.stm.

893 Turkish troops enter north Iraq, BBC News, 22. Februar 2008, http://news.bbc. co.uk/2/hi/europe/7258323.stm. Über die genaue Truppenstärke variieren die Angaben von »mehreren Hundert« über 3.000 bis zu 10.000 Mann; s. Turkey launches ground operation against PKK in Northern Iraq, Turkish army said, Hürriyet Daily News, 22. Februar 2008, www.hurriyet.com.tr/turkey-launches-ground-operation-against-pkk-in-northern-iraq-turkish-army-said-8287603.

zerstört.[894] Die einwöchige Aktion[895] erregte in der Staatengemeinschaft und der völkerrechtlichen Literatur im Hinblick auf den zwischenstaatlichen Konflikt um die PKK noch am meisten Aufmerksamkeit und soll daher als eine von zwei Ereignissen im Folgenden näher beleuchtet werden.

Die Anschläge der PKK rissen nicht ab, worauf die Türkei mit weiteren Gewaltaktionen im Nordirak reagierte.[896] Eine ereignete sich am 19. Oktober 2011. Bei Übergriffen mehrerer PKK-Einheiten auf Polizeistationen und Grenzposten in den türkischen Grenzstädten Çukurca und Yüksekova[897] kamen 24 türkische Streitkräfte und Polizisten ums Leben, 18 weitere wurden verletzt.[898] Noch am gleichen Tag flogen türkische Kampfjets in fünf Regionen im Nordirak ein, Armeeeinheiten überschritten die Grenze

---

894   Turkey hits rebel targets in Iraq, BBC News, 29. März 2008, http://news.bbc.co. uk/2/hi/europe/7320508.stm; *Reinsford*, Iraq troop withdrawal baffles turks, BBC News, 29. März 2008, http://news.bbc.co.uk/2/hi/europe/7272108.stm. Ausführlich zur sog. »Operation Sun« *Ruys*, Melbourne JIL 9 (2008), S. 334 (345 ff.); *ders.*, Armed Attack, S. 457 ff.; *Reinold*, AJIL 105 (2011), S. 244 (268); *Tibori Szabó*, Anticipatory Action, S. 237 ff.

895   Turkish troops pull out of Iraq, BBC News, 29. Februar 2008, http://news.bbc. co.uk/2/hi/europe/7270566.stm.

896   Beispielhaft zu nennen ist eine 7-tägige Militäroffensive im August 2011 als Folge eines Übergiffs der PKK auf einen Truppenkonvoi türkischer Streitkräfte mit 9 Toten. S. hierzu Kurdish rebel attack kills Turkish soldiers, BBC News, 17. August 2011, www.bbc.co.uk/news/world-europe-14556624; Turkish planes attack PKK bases in northern Iraq, BBC News, 18. August 2011, www. bbc.co.uk/news/world-europe-14570301; Turkey reports heavy PKK losses after week of bombing, BBC News, 23. August 2011, www.bbc.co.uk/news/world -europe-14629046; Turkish airstrike campaign 'killed 160 Kurdish rebels', BBC News, 29. August 2011, www.bbc.co.uk/world-europe-13498040.
Auch im Juni 2012 übte die Türkei nach einem Anschlag auf türkische Streitkräfte mit 8 Toten Gegenwehr aus. S. hierzu Turkey military hits Kurdish rebel targets in Iraq, BBC News, 20. Juni 2012, www.bbc.co.uk/news/world-europe-18526177; Turkey in new air strikes on Kurdish rebels in Iraq, BBC News, 24. Juni 2012, www.bbc.co.uk/news/world-europe-18570036.

897   Turkey launches Iraq incursion after fatal border attacks – report, The Journal, 19. Oktober 2011, http://jrnl.ie/257571/.

898   Gewaltige Rache, Spiegel-Online, 24. Oktober 2011, www.spiegel.de/spiegel/ print/d-81136846.html; s. auch Turkish troops pursue Kurdish rebels into Iraq, BBC News, 19. Oktober 2011, www.bbc.co.uk/news/world-europe-15369352.

am Boden.[899] Insgesamt waren mehrere Tausend Soldaten im Einsatz,[900] um gegen PKK-Kämpfer und gegen die zahlreichen Stützpunkte der nicht-staatlichen Gruppierung vorzugehen.[901] Die Aktion dauerte einige Tage; so gingen noch am 25. Oktober 2011 Bodentruppen der Türkei gegen ein La-ger in der Grenzregion vor.[902] Für die türkischen Streitkräfte brachte der Übergriff der PKK vom 19. Oktober 2011 die schwersten Verluste seit 1993,[903] nach anderen Angaben sogar seit 1984.[904] Deshalb wird er im Zu-sammenhang mit der türkischen Gegenwehr im Folgenden ebenso näher beleuchtet.

Im Fokus dieses Kapitels stehen damit zwei Vorfälle grenzüberschrei-tender Gewaltausübung gegen nicht-staatliche Akteure. Zum einen die Er-eignisse vom Oktober 2007, die die Operation Sun im Februar 2008 auslös-ten, zum anderen die Auseinandersetzung im Oktober 2011. Wird im Fol-genden gliederungsmäßig nicht zwischen diesen zwei Tatkomplexen unter-schieden, gelten die Ausführungen für beide Fälle.

II. Befugnis der Türkei zur Selbstverteidigung

Im Hinblick auf die im Februar 2008 durchgeführte türkische Operation Sun äußerte sich das irakische Parlament mit deutlicher Ablehung, indem es

---

899   *Karlsson*, Turkey launches anti-Kurdish raids into northern Iraq, World Socialist Web Site, 25. Oktober 2011, www.wsws.org/en/articles/2011/10/turk-o25.html.

900   *Arsu*, Turkey Pursues Kurdish Rebels After 24 Soldiers Are Killed Near Iraq, The New York Times, 19. Oktober 2011, www.nytimes.com/2011/10/20/world/ europe/dozens-dead-in-attacks-on-turkish-forces.html.

901   Turkish forces target PKK Iraq camp: sources, Reuters, 25. Oktober 2011, www.reuters.com/article/2011/10/25/us-turkey-iraq-pkk-idUSTRE79O2WZ20 111025.

902   Türkei greift erneut PKK an, N-TV, 25. Oktober 2011, www.n-tv.de/politik/Tu-erkei-greift-erneut-PKK-an-article4614346.html.

903   Kurdish rebels kill 26 Turkish soldiers in Hakkari, BBC News, 19. Oktober 2011, www.bbc.co.uk/news/world-europe-15363865.

904   Türkei bombardiert Ziele im Irak, Frankfurter Rundschau, 19. Oktober 2011, www.fr.de/politik/kurdengebiete-tuerkei-bombardiert-ziele-im-irak-a-904885.

»its rejection and condemnation for the Turkish military interference, which is considered a violation of Iraq's sovereignty«[905]

zum Ausdruck brachte. Die Türkei berief sich auf ein bestehendes Selbstverteidigungsrecht. So erklärte der türkische Premierminister bereits im Oktober 2007:

»We have reached the point of self-defense, and we are ready to do whatever is necessary in light of common sense.«[906]

Auch im unmittelbaren Bezug zur Operation Sun unterstrich Erdoğan die Befugnis der Türkei zur Selbstverteidigung:

»Turkey's cross-border operation is a result of its legitimate right to self-defence. […] Turkey is in a rightful struggle against the terrorist organization that is threatening regional peace and stability. […] Turkey has the right to defend itself, eliminate those that harm its citizens peace, unity and solidarity.«[907]

Die Staatengemeinschaft bekundete weder einhelligen Zuspruch noch eindeutige Ablehnung. Vielmehr äußerte sie sich ambivalent, indem sie einerseits die Übergriffe der PKK verurteilte, der türkischen Militäraktion aber gleichzeitig mit starker Zurückhaltung begegnete. So gestand z.B. die USA der Türkei das Recht zur Selbstverteidigung zu, verlangte aber, den militärischen Einsatz so schnell wie möglich zu beenden und den Konflikt auf nicht-militärische Weise zu klären.[908] Die EU sprach von einer »total condemnation of the terrorist violence perpetrated by the PKK in Kurdish terri-

---

905   Erklärung des Sprechers des irakischen Parlaments *Ali al-Dabbagh* v. 26. Februar 2008, Erklärung wiedergegeben bei *Karouny*, Iraq condemns Turkish incursion, wants troops out, Reuters, 27. Februar 2008, www.reuters.com/article/idININdia-32167520080226.

906   Erklärung des türkischen Premierminister *Erdoğan* in einer Rede vor seiner Partei AKP v. 16. Oktober 2007, Rede auszugsweise wiedergegeben bei *Arsu*, Iraq Moves to Dissuade Turkey From Raids, The New York Times, 17. Oktober 2007, www.nytimes.com/2007/10/17/world/europe/17turkey.html.

907   Erklärung des türkischen Premierministers *Erdoğan* in einer Rede vor der parlamentarischen Fraktion seiner Partei AKP, Erklärung wiedergegeben bei Iraq demands Turkey to withdraw its troops, as Erdogan defends the operation, Hürriyet Daily News, 26. Februar 2008, www.hurriyet.com.tr/iraq-demands-turkey-to-withdraw-its-troops-as-erdogan-defends-the-operation-updated-8314414.

908   Turkish army says at least 44 PKK terrorists killed, Barzani warns Ankara, Hürriyet Daily News, 23. Februar 2008, www.hurriyet.com.tr/turkish-army-says-at-least-44-pkk-terrorists-killed-barzani-warns-ankara-updated-8295499.

tory«, äußerte dennoch »great concern« und forderte die Türkei auf »to re-
frain from taking any disproportionate military action and to respect Iraq's
territorial integrity, human rights and the rule of law«.[909]

Ähnlich zwiespältig nahm das UN-Generalsekretariat Stellung:

> »While conscious of Turkey's concerns, [Ban Ki-moon] reiterates his appeal for
> utmost restraint, and for respect of the international borders between Iraq and Tur-
> key.«[910]

Darüber hinaus forderte das Generalsekretariat

> »an immediate end to continued incursions by PKK elements carrying out terrorist
> attacks in Turkey from Northern Iraq«.[911]

Im Zusammenhang mit der Auseinandersetzung im Oktober 2011 lässt sich
das Selbstverständnis der Türkei im Hinblick auf Art. 51 UN-Charta nicht
eindeutig klären. So schwor der türkische Präsident Gül in Reaktion auf die
Übergriffe der PKK »Rache«,[912] was angesichts des Umstands, dass Selbstverteidigung nur zu Abwehr-, nicht aber zu Vergeltungszwecken zulässig
ist, im Widerspruch zu Art. 51 UN-Charta steht.

Auf der anderen Seite bezeichnete der türkische Premierminister
Erdoğan die türkische Operation auf dem Territorium des Irak als »pursuit
within the limits of international law«, und fügte hinzu: »We will never bow
to any attack from inside or outside Turkey.«[913]

---

909 Erklärung der slowenischen EU-Ratspräsidentschaft v. 25. Februar 2008,
www.eu2008.si/en/News_and_Documents/CFSP_Statements/February/0225M
ZZturkey.html.

910 Erklärung eines Sprechers des UN-Generalsekretariats, zit. nach Turkey launches ground operation vs PKK in Northern Iraq, Hürriyet Daily News, 22. Februar 2008, http://www.hurriyet.com.tr/turkey-launches-ground-operation-again
st-pkk-in-northern-iraq-turkish-army-said-8287603.

911 Erklärung eines Sprechers des UN-Generalsekretariats, zit. nach Turkey launches ground operation vs PKK in Northern Iraq, Hürriyet Daily News, 22. Februar 2008, http://www.hurriyet.com.tr/turkey-launches-ground-operation-again
st-pkk-in-northern-iraq-turkish-army-said-8287603.

912 Äußerung des Präsidenten *Gül* gegenüber dem Fernsehsender NTV, zit. nach
Karlsson, Turkey launches anti-Kurdish raids into northern Iraq, World Socialist
Web Site, 25. Oktober 2011, www.wsws.org/en/articles/2011/10/turk-o25.html.

913 Im Vergleich hierzu die Erklärung von Premierminister *Erdoğan* vor der Militäroperation im Februar 2008: »We have reached the point of self-defense, and
we are ready to do whatever is necessary in light of common sense.« Erklärung
wiedergegeben bei *Arsu*, Iraq Moves to Dissuade Turkey From Raids, The New

Letztendlich liegt die Vermutung nahe, dass die Türkei von einer zulässigen Ausübung von Selbstverteidigung ausging. Zum einen deutet der Begriff »attack« auf die Ermächtigung aus Art. 51 UN-Charta hin, zum anderen lässt sich die Formulierung »within the limits of international law« als »innerhalb der Grenzen des Selbstverteidigungsrechts« interpretieren. Letzteres auch im Hinblick darauf, dass eine Gewaltausübung neben Art. 51 UN-Charta völkerrechtlich nur durch eine Autorisierung des Sicherheitsrates zulässig ist, die hier jedoch nicht vorlag.

Im Gegensatz zur USA, die die türkische Operation unterstützte,[914] brachte der Irak seine Ablehnung zum Ausdruck:

> »At the same time, however, the Iraqi government, as well as Kurdish officials in the northern Iraq, have expressed concern about unilateral Turkish military interventions in Iraq's territory.«[915]

Die NATO verurteilte die Anschläge der PKK scharf.[916]

Nun ist zu klären, ob die durch die Militäraktionen der Türkei herbeigeführten Verstöße gegen das Gewaltverbot im Februar 2008 und Oktober 2011 tatsächlich durch Art. 51 UN-Charta gerechtfertigt sind. Wie sich zeigen wird, gestaltet sich die Subsumtion der Handlungen der PKK unter dem Begriff des bewaffneten Angriffs in beiden Fällen weniger problematisch. Vielmehr konzentriert sich die Debatte auf die schwierige Frage, ob die bewaffneten Angriffe dem Irak zurechenbar sind. Sodann werden weitere Punkte auf Rechtsfolgenseite beleuchtet.

York Times, 17. Oktober 2007, www.nytimes.com/2007/10/17/world/europe/17turkey.html.

914 US backs Turkey's 'right to self-defense', Defense Talk, 21. Oktober 2011, www.defencetalk.com/us-backs-turkeys-right-to-self-defense-37824/.

915 *Arsu*, Turkey Pursues Kurdish Rebels After 24 Soldiers Are Killed Near Iraq, The New York Times, 19. Oktober 2007, www.nytimes.com/2011/10/20/world/europe/dozens-dead-in-attacks-on-turkish-forces.html.

916 Turkey launches incursion into Iraq, Hürriyet Daily News, 19. Oktober 2008, www.hurriyetdailynews.com/default.aspx?pageid=438&n=turkey-launches-incursion-into-iraq-2011-10-19.

1. Vorliegen eines bewaffneten Angriffs

a. Anschläge im Oktober 2007

Die PKK verfügt über einen hohen Organisationsgrad und über eine interne militärähnliche Struktur, sodass sie im Hinblick auf Art. 51 UN-Charta zum geeigneten Täterkreis zählt.

Bei den Anschlägen vom 7. und 21. Oktober 2007 wurden 13 türkische Soldaten getötet und 3 verletzt bzw. 12 getötet und 8 entführt. Angesichts der Opferzahl und der Wahl von Soldaten zum Ziel der Aktionen waren die Gewaltanwendungen unter Berücksichtigung von Größenordnung und Auswirkungen auch mit denjenigen eines Staates vergleichbar. Dies gilt für jeden der beiden PKK-Übergriffe für sich betrachtet oder (zumindest) zusammengefasst nach der *Accumulation of events*-Doktrin. Die Schwelle zum bewaffneten Angriff wurde überschritten.[917] Die Türkei war infolge der Anschläge vom 7. und 21. Oktober 2007 zu Verteidigungsmaßnahmen berechtigt.

b. Anschläge im Oktober 2011

Gleiches lässt sich auch für den Übergriff der PKK vom 19. Oktober 2011 sagen, bei dem insgesamt 42 Angehörige der türkischen Streitkräfte getötet oder verletzt wurden. Obwohl die Anschläge der Gruppierung in den türkischen Grenzstädten Çukurca und Yüksekova stattfanden, ist nicht mehr von einem bloßen Grenzscharmützel zu sprechen.[918]

---

917 Ebenso *Ruys*, Melbourne JIL 9 (2008), S. 334 (350) und *van Steenberghe*, LJIL 23 (2010), S. 183 (199). Im Sinne der *Accumulation of events*-Doktrin *Tibori Szabó*, Anticipatory Action, S. 238 und *Reinold*, AJIl 105 (2011), S. 244 (271).
918 Vgl. hierzu 3. Kapitel, A. II. 1.

2. Zurechnung der Handlungen der PKK zum Irak durch Gewährung einer sicheren Zufluchtsstätte

Hinsichtlich beider bewaffneter Angriffe der PKK kommt eine Zurechnung an den Irak kraft einer Organstellung oder Ermächtigung gem. Art. 4 und 5 ILC-Entwurf nicht in Frage, da die Gruppierung keinerlei hoheitliche Befugnisse ausübte.[919] Zudem hatte der Irak auf die nicht-staatliche Gruppierung keinen Einfluss, weder im klassischen Sinne effektiver Kontrolle noch durch wesentliche Unterstützungsleistungen.[920] Eine Zurechnung durch Anleitung und Kontrolle gem. Art. 8 ILC-Entwurf bzw. Art. 3 lit. g Aggressionsdefinition scheidet mithin ebenso aus. Auch hat der Irak nach Verübung des bewaffneten Angriffs keine Erklärungen abgegeben, die auf eine zurechnungsbegründende Anerkennung gem. Art. 11 ILC-Entwurf schließen lassen.

Jedoch kommt in beiden Fällen eine Zurechnung der von der PKK verübten bewaffneten Angriffe aufgrund der Gewährung einer sicheren Zufluchtsstätte durch den Irak im Sinne einer »wesentlichen Beteiligung an der Entsendung« gem. Art. 3 lit. g Aggressionsdefinition in Betracht.

a. Die PKK als beherbergte Gruppierung

Seit dem Jahr 1984 setzt die PKK zur Erreichung ihrer Ziele auf gewaltsame Übergriffe gegen die Türkei, bei denen mehr als 45.000 Menschen ums Leben kamen.[921] In jüngerer Zeit kam es wiederholt zu größeren Anschlägen. So wurden allein im Oktober 2007 insgesamt 40 türkische Soldaten getö-

---

919   Ebenso *Ruys*, Armed Attack, S. 459.
920   Ebenso *Ruys*, Melbourne JIL 9 (2008), S. 334 (353); *ders.*, Armed Attack, S. 459, allerdings im Hinblick auf den Zeitraum Ende 2007/Anfang 2008.
921   Die Zahl lag bereits im Oktober 2011 bei ca. 45.000 Opfern, s. Türkische Armee marschiert ein, N-TV, 19. Oktober 2011, www.n-tv.de/politik/Tuerkische-Ar-mee-marschiert-ein-article4559791.html.

tet.[922] Auch in den darauffolgenden Jahren sind hohe Opferzahlen zu beklagen.[923]

b. Kausalität zwischen bewaffnetem Angriff und Beherbergung

Seit 1991 unterhält die nicht-staatliche Gruppierung im Norden des Irak ihre wesentlichen Aufenthaltslager und Stellungen.[924] Die Türkei machte sich Ende der 1990er Jahre zur Aufgabe, die ursprünglich 10.000 – 20.000 Mann starke PKK zu zerschlagen. Mit Erfolg ging die Türkei im Süden ihres Territoriums massiv gegen die Gruppierung vor. Abdullah Öcalan, Gründer und Führer der PKK, ordnete sodann den verbliebenen 3.000 – 3.500 Kämpfern an, sich vollständig in den Nordirak zurückzuziehen und dort neu zu formieren.[925] Dieser Rückzug wurde durch die Tatsache begünstigt, dass der Norden dieses Landes eine autonome kurdische Region ist.[926] Auch von den erlittenen Verlusten während der Operation Sun im Jahr 2008 konnte sich die PKK erholen.[927] Der Aufenthalt im Irak ist somit für die PKK von ausschlaggebender und existenzieller Bedeutung, sodass zwischen der Beherbergung und den Anschlägen ein kausaler Zusammenhang besteht.

---

922   Dozens die in Turkish border clash, BBC News, 21. Oktober 2007, http://news. bbc.co.uk/2/hi/europe/7055004.stm.
923   Neben den Opfern vom Anschlag am 19. Oktober s. die Zahlen bei Fn. 896 sowie u.a. PKK greift Grenzposten an, N-TV, 8. Oktober 2008, www.n-tv.de/politik/PKK-greift-Grenzposten-an-article26942.html. Aus jüngster Zeit vgl. Zwei türkische Soldaten bei neuen Kämpfen getötet, N-TV, 10. September 2012, www.n-tv.de/ticker/Zwei-tuerkische-Soldaten-bei-neuen-Kaempfen-getoetet-ar ticle7176936.html.
924   *Reinold*, AJIL 105 (2011), S. 244 (269).
925   *Ruys*, Melbourne JIL 9 (2008), S. 334 (336). S. ferner Der Dauerkonflikt mit der PKK, N-TV, 8. Oktober 2008, www.n-tv.de/politik/politik_kommentare/Der-Dauerkonflikt-mit-der-PKK-article27696.html.
926   *Ruys*, Melbourne JIL 9 (2008), S. 334 (336).
927   *Villelabeitia*, Analysis: Turkish invasion of Iraq a high-risk, low-reward action, National Post, 21. Oktober 2011, http://news.nationalpost.com/2011/10/21/ana-lysis-turkish-invasion-of-iraq-a-threat-to-regions-stability/.

c. Nachweisbarkeit

Die kurdischen Parteien im Irak haben sich in völkerrechtlichen Verträgen dazu verpflichtet, gegen die PKK vorzugehen,[928] was die Tatsache der Beherbergung der nicht-staatlichen Gruppierung belegt. Im Übrigen ist ihr jahrelanger Aufenthalt im bergigen Gebiet des Nordirak allgemein bekannt.

d. Wille des Irak

Schwierig zu beantworten ist dagegen die Frage, ob der Irak zum Zeitpunkt der bewaffneten Angriffe auch den (generellen) Willen hatte, der sich sowohl auf die Beherbergung der PKK als auch auf deren terroristische Absichten bezieht. Allein die Kenntnis von deren Aufenthalt, die der Irak unzweifelhaft besaß, ist nicht ausreichend.

Gegen das Vorliegen eines entsprechenden Willens spricht zunächst die Tatsache, dass der irakische Präsident Talabani die PKK im Oktober 2007 dazu aufforderte, Übergriffe gegen die Türkei zu beenden oder andernfalls den Irak zu verlassen.[929] In gleicher Weise äußerte sich auch das irakische Parlament.[930] Zudem wurde der Türkei von irakischer Seite die Schließung aller PKK-Büros im Irak zugesichert[931] Das ist ein weiteres starkes Indiz dafür, dass kein Wille des Irak zur Beherbergung der nicht-staatlichen Gruppierung existierte.

Auch der Präsident der autonomen kurdischen Region im Irak, Barzani, brachte zum Ausdruck, dass er die Nutzung irakischen Gebiets als Rückzugsort für Rebellen nicht erlaube.[932] Allerdings verdeutlichte er gleichzei-

---

928   Vgl. z.B. das Washington Abkommen von 1999, s. hierzu *Gray/Olleson*, FYIL 12 (2001), S. 355 (372 ff.).

929   Dozens die in Turkish border clash, BBC News, 21. Oktober 2007, http://news. bbc.co.uk/2/hi/europe/7055004.stm.

930   Dozens die in Turkish border clash, BBC News, 21. Oktober 2007, http://news. bbc.co.uk/2/hi/europe/7055004.stm.

931   S. hierzu auch Authorisation of Incursions into Iraq, Keesing's record of World Events 2007, S. 48218 (48219).

932   Iraq warns Turkey over incursion, BBC News, 28. Oktober 2007, http://news. bbc.co.uk/2/hi/middle_east/7066441.stm.

tig, keine Rebellen an die Türkei zu überstellen.[933] Auch Talabani war hierzu nicht bereit, wie er nachdrücklich unterstrich: «We will not hand over even an Iraqi Kurdish cat, let alone a man.»[934]

Zudem nutzte die Führung der autonomen kurdischen Region die PKK als Druckmittel in ihren Verhandlungen mit der Türkei, was deren obige Absichten, selbst gegen die Gruppierung vorzugehen und deren Übergiffe gegen die Türkei zu unterbinden, konterkariert. Diese Absichten wurden überdies nicht in die Tat umgesetzt,[935] was ebenso an der Ernsthaftigkeit der Aussagen zweifeln lässt.

Allein aus der Untätigkeit des Irak, erforderliche Maßnahmen gegen die Aktivitäten und Stellungen der PKK im Nordirak zu ergreifen, lässt sich ein Wille des Aufenthaltsstaates, der die Beherbergung der Gruppierung und deren terroristischen Absichten umfasst, nicht ableiten. Befürwortende Erklärungen oder unterstützende Handlungen fehlen, sodass der Wille nicht erkennbar ist.

e. Ergebnis

Die durch die PKK verübten bewaffneten Angriffe von Oktober 2007 und 2011 können dem Irak nicht durch das Gewähren einer sicheren Zufluchtsstätte zugerechnet werden. Die nicht-staatliche Gruppierung stellt sich selbst als Angreifer heraus.[936]

---

933 Iraq warns Turkey over incursion, BBC News, 28. Oktober 2007, http://news. bbc.co.uk/2/hi/middle_east/7066441.stm.

934 Zit. nach *Daloglu*, America's withdrawal from Iraq: Implications for the Kurdish Issue in Turkey and Iraq, The Turkish Analyst, 3. Juli 1999, www.turkeyanalyst.org/publications/turkey-analyst-articles/item/174-americas-withdrawal-from-iraq-implications-for-the-kurdish-issue-in-turkey-and-iraq.html.

935 Iraq promises Turkey curb on PKK, BBC News, 8. März 2008, http://news. bbc.co.uk/2/hi/europe/7284744.stm.

936 Gegen eine Zurechnung ebenso *Reinold*, AJIL 105 (2011), S. 244 (272).

3. Rechtsfolgen des Selbstverteidigungsrechts

a. Pflicht des Irak zur Duldung der Verteidigungsmaßnahmen der Türkei

Infolge der durch die PKK verübten bewaffneten Angriffe war die Türkei in beiden Fällen zur Selbstverteidigung ermächtigt. Die Verteidigungsmaßnahmen durften sich nur gegen Einrichtungen und Lager der PKK richten. Da der Irak nicht ernsthaft gegen die PKK eingeschritten ist,[937] war er zur Duldung der türkischen Abwehrmaßnahmen auf seinem Territorium verpflichtet.

b. Gegenwärtigkeit des bewaffneten Angriffs

aa. Militäreinsatz im Februar 2008

Zwischen den bewaffneten Angriffen im Oktober 2007 (bzw. nach der *Accumulation of events*-Doktrin dem einen bewaffneten Angriff) und dem Beginn der Operation Sun liegen über 4 Monate. Nach Verstreichen eines solchen Zeitraums ist grundsätzlich nicht mehr von der Gegenwärtigkeit eines bewaffneten Angriffs auszugehen.

Allerdings gingen der Operation Sun bereits mehrere Militäroffensiven voraus. Die Türkei begann ihren Gegenschlag schon wenige Tage nach dem bewaffneten Angriff der PKK am 21. Oktober.[938] Am 16. Dezember 2007 startete die Türkei eine Luftoffensive, ähnliche Militärschläge setzten sich bis Januar 2008 fort. Die Operation Sun schloss sich demnach zeitlich unmittelbar an, wenngleich sie »eine neue Phase einleitete«[939]. Ein Zusammenhang zwischen dem bewaffneten Angriff im Oktober 2007 und der Militäroffensive vom Februar 2008 ist deutlich.

Im Übrigen ist davon auszugehen, dass die mehrere Tausend Soldaten umfassende Operation, die zu Boden und aus der Luft geführt wurde, inten-

---

937 Nach *Ruys*, Melbourne JIL 9 (2008), S. 334 (358) und *Tams/Devaney*, IsLR 45 (2012), S. 91 (100), wegen Unwilligkeit; nach *Reinold*, AJIL 105 (2011), S. 244 (272), wegen Unfähigkeit.

938 Mit gleicher Argumentation *Ruys*, Melbourne JIL 9 (2008), S. 334 (360).

939 *Ruys*, Melbourne JIL 9 (2008), S. 334 (338), Übersetzung durch Verf.

siver militärischer und strategischer Vorbereitungen bedurfte. Ferner spielten witterungsbedingte Gründe eine Rolle. Eine Bodenoffensive im Winter hätte eine Invasion militärischer Fahrzeuge und Truppen auf dem Landweg außerordentlich erschwert, sodass ein Abwarten angezeigt war. Die entstandenen zeitlichen Verzögerungen ändern an der Bewertung der Gegenwärtigkeit des Angriffs nichts.[940]

bb. Militäreinsatz im Oktober 2011

Der bewaffnete Angriff der PKK erfolgte am Morgen des 19. Oktober 2011. Die türkische Armee leitete ihre grenzüberschreitende Gegenwehr am gleichen Tag ein. Zu diesem Zeitpunkt dauerte der bewaffnete Angriff noch fort, sodass die Militärmaßnahmen der Türkei innerhalb der von Art. 51 UN-Charta zeitlich gesetzten Grenzen stattfanden.

c. Subsidiarität des Selbstverteidigungsrechts

Der Sicherheitsrat ist in keiner der beiden gewaltsamen Auseinandersetzungen tätig geworden, sodass die Subsidiarität des Verteidigungsrechts gegeben ist.

d. Verhältnismäßigkeit der Verteidigungsmaßnahmen

aa. Militäreinsatz im Februar 2008

(1) Legitimer Zweck

Die türkische Militäraktion zielte auf die Zerstörung von Einrichtungen und Ausrüstungsmaterial der PKK ab.[941] Da die Aufenthaltslager im Irak der nicht-staatlichen Gruppierung sowohl zum Rückzug als auch zur Neuformierung dienten und somit von essentieller Bedeutung sind bzw. waren, ist

---

940 Ebenso *Ruys*, Melbourne JIL 9 (2008), S. 334 (360).
941 Turkey launches ground operation against PKK in Northern Iraq, Turkish army said, Hürriyet Daily News, 22. Februar 2008, www.hurriyet.com.tr/turkey-launches-ground-operation-against-pkk-in-northern-iraq-turkish-army-said-828760 3.

deren Zerstörung zur Abwehr weiterer Kampfhandlungen ein legitimer Zweck. Gleiches gilt auch für die Beseitigung von Waffenarsenalen.

(2) Geeignetheit

Im Rahmen der einwöchigen Aktion wurden etwa 800 Unterkünfte, Waffenlager und weitere PKK-Stellungen zerstört.[942] Die Operation Sun war demnach geeignet, den Zweck zu fördern.

(3) Erforderlichkeit

Die Türkei müsste zunächst den Versuch unternommen haben, den Konflikt auf friedliche Weise zu lösen. Die Forderung nach einer diplomatischen Lösung, die von türkischer Seite befürwortet wurde,[943] ging gar von Seiten der irakischen Regierung aus:

»The Iraqi government calls on the Turkish government to pursue a diplomatic solution and not a military solution to solve the [problem] of terrorist attacks which our dear neighbour Turkey has witnessed from the PKK.«[944]

Sodann sicherte der Irak der Türkei aktive Hilfe bei der Bekämpfung der PKK zu und versprach, entsprechende Maßnahmen gegen die terroristischen Aktivitäten zu ergreifen.[945] So wurde z.B. die Schließung aller PKK-Büros und die Trockenlegung ihrer finanziellen Ressourcen beschlossen.[946] Der Türkei gingen diese Schritte jedoch nicht weit genug, sie forderte die

---

942 *Reinsford*, Iraq troop withdrawal baffles Turks, BBC News, 29. Februar 2008, http://news.bbc.co.uk/2/hi/europe/7272108.stm.

943 Turkey wins Iraq backing on PKK, BBC News, 23. Oktober 2007, http://news. bbc.co.uk/2/hi/europe/7057753.stm.

944 Erklärung des Regierungssprechers *Ali al Dabbagh*, zit. nach Iraq urges Turkey to solve crisis through diplomacy, Reuters, 15. Oktober 2007, http://uk.reuters. com/article/2007/10/15/uk-turkey-iraq-call-idUKL1564432820071015.

945 Erklärung des Regierungssprechers *Ali al-Dabbagh*; zit. nach Iraq urges Turkey to solve crisis through diplomacy, Reuters, 15. Oktober 2007, http://uk.reuters. com/article/2007/10/15/uk-turkey-iraq-call-idUKL1564432820071015.

946 Iraq to ban Kurd rebel operations, BBC News, 23. Oktober 2007, http://news. bbc.co.uk/2/hi/middle_east/7058733.stm.

Überstellung wichtiger PKK-Führer sowie die Beseitigung aller Stellungen der Gruppierung im bergigen Norden des Irak.[947] Zudem beklagte die Türkei, dass die Umsetzung der vom Irak beschlossenen Mittel zu viel Zeit beanspruche[948] und der Staat darüber hinaus nicht ausreichend gegen die gewalttätigen Aktivitäten vorginge.[949] Ob die irakischen Maßnahmen zur Verhinderung des Angriffs genügt hätten, kann dahinstehen, da sie nicht in die Tat umgesetzt wurden.[950] Da der Irak eine türkische Militäroffensive von vornherein klar ablehnte, war ein Ersuchen der Türkei um entsprechende Zustimmung entbehrlich. Die Operation Sun war als *ultima ratio* erforderlich.[951]

(4) Angemessenheit

Die türkische Operation richtete sich ausschließlich gegen Stellungen und Einrichtungen der PKK, wie der türkische Premierminister Erdoğan verdeutlichte: »Iraqi people are not our targets.«[952] Des Weiteren erklärte er, dass

> »[t]he target, purpose, size and parameters of this operation are limited. [...] Our armed forces will come back in the shortest time possible as soon as they achieve their objectives.«[953]

Auch der türkische Generalstab brachte zum Ausdruck, dass die Operation in zeitlicher Hinsicht so kurz angelegt sei wie möglich:

---

947   Turkey rejects Iraq's PKK offer, BBC News, 26. Oktober 2007, http://news.bbc. co.uk/2/hi/europe/7064512.stm.
948   Turkey rejects Iraq's PKK offer, BBC News, 26. Oktober 2007, http://news.bbc. co.uk/2/hi/europe/7064512.stm.
949   Turkey 'in new Iraq air strikes', BBC News, 23. Dezember 2007, http://news. bbc.co.uk/2/hi/europe/7158399.stm.
950   Turkey hits rebels in new attacks, BBC News, 25. Februar 2008, http://news. bbc.co.uk/2/hi/middle_east/7263258.stm.
951   In diesem Sinne auch *Ruys*, Melbourne JIL 9 (2008), S. 334 (360).
952   Zit. nach Turkey launches ground operation vs PKK in Northern Iraq, Hürriyet Daily News, 23. Februar 2008, http://www.hurriyet.com.tr/turkey-launches- ground-operation-against-pkk-in-northern-iraq-turkish-army-said-8287603.
953   Zitiert nach Turkish troops enter north Iraq, BBC News, 22. Februar 2008, http://news.bbc.co.uk/2/hi/europe/7258323.stm.

»Turkish Armed Forces, which paid significant attention to Iraq's territorial integrity and stability, will return to Turkey after it achieves the planned targets.«[954]

Die Türkei hielt sich an das Gebot der strikten Trennung zwischen zivilen und militärischen Zielen. Sie zerstörte nur in solchen Gegenden Brücken und andere Infrastruktureinrichtungen, die ausschließlich von der PKK genutzt wurden und strategischen Zwecken dienten.[955] Nach Beendigung der Operation Sun unterstrich die Türkei gegenüber dem Menschenrechtsrat der Vereinten Nationen die Verhältnismäßigkeit der Aktion:

«The counter-terrorism operation carried out [...] was limited in scope, geography and duration. It targeted solely the PKK [...]. Turkish military authorities took all possible measures to ensure the security of civilians and to avoid collateral damage. As a result, there has been no civilian casualty.«[956]

Insgesamt wurden bei der Militäroffensive ca. 240 PKK-Kämpfer getötet, ca. 440 Unterkünfte, Aufenthaltslager, Camps sowie weitere (Infrastruktur- und Logistik-) Einrichtungen zerstört.[957] Auch Waffen und Waffenlager wurden beseitigt. Die Anzahl der in der einwöchigen Militäraktion getöteten Personen muss leider als noch angemessen hingenommen werden.

(5) Ergebnis

Aufgrund der gezielten Vorgehensweise gegen Stellungen der PKK und der Einhaltung der Vorschriften des humanitären Völkerrechts steht die türkische Gegenwehr nicht außer Verhältnis zur Schwere der bewaffneten An-

---

954   Turkish troops enter north Iraq, BBC News, 22. Februar 2008, http://news.bbc. co.uk/2/hi/europe/7258323.stm.

955   Turkey launches ground operation against PKK in Northern Iraq, Turkish army said, Hürriyet Daily News, 22. Februar 2008, www.hurriyet.com.tr/turkey-launches-ground-operation-against-pkk-in-northern-iraq-turkish-army-said-828760 3.

956   Note verbale from the Permanent Mission of Turkey to the United Nations Office at Geneva addressed to the secretariat of the Human Rights Council v. 26. März 2008, UN Doc. A/HRC/7/G/15, 28. März 2008.

957   Turkish troops pull out of Iraq, BBC News, 29. Februar 2008, http://news.bbc. co.uk/2/hi/europe/7270566.stm.

griffe. Die Operation Sun war angemessen und insgesamt verhältnismäßig.[958]

bb. Militäreinsatz im Oktober 2011

Die Türkei beabsichtigte mit dem Militäreinsatz im Oktober 2011 die Verfolgung der Angreifer und ein Vorgehen gegen die Stellungen und Lager der PKK. Beides diente der Abwehr des Angriffs,[959] sodass ein legitimer Zweck gegeben ist. Die Aktion war auch geeignet und erforderlich, da der Irak selbst nicht gegen die Aktivitäten der PKK eingeschritten ist. Erst in der Woche vor der militärischen Auseinandersetzung hatte die Türkei den Irak erneut zu einem Vorgehen gegen die Lager der nicht-staatlichen Akteure erfolglos aufgefordert.[960]

An der Angemessenheit des türkischen Militärschlags nähren sich Zweifel. Denn die Türkei kündigte vorab Gewalt in Ausmaßen an, die weit über den bewaffneten Angriff hinausgehen würden. So drohte der türkische Präsident Gül: »No one should forget this: those that inflict this pain on us will endure far greater pain.«[961]

Zudem führte er aus:

«[T]he vengeance for these attacks will be immense and much stronger; they will see that waging a war against the Turkish government will lead them nowhere.«[962]

---

958   Mit Zweifeln, im Ergebnis aber zustimmend *Ruys*, Melbourne JIL 9 (2008), S. 334 (362 f.).

959   Vgl. die Erklärung *Erdoğans*: »We will combat terror on one front and, on another front, we will continue our path to destroy the grounds that terror manipulates.« Zit. nach *Arsu*, Turkey Pursues Kurdish Rebels After 24 Soldiers Are Killed Near Iraq, The New York Times, 19. Oktober 2011, www.nytimes.com/2011/10/20/world/europe/dozens-dead-in-attacks-on-turkish-forces.html.

960   Türkei bombardiert Ziele im Irak, Frankfurter Rundschau, 19. Oktober 2011, www.fr.de/politik/kurdengebiete-tuerkei-bombardiert-ziele-im-irak-a-904885.

961   Erklärung des Präsidenten *Abdullah Gül*; zit. nach Turkey launches incursion into Iraq, RT News, 19. Oktober 2011, http://rt.com/news/report-turkey-iraq-territory-173/; Hervorhebung durch Verf.

962   Äußerung des Präsidenten *Gül* gegenüber dem Fernsehsender NTV; zit. nach *Karlsson*, Turkey launches anti-Kurdish raids into northern Iraq, World Socialist Web Site, 25. Oktober 2011, www.wsws.org/en/articles/2011/10/turk-o25.html.

Andererseits legte Premierminister Erdoğan dar, dass die Militäroffensive »innerhalb der Grenzen des internationalen Rechts« stattfände,[963] was auf die Absicht schließen lässt, auch angemessen handeln zu wollen.

Bei dem Übergriff der nicht-staatlichen Gruppierung am 19. Oktober 2011 kamen 24 türkische Soldaten ums Leben, was hinsichtlich der Opferzahlen der schwerste Anschlag seit dem Jahr 1993 war. Dementsprechend stark konzentrierte sich die türkische Medienwelt auf den Vorfall. Bei der türkischen Gegenoffensive kamen ca. 100-150 PKK-Mitglieder ums Leben, die türkischen Verluste bei dieser Auseinandersetzung liegen im einstelligen Bereich.[964]

Die Angemessenheit setzt jedoch keine vollständige Kongruenz der Opferzahlen auf beiden Seiten voraus. Zugunsten eines ausgewogenen Verhältnisses von Angriff und Gegenwehr spricht die begrenzte Zahl getöteter Mitglieder der PKK. Die Türkei drang zudem in ausschließlich von der PKK genutzte Gebiete vor und zerstörte nur entsprechende Infrastruktureinrichtungen. Darüber hinaus umfasste der Militäreinsatz auch »lediglich« 600 Soldaten.[965] Die Einhaltung der Normen des humanitären Völkerrechts, insbesondere die Unterscheidung zwischen militärischen und nicht-militärischen Zielen war damit gewährleistet.

Die von der Türkei im Oktober 2011 durchgeführte Militäroffensive war angemessen und insgesamt verhältnismäßig.

4. Ergebnis

Die türkischen Militäroffensiven vom Februar 2008 und Oktober 2011 auf dem Territorium des Irak genügen beide den Vorgaben des Selbstverteidigungsrechts. Die Verstöße gegen das in Art. 2 Ziff. 4 UN-Charta verankerte Gewaltverbot sind gerechtfertigt. Die Türkei handelte rechtmäßig.

---

963 Erklärung *Erdoğans*; zit. nach *Karlsson*, Turkey launches anti-Kurdish raids into northern Iraq, World Socialist Web Site, 25. Oktober 2011, www.wsws.org/en/articles/2011/10/turk-o25.html, Übersetzung durch Verf.

964 Erklärung *Erdoğans*; zit. nach *Karlsson*, Turkey launches anti-Kurdish raids into northern Iraq, World Socialist Web Site, 25. Oktober 2011, www.wsws.org/en/articles/2011/10/turk-o25.html.

965 Truppen in Marsch gesetzt, Türkei will 'fürchterliche Rache'«, N-TV, 19. Oktober 2011, www.n-tv.de/politik/Tuerkei-will-fuerchterliche-Rache-article45663 26.html.

5. Zusammenfassung

Die PKK hat am 7. Oktober 2007 und am 21. Oktober 2007 zwei bewaffnete Angriffe verübt, die der Türkei die Befugnis zur Selbstverteidigung eröffneten. Gleiches gilt im Hinblick auf die Anschläge der PKK in türkischen Grenzregionen vom 19. Oktober 2011, die als einer der schwersten Übergriffe der terroristischen Gruppierung gelten.

Eine Zurechnung der durch die PKK verübten bewaffneten Angriffe an den Irak kommt aufgrund der Gewährung einer sicheren Zufluchtsstätte in Betracht. Die hierfür zum geeigneten Täterkreis gehörende Gruppierung unterhält im Nordirak ihre Aufenthalts- und Ausbildungslager, von wo sie ihre Anschläge gegen die benachbarte Türkei plant. Die Unterkunft ist für die bewaffneten Angriffe *condition sine qua non*; zudem liegen für die Beherbergung durch den Irak zahlreiche Nachweise vor. Zwar blieb der Irak größtenteils untätig, dies lässt jedoch nicht ohne Weiteres auf den Willen des Irak zur Beherbergung und zu den terroristischen Absichten der PKK schließen, sodass die Voraussetzungen für eine Zurechnung nicht vorliegen. Der Irak war zur Duldung der türkischen Verteidigungsmaßnahmen, die sich ausschließlich gegen Stellungen und Lager der PKK richten durften, verpflichtet.

Die Operation Sun erfolgte aus strategischen, militärischen und witterungsbedingten Gründen mit einer zeitlichen Verzögerung von 4 Monaten nach den bewaffneten Angriffen, was an ihrer Gegenwärtigkeit nichts ändert. Auch bei Durchführung der Militäroperation im Oktober 2011 war der bewaffnete Angriff gegenwärtig.

Die Operation Sun bezweckte die Zerstörung von Einrichtungen, Ausrüstungsmaterial und Waffenarsenalen der PKK und diente der Abwehr des bewaffneten Angriffs. In der einwöchigen Aktion wurden bis zu 800 PKK-Stellungen und Lager durch türkische Streitkräfte zerstört. Ansätze diplomatischer Lösungen waren zwar vorhanden, die Bemühungen des Irak, selbst gegen die Gruppierung einzuschreiten, aber nicht ausreichend. Die Militäroffensive stand hinsichtlich des Umfangs, Ziels und der Intensität in einem angemessenen Verhältnis zu den bewaffneten Angriffen vom Oktober 2007. Insbesondere wurden die Vorschriften des humanitären Völkerrechts eingehalten. Somit genügt die Operation Sun dem Grundatz der Verhältnismäßigkeit. Gleiches gilt auch im Hinblick auf die türkische Offensive vom Oktober 2011, wenngleich Erklärungen des türkischen Präsidenten zu Beginn der Aktion anderes vermuten ließen.

Die Militäreinsätze der Türkei vom Februar 2008 und Oktober 2011 bewegten sich innerhalb der Vorgaben von Art. 51 UN-Charta und rechtfertigen die Verstöße gegen das Gewaltverbot gegenüber dem Irak. Beide Aktionen gegen die PKK waren mithin rechtmäßig.

Zusammenfassung und Schlussbemerkungen

Unter Berücksichtigung der ursprünglichen zwischenstaatlichen Ausrichtung des Völkerrechts beleuchtete die Arbeit die Zulässigkeit und Reichweite des Selbstverteidigungsrechts gegen nicht-staatliche Akteure auf dem Hoheitsgebiet dritter Staaten. Unter den Begriff »nicht-staatliche Akteure« wurden alle natürlichen Personen zusammengefasst, die weder durch Gesetz noch faktisch hoheitliche Gewalt ausüben und stets dem privaten Bereich zuzuordnen sind.

Ausgangspunkt der Untersuchung war das im Völkergewohnheitsrecht verankerte und in Art. 2 Ziff. 4 UN-Charta statuierte Gewaltverbot, dessen Schutz auch für Aufenthaltsstaaten privater Gruppierungen greift. Dem Versuch einer einschränkenden Auslegung des Gewaltverbots konnte entschieden entgegengetreten werden.

Gewaltverbot und Selbstverteidigung stehen zueinander in einem Regel-Ausnahme-Verhältnis. Die Anwendung grenzüberschreitender, grundsätzlich verbotener Gewalt ist unter den Voraussetzungen des Verteidigungsrechts ausnahmsweise erlaubt.

Die Anforderungen hierfür ergeben sich aus Art. 51 UN-Charta und der *inhaltsgleichen* Vorschrift des Völkergewohnheitsrechts. Der Rückgriff auf das Selbstverteidigungsrecht erfordert entgegen einigen Literaturstimmen auch nach der völkergewohnheitsrechtlichen Regelung zwingend das Vorliegen eines bewaffneten Angriffs. Dass es für letzteren einer bestimmten Intensität bedarf, wird durch eine satzungsrechtliche Textauslegung und durch die Aggressionsdefinition der UN-Generalversammlung bestärkt.

Im ersten Teil der Arbeit wurde unter Würdigung der Staatenpraxis und einer Textauslegung von Art. 51 UN-Charta untersucht, ob private Akteure unabhängig von einer Zurechnung an einen Hintergrundstaat bewaffnete Angriffe verüben können. Diese insbesondere auf den offenen Wortlaut der Vorschrift gestützte und durch systematische sowie teleologische Aspekte zu bejahende These entspricht auch der heute herrschenden Literaturauffassung. Für die Neuausrichtung von Art. 51 UN-Charta haben die Reaktionen der Staatengemeinschaft auf die Anschläge vom 11. September eine ausschlaggebende Rolle gespielt. Anderer Ansicht bleibt jedoch der Internationale Gerichtshof, der weiterhin an der ursprünglichen Staatenorientiertheit des Selbstverteidigungsrechts festhält.

Für die Qualifizierung nicht-staatlicher Gewalt als bewaffneter Angriff sind Größenordnung und Auswirkungen der Anschläge entscheidend. Ferner müssen sich die Anschläge gegen einen Staat als solchen richten oder diesen zumindest betreffen. Auch unkonventionelle Waffen können das Kriterium des »bewaffneten« Angriffs erfüllen. Nach der *Accumulation of events*-Doktrin werden einzelne Übergriffe, die in zeitlichem und inhaltlichem Zusammenhang stehen, in ihrer Gesamtheit unter den Tatbestand von Art. 51 UN-Charta subsumiert.

Da ein grenzüberschreitendes Vorgehen auch gleichzeitig eine Verletzung der territorialen Rechte des jeweiligen dritten Staates bedeutet, hängt der Umfang der Verteidigungsmaßnahmen vom Verhalten dieses Staates ab. Unter der Voraussetzung seiner Unwilligkeit oder Unfähigkeit, selbst die privaten Aktionen zu bekämpfen, ist er jedenfalls zur Duldung der Gegenwehr *auf* seinem Territorium verpflichtet. Rechtlich entspringt diese Pflicht einer Parallele zum völkerrechtlichen Neutralitätsrecht, und zwar in dem Sinne, dass der Aufenthaltsstaat wegen seiner Untätigkeit gegenüber dem sich verteidigenden Staat seine Rechte als neutrale Partei verliert. Im Fall einer Zurechenbarkeit des bewaffneten Angriffs an den Hintergrundstaat deckt Art. 51 UN-Charta auch ein Vorgehen *gegen* diesen Staat als solchen.

Wann ein bewaffneter Angriff einem Staat zurechenbar ist, bestimmt sich nach seinem Verwicklungsgrad in die privaten Aktivitäten. Bisher anerkannte Zurechnungskriterien, die sich aus Art. 3 lit. g der Aggressionsdefinition, aus der Rechtsprechung des Internationalen Gerichtshofs sowie aus Art. 8 ILC-Entwurf ergeben, legen die Zurechnungsschwelle sehr hoch. Hiernach sind private Handlungen nur bei Ausüben effektiver Kontrolle bzw. bei vergleichbarer staatlicher Einflussnahme zurechenbar. Die zunehmende finanzielle und logistische Unabhängigkeit privater Gruppierungen, die eine Zurechnung nach dem klassischen Standard heutzutage regelmäßig ausscheiden ließe, war Anlass zur Modifizierung dieser Kriterien. Ein Großteil der völkerrechtlichen Literatur, die insbesondere in der jüngsten Staatenpraxis Afrikas vehementen Rückhalt findet, befürwortet zu Recht eine Zurechnung des bewaffneten Angriffs bei einer wesentlichen aktiven Unterstützung der privaten Gruppierung.

Die Arbeit hat ferner zu dem in der Völkerrechtswissenschaft umstrittenen Ergebnis geführt, dass auch die Unterkunftsgewährung an nicht-staatliche Akteure unter konkreten Voraussetzungen eine Zurechnung begründen kann. So müssen die Absichten der Gruppierung bekannt, der Nachweis für die Beherbergung erbracht sein und ein kausaler Zusammenhang zum

Angriff bestehen. Praktische Schwierigkeiten ergeben sich vor allem bei der für eine Zurechnung notwendigen Feststellung, dass die Aufenthaltsgewährung sowie auch die gewaltsamen Aktivitäten vom Willen des Aufenthaltsstaates umfasst sind.

Die Ausübung des Selbstverteidigungsrechts wird durch das Erfordernis der Gegenwärtigkeit des bewaffneten Angriffs begrenzt. Nach herrschender Meinung ist diese zu Recht auch dann gegeben, wenn der bewaffnete Angriff unmittelbar bevorsteht (präventive Selbstverteidigung), da ein Abwarten dem bedrohten Staat nicht zumutbar ist. Ein darüber hinaus gehendes Verteidigungsrecht gegen einen potenziell in der Zukunft drohenden Angriff (präemptive Selbstverteidigung) findet in Staatenpraxis und Literatur keine Stütze. Ebenso ist ein Ausdehnen der Gegenwärtigkeit auf einen »ständigen bewaffneten Angriff«, der bis zur Erreichung des von den Akteuren verfolgten Zwecks vorläge, abzulehnen.

Qualitativ wird die Ausübung des Selbstverteidigungsrechts durch den Grundsatz der Verhältnismäßigkeit beschränkt. Verteidigungsmaßnahmen sind nur zur Abwehr des Angriffs und nur nach Ausschöpfung alternativer Handlungsoptionen möglich. Insbesondere muss der angegriffene Staat erfolglos versucht haben, den Aufenthaltsstaat zu einem eigenen Tätigwerden zu bewegen. Ferner muss die Gegenwehr in einem angemessenen Verhältnis zum Umfang und zu den Auswirkungen der abzuwehrenden Gewalt stehen und insbesondere den Vorgaben des humanitären Völkerrechts entsprechen.

Gegenstand des letzten Kapitels der Arbeit waren Fallstudien zur Selbstverteidigung gegen nicht-staatliche Akteure aus jüngerer Zeit. Erörtert wurden der israelische Militäreinsatz gegen die Hisbollah im Libanon und derjenige Kolumbiens gegen die FARC in Ecuador in den Jahren 2006 bzw. 2008. Zudem standen zwei Operationen gegen die PKK auf irakischem Territorium im Fokus, die die Türkei in den Jahren 2008 und 2011 initiierte. Probleme ergaben sich in allen Konfliktfällen vorrangig auf Rechtsfolgenseite von Art. 51 UN-Charta; insbesondere konzentrierte sich die Diskussion auf die Frage, ob der durch die private Gruppierung verübte bewaffnete Angriff dem jeweiligen Hintergrundstaat zurechenbar war. Während im Kontext der Erörterung des israelischen Einsatzes im Libanon mehrere Zurechnungskriterien geprüft wurden, richtete sich der Blick im Übrigen auf das Kriterium der Gewährung einer sicheren Zufluchtsstätte. Letzterer Aspekt wurde im Fall des Libanon und der Hisbollah bejaht; hinsichtlich Ecuadors aufgrund des fehlenden Willens zur Beherbergung der FARC und hinsichtlich des Irak deshalb verneint, da dessen Wille nicht die terroristischen Aktivitäten der PKK umfasste. Weitere Problembereiche stellten die zeitlichen und qualitativen Grenzen von Art. 51 UN-Charta dar. So scheiterte die Rechtfertigung des israelischen Einsatzes auf libanesischem Territorium wegen Unverhältnismäßigkeit der Gegenwehr. Auch die kolumbianische Militäraktion gegen Stützpunkte der FARC war aufgrund der fehlenden Gegenwärtigkeit des Angriffs nicht als Selbstverteidigung zu bewerten. Beide türkische Einsätze genügten hingegen den Anforderungen des Art. 51 UN-Charta.

Insgesamt hat sich gezeigt, dass das Gewaltverbot eine zentrale Errungenschaft der Staatengemeinschaft bleibt und seine Geltung unbestritten ist. Gleichzeitig wurde deutlich, dass sich das Völkerrecht durch die Erweiterung des Verständnisses von Art. 51 und Art. 39 UN-Charta veränderten Bedrohungslagen anpassen kann und genügend Schutz bietet. In den Fällen, in denen die Voraussetzungen zur Selbstverteidigung nicht vorliegen, ist jedenfalls der Sicherheitsrat befugt, auf Grundlage von Art. 39 UN-Charta tätig zu werden, da jeder Akt des Terrorismus *per se* eine Friedensbedrohung darstellt.[966]

Jedoch muss in Erinnerung gerufen werden, dass ein militärischer Einsatz gegen nicht-staatliche Akteure immer nur als *ultima ratio* stattfinden darf. Vorrangig muss auf alternative, d.h. nicht-militärische Handlungsmöglichkeiten zurückgegriffen werden. Im Kern sind damit zwischenstaatliche Kooperationspflichten gemeint, die bisher zahlreiche Abkommen zur Bekämpfung des Terrorismus hervorgebracht haben. Im Übrigen ist eine strafrechtliche Aburteilung der gewaltsamen Akteure in Betracht zu ziehen.

---

966   *Wandscher*, Terrorismus, S. 318.

Literaturverzeichnis

Akande, Dapo/Lieflländer, Thomas: Clarifying Necessity, Imminence, and Proportionality in the Law of Self-Defense, AJIL 107 (2013), S. 563 ff.

Akande, Dapo/Milanovic, Marco: The Constructive Ambiguity of the Security Council's ISIS Resolution, EJIL Talk, 21. November 2015, https://www.ejiltalk.org/the-constructive-ambiguity-of-the-security-councils-isis-resolution/

Akehurst, Michael: Custom as a Source of International Law, BYIL 47 (1976), 1 ff.

Alexandrov, Stanimir: Self-Defense against the Use of Force in International Law, 1996 (zitiert: Alexandrov, Self-Defense)

Antonopoulos, Constantine: Force by Armed Groups as Armed Attack and the Broadening of Self-Defence, NILR 2008, S. 159 ff.

Antonopoulos, Costas: The Turkish Military Operation in Northern Iraq of March-April 1995 and the International Law on the Use of Force, JCSL 1 (1996), S. 33 ff.

Arsu, Sebnem: Turkey Pursues Kurdish Rebels After 24 Soldiers Are Killed Near Iraq, The New York Times, 19. Oktober 2011, www.nytimes.com/2011/10/20/world/europe/dozens-dead-in-attacks-on-turkish-forces.html

ders.: Iraq Moves to Dissuade Turkey From Raids, The New York Times, 17. Oktober 2007, www.nytimes.com/2007/10/17/world/europe/17turkey.html

Atomic Energy Commission: First Report of the Atomic Energy Commission to the Security Council v. 31. Dezember 1946, UN Doc. AEC/18/Rev. I, 3. Januar 1947

Aurescu, Bogdan: Le conflit libanais de 2006. Une analyse juridique à la lumière de tendances contemporaines en matière de recours à la force, AFDI 52 (2006), S. 137 ff.

Baker, Mark B.: Terrorism and the Inherent Right of Self-Defense, Houston JIL 10 (1987-88), S. 25 ff.

Baker, Peter: In Airstrikes, U.S. Targets Militant Cell Said to Plot An Attack Against the West, New York Times, 23. September 2014, www.nytimes.com/2014/09/24/world/middleeast/us-isis-syria.html

Beard, Jack M.: Military Action against Terrorists under International Law: America's New War on Terrorism: The Case for Self-Defence under International Law, Harvard JLPP 25 (2002), S. 559 ff.

Beck, Mart: Zur Kritik am Sommerkrieg 2006 im Nahen Osten, Die Friedens-Warte 81 (2006), S. 91 ff.

Beck, Robert J./Arend, Anthony Clark: "Don't tread on us": International Law and the Forcible State Responses to Terrorism, Wisconsin ILJ 12 (1993), S. 153 ff.

Becker Lorca, Arnulf: Rules for the "Global War on Terror": Implying consent and presuming Conditions for Intervention, NYUJILP 45 (2012-2013), 1 ff.

Berber, Friedrich: Lehrbuch des Völkerrechts, I. Band, Allgemeines Friedensrecht, 2. Auflage 1975 (zitiert: Berber, Lehrbuch des Völkerrechts, I. Band)

ders.: Lehrbuch des Völkerrechts, II. Band, Kriegsrecht, 2. Auflage 1969 (zitiert: Berber, Lehrbuch des Völkerrechts, II. Band)

Bethlehem, Daniel: Self-Defense against an Imminent or Actual Armed Attack by Non-state Actors, AJIL 106 (2012), S. 770 ff.

Beyerlin, Ulrich: Die israelische Befreiungsaktion in Entebbe in völkerrechtlicher Sicht, ZaöRV 37 (1977), S. 213 ff.

Bleckmann, Albert: Allgemeine Staats- und Völkerrechtslehre, 1995 (zitiert: Bleckmann, Staats- und Völkerrechtslehre)

ders.: Das Souveränitätsprinzip im Völkerrecht, AVR 23 (1985), S. 450 ff.

ders.: Analogie im Völkerrecht, AVR 17 (1977/78), S. 161 ff.

Blum, Yehuda Z.: State Response to Acts of Terrorism, GYIL 19 (1976), S. 223 ff.

Blumenwitz, Dieter: Völkerrechtliche Aspekte des Irak-Konflikts, ZfP 50 (2003), S. 301 ff.

Böhmer, Werner: Die Verwirkung im öffentlichen Recht, BayVBl 2 (1956), S. 129 ff.

Bothe, Michael: Terrorism and the Legality of Pre-emptive Force, EJIL 14 (2003), S. 227 ff.

Bothe, Michael/Lohmann, Torsten: Der türkische Einmarsch im Nordirak, SZIER 5 (1995), S. 441 ff.

Bowett, Derek: Self-Defence in International Law, 1958 (zitiert: Bowett, Self-Defence)

Brodzinsky, Sibylla: On Ecuador's border, FARC rebels visit often, The Christian Science Monitor, 10. März 2008, www.csmonitor.com/World/2008/0310/p07s02wogn.html

Broms, Bengt: The Definition of Aggression, RdC 154 (1977 I), S. 301 ff.

Brown, Stephen: Berlin voices support for air strikes on Islamic State in Syria, Reuters, 26. September 2014, www.reuters.com/article/us-mideast-crisis-germany-idUSKCN0HL1BU20140926

Brownlie, Ian: International Law and the Use of Force by States, 1963 (zitiert: Brownlie, Use of Force)

ders.: The Use of Force in Self-Defense, BYIL 37 (1961), S. 183 ff.

ders.: International Law and the Activities of Armed Bands, ICLQ 7 (1958), S. 712 ff.

Bruha, Thomas: Die Definition der Aggression: Faktizität und Normativität des UN-Konsensbildungsprozesses der Jahre 1968 bis 1974, 1980 (zitiert: Bruha, Definition der Aggression)

ders.: Gewaltverbot und humanitäres Völkerrecht nach dem 11. September 2001, AVR 40 (2002), S. 383 ff.

ders.: Neuer Internationaler Terrorismus – Völkerrecht im Wandel, in: Koch, Hans-Joachim (Hrsg.), Terrorismus – Rechtsfragen der äußeren und inneren Sicherheit, 2002, S. 64 f. (zitiert: Bruha, in: Koch (Hrsg.), Terrorismus)

Bruha, Thomas/Bortfeld, Matthias: Terrorismus und Selbstverteidigung, VN 2001, S. 161 ff.

Byers, Michael: Terrorism, the Use of Force and International Law after 11 September, ICLQ 51 (2002), S. 401 ff.

Canizzaro, Enzo: Contextualising proportionality: jus ad bellum and jus in bello in the Lebanese war, IRRC 88 (2006), S. 779 ff.

Cassese, Antonio: International Law, 2. Auflage 2005

ders.: The Nicaragua and Tadić Tests Revisited in Light of the ICJ Judgment on Genocide in Bosnia, EJIL 18 (2007), S. 649 ff.

ders.: Terrorism is Also Disrupting Some Crucial Legal Categories of International Law, EJIL 12 (2001), S. 993 ff.

ders.: The International Community's "Legal" Response to Terrorism, ICLQ 38 (1989), S. 589 ff.

Cenic, Sonja: State Responsibility and Self-Defence in International Law Post 9/11: Has the Scope of Article 51 of the United Nations Charter Been Widened as a Result of the US Response to 9/11?, Australian ILJ 14 (2007), S. 201 ff.

Charney, Jonathan I.: The Use of Force Against Terrorism and International Law, AJIL 95 (2001), S. 835 ff.

ders.: Anticipatory Humanitarian Intervention in Kosovo, AJIL 93 (1999), S. 834 ff.

Cheng, Bin: United Nations Resolutions on Outer Space: "Instant" International Customary Law?, IJIL 5 (1965), S. 23 ff.

Coll, Alberto: The Legal and Moral Adequancy of Military Responses to Terrorism, ASIL Proc 1987, S. 297 ff.

Condorelli, Luigi: The Imputability to States of Acts of International Terrorism, IsYHR 19 (1989), S. 233 ff.

Constantinou, Avra: The Right of Self-Defense under Customary International Law and Article 51 of the UN Charter, 2000 (zitiert: Constantinou, Self-Defense)

Corm, Georges: Erkennt die wahren Zusammenhänge, Hisbollah, Israel und Libanon – zur Dynamik einer Eskalation, Internationale Politik 2006, S. 75 ff.

Corten, Oliver: Le droit contre la guerre: l'interdiction du recours à la force en droit international contemporain, 2008 (zitiert: Corten, Le droit contre la guerre)

Cot, Jean-Pierre/Pellet, Allain (Hrsg.). La Charte des Nations Unies, 3. Auflage 2005 (zitiert: Verfasser, in: Cot/Pellet (Hrsg.), Charte des Nations Unies)

Crawford, James: First Report on State Responsibility, UN Doc. A/CN.4/490/Add.5, 22. Juli 1998

Daloglu, Tülin: America's withdrawal from Iraq: Implications for the Kurdish Issue in Turkey and Iraq, The Turkish Analyst, 3. Juli 1999, www.silkroadstudies.org/new/inside/turkey/2009/090703B.html

D'Amato, Anthony: Agora: U.S. Forces in Panama: Defenders, Aggressors or Human Rights Activists, AJIL 84 (1990), S. 494 ff.

Dahm, Georg: Das Verbot der Gewaltanwendung nach Art. 2 (4) der UNO-Charta und die Selbsthilfe gegenüber Völkerrechtsverletzungen, die keinen bewaffneten Angriff enthalten, JIR 11 (1962), S. 48 ff.

ders./Delbrück, Jost/Wolfrum, Rüdiger: Völkerrecht, Die Grundlagen. Die Völkerrechtssubjekte, Bd. I/1, 2. Auflage 1989 (zitiert: Dahm/Delbrück/Wolfrum, Völkerrecht, Bd. I/1)

ders./Delbrück, Jost/Wolfrum, Rüdiger: Völkerrecht, Die Formen des völkerrechtlichen Handelns, Die inhaltliche Ordnung der internationalen Gemeinschaft, Bd. I/3, 2. Auflage 2002 (zitiert: Dahm/Delbrück/Wolfrum, Völkerrecht, Bd. I/3)

De Hoogh, André J.: Article 4 and 8 of the 2001 ILC Articles on State Responsibility, the Tadić Case and Attribution of Acts of Bosnian Serb authorities to the Federal Republic of Yugoslavia, BYIL 72 (2001), S. 255 ff.

ders.: Restrictivist Reasoning on the Ratione Personae Dimension of Armed Attack in the Post 9/11 World, LJIL 29 (2016), S. 19 ff.

Deeks, Ashley S.: "Unwilling or Unable": Toward a Normative Framework for Exterritorial Self-Defense, Virginia JIL 52 (2012), S. 483 ff.

dies.: Taming the Doctrine of Pre-Emption, in: Weller, Marc (Hrsg.), Oxford Handbook on the Use of Force in International Law, 2015, S. 661 ff. (zitiert: Deeks, in: Weller (Hrsg.), Use of Force)

dies.: The UK's Article 51 letter on Use of Force in Syria, Lawfare, 12. Dezember 2014, www.lawfareblog.com/uks-article-51-letter-use-force-syria

Delbrück, Jost: The Fight Against Global Terrorism: Self-defense or Collective Security as International Police Action? Some comments on the international legal implications of the "War against terrorism", GYIL 44 (2002), S. 9 ff.

Demmer, Charles J.: Proper Application of ADR Techniques regarding Violent Non-State Actors, Ohio State Journal on Dispute Resolution 31 (2016), S. 207 ff.

Derpa, Rolf M.: Das Gewaltverbot der Satzung der Vereinten Nationen und die Anwendung nichtmilitärischer Gewalt, 1970 (zitiert: Derpa, Gewaltverbot)

Dinstein, Yoram: War, Aggression and Self-Defence, 5. Auflage 2011 (zitiert: Dinstein, Self-Defence)

Doehring, Karl: Zum Rechtsinstitut der Verwirkung im Völkerrecht, in: Böckstiegel, Karl-Heinz/Folz, Hans-Ernst/Mössner, Jörg-Manfred/Zemanek, Karl (Hrsg.), Völkerrecht, Recht der Internationalen Organisationen, Weltwirtschaftsrecht, Festschrift für Ignaz Seidel-Hohenveldern, 1988, S. 51 ff. (zitiert: Doehring, in: FS Seidl-Hohenveldern)

ders.: Statusverwirkung im Völkerrecht, ZaöRV 67 (2007), S. 385 ff.

Dörr, Oliver: Das völkerrechtliche Gewaltverbot am Beginn des 21. Jahrhunderts – Was bleibt von Art. 2 (4) UN-Charta?, in: ders.: (Hrsg.): Ein Rechtslehrer in Berlin – Symposium für Albrecht Randelzhofer, 2004, S. 33 ff. (zitiert: Dörr, in: ders.: (Hrsg.), Rechtslehrer in Berlin)

Eisemann, Pierre Michel: Attaque du 11 septembre et exercice d'un droit naturel de légitime défense, in: Bannelier, Karine/Christakis, Théodore/Corten, Olivier/Delcourt, Barbara (Hrsg.): Le droit international face au terrorisme, Paris 2002, S. 239 ff. (zitiert: Eisemann, in: Bannelier/Christakis/Corten/Delcourt (Hrsg.), Droit International)

El-Hokayem, Emile: Hizbollah and Syria: Outgrowing the Proxy Relationship, Washington Quarterly 30 (2007), S. 35 ff.

Epiney, Astrid: Die völkerrechtliche Verantwortlichkeit von Staaten für rechtswidriges Verhalten im Zusammenhang mit Aktionen Privater, 1991, zugl. Mainz, Univ., Diss., 1991 (zitiert: Epiney, Verantwortlichkeit)

dies.: Zur Rechtsfigur des de-facto-Organs im Recht der Staatenverantwortlichkeit, in: Fischer-Lescarno, Andreas/Gasser, Hans-Peter/Marauhn, Thilo/Ronzitti, Natalino (Hrsg.), Frieden in Freiheit – Peace in liberty – Paix en liberté, Festschrift für Michael Bothe zum 70. Geburtstag, 2008, S. 883 ff. (zitiert: Epiney, in: FS Bothe)

Evans, Malcolm D. (Hrsg.), International Law, 3. Auflage 2010 (zitiert: Verfasser, in: Evans (Hrsg.), International Law)

Farah, Douglas/Simpson, Glenn R.: Ecuador at Risk: Drugs, Thugs, Guerrillas and the Citizens Revolution, www.strategycenter.net/docLib/20101214_EcuadorFINAL.pdf (zitiert: Farah/Simpson, Ecuador at risk)

Fassbender, Bardo: Die Gegenwartskrise des völkerrechtlichen Gewaltverbots vor dem Hintergrund der geschichtlichen Entwicklung, EuGRZ 2004, S. 241 ff.

Fastenrath, Ulrich: Lücken im Völkerrecht, 1991, zugl. München, Univ., Habil.-Schr., 1988

Feder, Menachem: Reading the UN Charter Connotatively: Toward a New Definition of Armed Attack, NYU JIL & P 19 (1986-1987), S. 395 ff.

Fischer, Thomas: Strafgesetzbuch mit Nebengesetzen, 64. Auflage 2017 (zitiert: Fischer, StGB)

Föh, Jörg: Die Bekämpfung des internationalen Terrorismus nach dem 11. September 2001. Auswirkungen auf das Völkerrecht und die Organisation der Vereinten Nationen, 2011, zugl. Hamburg, Bucerius Law School, Diss., 2010 (zitiert: Föh, Terrorismus)

Franck, Thomas M.: Recourse to Force, State Action Against Threats and Armed Attacks, Cambridge 2002 (zitiert: Franck, Recourse to Force)

ders.: What Happens Now? The United Nations After Iraq, AJIL 97 (2003), 607 ff.

ders.: Terrorism and the Right of Self-Defense, AJIL 95 (2001), S. 839 ff.

Franzke, Hans-Georg: Die militärische Abwehr von Angriffen auf Staatsangehörige im Ausland – insbesondere ihre Zulässigkeit nach der Satzung der Vereinten Nationen, ÖzÖR 16 (1966), S. 128 ff.

Frowein, Jochen Abr.: Der Terrorismus als Herausforderung für das Völkerrecht, ZaöRV 62 (2002), S. 879 ff.

259

Gâlea, Ion: Applicability of Self-defence in the 2006 Lebanon Conflict, RJIL 3 (2006), S. 109 ff.

Gardam, Judith Gail: Proportionality and Force in International Law, AJIL 1993 (87), S. 391 ff.

Garwood-Gowers, Andrew: Self-Defence against Terrorism in the post-9/11 World, QUTLJJ 4 (2004-2005), S. 1 ff.

Gazzar, Brenda: Lebanese gov't allows Hizbullah to 'liberate occupied land', Jerusalem Post, 4. August 2008, www.jpost.com/Middle-East/Lebanese-govt-allows-Hizbullah -to-liberate-occupied-land

Gazzini, Tarcisio: The Changing Rules on the Use of Force in International Law, Huntingdon 2005 (zitiert: Gazzini, Use of Force)

ders.: A Response to Amos Guiora: Pre-Emptive Self-Defence Against Non-State Actors?, JCSL 13 (2008), S. 25 ff.

Genoni, Maurizio A.M.: Die Notwehr im Völkerrecht, 1987, zugl. Zürich, Univ., Diss., 1987 (zitiert: Genoni, Notwehr)

Gill, Terry D.: The Temporal Dimension of Self-Defense: Anticipation, Pre-emption, Prevention and Immediacy, in: Schmitt, Michael/Pejic, Jelena (Hrsg.), International and Armed Conflict: Exploring the Faultlines. Essays in Honour of Yoram Dinstein, 2007, S. 113 ff. (zitiert: Gill, in: FS Dinstein)

Goodman, Ryan: International Law on Airstrikes against ISIS in Syria, Just Security, 28. August 2014, www.justsecurity.org/14414/international-law-airstrikes-isis-syria/

Graf Vitzthum, Wolfgang/Proelß, Alexander (Hrsg.): Völkerrecht, 7. Auflage Berlin, Boston 2016 (zitiert: Verfasser, Graf Vitzthum/Proelß (Hrsg.), Völkerrecht)

Grandin, Greg/Salas, Miguel Tinker: What the FARC files really reveal, The Guardian, 11. Mai 2011, www.guardian.co.uk/commentisfree/cifamerica/2011/may/10/farc-fi-les-colombia-venezuela

Gray, Christine: International Law and the Use of Force, 3. Auflage 2008 (zitiert: Gray, Use of Force)

dies./Olleson, Simon: The Limits of the Law on the Use of Force: Turkey, Iraq and the Kurds, FYIL 12 (2001), S. 355 ff.

Green, James A.: Self-Defence: A State of Mind for States?, NILR 2008, S. 181 ff.

Greenwood, Christopher: International Law and the Pre-emptive Use of Force: Afghanistan, Al-Qaida, and Iraq, San Diego ILJ 4 (2003), S. 7 ff.

ders.: International Law and the United States' Air Operation against Libya, West Virginia LR 24 (1987), S. 933 ff.

Greig, Donald W.: International Law, 2. Auflage 1976

Grimal, Francis/Melling, Grayham: The Protection of Nationals Abroad: Lawfulness or Toleration? A Commentary, JCSL 16 (2011), S. 541 ff.

Guillaume, Gilbert: Terrorism and International Law, ICLQ 53 (2004), S. 537 ff.

Guggenheim, Paul: Lehrbuch des Völkerrechts. Unter Berücksichtigung der internationalen und schweizerischen Praxis, Bd. II, Basel 1951

Hailbronner, Kay: Die Grenzen des völkerrechtlichen Gewaltverbots, BDGV 26 (1986), S. 49 ff.

Hakimi, Monica: Defensive Force against Non-State Actors: Stae of Play, International Law Studies 91 (2015), S. 1 ff.

dies.: Assessing (Again) the Defensive Operations in Syria, Just Security, 22. Januar 2015, www.justsecurity.org/19313/assessing-again-defensive-operations-syria/

Hector, Pascal: Das völkerrechtliche Abwägungsgebot: Abgrenzung der Souveränitätssphären durch Verfahren, 1992, zugl.: Saarbrücken, Univ., Diss., 1992 (zitiert: Hector, Abwägungsgebot)

Heintschel von Heinegg, Wolff (Hrsg.): Casebook Völkerrecht, München 2005 (zitiert: Verfasser, in: Heintschel von Heinegg, Casebook Völkerrecht)

ders., Wolff/Gries, Tobias: Der Einsatz der Deutschen Marine im Rahmen der Operation „Enduring Freedom", AVR 40 (2002), S. 145 ff.

Heller, Kevin J.: Do Attacks on ISIS in Syria Justify the 'Unwilling and Unable' Test?", Opinio Juris, 13. Dezember 2014, http://opiniojuris.org/2014/12/13/attacks-isis-syria-justify-unwilling-unable-test/

ders.: The Absence of Practice Supporting the 'Unwilling or Unable' Test; Opinio Juris, 17. Februar 2015, http://opiniojuris.org/2015/02/17/unable-unwilling-test-unstoppable-scholarly-imagination/

Henderson, Christian: Non-State Actors and the Use of Force, in: Noortman, Math/Reinisch, August/Ryngaert, Cedric (Hrsg.), Non-State Actors in International Law, 2015, S. 77 ff. (zitiert: Henderson, in: Noortman/Reinisch/Ryngaert (Hrsg.), Non-State Actors)

Henkin, Louis: Kosovo and the Law of "Humanitarian Intervention", AJIL 93 (1999), S. 824 ff.

Herdegen, Matthias: Völkerrecht, 16. Auflage 2017

ders.: Der Wegfall effektiver Staatsgewalt im Völkerrecht: „The Failed State", BDGV 34 (1996), S. 49 ff.

Hillgenberg, Hartmut: Gewaltverbot: Was gilt noch? In: Frowein, Jochen Abr./Scharioth, Klaus/Winkelmann, Ingo/Wolfrum, Rüdiger (Hrsg.), Verhandeln für den Frieden, Liber Amicorum Tono Eitel, 2003, S. 141 ff. (zitiert: Hillgenberg, in: Frowein/Scharioth/Winkelmann/Wolfrum (Hrsg.), Frieden)

Hmoud, Mahmoud: Are New Principles Really Needed? The Potential of the Established Distinction Between Responsibility for Attacks by Nonstate Actors and the Law of Self-Defense, AJIL 107 (2013), S. 576 ff.

Hofmeister, Hannes Herbert: "To harbor or not to harbor"? Die Auswirkungen des 11. September auf das Konzept des „bewaffneten Angriffs" nach Art 51 UN-Charta, ZÖR 62 (2007), S. 475 ff.

ders.: When is it right to attack so-called "Host States"? An analysis of the necessary nexus between terrorists and their host states, SJIL 11 (2007), S. 75 ff.

Hoppe, Carsten: Who Was Calling Whose Shots? – Hezbollah and Lebanon in the 2006 Armed Conflict with Israel, ItYIL 16 (2006), 21 ff.

Human Rights Council: Report of the Commission of Inquiry on Lebanon pursuant to Human Rights Council Resolution S-2/1, UN Doc. A/HRC/3/2, 23. November 2006 (zit: Bericht des UN-Menschenrechtsrates zum Libanonkrieg)

International Law Commission: Commentaries to the Draft Articles on Responsibility of States for Internationally Wrongful Acts, http://legal.un.org/ilc/texts/instruments/english/commentaries/9_6_2001.pdf (zitiert: ILC-Kommentierung)

Interpol: Interpol's Forensic Report on FARC Computers and Hardware seized by Colombia, 13. Juni 2008, www.interpol.int/News-and-media/News/2008/PR026 (zitiert: Interpol-Bericht v. 13. Juni 2008)

Ipsen, Knut (Hrsg.): Völkerrecht, 6. Auflage 2014 (zitiert: Verfasser, in: Ipsen (Hrsg.), Völkerrecht)

ders.: Völkerrecht, 5. Auflage 2004 (zitiert: Verfasser, Ipsen (Hrsg.), Völkerrecht, 5. Auflage)

Jackson, Aaron L.: Hunting Down Terrorists "wherever they exist": ISIL in Syria and the Legal Argument for United States Military Operations within the Territory of a non-consenting Nation-State, Air Force Law Review 74 (2015), S. 133 (163)

Janik, Ralph: 9/11 und das Völkerrecht, Wordpress, 11. September 2016, https://ralphjanik.wordpress.com/2016/09/11/911-und-das-voelkerrecht/

Jorasch, Reinhard: Individuelle und kollektive Selbstverteidigung, NZWehrR 1981, S. 201 ff.

Justice for Columbia: FARC Guerrillas increase attacks, 5. September 2007, www.justiceforcolombia.org/news/article/18/-

dies.: FARC Kill Seven Soldiers, 17. November 2007, www.justiceforcolombia.org/news/article/76/-

dies.: Three Soldiers, Two Police, Killed in Combat with FARC, 26. November 2007, www.justiceforcolombia.org/news/article/98/-

Kammerhofer, Jörg: The Armed Activities Case and Non-State Actors in Self-Defence Law, LJIL 20 (2007), S. 89 ff.

Kapaun, Nina: Völkerrechtliche Bewertung gezielter Tötungen nicht-staatlicher Akteure, 2014, zugl. Köln, Univ., Diss., 2013 (zitiert: Kaupaun, Gezielte Tötungen)

Karlsson, I.K.: Turkey launches anti-Kurdish raids into northern Iraq, World Socialist Web Site, 25. Oktober 2011, www.wsws.org/en/articles/2011/10/turk-o25.html

Karouny, Miriam: Iraq condemns Turkish incursion, wants troops out, Reuters, 27. Februar 2008, www.reuters.com/article/idINIndia-32167520080226

Kearley, Timothy: Regulation of Preventive and Preemptive Force in the United Nations Charter: A Search for Original Intent, Wyoming LR 3 (2003), S. 663 ff.

Kelsen, Hans: Principles of International Law, 2. Auflage 1966 (zitiert: Kelsen, International Law)

ders.: The Law of the United Nations, A critical analysis of its fundamental Problems, New York 1951 (zitiert: Kelsen, United Nations)

Kempen, Bernhard/Hillgruber, Christian: Völkerrecht, 2. Auflage 2012

Kersting, Klaus: Bündnisfall und Verteidigungsfall, 1979, zugl. Bochum, Univ., Diss., 1979

Khan, Daniel-Erasmus: „Sicherheitszaun oder Apartheidmauer?" Das Gutachten des Internationalen Gerichtshofes vom 9. Juli 2004 zu den israelischen Sperranlagen gegenüber dem Westjordanland, Die Friedens-Warte 79 (2004), S. 345 ff.

Kielmansegg, Sebastian: An der Nahtstelle der Friedensordnung – Bedeutung und Grenzen des Selbstverteidigungsrechts im System kollektiver Sicherheit, AVR 50 (2002), S. 285 ff.

Kirsch, Stefan/Oehmichen, Anna: Die Erfindung von „Terrorismus" als Völkerrechtsverbrechen durch den Sondergerichtshof für den Libanon, ZIS 2011, S. 800 ff.

Kokott, Juliane: Mißbrauch und Verwirkung von Souveränitätsrechten bei gravierenden Völkerrechtsverstößen, in: Beyerlin, Ulrich (Hrsg.), Recht zwischen Umbruch und Bewahrung, Festschrift für Rudolf Bernhardt, 1995, S. 135 ff. (zitiert: Kokott, in: FS Bernhardt)

Kotzur, Markus: „Krieg gegen den Terrorismus" – politische Rhetorik oder neue Konturen des „Kriegsbegriffs" im Völkerrecht?, AVR 40 (2002), S. 454 ff.

Krajewski, Markus: Selbstverteidigung gegen bewaffnete Angriffe nicht-staatlicher Organisationen – der 11. September und seine Folgen, AVR 40 (2002), S. 183 ff.

Kreß, Claus: Gewaltverbot und Selbstverteidigungsrecht nach der Satzung der Vereinten Nationen bei staatlicher Verwicklung in Gewaltakte Privater, 1995, zugl. Köln, Univ., Diss., 1994 (zitiert: Kreß, Selbstverteidigungsrecht)

ders.: Reflections against the Use of Force in Syria, Just Security, 17. Februar 2015, www.justsecurity.org/20118/claus-kreb-force-isil-syria

Kretzmer, David: The Inherent Right to Self-Defence and Proportionality in Jus ad Bellum, EJIL 24 (2013), S. 235 ff.

ders.: Targeted Killing of Suspected Terrorists: Extra-Judicial Executions or Legitimate Means of Defence, EJIL 16 (2005), S. 171 ff.

Krugmann, Michael: Der Grundsatz der Verhältnismäßigkeit im Völkerrecht, Berlin 2004 (zitiert: Krugmann, Verhältnismäßigkeit)

Kugelmann, Dieter: Die völkerrechtliche Zulässigkeit von Gewalt gegen Terroristen, Jura 2003, S. 376 ff.

Kühn, T.M.: Terrorism and the Right of Self-Defence, SAYIL 6 (1980), S. 42 ff.

Kunde, Martin: Der Präventivkrieg, 2007, zugl. Würzburg, Univ., Diss., 2006 (zitiert: Kunde, Präventivkrieg)

Kunig, Philip: Das völkerrechtliche Gewaltverbot, Jura 20 (1998), S. 664 ff.

Kunz, Josef L.: Individual and Collective Self-Defense in Art. 51 of the Charter of the United Nations, AJIL 41 (1947), S. 872 ff.

Lamberti Zanardi, Pierluigi: Indirect Military Aggression, in: Cassese, Antonio (Hrsg.), The Current Legal Regulation of the Use of Force, 1986, S. 111 ff. (zitiert: Lamberti Zanardi, in: Cassese (Hrsg.), Use of Force)

Lambertz, Lisa: Der gewaltsame Schutz eigener Staatsangehöriger im Ausland, HuV-I 25 (2012), S. 27 ff.

Lanovoy, Vladyslav: The Use of Force by Non-State Actors and the Limits of Attribution of Conduct, EJIL 28 (2017), S. 563 ff.

Lauterpacht, Hersch: Function of Law in the International Community, 1933 (zitiert: Lauterpacht, Function of Law)

Levitt, Geoffrey M.: Intervention to Combat Terrorism and Drug Trafficking, in: Damrosch, Lori F./Scheffer, David J. (Hrsg.), Law and Force in the New International Order, 1991, S. 225 ff. (zitiert: Levitt, in: Damrosch/Scheffer, Law and Force)

Lobel, Jules: The Use of Force to Respond to Terrorist Attacks: The Bombing of Sudan and Afghanistan, Yale JIL 24 (1999), S. 537 ff.

Löw, Iris Michaela: Gewaltverbot und Selbstverteidigungsrecht nach dem 11. September 2001, 2009, zugl. Regensburg, Univ., Diss., 2008 (zitiert: Löw, Selbstverteidigungsrecht)

Lowe, Vaughan/Tzanakopoulos, Antonios: "Humanitarian Intervention", in: Wolfrum, Rüdiger (Hrsg.): Max Planck Encyclopedia of Public International Law, Vol. V, 2012 (zitiert: Lowe/Tzanakopoulos, in: Wolfrum (Hrsg.), MPEPIL)

Lubell, Noam: Extraterritorial Use of Force Against Non-State Actors, 2010 (zitiert: Lubell, Use of Force)

Malanczuk, Peter: Countermeasures and Self-Defence as Circumstances Precluding the Wrongfulness in the International Law Commission's draft Articles on State Responsibility, in: Spinedi, Marina/Simma, Bruno (Hrsg.): United Nations Codification of State Responsibility, 1987 (zitiert: Malanczuk, in: Spinedi/Simma (Hrsg.), State Responsibility)

Malzahn, Scott M.: State Sponsorship and Support of International Terrorism: Customary Norms of State Responsibility, Hastings ICLR 26 (2002-2003), S. 83 ff.

Mammen, Lars: Völkerrechtliche Stellung von internationalen Terrororganisationen, 2008, zugl. Düsseldorf, Univ., Diss., 2006 (zitiert: Mammen, Internationale Terrororganisationen)

Marcella, Gabriel: War without Borders: The Colombia-Ecuador Crisis of 2008, www.strategicstudiesinstitute.army.mil/pdffiles/PUB891.pdf

Markey, Patrick: Colombia says FARC files show Correa ties, Reuters, 2. März 2008, www.reuters.com/article/us-colombia-ecuador/colombia-says-farc-document-show-correa-ties-idUSN0229738220080303

McDougal, Myers S./Feliciano, Florentino P.: Law and Minimum World Public Order, The Legal Regulation of International Coercion, 1961 (zitiert: McDougal/Feliciano, World Public Order)

Melzer, Nils: Targeted Killing in International Law, 2008, zugl. Zürich, Univ., Diss., 2006 (zitiert: Melzer, Targeted Killing)

Mendelson, M.H.: The Formation of Customary International Law, RdC 272 (1998), S. 155 ff.

Mégret, Frédéric: "Krieg"? – Völkerrechtssemantik und der Kampf gegen den Terrorismus, KJ 2002, S. 157 ff.

Meiser, Christian/von Buttlar, Christian: Militärische Terrorismusbekämpfung unter dem Regime der UN-Charta, 2005 (zitiert: Meiser/von Buttlar, Terrorismusbekämpfung)

Middle East Media Research Institute: Hizbullah Secretary-General Hassan Nasrallah: I Told Lebanese Political Leaders We Would Abduct Israeli Soldiers, 24. Juli 2006, www.memri.org/reports/hizbullah-secretary-general-hassan-nasrallah-i-told-lebanese-political-leaders-we-would

Moir, Lindsay: Action Against Host States of Terrorist Groups, in: Weller, Marc (Hrsg.), The Oxford Handbook on the Use of Force in International Law, 2015, S. 720 ff. (zitiert: Moir, in: Weller (Hrsg.), Use of Force)

Morello, Carol/Gearan, Anne: Around World, Mixed reaction to U.S.-led airstrikes in Syria, Washington Post, 23. September 2014, www.washingtonpost.com/world/national-security/around-world-mixed-reaction-to-us-led-airstrikes-in-syria/2014/09/23/16985bb6-4352-11e4-9a15-137aa0153527_story.html

Müllerson, Rein: Jus ad Bellum and International Terrorism, IsYHR 32 (2002), S. 1 ff.

ders.: On the Nature and Scope of Customary International Law, Austrian Review of International & European Law 2 (1997), S. 341 ff.

Murphy, Sean D.: Protean Jus ad Bellum, Berkeley JIL 27 (2009), S. 22 ff.

ders.: Terrorism and the Concept of "Armed Attack" in Article 51 of the U.N. Charter, Harvard ILJ 43 (2002), S. 41 ff.

ders.: Self-Defense and the Israeli Wall Advisory Opinion: An Ipse Dixit from the ICJ?, AJIL 99 (2005), S. 161 ff.

ders.: Contemporary Practice of the United States relating to International Law, AJIL 93 (1999), S. 161 ff.

ders.: State Support of International Terrorism: Legal, Political and Economic Dimensions, 1989 (zitiert: Murphy, State Support)

Murswiek, Dietrich: Der Wegfall effektiver Staatsgewalt: „The Failed State" – Diskussion zu den Referaten Thürer, Herdegen, Hohloch, BDGV 35 (1995), S. 149 f.

Myjer, Eric P.J./White, Negal D.: The Twin Tower Attack: An Unlimited Right to Self-Defence?, JCSL 7 (2002), S. 5 ff.

Neuhold, Hanspeter: Law and Force in International Relations – European and American Positions, ZaöRV 64 (2004), S. 263 ff.

Noortmann/Reinisch/Ryngaert (Hrsg.), Non-State Actors in International Law, 2015, S. 1 ff. (zitiert: Noortmann/Reinisch/Ryngaert (Hrsg.), Non-State Actors)

OAS Commission: Report of the OAS Commission that visited Ecuador and Colombia, OAS Doc. OEA/Ser.F/II.25 RC.25/doc. 7/08, 16. März 2008, www.oas.org/council/Docs/RC00089E01.DOC

O'Brien, William V.: Reprisals, Deterrence and Self-Defense in Counterterror Operations, Virginia JIL 30 (1990), S. 421 ff.

O'Connell, Mary Ellen: Evidence of Terror, JCSL 7 (2002), S. 19 ff.

Ochoa-Ruiz, Natalia/Salamanca-Aguado, Esther: Exploring the Limits of International Law Relating to the Use of Force in Self-defence, EJIL 16 (2005), S. 499 ff.

Oellers-Frahm, Karin: Der IGH und die „Lücke" zwischen Gewaltverbot und Selbstverteidigungsrecht - Neues im Fall „Kongo gegen Uganda"?, Zeitschrift für europarechtliche Studien 10 (2007), S. 71 ff.

Ohlin, Jens D.: The Unwilling or Unable Doctrine comes to Life, Opinio Juris, 23. September 2014, http://opiniojuris.org/2014/09/23/unwilling-unable-doctrine-comes-life/

Paddeu, F.I.: Use of Force against Non-state Actors and the Circumstance Precluding Wrongfulness of Self-Defence, LJIL 29 (2016), S. 93 ff.

Paust, Jordan J.: Address, Responding Lawfully to International Terrorism: The Use of Force Abroad, Whittier LR 8 (1986-1987), S. 711 ff.

ders.: Use of Military Force in Syria by Turkey, NATO, and the United States, U Pa JIL 34 (2012-2013), S. 431 ff.

ders.: Self-defense, laws of war and human rights, Die Friedens-Warte 81 (2006), S. 81 ff.

Payandeh, Mehrdad: Militäraktion gegen ISIS: Ein Präzedenzfall für eine Aufweichung des völkerrechtlichen Gewaltverbots?, Verfassungsblog, 24. September 2014, http://verfassungsblog.de/militaeraktion-gegen-isis-ein-praezedenzfall-fuer-eine-auf weichung-des-voelkerrechtlichen-gewaltverbots/

Putin, Vladimir: A Plea for Caution from Russia, New York Times, 11. September 2013, www.nytimes.com/2013/09/12/opinion/putin-plea-for-caution-from-russia-on-syria.html

Raab, Dominic: "Armed Attack" after the Oil Platforms Case, LJIL 17 (2004), 719 ff.

Ratner, Steven R.: Jus Ad Bellum and Jus in Bello After September 11, AJIL 96 (2002), S. 905 ff.

Reinold, Theresa: State Weakness, Irregular Warfare, and the Right to Self-Defense Post-9/11, AJIL 105 (2011), S. 244 ff.

Reinsford, Sarah: Pressure mounts for Turkish action, BBC News, 8. Oktober 2007, http://news.bbc.co.uk/2/hi/europe/7034442.stm

dies.: Iraq troop withdrawal baffles turks, BBC News, 29. März 2008, http://news.bbc. co.uk/ 2/hi/europe/7272108.stm

Reisman, W. Michael/Armstrong, Andrea: The Past and Future of the Claim of Preemptive Self-Defense, AJIL 100 (2006), S. 525 ff.

Richter, Christian: Preemptive Self-Defense: Die Vereinbarkeit des Konzepts der Preemptive Self-Defense mit dem Völkerrecht, 2016, zugl. Linz, Univ., Diss., 2013 (zitiert: Richter, Preemptive Self-Defense)

Riggs, Ronald M.: The Grenada Intervention: A legal analysis, Military LR 1 (1985), 1 ff.

Ronen, Yaël: Israel, Hizbollah, and the Second Lebanon War, YIHL 9 (2006), S. 362 ff.

Ronzitti, Natalino: Rescuing Nationals Abroad through Military Coercion and Intervention on Grounds of Humanity, 1985 (zitiert: Ronzitti, Rescuing Nationals Abroad)

ders.: The Expanding Law of Self-Defence, JCSL 11 (2006), S. 343 ff.

ders.: The 2006 Conflict in Lebanon and International Law, ItYIL 16 (2006), S. 3 ff.

Ruffert, Matthias: Terrorismusbekämpfung zwischen Selbstverteidigung und kollektiver Sicherheit, ZRP 2002, S. 247 ff.

Ruys, Tom: Quo Vadit Jus ad Bellum?: A legal analysis of Turkey's military operations against the PKK in Northern Iraq, Melbourne JIL 9 (2008), S. 334 ff.

ders.: Crossing the Thin Blue Line: An Inquiry into Israel's Recourse to Self-Defense Against Hezbollah, Stanford JIL 43 (2007), S. 265 ff.

ders.:/Verhoeven, Sten: Attacks by Private Actors and the Right of Self-Defence, JCSL 10 (2005), 289 ff.

Schachter, Oscar: The Lawful Use of Force by a State Against Terrorists in Another Country, IsYHR 19 (1989), S. 209 ff.

ders.: The Right of States to Use Armed Force, Michigan LR 82 (1984), S. 1620 ff.

Scharf, Michael: How the War Against ISIL Changed International Law, Case Western Reserve JIL 48 (2016), S. 15 ff.

Schiffbauer, Björn: Rechtsgebrauch oder Rechtsfortbildung? Die jüngsten Anti-Terror-Einsätze des Vereinigten Königreichs und das Völkerrecht, Verfassungsblog, 9. September 2015, http://verfassungsblog.de/rechtsgebrauch-oder-rechtsfortbildung-die-juengsten-anti-terror-einsaetze-des-vereinigten-koenigreichs-und-das-voelkerrecht

Schindler, Dietrich: Die Grenzen des völkerrechtlichen Gewaltverbots, BDGV 26 (1986), S. 11 ff.

Schmalenbach, Kirsten: Die Beurteilung von grenzüberschreitenden Militäreinsätzen gegen den internationalen Terrorismus aus völkerrechtlicher Sicht, NZWehrR 2002, S. 177 ff.

Schmitt, Michael N.: "Change Direction" 2006: Israeli Operations in Lebanon and the International Law of Self-Defense, Michigan JIL 29 (2008), S. 127 ff.

ders.: Counter-Terrorism and the Use of Force in International Law, IsYHR 32 (2002), S. 53 ff.

ders.: Responding to Transnational Terrorism under the Jus ad bellum: A normative Framework, in: ders.:/Pejic, Jelena (Hrsg.), International Law and Armed Conflict: Exploring the Faultlines. Essays in Honour of Yoram Dinstein, 2007, S. 158 ff. (zitiert: Schmitt, in: ders.:/Pejic (Hrsg.), Armed Conflict)

Schmitz-Elvenich, Heiko F.: Targeted Killing. Die völkerrechtliche Zulässigkeit der gezielten Tötung von Terroristen im Ausland, 2008, zugl. Köln, Univ., Diss., 2007 (zitiert: Schmitz-Elvenich, Targeted Killing)

Scholz, Michael: Staatliches Selbstverteidigungsrecht gegen terroristische Gewalt, 2006, zugl. Bonn, Univ., Diss., 2005 (zitiert: Scholz, Selbstverteidigungsrecht)

Schröder, Meinhard: Die Geiselbefreiung von Entebbe – ein völkerrechtswidriger Akt Israels?, JZ 1977, S. 420 ff.

Schwebel, Stephen M.: Aggression, Intervention and Self-Defence, RdC 136 (1972 II), S. 411 ff.

Schwehm, Johannes: Präventive Selbstverteidigung. Eine vergleichende Analyse der völkerrechtlichen Debatte, AVR 46 (2008), S. 368 ff.

Seidel, Gerhard: Der Libanonkonflikt 2006 und das Völkerrecht, VRÜ 40 (2007), S. 352 ff.

ders.: Quo vadis Völkerrecht?, AVR 41 (2003), S. 449 ff.

Shah, Niaz A.: Self-defence, Anticipatory Self-defence and Pre-emption: International Law's Response to Terrorism, JCSL 12 (2007), S. 95 ff.

Simma, Bruno/Khan, Daniel-Erasmus/Nolte, Georg/Paulus, Andreas (Hrsg.), Charter of the United Nations. Commentary, 3. Auflage 2012 (zitiert: Verfasser, in: Simma/Khan/Nolte/Paulus (Hrsg.), UN Charter)

Simma, Bruno (Hrsg.), Charter of the United Nations. Commentary, 2. Auflage Oxford 2002 (zitiert: Verfasser, in: Simma (Hrsg.), UN Charter of the United Nations, 2. Auflage)

Sofaer, Abraham: On the Necessity of Pre-emption, EJIL 14 (2003), S. 209 ff.

Souza, I.M. Lobo: Revisiting the Right of Self-Defense against Non-State Armed Entities, Canadian JIL 53 (2015), S. 202 ff.

Stahn, Carsten: "Nicaragua is dead, long live Nicaragua" – the Right to Self-defence under Article 51 UN-Charter and International Terrorism, in: Walter, Christian/Vöneky, Silja/Röben, Volker/Schorkopf, Frank (Hrsg.), Terrorism as a Challenge, S. 827 ff. (zitiert: Stahn, in: Walter/Vöneky/Röben/Schorkopf (Hrsg.), Terrorism)

ders.: International Law at Crossroads? The Impact of September 11, ZaöRV 62 (2002), S. 183 ff.

Starski, Paulina: Right to Self-Defence, Attribution and the Non-State Actor – Birth of the "Unable or Unwilling" Standard?, ZaöRV 75 (2015), S. 455 ff.

Steiger, Dominik: Das völkerrechtliche Gewaltverbot und der „Krieg gegen den Terror", 2013, zugl. Potsdam, Univ., Diss., 2010 (zitiert: Steiger, Völkerrechtliches Gewaltverbot)

Stein, Torsten: International Measures against Terrorism and Sanctions by and against Third States, AVR 30 (1992), S. 38 ff.

ders.:/von Buttlar, Christian: Völkerrecht, 14. Auflage 2017

Stone, Julius: Aggression and World Order, 1958

ders.: Hopes and Loopholes in the 1974 Definition of Aggression, AJIL 71 (1977), S. 224 ff.

Strupp, Karl: Les règles générals du droit de la paix, in : RdC 47 (1934 I), S. 258 ff.

ders.:/Schlochauer, Hans-Jürgen (Hrsg.): Wörterbuch des Völkerrechts und der Diplomatie, Bd. 3, 2. Auflage Berlin 1962 (zitiert: Verfasser, in: Strupp/Schlochauer (Hrsg.), Wörterbuch des Völkerrechts, Bd. 3)

Tams, Christian J.: Die Tätigkeit der International Law Commission im Jahr 2001, GYIL 44 (2001), S. 707 ff.

ders.: The Use of Force against Terrorists, EJIL 20 (2009), S. 359 ff.

ders.: Light Treatment of a Complex Problem: The Law of Self-Defence in the Wall Case, EJIL 16 (2005), S. 963 ff.

ders.:/Devaney, James J.: Applying Necessity and Proportionality to Anti-Terrorist Self-Defence, IsLR 45 (2012), S. 91 ff.

Thürer, Daniel: Der Wegfall effektiver Staatsgewalt: „The Failed State", BDGV 34 (1996), S. 9 ff.

Tibori Szabó, Kinga: Anticipatory Action in Self-Defence. Essence and Limits under International Law, Amsterdam 2011 (zitiert: Tibori Szabó, Anticipatory Action)

Tietje, Christian/Nowrot, Karsten: Völkerrechtliche Aspekte militärischer Maßnahmen gegen den internationalen Terrorismus, NZwehrR 2002, S. 1 ff.

Tladi, Dire: The Nonconsenting Innocent State: The Problem with Bethlehem's Principle 12, AJIL 107 (2013), S. 570 ff.

Toffanello, Giacomo: The Concept of Self-Defense against non-State Actors in International Law and the 'Unwilling or Unable' Doctrine, European Network for Conflict Studies, 30. September 2015, https://encsblog.wordpress.com/2015/09/30/self-defence-non-state-actors-and-unwilling-or-unable-doctrine

Tomuschat, Christian: Der Sommerkrieg des Jahres 2006 im Nahen Osten. Eine Skizze, Die Friedens-Warte 81 (2006), S. 179 ff.

ders.: Der 11. September und seine rechtlichen Konsequenzen, EuGRZ 2001, S. 535 ff.

ders.: Gewalt und Gewaltverbot als Bestimmungsfaktoren der Weltordnung, EA 36 (1981), S. 325 ff.

Totten, Mark: Using Force First. Moral Tradition and the Case for Revision, Stanford JIL 43 (2007), S. 95 ff.

Trapp, Kimberley N.: Back to Basics: Necessity, Proportionality, and the Right of Self-Defence against Non-state Terrorist Actors, ICLQ 56 (2007), S. 141 ff.

Travalio, Gregory M.: Terrorism, International Law and the Use of Military Force, Wisconsin ILJ 18 (2000), S. 145 ff.

ders./Altenburg, John: Terrorism, State Responsibility, and the Use of Military Force, Chicago JIL 4 (2003), S. 97 ff.

Tsagourias, Nicholas: Cyber attacks, Self-Defence and the Problem of Attribution, JCSL 17 (2012), S. 229 ff.

ders.: Self-Defence against Non-state Actors: The Interaction between Self-Defence as a Primary Rule and Self-Defence as a Secondary Rule, LJIL 29 (2016), S. 801 ff.

UN Secretary-General: Report on the Implementation of Security Council Resolution 1701 (2006), UN Doc. S/2006/730, 12. September 2006

US Department of State: Country Reports on Terrorism (2007), April 2008, www.state. gov/documents/organization/105904.pdf

ders.: Country Reports on Terrorism (2008), April 2010, www.state.gov/documents/organization/122599.pdf

van Steenberghe, Raphael: Self-Defence in Response to Attacks by Non-state Actors in the Light of Recent State Practice: A Step Forward?, LJIL 23 (2010), S. 183 ff.

ders.: The Law of Self-Defence and the New Argumentative Landscape on the Expansionists' Side, LJIL 29 (2016), S. 43 ff.

Vatanparast, Roxana: International Law Versus the Preemptive Use of Force: Racing to Confront the Specter of a Nuclear Iran, Hastings ICLR 31 (2008), S. 783 ff.

Verdross, Alfred/Simma, Bruno: Universelles Völkerrecht, 3. Auflage 1984

Villelabeitia, Ibon: Analysis: Turkish invasion of Iraq a high-risk, low-reward action, National Post, 21. Oktober 2011, http://news.nationalpost.com/2011/10/21/analysis-turkish-invasion-of-iraq-a-threat-to-regions-stability/

von Arnauld, Andreas: Völkerrecht, 3. Auflage 2016

von Lersner, York: Der Einsatz von Bundeswehrsoldaten in Albanien zur Rettung deutscher Staatsangehöriger, HuV-I 12 (1999), S. 156 ff.

Waisberg, Tatiana: War on Terror and the New International Order, 2012 (zitiert: Waisberg, War on Terror)

dies.: The Colombia-Ecuador Armed Crisis of March 2008: The Practice of Targeted Killing and Incursions against Non-State Actors Harbored at Terrorist Safe Havens in a Third Party State, Studies in Conflict and Terrorism 32 (2009), S. 476 ff.

Walsh, Frank M.: Rethinking the Legality of Colombia's Attack on the FARC in Ecuador: A New Paradigm for Balancing Territorial Integrity, Self-Defense and Duties of Sovereignty, Pace ILR 21 (2009), S. 136 ff.

Wandscher, Christiane: Internationaler Terrorismus und Selbstverteidigungsrecht, 2006, zugl. Kiel, Univ., Diss., 2005 (zitiert: Wandscher, Terrorismus)

Weber, Sebastian: Die israelischen Militäraktionen im Libanon und in den besetzten palästinensischen Gebieten 2006 und ihre Vereinbarkeit mit dem Völkerrecht, AVR 44 (2006), S. 460 ff.

Webb, Philippa: Deadlock or Restraint: The Security Council Veto and the Use of Force in Syria, JCSL 19 (2014), S. 471 ff.

Wedgwood, Ruth: The ICJ Advisory Opinion on the Israeli Security Fence and the Limits of Self-Defense, AJIL 99 (2005), S. 52 ff.

dies.: Responding to Terrorism: The Strikes against Bin Laden, Yale JIL 24 (1999), S. 559 ff.

Wehberg, Hans: Krieg und Eroberung im Wandel des Völkerrechts, 1953 (zitiert: Wehberg, Krieg und Eroberung)

Weigelt, Katja: Die Auswirkung der Bekämpfung des internationalen Terrorismus auf die staatliche Souveränität, 2016, zugl. Dresen, Univ., Diss., 2014 (zitiert: Weigelt, Terrorismus)

Weller, Marc (Hrsg.), The Oxford Handbook on the Use of Force in International Law, 2015, S. 1 ff. (zitiert: Weller (Hrsg.), Use of Force)

ders.: Permanent Imminence of Armed Attacks: Resolution 2249 (2015) and the Right to Self Defense against Designated Terrorist Groups, EJIL Talk, 25. November 2015, www.ejiltalk.org/permanent-imminence-of-armed-attacks-resolution-2249-2015-and-the-right-to-self-defence-against-designated-terrorist-groups/

ders.: Striking ISIL: Aspects on the Law of the Use of Force, ASIL Insights, Vol. 19 Issue 5, 11. März 2015, www.asil.org/insights/volume/19/issue/5/striking-isil-aspects-law-use-force

Wessels, Johannes/Beulke, Werner/Satzger, Helmut: Strafrecht – Allgemeiner Teil, 46. Auflage 2016 (zit. Wessels/Beulke/Satzger, Strafrecht)

Westerdiek, Claudia: Humanitäre Intervention und Maßnahmen zum Schutze eigener Staatangehöriger im Ausland, AVR 21 (1983), S. 383 ff.

Wiefelspütz, Dieter: Völkerrecht und Staatsrecht im Wandel – Die Antwort auf den 11. September, Die Friedens-Warte 81 (2006), S. 73 ff.

Wilmshurst, Elizabeth: International Law and the Classification of Conflicts, The Royal Institute of International Affairs, 2012 (zitiert: Verfasser, in: Wilmshurst (Hrsg.), Classification of Conflicts)

Wittig, Peter: Der Aggressionsbegriff im internationalen Sprachgebrauch, in: Schaumann, Wilfried (Hrsg.), Völkerrechtliches Gewaltverbot und Friedenssicherung, Baden-Baden 1971, S. 33 ff. (zitiert: Wittig, in: Schaumann (Hrsg.), Gewaltverbot)

Wolf, Joachim: Die Haftung der Staaten fur Privatpersonen nach Völkerrecht, 1997, zugl. Saarbrücken, Univ., Habil.-Schr., 1992 (zitiert: Wolf, Haftung der Staaten)

ders.: Terrorismusbekämpfung unter Beweisnot – Völkerrechtliche Informationsanordnungen im bewaffneten Konflikt, HuV-I 14 (2001), S. 204 ff.

Wright, Quincy: The Role of International Law in the Elimination of War, 1961 (zitiert: Wright, International Law)

Zimmer, Gerhard: Terrorismus und Völkerrecht. Militärische Zwangsanwendung, Selbstverteidigung und Schutz der internationalen Sicherheit, 1998 (zitiert: Zimmer, Terrorismus)

Zimmermann, Andreas: The Second Lebanon War: Jus ad bellum, jus in bello and the Issue of Proportionality, MPYUNL 11 (2007), S. 99 ff.

ders.:/Elberling, Björn: Grenzen der Legislativbefugnisse des Sicherheitsrats, Resolution 1540 und abstrakte Bedrohungen des Weltfriedens, VN 52 (2004), S. 71 ff.

Alle Internetseiten wurden zuletzt am 2. Oktober 2017 aufgerufen.

Rechtsprechungsübersicht

Internationaler Gerichtshof

Anglo-Iranian Oil Co. Case (United Kingdom v. Iran), Urteil v. 22. Juli 1952, ICJ Rep. 1952, S. 93 ff. (zitiert: Anglo-Iranian Oil-Fall)

Application on the Convention on the Prevention and Punishment of the Crime of Genocide (Bosnia and Herzegovina v. Serbia and Montenegro), Urteil v. 26. Februar 2007, ICJ Rep. 2007, S. 43 ff. (zitiert: Genozid-Urteil)

Asylum Case (Colombia v. Peru), Urteil v. 20. November 1950, ICJ Rep. 1950, S. 266 ff.

Case Concerning Armed Activities on the Territory of the Congo (Democratic Republic of the Congo v. Uganda), Merits, Urteil v. 19. Dezember 2005, ICJ Rep. 2005, S. 168 ff. (zitiert: Armed Activities-Fall)

Case Concerning Military and Paramilitary Activities in and against Nicaragua (Nicaragua v. United States), Merits, Urteil v. 27. Juni 1986, ICJ Rep. 1986, S. 14 ff. (zitiert: Nicaragua-Fall)

Case Concerning the Iranian Oil Platforms (Iran v. United States of America), Urteil v. 6. November 2003, ICJ Rep. 2003, S. 161 ff. (zitiert: Iranian Oil Platforms-Fall)

Case Concerning the Legal Consequences of the Construction of a Wall in the Occupied Territory, Gutachten v. 9. Juli 2004, ICJ Rep. 2004, S. 136 ff. (zitiert: Mauer-Gutachten)

Case Concerning the United States Diplomatic and Consular Staff in Teheran (United States of America v. Iran), Urteil v. 24. Mai 1980, ICJ Rep. 1980, S. 3 ff. (zitiert: Teheraner Geisel-Fall)

Difference Relating to Immunity from Legal Process of a Special Rapporteur of the Commission on Human Rights, Gutachten v. 29. April 1999, ICJ Rep. 1999, S. 62 ff.

Legality of the Threat or Use of Nuclear Weapons, Gutachten v. 8. Juli 1996, ICJ Rep. 1996, S. 226 (zitiert: Nuklearwaffen-Gutachten)

North Sea Continental Shelf Cases (Federal Republic of Germany v. Denmark and Netherlands), Urteil v. 20. Februar 1969, ICJ Rep. 1969, S. 3 ff.

International Criminal Tribunal for the former Yugoslavia

Appeals Chamber, Prosecutor v. Duško Tadíc (IT-94-1-A), Urteil v. 15. Juli 1999 (zitiert: als Tadić-Fall)

Trial Chamber, Prosecutor v. Duško Tadić a/k/a "Dule" (IT-94-1-T), Opinion and Judgment v. 7. Mai 1997

Special Tribunal for Lebanon

Prosecutor v. Ayyash et al., Interlocutory Decision on the Applicable Law, Entscheidung
   v. 16. Februar 2011, STL-11-01/I

Bundesgerichtshof

Urteil v. 24. Oktober 2001, BGH NStZ 2002, S. 139 ff.
Urteil v. 1. Juli 1952, BGHSt 3, 194 ff.